遠東的線索

西方秩序的輸入與中國的演變

劉仲敬 著

目錄

序　命運播種　009

第一章　世界體系的破裂

一、自由主義與殖民主義，中心與邊緣　019

議會式政黨／從施特勞斯學派衍生的詭辯／「自由—殖民主義」的同構／大英帝國的課業／降虜社會的本質／大英帝國轉向日本

二、第一次世界大戰與德國的革命外交　035

軍事動員與戰爭型態的變化／貴族式外交的沒落／德國釋放「革命外交」

三、協約國和日本維護遠東體系的佈局　043

英日聯盟／日本的外交性格／東亞大陸的小邦競逐時代／國民共同體的塑造／遠東病室與拉美搖籃

四、十月革命與世界革命策源地　057

德國和列寧的交易／列寧主義以俄羅斯為宿主／布爾什維克大洪水／列寧主義進入遠東宿主

第二章　遠東體系的破裂

一、列強的綏靖主義和民國的機會主義——085

第一次世界大戰在遠東／日本受惡名而不得惡行之利／民國突破外交底線／列寧送來特洛伊木馬／俄對滿洲的滲透和日本對滿洲的建設／北京拆除藩籬

二、法統的崩潰與邊界的崩潰——097

段政府的善後會議／孫文投靠蘇聯／從泛亞主義者到列寧主義者

三、「遠東共和國」與遠東革命佈局——105

遠東革命的指揮權／作為白手套的遠東共和國／遠東共和國和中華民國的外交／共產國際對中國支部的撥款

四、短兵相接的時代——115

加拉罕扶植馮玉祥／鮑羅廷經營國民黨／共產國際在廣州、華北、滿蒙的網絡

第三章　三種革命外交的競技場

一、蘇聯的路線鬥爭與遠東革命政權的反覆——139

世界革命派失敗／遠東局經營上海／莫斯科調整遠東政策／奪取上海的革命高潮／遠東局過河拆橋／清黨與中華蘇維埃的建立／史達林大權獨攬

二、日本的國際協調主義和泛亞主義 155
日本民主勢力上升／大眾民主與綏靖主義／殘破的藩籬／莫斯科編織蛛網／沉睡的看門狗／日本的激進化／泛亞主義及其盟友
三、國民政府的歷史——國族建構和區域霸權主義 175
蔣介石的賭注／國民政府的藍圖／條約維護者的後退／國民政府的巔峰時刻
四、瓜分舊秩序殘餘資源的鬥爭 187
圍繞上海的鬥爭／共產國際的內陸攻略／竭澤而漁的蘇維埃憲制／列寧黨的組織資源／南京國民政府的野望／次級帝國主義的深入
第四章　從二戰到冷戰
一、國共抗日與國際統一戰線 223
日、蘇、蔣三角變局／西安事變並不影響歷史進程／蔣介石挑起戰爭／莫斯科和南京的交易／毛澤東改變生態位／國民黨準備總體戰／史達林和毛澤東鬥法／毛澤東拯救共產黨／共產國際通過西方經營遠東
二、「滿洲堡壘」和泛亞各國的民族構建 245
日本激進派的滿洲夢／新天地的開闢／滿洲國的憲制／汪兆銘推動東亞聯盟／日本經營南洋／東南亞的國家構建

三、華北、南京和重慶的法統復辟與革命投機 259
「抗戰建國」的虛構／南京的黨統與北平的法統／孫文主義的最高峰

四、毛澤東的切香腸戰術與梁山路線 269
史達林改變遠東政策／毛澤東建立根據地／統一戰線與滲透策略／發展是硬道理／滲透—劫持—重組—汲取／統戰與革命一體兩面／毛澤東貳心日漲／美國調停失敗

第五章 冷戰與反殖民主義

一、從滿洲到朝鮮，格局選擇憲制 315
蘇聯占據滿洲／蔣介石自取滅亡／滿洲—朝鮮無國界／不平衡的內戰／毛澤東和蔣介石隔海建國／土改、鎮反與朝鮮戰爭／新中國的憲制／東亞冷戰結構的凝固

二、一九五四年體制的鞏固和演變，憲制適應格局 341
美國保護臺灣／毛澤東挑戰赫魯雪夫／流沙社會與賭徒策略／一九六〇年代的逆襲／世界革命的失敗與文革／大中華主義在臺灣失敗

三、反殖真空地帶的顛覆與反顛覆 359
胡志明的崛起／毛澤東干涉越南／南洋穆斯林社會的抵制／莫斯科和北京在河

四、梁山的逆襲，一九七二年外交革命——373
尼克森和毛澤東的宮廷外交／東亞格局再次改變

第六章　世界革命的失敗

一、列寧主義的復辟與冷戰末期的機會主義聯盟——401
列寧黨在中國的復辟／臺灣戰略地位的下降／台北流亡政權的本土化
二、全球化的重臨：冷戰真空和遠東孑遺——409
中國劫後社會的重建／最大的秩序真空俄羅斯／遠東的秩序孑遺／中國走向市場列寧主義
三、羅馬世界的挑戰者和投機者——419
羅馬秩序的形成／威爾遜主義的約束與挑戰／日本地位上升／臺灣認同轉移／國民黨的未來就是沒有未來／北京追求霸權／臺灣面向海洋
四、遠東冷戰體制的最後崩潰——433
中國告別韜光養晦／中國扭曲的認知結構／中國的車臣化或朝鮮化／日本的角色

跋：決斷時刻 445

附錄

一、關於山東善後交涉問題的政府方針
（山東善後交涉問題に關する政府方針） 455
二、《關於與遠東共和國的軍事協定》
（《極東共和國との軍事協定案に關する件》） 460
三、一九二三年日俄談判紀錄《關於日蘇兩國間非正式預備交涉的交換文書》
（《日ソ非公式豫備交渉ニ關スル交換文書》） 463
四、關於解除進出口的禁止及限制的國際條約
（輸入及輸出の禁止及制限の撤廢の爲の國際條約） 494
五、關於山東派兵的政府聲明
（山東派兵に關する政府聲明） 506

序
命運播種

今天所謂現代世界的產生，通常包括兩種截然不同的所指，以不同比例混合，補充和吸納若干本身本無意義的細節和現象。第一種所指其實就是英格蘭的歷史路徑，經過若干變形和妥協，輻射和改造了歐洲和世界的面貌。俗人和下士[1]為了回避歐洲中心論的嫌疑，改用太監一樣中性的詞彙「現代世界」。如果說學問的本義就是盡可能增加公眾的理解力，像蘇格拉底一樣毫不忌憚暴君和暴民的感情，政治正確的意義就是學術無產階級將判決蘇格拉底的法庭內化到自己心中，用貌似知識的政治信念、而非彰明昭著的無知作為降低公眾理解力的工具。第二種所指蘊涵了人類文明和命運的深刻變化和巨大威脅，意思是我們所知的文明從此開始自覺和武斷地干涉人類和世界的命運。歷史上存在過的大多數已知文明都是越過這個閾值以後，給文明內部的自發秩序生產力增加了太多負擔，最終將世界留給了輕裝上陣的蠻族[2]秩序生產者。第二種所指給第一種所指提出了尖刻的警告，因為英格蘭相對於歐洲、歐洲相對於世界的最鮮明特徵就是：她在蠻族習慣和宗教信仰（這兩者在下士眼中都是愚昧和野蠻）的保護下，最大限度地避免了自覺和武斷，從而積累了比以前和同時其他文明更為豐厚的元氣（秩序生產力）。這就是為什麼今天所謂的西方和現代文明點燃火炬以來，給觀眾造成了光明的永恆天經地義、黑暗和灰燼一去不復返的感覺。在西方文明以前，其他文明的觀眾從來沒有這樣的奢望。他們非常清楚文明的煙花性質，對灰燼的冷卻並不感到驚訝。

知識是文明所仰賴的甜蜜和光明，但知識也有兩類。第一類知識是園丁的知識，默默保護和積累秩序生產力，借助無數薛西弗斯的質樸和虔誠，將每天都想露出地面的野蠻推回到地下。這種知識雖然並不全部依靠默會來傳承，但默會的部分終究是其中最重要的部分。第二類知識是煙花匠的知識，將蠻族時代和文明時代積累的秩序資源點燃，照亮了歷史、世界和未來。他們的技藝同樣配得上人類永遠的稱羨和感激，但他們的成就主要不是取決於自己，而是取決於園丁積累和生產的厚薄快慢。如果煙花消費的速度超過了積累和生產所能支持的程度，仿佛繁花似錦的文明就會從內部枯萎。文明的維護者對第一種知識只能保護和培育，對第二類知識既要保護又要限制，因為後者的失控是文明衰亡的重要原因，不遜於後者的產生是文明成熟的主要標誌。現代世界的成熟，以民族國家的整合為標誌。民族國家和成文法取代封建自發秩序和習慣法，讓歷代園丁積累的薪柴大放光芒，但還不至於讓整個森林付之一炬。國家社會主義的興起，標誌著毀滅羅馬和其他眾多文明的危險技藝再度發現，將美麗和溫暖的火炬變成了毀滅世界的火災。無數驕妄的生靈嘲笑先人的愚昧，自以為掌握了永享光明的不二法門，卻突然發現自己在黑暗中搖尾乞憐，摸索最後一點點迅速冷卻的餘燼。正如奧威爾（George Orwell）所說，混淆黑白的話語體系就是顛覆者的先鋒。[3]二十世紀的遠東革命史經過他們的割裂和歪曲，已經淪為當今世界最大的奧吉阿斯牛圈，[4]急需清理和復原。顛覆者從來不乏冒充理性客觀中立的高級匪諜史學，他們的危害比明火執仗的《聯共（布）黨史》大得多，即使三十年前的費正清學派[5]也不過如此。

高級匪諜[6]有一定的專業能力，完全清楚一旦材料回到比例恰當的格局當中，形成前後連貫的整體，歷史現場的脈絡和情境就會自動呈現出來。他們的技巧不在於徹底的抹殺和直接的偽造，而在於巧妙地割裂和扭曲：隔斷材料和環境的聯繫，切斷前因和後果的關係，將直接和密切的關係排除在人為製造的格局之外，用楚門世界的框架和鋸人魔術的佈景聯綴起來，用蒙太奇技術製造虛假的相關性和因果性，用假線索掩蓋真材料的意義，這樣外行讀者就看不清材料在格局當中的意義了。誰能寫好一部以朝鮮為中心，僅限於朝鮮範圍的朝鮮戰爭史？既然戰爭的主角、前因和後果都在半島之外，僅僅是錯誤的框架就足以妨礙讀者形成適當的比例感了。整體比例感的破壞和相關性的錯置對公眾的理解力危害最大，遠遠超過具體材料或考訂的謬誤。任何版本或傾向的《中國現代史》或《中國革命史》都會造成同樣、甚至更大的問題，因為「中國」本身就是現代史或革命史造成的結果，在現代史或革命史開始的時候並不存在，自身不能構成遠東歷史的主要驅動因素和全部現場，這些都是《遠東的線索》必須存在的原因。基本格局和線索恢復以後，材料的搜索和考訂就不是多麼困難的任務。

偽問題和稻草人只要置於比例恰當和線索清晰的格局當中，無需辨證就會自動淪為笑柄。抗戰由誰領導？這種問題有任何意義嗎？既然事後爭奪領導權的覬覦者根本沒有獨立的決策權。[7]

史達林和蔣介石的交易早在三〇年代中期就開始了。這項人肉盾牌計畫才是蔣介石開戰的真正理由和紅軍長征的真正原因，尤其也是汪兆銘堅信蔣介石會害死國民黨的真正理由。敵後抗戰是不是中流砥柱？這種問題有任何意義嗎？既然東亞大陸在二十世紀國際板塊的運動中，從來都不是主要動力。覬覦者在敵後的主要工作就是消滅了大部分友軍，包括河北、山東、江蘇三大省政府，發展山東半島和遼東半島的海路貿易，用糧食換取日本武器[8]，依靠津浦路協定[9]從上海和汪兆銘控制區輸送物資而已。這條路線比美國飛行員用生命換取的駝峰線更大更可靠。上海四五〇年代和香港八九〇年代商人以此起家者比比皆是，東南局[10]就是他們的衣食父母。抗戰最初幾年，沈鴻烈和韓德勤的部隊[11]集中力量破壞津浦路。八路軍消滅了前者，新四軍消滅了後者。此後，津浦路就不再危險了。潘漢年是這場交易的代表，饒漱石是他的直接上級，劉少奇又是饒漱石的上級。饒漱石在五〇年代的風暴中落馬，本來不會開除黨籍，因為潘案的牽連只能老死獄中。饒案即使在文革後都無法平反，因為饒的復出會把劉少奇變成漢奸。毛澤東說饒對黨不老實，就是看穿他在認罪材料裡玩弄手段，企圖留下日後翻案的活門。鄧小平和他的朋友們也是因此下定決心，讓他永遠沒有機會開口。[12]

諸如此類的鬧劇佈滿了二十世紀的遠東歷史，然而真正的悲劇在於甚至連直接受害者都不知道犧牲的原因。無知的大軍繼續在黑暗中相互殘殺，根本原因在於我們仍然生活在烈焰留下的灰燼當中。這場大火雖然尚未也並不必然徹底毀滅我們所在的文明，但無疑已經造成了最大破壞，可能預示類似、甚至更大的危險。文明的朋友理應盡到自己的責任，復原火場的草蛇灰線，將犧牲者應得的公義還給他們。

是為序，錄舊作志之。

山河

北顧難存衛，東途恥帝秦。

客星橫上黨，木葉斷江陰。

駑馬嘶碣塞，離人望華亭。

傷心寒潭客，猶自雒城吟。

1 《老子》：「下士聞道大笑，不笑不足以為道。」

2 這裡所謂的蠻族是文字和文明產生以前，通過嘗試—錯誤—甄別積累形成部落行為模式和規則庫。

3 參見奧威爾的文章：Politics and the English Language.

4 希臘神話，赫拉克勒斯十二偉業。Augeas 是 Elis 的國王，他的牛圈 the Augeanstable 三十年不曾打掃。赫拉克勒斯說如果他答應將牲口的十分之一作為回報給他，他將在一天之內打掃完牛圈。奧革阿斯以為這是不可能的，就答應他了。赫拉克勒斯拆掉牛圈兩邊的圍牆，引來阿爾甫斯河和佩紐斯河的河水，將牛圈積累的污垢一掃而空。

5 哈佛東亞研究中心創始人費正清（John K. Fairbank, 1907-1991）曾為共產國際周邊組織太平洋學會成員，對「偉大的中國革命」的正面評價貫穿於他的著作。

6 指偽裝成普通人，但實際上承擔著中共組織安排的任務的人。劉仲敬認為中國歷史學者楊奎松、沈志華等的著作看似中立客觀，實則利用對史料的巧妙剪裁和引導性的詮釋將史事往有利於官方的方向解釋。

7 中共官方喜歡聲稱自己是抗日戰爭中的「中流砥柱」。實際上他們在當時高度依賴蘇聯，不具有真正的獨立性，詳見本書正文。

8 「內斂、謹慎、大度、敏銳且足智多謀的羅榮桓成為山東分局書記、山東軍區司令兼政委，在一九四三年六—七月，羅榮桓果斷地抓住時機，巧妙地利用了國軍駐魯的于學忠部與駐皖的李仙洲部對調之機，採取了歡送前者、阻擊後者的策略，兵不血刃地接管了前者的防地，打通了從濱海區（日照至汪柘一線）至津浦線的商路。與此同時，山東分局財經委在薛暮橋的鼓勵下，展開第二次「排（斥）法（幣）」運動，把濱海區盛產的海鹽運到內地銷售，以吸收國民政府發行的法幣，屏護自己的「北海幣（或稱北票）」，還把行政手段與經驗槓桿結合起來，建立「北票區」，再以北海幣及北海銀行的信貸控制了轄區內棉花、花生油和鹽生產與銷售過程。

這三樣產品不僅是中國人民日常生活所必需的，也是日本占領軍所極須的，還是日本工業生產中的關鍵性原料。此時日本政府正傾全國之力於太平洋戰場，無暇顧及山東，日本占領軍當局派日本商社與山東抗日根據地的工商部門接洽，商討這些產品的交易問題。由於日本是處於被動的一方，掌握主動權的中共不僅能夠獲得包括武器在內的禁運品，而且還可以調節北海幣與法幣、偽幣之間的匯率，克服農產品與工業品之間的「剪刀差」，把對外貿易（指與根據地以外地區的貿易）變成自己主要的財政收入來源，同時解決根據地的就業問題，讓根據地內普通民眾的生活水準高於國民政府控制區。中共山東抗日根據地故而出現經濟繁榮、愈戰愈強的局面，其儲備了充足的物資，準備在日本投降後進軍東北並迎接新四軍北上入魯。」（賴小剛，〈抗戰期間中共在山東的崛起〉）

9 日本陸軍都甲徠大佐說：「『清鄉』的目的是為了強化社會治安。日本方面目前最關心的是津浦南段的鐵路運輸安全。只要新四軍不破壞這一段的鐵路交通，日方則希望和新四軍之間有一個緩衝地帶。」潘漢年說：「新四軍發展很快，目前正在穩步地鞏固和擴大農村根據地，也無意要立即占領鐵路交通線和其他交通據點。日軍方面要給新四軍有一定的生存條件，否則遊擊隊就會隨時襲擊和破壞鐵路交通線。」參見：尹騏，《潘漢年的特工情報生涯》（北京：人民出版社，一九九六），頁一六二。

10 中共中央東南分局最初是長江局的分支，一九三八年改稱東南局。皖南事變後，東南局和中原局合併為華中局。上海的地下工作，屬於以上機構的工作範圍。

11 沈鴻烈是國民黨任命的山東省主席，韓德勤是國民黨任命的江蘇省主席。

12 〈「高饒反黨聯盟」事件後的饒漱石〉，《黨史博覽》第十一期（二〇〇四）。一九八六年八月出版《毛澤東著作選讀》兩卷本第四三六條註釋中：饒漱石在任中共華東局第一書記兼上海市委第一書記期間，「直接領導潘漢年等在反特方面的工作。由於潘漢年被錯定為『內奸分子』，饒漱石主持反特工作中的一些活動被錯定為內奸活動，他因此被認定犯有反革命罪並被判刑」。劉少奇主持中原局和華中局，是上海地下黨在抗戰後期的直接領導。

第一章
世界體系的破裂

南京條約簽約現場

一八四二年大清帝國在鴉片戰爭中戰敗，與英國在停泊於南京下關江面的英艦康沃利斯號上簽署條約。清政府將香港割讓給英國，開放五口（廣州、福州、廈門、寧波、上海）通商，並由兩國共同訂立進出口關稅。自此大清與英國締結對等關係，傳統的天下體系破裂，列強的條約體系進入並主導東亞大陸。

一、自由主義與殖民主義，中心與邊緣

引言：十九世紀在歐洲體現為自由主義的世紀，在歐洲以外體現為殖民主義的世紀。其實，兩者是同一種秩序在世界中心和邊緣的不同表現。納稅人選舉產生的議會主導政治事務，以保護私有財產和自由貿易為己任。中心和邊緣的主要差異在於：歐洲的納稅人和無產者沒有種族差異，通過民族構建而逐步轉型為大眾民主；殖民地的歐裔納稅人和土著無產階級難以通過同樣的方式整合，殖民主義變成了文明秩序的僅有保障。

議會式政黨

「漫長的十九世紀」始於一八一五年維也納會議，終於一九一四年德國入侵永久中立國比利時。在此期間，國際體系空前穩定。歐洲大陸實現勢力均衡，皇家海軍統治海外世界。正統原則保證了歐洲各國相互承認、相互信任，一切交涉留給國際主義性格明顯的貴族外交官俱樂部處理。[1]流亡者和失敗者受到外國政府的公開庇護，後者並不會因此得罪友邦。國內反對黨和國外敵對勢力存在明確區別，合法政府的敵對行動受到戰爭規範的嚴格限制。只有在這種費厄潑賴

（Fair Play）的國際環境支持下，國內的政治鬥爭才能高度形式化。形式主義者的政治通常稱為自由主義政治，其實就是列寧和施米特（Carl Schmitt）鄙視的市井小人的淺薄政治——自由主義原則假定法治高於政治，一切政治問題最終都可以化約為法律問題。法治基於普遍性原則，沒有不能覆蓋的領域。程序保障權利，保護個人免除權力鬥爭的危險。無論左派還是右派的權力主義者都認為，沒有抽象和普遍的法治，具體和有限的法治如果存在，本身就是政治鬥爭的臨時產物。政治學如果撇開造就這些臨時產物的決斷，就是把政治學庸俗化。正義規則產生於決斷之後，而決斷本身是超乎正義或非正義之上的。這並不意味著自由主義黨派居於統治地位，或成文憲法體現了明確的自由主義原則，而是說政治問題已經可以化約為法理和法律問題，可以通過立法機構的各種可逆性程序討論和解決，使得書寫元規則的不可逆決斷退居幕後，甚至從大多數體面人士（資產階級）的想像中消失。這就是葛蘭西所謂的資產階級文化霸權[2]，在他的體系中比馬克思重視的經濟霸權更加關鍵。

保守派、民主派和社會民主派的政黨跟自由主義政黨同樣深陷體面人士（資產階級）的話語體系中，已經喪失了以其他方式理解、表達和行動的能力。議會式政黨最初就是自由主義政黨，其他政治勢力不以政黨的形式存在。保守派在英格蘭以國教會為依託，在歐洲大陸以天主教會和正統君主制為依託。民主派在英格蘭表現為普萊斯[3]和科貝特[4]式的獨立教派，以及沒有選區的市鎮群眾運動；在歐洲大陸表現為山嶽黨[5]和激進黨，以密謀團體和軍事政變著稱。社會黨人在馬克思時代仍然是公認的反社會勢力和候補的刑事犯罪分子，其綱領和活動本身就是違法的，其名譽和手段跟黑社會組織區別不大。福爾摩斯小說當中的《恐怖谷》，就代表了當時體面社會對工會的看法。工會首腦「身主麥金蒂」依靠暗殺和勒索維持團體，終於敗在平克頓偵探社手下。中國教科書把平克頓偵探社描繪成資本家破壞早期工人運動的打手，原因盡在不言中。美國工人運動的早期英雄，例如納入中學教科書的喬．希爾[6]等人，都是因為刑事犯罪，被陪審團判處死刑。簡單粗暴地說，不用違法手段是不可能阻止工賊的。而所謂工賊就是不肯繳納工會費的獨立勞動者，例如華人勞工。加利福尼亞的社會主義和排華運動是一回事，奧秘就在這裡。普通法將工會從密謀犯罪團體名單上刪除，還是十九世紀中葉的事情。謝普雷法（Loi Le Chapelier）明確禁止工會，因為工會只有在強制反對派工人和獨立勞動者的基礎上才能存在。

這三種政治勢力在中世紀的憲法理論中，都不屬於而且不應該屬於國會政治。國會就是市民階級—布爾喬亞—資產階級的代表，負責財政稅收的。貴族是武士團體，有自己的上議院。教士負責社會福利和教育，有平行於國會的教務會議。無產者不在政治共同體內，本來就沒有選舉權。三者沒有議會政黨，是符合傳統的。他們組織政黨，最初只是為了模仿資產階級。國會逐漸吞併了其他各等級的機構和權力，迫使他們的團體組織類似資產階級的政黨。民主派按照馬克思及其朋友的說法，是小資產階級組織。也就是說他們的財產達不到中世紀的市民或有產者標準，但仍然不是無產者或體力勞動者。最初的民主派和社會主義派經常混淆，莫里斯[7]和拉薩爾[8]之流領袖都是小資產階級知識分子。他們最初一致追求普選制，實現以後就分道揚鑣了。由於政黨組織越來越重要，最後發揮了反客為主的作用，例如社會民主黨最後出現了議會黨團壓倒工會的現象，天主教社會黨團也日益獨立於原先的教會母體[9]。

只有資產階級和自由主義政黨才是純正原始意義上的政黨，沒有諸如此類的非議會後臺組織。資產階級人士經常覺得，後臺組織操縱前臺政黨是不大符合議會政治精神的。如果現代讀者難以理解，不妨參考愛爾蘭共和軍和新芬黨[10]的情況。恐怖組織的政治代理人參加議會選舉，那些沒有幕後打手的良民代表會怎麼看待他們呢？非議會准政黨的議會化和政黨化，是各等級共治體系轉型的關鍵步驟。歐洲人不大重視，因為那是不用解釋的。而漢語世界迄今為止，還沒有正確的理解。因此當列寧和希特勒發動超越元規則和顛覆體面社會本身的超限戰時，資產階級勢力（包含從保守派到社會民主黨的所有體面政黨）竟然不知道如何利用自己本來非常強大的力量。

從施特勞斯學派衍生的詭辯

施特勞斯（Leo Strauss）及其門徒[11]懷著難民的心態，托庇於「禮失求諸野」的美國桃花源，試圖教育自己的東道主吸取歷史教訓，在面對不憚於超限戰的敵人時，果斷拋棄適用於體面對手的形式主義，行使剿匪先於主義的戰爭權利，將爭奪政黨利益的日常鬥爭，轉化為保衛文明價值生死鬥爭。[12]美國鄉民由於自身的優越處境，不能切身理解社會性超限戰[13]的恐怖，對施派的弘論似懂非懂。劉小楓及其弟子倒是理解了美國人理解不了的東西，卻把施特勞斯的教導用到了相反的地方，試圖利用施派「非常決斷在非常狀態下必不可少」的論證，來證明共同體可以、甚至應該建立在永久性的非常狀態之上。這種理論連施米特[14]都不會接受，但確實符合列寧主張的無產階級專政原旨。施特勞斯的政治學是客卿的政治學，反映了歐洲知識分子對納粹和蘇聯的恐懼，委婉地要求民主社會具備自衛的權利和能力。任何人只要熟悉威瑪共和國的衰亡史，就不會不理解他的意思。美國新保守主義者吸收他的思想，大抵引向在國際範圍輸出民主秩序的方向，因為他們想像不出本土社會遭到內部顛覆的可能性。帕森斯（Talcott Parsons）解釋韋伯的思想，也存在同樣的問題。[15]

德國思想家的魔性成分源於自身環境，他們在英語世界的繼承者總是要陽光得多。劉小楓的弟子恰好相反，故意把緊急狀態的決斷引向相反的方向，因為他們的目標就是為斯特勞斯學派準備防範的顛覆勢力尋找藉口。斯特勞斯學派要求民主社會面臨強大的顛覆威脅時，要有行使緊急狀態的理論準備，翻譯成日常語言，就是要行使白衛軍的剿匪權力，用臨時的獨裁權保衛資產階級社會。決斷的意思就是為了保衛民主，不得不暫時犧牲民主。劉小楓的意思恰好相反，就是用資產階級臨時專政的正當性，論證列寧主義的永久性專政同樣是正當的。[16]緊急狀態的本義就包含了臨時的意思，決斷的本義就是日常的反面。二者的正當性都有賴於臨時和非常的特徵，而劉小楓卻把這種正當性解釋為二者可以具備正常性和日常性。決斷的合法性有賴於決斷者保衛社會的性質，劉小楓卻將決斷權交給了社會的顛覆者。簡單粗暴地說，他其實是要求盜匪享有警察的權利。他借用警察必須享有臨時和有限殺人權的論據，反過來論證盜匪必須享有永久和無限的殺人權。如果有人反對殺人，他就會借此要求警察解除武裝。無論如何，他的基本點就是維護社會顛覆者。這種詭辯的技術並不是從他開始的，馬克思本人借用和反用資產階級激進共和派論據的技術與此非常相似。施特勞斯和施米特在漢語世界衍生的數百萬字著作和成千論文，翻譯成市井小人的語言都沒有超出上述範圍。這些作者之所以採用他們實際上所用的語言，主要是因為如果肯說人話，就不用指望任何支持者了。

「自由—殖民主義」的同構

「自由主義世紀」或「英國統治的和平」貌似金甌無缺，其實留下了體面人士忽略的兩個缺口。費厄潑賴（Fair Play）遊戲規則的內化在歐洲和世界都是動態的過程，將原材料塑造為藝術品的過程肯定會留下邊角料，也就是文明意義上的內部和外部無產者。前者從不能適應秩序的社會參與者，變成了自由主義規則的局外人。局外人對排斥自己的新社會，逐漸產生敵我認同，有些淪為喪失社會關係的遊民和遊士，自然成為社會不穩定因素；有些投靠所在社會的他者，例如李大釗之流。十九世紀的樂觀主義拒絕承認文明的資源可能窮盡，堅持塑造產生的邊角料和塑造之前的原材料沒有本質區別，發明對內和對外的兩種規訓或同化技術：自由主義和殖民主義。

自由主義的原則是：納稅人決定公共開支，財政決定憲制。由此產生了有產階級選舉團和他們的國會政治。善意假定無產者獲得財產和體面的過程，就是培養必需政治德性的可靠甄別程序。十九世紀末葉，普選制的危險理論開始侵入議會改革的進程。也就是說，人民的武斷權力開始侵犯財產的權利。這是二十世紀混合憲制崩潰的先兆，但資產階級政黨寧願選擇妥協和讓步。殖民主義的原則是：大英帝國是嚴厲的女教師，有義務而且有能力訓練缺乏自治能力的學生活出文明價值，但在學生的政治德性通過甄別以前（如果能夠的話），仍然必須為學生抵擋危險的誘惑者和顛覆者。十九世紀末葉，「大英帝國的課業」變成了「白人的負擔」[17]。也就是說，歐洲大陸列強開始染指海外世界。這種變化並不符合維也納體系[18]的精神，但大英帝國寧願選擇分享和協調。

「英國統治的和平」在歐洲體現為自由主義，在海外體現為殖民主義。自由主義和殖民主義在文明價值的意義上基本同構，其表面差異只是世界體系中心和邊緣的自然落差。內部無產者（缺乏德性的歐洲普羅大眾）和外部無產者（沒有自治能力的亞非美澳蠻夷）構成虛擬公學（Public school）的「未成年人」，他們的良好行為離不開歐洲（尤其是英國）有產階級（「成年人」）的課業。紳士的德性既體現於階級團體內部的自治能力，又體現於導師、代理人和託管人的榮譽感和責任感。代議制的原則和殖民主義的原則內在地統一，結晶為被蕭伯納和粉紅色知識分子嘲笑的品質[19]。殖民不是一種固定的制度，而是一個動態的過程，不是東方人習以為常的征服和征斂，而是秩序之流在德性落差的瀑布上浮現。英格蘭是天然的殖民者，也是以後一切殖民者的楷模，因為只有盎格魯社會完整地保存了封建自由的古老形式和特殊主義，能夠彙集全世界的習慣法，而不致於傷害母體的形式。然而，一八四八年原則造就的國民（民族）共同體對同質性提出了苛刻的要求，喪失了習慣法固有的靈活性和包容性，有利於邊界封閉的實體。最初的民族發明註定會刺激下一輪民族發明的鏈式反應，首先從歐洲到近東，然後從近東到遠東。東亞的變化是歐洲的延伸或後續，不是內生的機制。

大英帝國的課業

查理·義律（Admiral Sir Charles Elliot）將殖民秩序輸入遠東，或者說將大清和粵東習慣法納入了凱爾特和威爾士習慣法的序列，兩者其實是同一過程。義律本著因俗而治的傳統，建立了香港殖民地。香港習慣法的司法解釋最終屬於樞密院和上議院，曼島、威爾士和凱爾特高地的習慣法同樣如此。這些體系彼此平行而互不統屬，但都以上議院——最高法院為終點。首個《安民告示》向香港原居民保證：「至爾居民向來所有田畝房舍產業家私，概必如舊，斷不輕動。凡有禮儀所關鄉約律例，率准仍舊，亦無絲毫更改之誼。且未奉國主另降諭旨之先，擬應照《大清律例》規矩主治居民，除不得拷訊研鞫外，其餘稍無所改。凡有長老治理鄉里者，仍聽如舊。」[20]為數眾多的香港居民比以前任何時候更少感覺到統治者的存在，在最初的數十年間也很少讓統治者感覺到他們的存在。為數不多的英國人沒過幾年太平日子，就重演了他們祖先在英格蘭上演的劇碼，舉起「納稅人與代表權」的旗號拒絕交稅，迫使總督府為他們開放了「非官守議員」（unofficial members）。[21]這次改革播下的種子，最終成長為今天的香港「功能界別」選舉制[22]。法團主義（corporatist）本屬封建自由的成例，在英格蘭庇護所逃過了絕對主義的洪水，又在殖民主義庇護所逃過了民主主義的洪水，最後卻依靠列寧主義者對無產階級選民的恐懼而倖存，令人不得不嘆服世界之奇妙。[23]

大清朝廷和士大夫對香港的憲制演變視若無睹，因為理解能力永遠不會超出認知結構確定的天花板。上海英租界為殖民秩序的播散提供了更多的便利，因為永租制恰好適合充當普通法和東亞習慣法的中繼站，同時又陰差陽錯地符合清英雙方的外交需要。清國保存了統治權仍然在我的面子，英國避免了清國肢解影響東亞市場支付能力的風險。英格蘭的永租制源於封建領主—附庸的契約，允許所有權和使用權分離，預先為資本主義的土地制度開了方便之門。英格蘭的承租人向地主繳納契約保證金，契約雙方每年在秋收季節分享土地的果實。即使在大多數契約已經不再涉及農業的時代，封建的古老形式仍然一絲不苟地流傳下來。蘇松等地的地主雖然不能理解保證金和封建契約的關係，卻不難理解年租的實際用途。大清雖然不能理解領主權利的意義，卻非常害怕洋人佃客賴著不走，暗自慶幸愚蠢的英國人沒有索取自己無力拒絕的所有權。[24]

小刀會之亂（1853-1855）和李秀成的進攻（1860-1861）增加了上海紳商對殖民主義秩序的依賴，削弱了朝廷討價還價的能力，結果產生了工部局—上海市議會（Shanghai Municipal Council）。[25]上海租界和所有租界最初都在遠離城市的偏僻區域，因為官紳都不想讓這些不服王化的夷人在自己眼前出現。儘管條約允許外人入城定居和生活，兩廣總督和士紳卻一再煽動民眾騷擾外人。後者為了落實皇帝授予他們的權利，一再去北京上訪。咸豐皇帝一再踢皮球，打發他們回廣州等候處理。其實，這些小動作就是皇帝的意思。歷屆總督都因為成功地排斥了洋人，向皇帝報喜並獲得嘉獎。結果，外人不得不在起居不便的荒灘定居。太平天國戰爭將大批難民趕進了租界，才改變了租界的人口結構。蘇州一帶的紳士逃離太平軍占領的家園，只有請求外國軍艦保衛租界。人口的增加刺激了貿易，也使公共治理的問題變得迫切起來。十九世紀自由主義的精要就在於有產階級選民團及其代議制，在遠東的《工部局章程》當中得到了充分的體現，暴露了殖民主義和自由主義的內在同構性。

一八五四年七月十一日，阿禮國（Rutherford Alcock）[26]主持承租人會議。他依據一八五四年《土地章程》第十條，論證自治市政府的合法性。依據封建的、英格蘭的、民族國家聲索絕對主權以前的歐洲成例，自治市鎮就是一個擁有部分主權的實體。部分主權實體不僅有權跟她的領主和君主交涉，而且有權跟其他自治市鎮和其他君侯交涉。（光榮革命時代的聯省共和國仍然允許阿姆斯特丹行使這種權利，但法蘭西國民公會就不再允許史特拉斯堡繼續保留其條約權利。一八四八年的日爾曼邦聯仍然承認帝國城市的獨立外交權利和其他歷史特權，但威瑪共和國就不再允許。）阿禮國為他的自由市爭取了兩種特權：為保護納稅人的生命財產安全，邀請皇家海軍巡防；為整合衛生、警察和徵稅事務，成立市政委員會。他的做法如侵犯了大清主權，無異於說耶律楚材背叛了大宋皇帝[27]，因為主權在歐洲還是一個有待普遍承認的新概念，在海外根本不存在。嚴謹的敘事應該是：大清和列強的交涉，在以後的幾十年內逐漸引進了歐洲正在發明的主權。承租人會議選舉凱威廉、麥都思、金大衛、費龍、斯金納、白朗、金能亨七人為委員會董事，同時決定成立東亞第一支警察部隊。儘管外交大臣克拉林敦伯爵[28]拒絕以女王陛下的名義為自由市擔保，承租人會議還是繼續推進自己的工作，直到《洋涇浜設官會審章程》（1869）成立了納稅人會議，繼承了最初承租人會議的權力。[29]

工部局和納稅人會議是東亞第一個代議制政治體，而且不同於她的晚輩諮議局和舊國會，能夠有條不紊地履行其財政責任和其他責任，管理水準長期維持了歐洲標準，直到遭到國民政府的侵犯。《土地章程》修正案規定：選舉團由每年繳納房、地各捐超過五百兩的承租人，以及年租超過一千二百兩的納稅人組成。董事候選人每年一月提名，二月選出。候選人只要獲得兩名或兩名以上納稅人的支持，就能列入選舉名單。當選董事任期一年，可以連選連任。[30]《董事會章程》（1865）[31]規定：董事選出後，應該在第一次會議選出總董和副總董。董事會每月必須召開兩次會議，總董必須主持會議。在三位董事提議的情況下，董事會應該召開特別會議。原始提案和修正案都應由動議人簽字後提交總董，然後由董事會表決。董事會管理各項日常行政事務，制定和修改《土地章程》附律，管理財政收支，設置和廢除機關，任用和罷免工作人員，跟大清和各國交涉，組織萬國商團自衛隊。雖然《洋涇浜設官會審章程》也成立了會審公廨（Mixed Court），但工部局在涉及自身的案件中沒有司法權，審判是領事法庭的條約權利，經常判決工部局敗訴。各國領事是董事會的天敵，一再阻撓納稅人會議將自治體改造為「獨立共和國」的努力。條約體系對大清及其繼承者的約束和保護，是後者得以倖存和構建的主要原因。

香港是孤立和特殊的政治體，工部局卻是東亞所有自治體的源頭和範本。此後的上海法租界、漢口德租界和其他城市的各國租界紛紛效仿，成立自己的工部局。有產階級選舉團的公正和開明贏得了良好的聲譽。納稅人會議的成員基本上是歐洲人，保護華人財產和習俗的可靠程度卻高於大清的任何衙門。一八九三年《土地章程》中提到，「倘工部局欲築公路穿過華人產業，則須於動工之前，預先商議購地，及搬遷房屋或墳墓之在路線上者」；「華人墳墓，若非其家屬自行允准，不得動遷。」《皇朝經世新編》讚美會審公廨的司法程序：「案無大小，胥由人證明其曲直，律師辯其是非，審官研鞫而公斷之，故無黑白之弊。」[32]漢口和其他城市的「中外會審制度」是上海會審公廨的嫡系子孫。在沒有歐洲人主持的法庭上，華人的生命財產很難得到保障。[33]英格蘭的鄉紳和商人保衛了英格蘭的「財產和自由」，在英格蘭之外，殖民主義保衛了東亞紳商「財產和自由」。他們一旦脫離了殖民秩序，就迅速地回到了他們從未遠離的黑暗當中。

降虜社會的本質

殖民主義體現了自由秩序的擴張，但文明的餘燼只有依靠外源的熱能才能回暖。末期文明只尊重赤裸暴力，內心深信一切文明價值不外乎文人的諂媚，失敗時狡詐地希望借助敵人的原則捆住敵人，自己卻暗中鄙視敵人的天真和輕信，一旦直接暴力的威脅解除，他們就會原形畢露。在「畏威而不懷德」已成公理的社會中，如果不夠殘暴，就會收穫暴君的汙名，反之亦然。明末士大夫看到李自成殺人像洪武一樣肆無忌憚，不像崇禎那樣有氣無力，就放心地相信大順的錦繡前程，像拋棄舊衣服一樣忘記了東林復社時代的豪言壯語。大清在揚州展示的果斷和堅定，贏得了蘇松士紳的恐懼和信賴，正如弘光政權[34]的猶疑和軟弱招致顛覆和譭謗，無異於蜜糖吸引蒼蠅。伊里布的情書外交[35]和僧格林沁的黑牢外交[36]看似相反，其實相成。查理·義律廢除酷刑，只能依靠皇家海軍的霸權。他如果效法揚州十日，給順民留下不可磨滅的記憶，定將獲得救民水火的頌揚，但他如此渴望解放者和改革者的定位，在詭詐的降虜面前暴露了自己過高的底線，結果在長期反對鴉片和腐敗的努力之後，反倒在東方留下了鴉片保護人的汙名。降虜的精英只能通過文字的報復釋放挫敗的怨毒，窺測心理弱點的詭詐是他們最後的智慧，他們留下的歷史紀錄必須結合他們扭曲的心理結構，才能正確地翻譯和理解。如果他們說征服者沒有趕盡殺絕，僅僅出於利益的考慮，那就是說征服者為了遷就自己社會較高的原則和底線，無法以降虜習慣的掠殺方式徹底利用自己的勝利。如果他們說征服者仁慈公正、深得民心，那就是說征服者的殘暴卑鄙超出了他們的報復能力和想像能力，配得上他們發自內心的欽佩和走投無路的依附。

大英帝國轉向日本

庚申和甲午之間（1840-1894），英國在遠東的課業處於最佳狀態，但和諧建立在誤解和欺詐的基礎上，註定不能持久，更不用說成功。英國人以為自己在李鴻章身上發現了「可以教育好的學生」和「有能力履行承諾的交涉對手」，以為自己能夠借助李鴻章和越來越多的小李鴻章，通過海關、郵電、北洋艦隊的實習，將大清調教成可以信任的文明國家、私有財產和自由貿易在遠東的保護人、阻止俄國南下和維持內亞穩定的大英代理人，把其間發生的種種衝突解釋成劣等生學習優等生過程中的必要磨合。他們既高估了李鴻章在朝廷內部的地位，又錯估了李鴻章自己的意向。無論滿蒙親貴、江東士大夫還是順民，都希望通過扭曲認知結構，否認自己的軟弱。聰明的弱者將教鞭的規訓解釋成敵人的殘暴，就能證明自己並不是錯誤的一方；將無法抗拒的殘暴解釋成民心所向的擁戴，就能證明自己並不是怯懦的一方。聰明是文明留給餘燼的最後遺產，適足以毀滅死灰復燃的最後機會。蠻族在類似的情況下，無法領會和運用上述的聰明，失去了在自己的世界內永遠勝利的機會，反而容易通過殖民者的課業，最終像蘇格蘭高地人和庫爾德山民（庫德人）一樣，變成文明比較可靠的預備隊。[37]

殖民者英格蘭和被殖民者大清，在庚申因誤會而結合，在甲午因瞭解而分離。庚申開始了大英帝國的課業或李鴻章的清、英蜜月期，然而這樣的合作建立在「一個大清、兩種表述」之上。恭親王和江東士大夫都把自強運動或洋務運動當作學習先進技術的工具，絕不允許因此動搖大清的意識形態和權力結構。大清的惡劣表現，英國人將視為初學者的笨拙，願意多給它一些時間，但規訓期不可能無限延長，失敗的劣等生最終將會遭到文明人俱樂部的驅逐，尤其是在自學成才的日本不斷主動趨奉的情況下，英國人早晚會拋棄扶不起的阿斗。如果說英國人在李泰國事件[38]中還能耐心等待，在琅威利事件後就開始喪失信心了。甲午戰爭對日本是一場表演性的戰爭或畢業考試，以歐洲列強和輿論為觀眾和裁判。日本人竭力向白人證明自己的軍隊像歐洲人一樣文明，清兵卻像太平天國時期一樣肆無忌憚地殘殺俘虜。北洋艦隊覆滅前，大英帝國的遠東政策明顯偏袒大清。琅威利[39]不斷告訴歐洲讀者，日本人不是北洋艦隊的對手。英國人排斥美國人維護朝鮮獨立的嘗試，鼓勵大清強化在朝鮮的統治地位，因為只有負責任的強國才能將俄國擠出朝鮮和遠東。[40]日本和朝鮮都不像是遠東壁壘的適當候選人，正如塞爾維亞和保加利亞不像是近東壁壘的適當候選人。土耳其和大清無論負不負責任，至少看上去像是值得扶植的大國和強國，但如果自己暴露了扶不起的阿斗本色，就不能繼續指望建立在幻覺之上的友誼。日本武士爭取英國友誼的熱忱比李鴻章高得多，一直為表面上的弱小和偏僻所累，直到他們通過甲午、庚子、日俄戰爭三場大考，證明了自學成才的同等學力，才算贏得了李鴻章推三阻四的獎品，締結了第二次英日同盟。第一次英日同盟（1902）只能保證自學者參加考試的同等資格，第二次英日同盟（1905）承認了優等生獎品競賽的王車易位，第三次英日同盟（1911）正式將遠東分公司的經理職位交給了久經考驗的代理人。

大清在甲午折斷教鞭，在庚子親吻皮鞭。琅威利沒有得到的尊重，全部奉獻在瓦德西（A. von Waldersee）腳下。聯軍在北京收穫了無數萬民傘和德政頌[41]，證明他們終於找到了餘燼所能理解的語言。拳匪之亂給晚清和北洋時代的精英留下了足夠深刻的印象，構成了此後二十多年憲法性約束的基礎，保證了東亞近代史最自由、最文明的時代，直到世界秩序在其發源地遭到削弱，遠東的免疫保護期相應地結束，詛咒教鞭、讚美皮鞭的遊戲捲土重來。

二、第一次世界大戰與德國的革命外交

引言：大眾民主和民族國家相互支持，縮小了歐洲外交體系的迴旋餘地。國家的主權從少數人手中，轉移到全民手中。戰爭也就相應地從少數專業人員的戰爭，變成更加殘酷的全民戰爭。英國是舊國際體系的主要維護者，德國是主要挑戰者。大多數國家支持英國，孤立的德國試圖以革命外交彌補劣勢。德國的革命外交針對協約國的薄弱環節：在俄羅斯帝國支持列寧的失敗主義，破壞保皇派和自由派的護國主義；在中華民國支持孫文的中立主義，破壞北京政府的參戰政策。

軍事動員與戰爭型態的變化

一戰前的三十年間，大眾民主緩慢地侵蝕各等級共治的古老殘餘。紳士軍隊和紳士外交原本構成相互依賴的整體，在軍國主義和群眾政治的擠壓下損失最大。混合政體的外交體現其「法的精神」，由多層次的可逆博弈組成。而單一政體的外交不再構成相對獨立的子系統，為「漢賊不兩立」的精神籠罩。人民主權對應的群眾大軍和絕對專制對應的職業軍團都是「快槍手的第一顆

和最後一顆子彈」，要麼不做要麼做絕。先發制人的贏家勝者通吃，導致戰爭的可逆性消失。一戰前夜的軍事動員體系已經充分民主化，外交協調體系卻仍然浸淫維也納會議時代的貴族精神。代議制政體自身處在蛻變之中，沒有能力彌縫二者落差產生的巨大張力，構成全面戰爭的根本原因，猶如交通事故的根本原因在於以前的道路容量和現在的車輛數量不相適應，因此代價公正地落在所有當事者頭上。具體哪一方最嚴重地破壞了規則，相形之下猶屬次要。

德俄兩國皇帝都發現他們的軍事機器處在要麼坐以待斃，要麼全面動員的零和狀態。然而只要全面動員無法中止，任何外交斡旋都無法提供足夠的可信度。大戰爆發的直接原因是參謀總部計畫人員對外交政策的綁架，根本原因則是戰爭的民主化。誰能先於對手動員更多的預備役士兵，就能以普法戰爭的方式消除對方召集後備役的機會。任何軍事計畫如果不以迅速全面動員為前提，就會在軍官當中喪失競爭力。一戰前夜，歐洲列強的備戰計畫全都以此為准。替代方案不存在或幾乎不存在，決策者沒有選擇餘地。對於全民動員的戰爭來說，國界沒有任何意義，「越過邊界才算進攻」的老規矩失靈了。任何一方只要搶先在自己境內完成了全民動員，沒有完成動員的一方無論在邊界哪一側都是死路一條。這時對軍方而言，動員本身就是侵略行為。然而公眾和外交界仍然沒有擺脫十九世紀的習慣，以侵犯邊界為判斷標準。結果決策者跟軍方商量以後，外交官和輿論領袖的意見就完全變成了不著邊際的廢話。巴黎離比利時邊界如此之近，柏林離俄羅斯邊界如此之近，各國國民的軍訓和動員機構如此完善，中歐鐵路網和法國北部鐵路網又是如此發達。局部動員只要幾天時間，就能變成總動員。任何動員只要幾小時，大軍就能越過邊界。

如果德國動員而法國和比利時不動員，德國軍隊在兩星期內就到巴黎了。如果俄羅斯動員而德國不動員，俄國軍隊在兩星期內就到柏林了。歐洲列強從未如此富裕和強大，卻又從未如此脆弱和危險。他們隨便派出兩艘軍艦，就能在海外夷人社稷，然而因為冒不起信任鄰邦的風險，只能將全國的青少年投入戰場。奧地利人為塞爾維亞而動員，但動員必然會造成他們隨時可以越過加利西亞（Galicia）邊界的形勢。沙皇為了保證烏克蘭的安全，除了局部動員以外別無他法。俄羅斯即使局部動員，也意味著百萬大軍整裝待發。誰能保證加利西亞前線部隊不能在剎那間掉頭開進西里西亞（Silesia）？除非德國人在邊界另一方動員。德國人一旦動員，全世界都會心驚膽戰。東普魯士的後備軍在普法戰爭時期，用八天時間就橫跨了大半個歐洲。即使洛林前線看不到一個普魯士人，法蘭西也已經亡了一半了。法國人一旦開始動員，德國人就冒不起魯爾區在三天之內淪陷的危險。解除西線危險的捷徑，莫過於搶在法蘭西的動員機器運轉以前，通過布魯塞爾到巴黎的最短路線，將尖刀刺入法蘭西的心臟。戰爭開始時的交涉都是一面要求對方復員，一面自己趕緊動員。衝突的原因已經不再重要，關鍵在於冒不起單方面不動員的危險。如果錯誤地相信了對方的無惡意保證，就會迅速亡國。如果錯誤地不相信對方的無惡意保證，結果不外乎三種：和平、我方零成本勝利、同時動員開戰和公平戰鬥。這三種結局都比錯誤信任更好。所有各方都選擇無論是不是錯誤的不信任，結果就是同時動員開戰。

貴族式外交的沒落

威廉和尼基最後的交涉[42]（威廉二世與俄國沙皇尼古拉二世的通信）適合一個已經逝去的世界。一八四八年以前，歐洲貴族仍然是一家人。國王或女王本來是有血有肉的活人，適合扮演有機共同體的代表或象徵。臣民對君主的愛和忠誠，至少有一部分來自君主個人的性格和德性，跟父親和丈夫在家庭當中享有的愛和忠誠，沒有本質上的差別。愛和忠誠是分不開的，是具體和有機的。誰都不會以為既然家庭法或婚姻法的條文是一視同仁的，性格和品行不同的男人就會收穫一模一樣的感情。只有公務員辦事，才會根據抽象的原則和機械的規範。外交不屬於公務員，屬於貴族俱樂部。各國君主都是或近或遠的親戚，個人性格和現實利益都會對外交政策產生影響。實力和資源可以精確計算，但並不能保證其擁有者占上風。利奧波德一世善於做人，使布魯塞爾宮廷一度凌駕於巴黎和馬德里之上。他去世以後，比利時王國的外交地位就回到與其資源相匹配的層次。

民族和民主都是中產階級知識分子的新發明，為上流社會和勢利眼所不齒。王室和貴族應該像吃薪水的公務員一樣，服從他們統治的民眾。民眾通過神秘而混亂的抽象，構成擬人化的「國家」或「民族」。老派的體面人聽到諸如此類的理論，免不了聯想起巴黎街頭的煽動家和無套褲漢[43]。威廉雖然以任性著稱，畢竟不能完全擺脫階級的底色。他訴諸歐洲貴族共同的記憶，言外之意的訊息量比信中的文字豐富到不可比擬。霍亨索倫家族再蠻橫無狀，也不會像希特勒和史達林這種下等人一樣，喋喋不休地宣傳自己的意識形態和正義性，唯恐客套的外交辭令體現不了作者赤裸裸的力量和決心。

體面人的尊重不是勉強的形式，而是自然而然的含蓄。親戚彼此瞭解對方的弱點和痛點，不大會製造不體面的二次傷害。紳士不應該諂媚上帝以外的任何對象，只能用間接的方式喚醒往日功業的記憶。如果今天的高材生負責替威廉執筆，同樣的內涵就要翻譯成下面這些浮誇和俗麗的語言：

「塞拉耶佛的暴徒不僅代表他們那個喪心病狂的恐怖組織！他們不僅撕裂了我們共同歷史的最大創口，還蓄意毒害我們子孫後代的生活。深思熟慮的觀察家不可能看不出，我們所知的文明又一次面臨挑戰。多虧了亞歷山大沙皇的慷慨恢弘，歐洲各君主國才沒有因路易國王的鮮血而沉淪。自維也納會議以來，東方三君主國一直是國際秩序的中流砥柱。歷任沙皇無不珍惜中歐兩強的友誼，絕不允許任何亂臣賊子威脅柏林和維也納的正統君主。這就是失敗的恐怖分子懷著刻骨仇恨，稱俄羅斯為『歐洲憲兵』的原因。俄羅斯現在的大臣們蔑視幾代沙皇的睿智和東正教徒的忠勇，甘願讓俄羅斯的政策為法蘭西的共和政體服務。近來歐洲局勢的惡化，莫不肇因於此。塞爾維亞這樣的恐怖主義國家能夠在歐洲心臟恣意踐踏文明底線，無非是盲目指望沙皇陛下的保護。吾人有一切正當理由對沙皇陛下的聖明懷有不可動搖的信心，期待東方三帝在保衛文明價值的前線再次攜手。萬一天有不測風雲，吾人亦將不顧成敗利鈍。」

貴族俱樂部的交涉訴諸榮譽感和相互信任，這些因素在全民戰爭中的分量已經降低到微不足道的地位。他們沒有理解自己習慣的規則和自己所在的環境已經脫節，一味將雙方都無能為力的局勢推給對方。如果他們的軍隊仍然由幾千名貴族統率，宣戰以後需要半年時間準備必不可少的輜重，然後才能向邊界開拔，這些交涉就可能生效。

那時，皇室和大臣沒有專業的安全保衛人員。他們像普通市民一樣在大街上散步，任何一個瘋子拔出匕首就能刺殺他們[44]。貴族軍官自備戰馬為王前驅，他們的敵人就是自己的表親。戰役的勝利意義不大，因為國際會議肯定會強迫勝利者吐出大部分戰利品。騎士的風度、戰術的高妙更加重要，然而對戰爭的勝負影響不大。君主應該通過戰爭證明自己的榮譽感和責任感，但不必過分擔心突襲和欺詐造成不可逆的損失。他們的總參謀部卻深信零和博弈、贏家通吃的未來，勝利或毀滅取決於能不能搶先二十四小時動員全國丁男。姻親的道義和君侯的信誓漂浮在無名群眾的汪洋大海上，沒能在第一個浪頭中留下絲毫痕跡。古老的王室用古老的語言責備脫節的現實，彷彿堂吉訶德揮舞長矛衝向風車。

德國釋放「革命外交」

在二十世紀的馬基維利主義[45]者看來，愛德華・格雷爵士（Sir Edward Grey）一九一四年八月三日的演講體現了一種難以理解的認知框架。大英帝國已經占有了全世界一切美好的事物，隨時可以將自己的欲望變成法則，居然像鄉村板球運動員一樣天真迂腐，一本正經地為了所謂「體育精神」而參加比賽。傻瓜才把手續看得這麼重要，「聰明人」都知道手續是為目標服務的。如果德國人就是要打比利時，辨不辨手續真有很大的關係麼？格雷爵士是不是以為，如果德國人放過中立國，根據正常的程序直接向英國宣戰，即使英國犧牲更多的人，他都會認為很值，一切都是理所當然，對德國人沒有什麼好抱怨的？如果說英國人用虛偽掩飾利益，只是不願放棄自己的霸權，為什麼不向德國人索取高價，瓜分比利時呢？德國人得到通向巴黎的道路，英國人得到保護海峽的壁壘。俄國人多次通過瓜分波蘭，加強了柏林和維也納的實力，因此在以後的外交或戰爭當中，面臨更難對付的敵人；然而很少有人論證，俄國人如果為了保衛波蘭，立刻向德國人開戰，付出的犧牲本來會更小。這樣的戰爭勝利以後，必然會使整個波蘭完全依附俄羅斯，從現實政治的角度講，比分到半個波蘭更強。

阿斯奎斯（H. H. Asquith）內閣無法接受這種有失體面的計算方式，在野的保守黨比他們更加堅定。英國紳士階級的精華身先士卒，葬身於罌粟花盛開的法蘭德斯原野。[46]「昨日的世界」如此尊重形式主義，甘願為此付出如此重大的實質犧牲，無論稱為虛偽、迂腐還是高尚，都顯得陌生、甚至怪異。二十世紀人習慣了超限戰、不宣而戰和人肉盾牌，覺得貝特曼－霍爾維格（Theobald von Bethmann-Hollweg）的「條約即廢紙」[47]沒有什麼值得大驚小怪的；習慣了真理部、大清洗和種族滅絕，覺得侵犯個把中立小國實在是雞毛蒜皮。馬基維利主義者解放了思想，鄙視形式主義的虛偽。他們只會驚訝德國人為什麼如此誠實或愚蠢，竟然會承認自己負有毀約責任，然後費力不討好地論證種種事非得已的理由；為什麼沒有搶先論證一切責任都在受害者身上，或是通過斬草除根證明根本不存在受害者，或是至少深刻分析天下烏鴉一般黑的道理？

從善如登，從惡如崩。十九世紀形式主義的短暫高峰，實為基督教千年薰陶和封建自由數百年積累所致。底線一旦突破，禮崩樂壞的速度就要遠遠超出文明當初的蘊育。威廉皇帝的政府首先解構了「條約神聖」的思想枷鎖，此後就不難進一步展開三方面的「革命外交」：通過社會主義極端派工作瓦解俄羅斯帝國[48]，通過伊斯蘭工作瓦解大英帝國[49]，通過孫文工作瓦解北洋政府及其參戰努力[50]。德國自己垮臺，釋放出顛覆團體仍然繼續工作。種子在母體毀滅以前落地，完成了母體的遺願。

摩洛哥蘇丹在阿加迪爾危機[51]中，曾經指望德國支持他反對法國。張之洞責備曾國藩在天津教案中的軟弱，幻想普魯士會支持他反對法蘭西。[52]第一次世界大戰以後，這種希望開始成為現實。政治德性不足的歐洲內部無產者和殖民地外部無產者咬斷了給自己餵食的手，主動或被動地選擇了文明秩序解構者的人肉盾牌角色。他們像歌德詩中的魔法師學徒[53]一樣，嫉妒作威作福的師傅，拒絕承認綴學和畢業的區別，以沐猴而冠的方式模仿師傅運水的法術，結果為自己召來了大洪水。「短暫的二十世紀」釋放了基督教歐洲文明存在以來聞所未聞的大屠殺，在隱秘的世界法庭上恢復了德性收支表的平衡。

三、協約國和日本維護遠東體系的佈局

引言：日本是遠東唯一真正進入歐洲國際體系的國家，通過甲午戰爭、庚子戰爭和英日同盟，在國際上充當大英帝國的遠東代理人。辛亥革命爆發後，英國主導的列強為了維護遠東體系的穩定，盡力推遲大清遺產的解體，導致了五族共和的中華民國成立。日本泛亞主義者、同盟會和各省都希望大清解體，但日本主政的親英派有能力壓制他們。第一次世界大戰爆發後，協約國將遠東託付給日本。日本主流政治家出於對條約體系的忠誠，繼續維護中華民國的名義統一。

英日聯盟

一九一一年英日條約奠定了遠東條約體系的基石，完成了山縣有朋－桂太郎政策的勝利。伊藤博文和陸奧宗光的日俄協調論[54]壽終正寢，頭山滿和犬養毅的亞洲提攜論[55]退入民間。這次路徑選擇斬斷了日本效法俄羅斯，孕育歐亞主義認同的可能前景；重創了日本效法西魏北周隋唐，以華夏文明邊界守衛者資格復古維新的隱秘期望。日本通向「亞細亞孤兒」的路徑從此更難回頭，

但尚未形成天命共識。條約已經將東亞英格蘭的使命交付給日本，但日本自身仍然缺乏與其使命相匹配的認知圖景。她徘徊於「追隨列強」和「武斷諸夏」之間，[56]兩者都是缺乏良好現場感覺和深厚決斷信念的表現。她此刻在前一條路線上浪費了比任何利益都更寶貴的時間和機會，從而醞釀和積累了日後戲劇性路徑躍遷所需的格局扭曲。十九世紀的英國如果同樣缺乏辨識節點的洞見和當機立斷的堅定，就很難阻止啟蒙主義士大夫主持的法語吏治國家統一歐洲大陸了。

一九一一年《英日同盟協約》授予日本人的行動自由，比一九〇四年《英法協約》（Entente cordiale）[57]授予法國人的行動自由大得多。地緣形勢和機會視窗授予日本人的行動自由，同樣比一戰前的法國人大得多。明治末年目光短淺的不作為政策對遠東秩序的瓦解負有重大責任，僅次於昭和初年逆時而動的補償性冒險政策；正如法蘭西一戰前的透支性復仇主義對歐洲秩序的瓦解負有重大責任，僅次於一戰後逆時而動的補償性綏靖政策。

《英法協約》只是英法兩國之間的諒解，並不包括法俄同盟式的軍事義務。英法兩國在原先立場相左的問題上達成諒解，使雙方都有可能騰出精力，應付其他各方面的事務，僅此而已。如果沒有英法諒解，英法根本不可能有反對德國的餘力，然而即使存在英法聯盟，仍然不能保證英法會聯合起來反對德國。英國同樣向德國人和俄國人提出建立類似的諒解協約，俄國人接受了，近東、內亞和遠東的緊張局勢隨之結束，[58]否則日本和俄羅斯是不可能站在同一方的。德國人不僅拒絕英德諒解，而且以威脅手段強迫英法解除協約，結果幫助法國人做到了後者本來想做，但是沒有多少可能做到的事情。協約針對具體問題，例如埃及、摩洛哥、黑海海峽、南滿鐵路。德國人拒絕協約，意味著她沒有具體和有限的目標，鬥爭必須以更加公正合理的國際新秩序為結局，換句話說就是要推翻大英帝國的和平。

英國人的理想是光榮孤立，不肯直接介入歐洲大陸的糾紛。她寧願看到德奧同盟和法俄同盟勢均力敵，英國處在離岸平衡的最佳位置。參戰取勝只是英國人的次優選擇，實力均衡才是她的最優選擇。法國人巧妙地利用德國人的愚蠢，成功地報復了滑鐵盧和色當的一箭之仇。史學界通常稱法俄同盟為「致命同盟」[59]，對第一次世界大戰的爆發負有始作俑者的責任，因為同盟義務是剛性和確定的，協約諒解是柔性和不確定的。然而，法國的勝利比法國的失敗更悲慘。拿破崙戰爭和普法戰爭失敗後，法國仍然是強國。一戰勝利後，法國人口已經遭到長平式[60]的毀滅。名義戰敗國德國面對老齡化、青壯凋零的法國和支離破碎的東歐，地緣形勢比法俄聯盟包圍的戰前更加有利。

英日聯盟不是協約，而是聯盟。大英帝國保護日本的條約義務，比保護法蘭西共和國的協約義務要強得多，然而日本人利用英國條約義務的能力，明顯不如法國人利用英國協約義務的能力。英法協約主要是發揮了保護法國的作用，德奧同盟對法俄同盟的相對優勢正在擴大。英日同盟主要是由日本人出力，維護英國人制定的遊戲規則。世界霸主抽象的保護對新興國家非常重要，但並不需要英國人付出多少實際上的成本。弱者在不平衡的同盟當中能夠獲得的最大利益，其實不在同盟條約規定的具體項目中。如果比爾·蓋茲喜歡一家餐館，願意出十倍價格天天在那兒吃飯，老闆的最大利益顯然不在這位客人付給的十倍價錢，而在聞風慕名而來的無限多新客人。如果老闆居然滿足於比爾．蓋茲按照合同付出的十倍價錢，把精力集中在只有極少數老客人才能品鑑的烹飪技術上，不用極少的烹飪成本和比爾．蓋茨的名氣吸引大批不懂品鑑的新客人，那他的做法就非常接近於日本的外交風格了。

日本的外交性格

日本人履行條約義務，極端拘謹、誠實、守信，傾向於犧牲條約文字不會寫明的政治目標，維護每一個白紙黑字的細節。他們習慣於用同樣或類似的標準對待其他各方，因此在堅持文本細枝末節的成本相當高，卻並無明顯利益的時候，不知道變通和豁免，二十一條交涉就屬於這種情況；在條約政治影響的潛在利益明顯大於文本界定利益的時候，不知道因利乘便、借力借勢，英日同盟就屬於這種情況。機會主義的鄰居看待日本，大概會覺得他們就是俗語「活人不會讓尿憋死」的反面教材，很難克制玩弄和利用的衝動。顛沛流離的流氓無產者看待珍惜信用的匠人，就是這樣的感覺，造成的後果也差不多。高度成熟的政治民族善於運用條約背後流動的格局和趨勢，僅以條約文本明示的義務和利益為帆索。成績優秀而經驗薄弱的新手不能及時擺脫優等生時代不負決斷責任的積習，對明文規定的義務和利益斤斤計較，對載舟覆舟的暗流遲鈍盲目，在錯誤的時間做正確的事情。無產者沒有審慎的智慧，卻有破壞的本能，沒有確定的利益，卻有敏銳的感覺，猶如塵沙和碎屑的布朗運動，追隨風向變化的速度高於任何有形態組織。霞關（外務省）的領導模式始終屬於第二類，以吃力不討好的奮鬥和付出，謀求長期穩定的優等生地位，一旦付出和回報之間的直接回饋遭到破壞，就會立刻喪失照本宣科、按部就班的領導能力，像笑話中的醫生，覺得病人不按久經考驗的教科書生病，嚴重侵犯了優等生應得的權利。

袁世凱和唐紹儀領導的大清外務部明白日本人有機會做什麼，清楚的程度雖然不及黑龍會及其保護的同盟會，[61]但已經遠在桂（太郎）園（西園寺）內閣之上。袁世凱根據他在朝鮮的經驗，覺得庚子後的大清已經像李鴻章時代的朝鮮一樣岌岌可危，只有美國人不負責任的理想主義才能延緩清算。他的錦囊妙計構成了北京職業外交官團體的秘傳心法：不惜一切代價將美國人拖進遠東體系，製造遠東屬於拉丁美洲一部分的幻覺，利用弄假成真的疑陣打擊優等生謹小慎微的心理弱點。袁世凱老謀深算，不可能不清楚「專使外交」的純粹禮儀性質和「清美德聯盟」的純粹泡沫性質；[62]但正因為他老謀深算，才清楚空城計對自己的重要性不遜於裱糊匠對李鴻章的重要性。唐紹儀和顧維鈞的成功無法在短期內回饋袁世凱的廟算，卻在長期後拯救了袁世凱的敵人，[63]天命的可畏和人謀的渺小，沒有比這更彰明昭著的證據。

日本在二十世紀最初二十年，放棄了促成亞洲大陸勢力均衡體系的最佳機會，也就葬送了自己在一戰以後推行離岸平衡的前景，而且正是因為她不能勝任東亞英格蘭的使命，才使英國人喪失了繼續維持英日聯盟的動機。如果頭山滿、肅親王、孫文和聯省的沙文主義者在適當的機會視窗破壞了袁世凱的拖延政策，日本就會一戰以後面臨如下的格局：英日同盟的本質是日本負責執行英國的遊戲規則，維護遠東秩序。相對於條約的政治目標，條約的技術細節只是次要問題。日本人只要實現了英國人的目標，英國人不難事後追認既成事實。德國人和俄國人在第一次世界大戰以前，多次製造這樣的既成事實，只要沒有直接違背條約文本，英國人大都沒有反對。日本人在戰前的外交風格偏於拘謹，在英國人奉行「條約沒有明確禁止就不反對」的黃金時代，採取了「條約沒有明確准許就不行動」的政策，沒有充分開發英日同盟保護傘造成的機會。[64]第一次世界大戰以後，這樣的機會就消失了。日本人如果在辛亥前後分割滿蒙，造成的後果不會比德國在青島和英國在新界的類似行動更嚴重，甚至在凡爾賽會議以後，英國人最初仍然願意追認九一八事變和盧溝橋事變，主要是迫於美國的壓力才放棄，其中透露的資訊耐人尋味。

東亞大陸的小邦競逐時代

辛亥前後，東亞大陸的大多數政治勢力同樣不願意維護大清的遺產。孫文和大多數革命黨人長期堅持要把滿蒙趕出長城，在意識形態上主張「日親滿疏」。武昌和昆明的中間派同樣厭惡「朔方虜騎」，要求建立十八省的聯盟。張作霖和肅王主張皇室退回關外，要求日本人提供保護，然而日本人在最有利的時機不肯同意，採取了消極等待列強達成一致的政策。只有袁世凱和慶親王願意調和南北，向北京的公使團索取援助。公使團願意維持東亞現狀的主要原因，跟聯合國和北約願意維持阿富汗現狀的理由相去無幾。這樣脆弱和遙遠的支持不足以抵抗某一個強鄰堅定的破壞，辛亥以後幾十年的發展充分證明了這一點。東亞大陸在舊國會垮臺以後，無法維持中華民國的門面，分裂為滇黔蜀聯盟、滇桂聯盟、粵桂聯盟、粵閩聯盟、（孫傳芳）五省聯盟、（吳佩孚）十四省聯盟、兩湖聯盟、湘粵聯盟、直魯聯盟、滿洲等小邦和邦聯。幾個聯省共和國和一系列小邦競相追求日本的友誼，模仿日本的範例發明自己的民族國家。毛澤東受譚延闓和章士釗委託，為湖湘民族主義做輿論準備，就是在這個時代。

張作霖和譚延闓的目標如果實現，東亞大陸勢必出現大批朝鮮式的小邦。蘇聯必然滲透顛覆這些根基不穩的小邦，激起其他各邦的恐懼，會促使冷戰格局首先在遠東成型。而殘餘的中國必然像李鴻章時代的大清，不肯停止對舊日屬地的干涉。日本人在甲午戰爭前夜援助朝鮮，反抗袁世凱（李鴻章北洋系駐朝鮮代表）的跋扈和俄羅斯威脅，獲得美國人同情的歷史很容易重演。美國的同情心轉向遭到蘇聯和聯省威脅的小邦，勢必回到福久（G. C. Foulk）和金玉均時代的組合，傾向於聯合日本保護弱者的生存權。在這一系列可能的前景下，英國越想從遠東脫身，就越需要強化日本的擋箭牌地位。

日本不可能勝任小庇特和威靈頓的任務，[65]因為她新造的共同體不可能具備長期共生演化賦予羅馬人和英國人的結構性契合。國際秩序是各行為主體憲法秩序的外溢，又反過來影響各行為主體的憲制。先來者以自己的憲制塑造國際秩序，後來者依靠國際秩序塑造自己的憲制。二者從來就不平等，而且不可能平等。羅馬和古典世界的國際體系一起產生和成長，最終繼承了體系。英格蘭和封建世界的國際體系產生和成長，將其改造為近代國際體系。內部憲制和世界體系產生於同一個生態場，共同基因和共同演化自然形成的契合不是外來者能夠學到的。老練的外交傳統是契合的自然流溢，跟外交家的聰明才智關係不大。戴季陶後來一廂情願地宣稱：桂太郎其實是隱秘的泛亞主義者和孫文的知己，並不樂見英日同盟產生阻礙中日提攜的障礙。[66]桂太郎素以柔韌著稱，不肯輕易出言忤逆客人。弱者容易混淆希望和現實，將客套視為承諾，故而單方面的記錄不足憑信。關鍵在於泛亞主義的理想並不取決於圓滑社交家桂氏，甚至孫文摯友內田良平個人的態度。新一代泛亞主義者久原房之助[67]、小磯國昭[68]和後藤隆之助[69]正在成長，決心實現孫文和宮崎滔天未竟的夢想。

國民共同體的塑造

從長期歷史的角度看，國族共同體想像乃是邊緣文明加入歐洲國際體系的必由之路。泛亞主義在遠東興起，有其演化合理性。東歐的泛斯拉夫主義、近東的泛突厥主義和拿破崙三世的跨大西洋泛拉丁主義在各自的生態位上，扮演了泛亞主義在遠東的類似歷史角色。只有在奧斯曼主義和泛突厥主義失敗以後，小土耳其國族構建才能成功。梁啟超發明的中華民族理念占據了奧斯曼主義的生態位，希望以最小的代價和最輕的擾動實現東亞的歐洲化。遠東各地的紳商改良派、立憲派偏袒奧斯曼主義，因為這種演化路徑對他們的既得利益影響最小。列強外交官、日本外務省和大清外務部偏袒奧斯曼主義，因為他們都不願意收拾條約體系瓦解造成的殘局。泛亞主義者和眾小民族發明家暫時只能停留在理想主義和浪漫主義在野黨的生態位，直到歐洲體系的內潰和列寧主義的挑戰給他們創造了絕地反攻的機會。

國民共同體或民族民主國家一方面沿著時間軸成長，取代了國內—國際沒有明確邊界的封建主義體系或各等級—多實體共治體系，這是世界秩序的動力源；另一方面沿著空間軸擴展，深化了歐洲對世界的征服，這是世界秩序的實現。國民共同體從萊茵河以西的狹義西方開始，第一波到達包括東歐和拉美在內的廣義西方，第二波到達俄羅斯和近東，第三波到達印度次大陸，第四波到達遠東，第五波到達撒哈拉以南的非洲。邊緣地區產生國民共同體的塑造運動，標誌著西方化衝動的產生和長期革命的開端。國民共同體塑造的成功就是西方俱樂部的成員資格證書，標誌著西方化或近代化的完成或長期革命的結束。儘管各邊緣地區相互之間的差異甚至大於她們和狹義西方的差異，但她們事實上能夠選擇的共同體建構都非常相似，強烈暗示這些路徑在數量上本來就是有限的，大體上沒有超出泛民族主義、大民族主義和小民族主義三種基本模式。

泛民族主義希望以共同文化或語系為基礎，打破現有的各邦國邊界，建立更大的共同體，例如拉丁民族主義、泛日爾曼主義、泛斯拉夫主義、泛突厥主義、泛圖蘭主義、泛蒙古主義、泛亞主義、泛伊斯蘭主義和國民黨在三〇年代到六〇年代對南洋和全世界漢語系社區推行的泛華夏主義。大民族主義希望以現有的多元一體帝國為基礎，將不同文化或語系的帝國各邦臣民整合為國民，同時放棄帝國邊界外的共同文化或語系居民，例如哈布斯堡愛國主義、大俄羅斯主義、奧斯曼主義和梁啟超為他希望的大清繼承者—中華帝國設計的中華民族主義。小民族主義希望以方言或地方民俗文化為基礎，建立接近歐洲規模的國族，解散轉型成本過高的帝國，升級轉型成本不高的部落或小邦，例如哈布斯堡的捷克民族主義、俄羅斯的烏克蘭民族主義、奧斯曼的庫爾德民族主義、大清帝國的滿蒙藏民族主義和粵吳湘桂地方主義、日本帝國的韓國臺灣民族主義。小民族主義比泛民族主義和大民族主義更接近亞穩態，也就是說前者不容易演化成後兩者，而後兩者很容易演化成前者。多元一君的大清帝國轉型為五族共和的中華民國，暫時實現了奧斯曼主義的模型，但泛亞主義、泛蒙古主義、泛圖蘭主義、泛突厥主義和各種小民族主義的挑戰並不因此終結。

遠東病室與拉美搖籃

大英帝國審慎而冷靜地評估了十九世紀落日餘暉下的世界格局，斷定法國人、俄國人和日本人的覬覦目標都是具體和有限的，可以在現存體系內達成諒解。只有德國的野心不在具體利益，而在改變國際體系本身。英國人在一九〇四年解決了上尼羅河和摩洛哥的懸案，[70]一九〇七年解決了內亞—印度的大競技，[71]一九一一年交割了遠東的代理權。戰爭尚未爆發，德國已成釜底游魚。民國尚未成立，條約體系已經為她制定了太上憲法。條約體系尊重所有各方的歷史權利，實際上就是說任何一方都不會完全滿意。大清既然是多元體系，民國就必須以維持現狀為起點。國際社會本著相互尊重和自我克制的原則，耐心等待大清遺留體系的自然演變產生符合歐洲國際體系需要的政治共同體。各省依靠自己的軍隊和自己的稅收，不斷發動兼併鄰省和抵抗鄰省兼併的戰爭，只有她們才具備履行協議、償還貸款的責任能力。袁世凱、段祺瑞和吳佩孚企圖逆轉解體的趨勢，結果適得其反。

他們的失敗並不比伊圖爾維德和玻利瓦爾的同類失敗更不正常，毋寧說反映了共同體構建難度閾值的固有規律。拉丁美洲最初的精英同樣以西班牙帝國主義者和泛拉丁主義者為主，企圖繼承波旁副王行政區域，甚至擴大到界外拉丁親邦，然而過高的成本和自然紐帶的缺乏瓦解了墨西哥帝國和大哥倫比亞共和國，產生了土豪和民兵維持的一系列小邦。兩者的差異不僅在領土大小，而在憲法秩序的根本不同。墨西哥和新格瑞那達副王轄區的繼承者不得不負擔凡爾賽式的宮廷政治和塞維利亞式的官僚制度，為此必須像她們的法蘭西和西班牙原型一樣犧牲財產與自由的原則。解體發揮了自然甄別和降低閾值的作用，土豪共和國除了獨立戰爭退伍軍人撫恤金以外幾乎沒有任何開支。門羅主義設置了免疫隔離線，斬斷了歐洲列強利用泛拉丁主義引進高烈度戰爭的企圖，保護了這些幼弱的共同體度過最敏感的發育期，通過自然演化產生符合民情民德的憲制。

西班牙波旁王朝以總督制或副王制管轄美洲核心地區，副王領地在憲法制度上是一個完整的吏治國家。副王服從西班牙國王，但並不接受其他副王或領地的節制。副王領地的紳士習慣於將領地視為一個准邦國，將其他領地視為外邦。斯圖亞特君主治下的蘇格蘭人和愛爾蘭人，大清皇帝治下的朝鮮人和蒙古人也是這樣相互看待的。拿破崙推翻西班牙的正統王室，用法國大革命的啟蒙原則打擊西班牙的天主教會，強迫西班牙人接受波拿巴家族的約瑟夫做他們的君主，導致了半島戰爭和英國人的干涉。皇家海軍切斷了歐洲和西班牙美洲的交通線，西班牙美洲的紳士拒絕接受法國人支持的政府，導致了美洲各領地的獨立。最初的獨立政權直接繼承了各領地的版圖和制度，由教會、軍隊和紳士組成聯合政府。墨西哥帝國繼承了墨西哥領地，包括今天的墨西哥和中美洲各國。大哥倫比亞繼承了新格拉納達領地，包括今天的哥倫比亞、委內瑞拉和厄瓜多爾。墨西哥各階級推舉伊圖爾維德為墨西哥皇帝，新格拉納達各議會推舉玻利瓦爾為護國公，都含有盡可能保存舊秩序，避免共和主義和分離主義的意義。然而失去了西班牙的秩序輸出以後，遺留的官僚機構超出了新帝國的負擔能力。

　　這些國家最初像袁世凱一樣，依靠歐洲貸款維持中央政府的門面和文武百官的開支，很快就在一系列軍事政變當中瓦解。玻利瓦爾幸而主動引退，得以保全令譽，在計畫前往歐洲的途中，得到了繼承人蘇克瑞遇刺的消息。伊圖爾維德不肯體面引退，死於軍事政變。他們的國家落入地方軍閥手中。軍閥依靠土豪和英國人維持廉價統治，地方治安由莊園主和教會免費維持，國家開支由英國商人的關稅維持，國家安全由皇家海軍負責。英國人的仲裁保障了各軍閥相互承認，維護了和平和自由貿易的利益。美國人的門羅主義保障了歐洲列強不能利用軍閥戰爭為自己謀取利益，嚴厲制裁了拿破崙三世和馬凱西米利安對美洲保護區的挑戰。[72]否則胡亞雷斯[73]或卡列斯[74]在法國人或英國人面前的地位，比張作霖或陳炯明在日本人或俄國人面前的地位脆弱得多。哥斯大黎加或烏拉圭這樣的分離主義政權需要幾代人的安全環境，才能培養出新的民族認同和建國神話。割據政權建立初期，居民的認同比愛沙尼亞和波蘭更加薄弱。

遠東條約體系最初在理論上也存在同樣的未成年人保護責任。在張作霖宣佈滿洲獨立，毛澤東熱愛湖南獨立的時代，一度頗有可能產生譚延闓和陳炯明的土豪共和國，經過幾代人的自發演化形成一系列類似韓國、新加坡、檳榔嶼和緬甸的小邦。然而，遠東的免疫隔離線只維持了二十年。土豪共同體尚未成熟到足以自衛的階段，就遭到外來顛覆勢力的扭曲和剷除。列強共同保護體系的政治道德和責任能力一開始就不及合眾國在美洲行使的單邊仲裁權，此消彼長的發展趨勢尤其不可同日而語。美洲搖籃預示了未來威爾遜體系的東升旭日，遠東病室只能仰仗十九世紀勢力均衡體系的殘餘燐火。美國單邊主義的政治邏輯蘊涵了羅馬及其天命，歐洲國際體系的歷史命運從屬於混合憲制的「新陳代謝」[75]。

四、十月革命與世界革命策源地

引言：列寧的布爾什維克黨本來是俄羅斯社會主義者當中的極少數，但德國情報機構的支援使他們獲得了發動政變必須的資源。俄羅斯的自由派和社會民主派推翻了沙皇，企圖建立議會民主制，但議會多數派的選民既缺乏組織的聯繫，又缺乏鬥爭的決心。十月政變證明組織力量比人數多少更加重要，組織嚴密、行動堅定的少數人能夠將自己的意志強加於一盤散沙、心慈手軟的多數人。列寧主義革新的組織模式迅速向全世界擴展，在組織力量比較堅強的歐洲受挫後，自然轉向組織力量更加薄弱的遠東。

德國和列寧的交易

德國情報部門早在戰前就掌握了俄國流亡者各派的政治傾向，知道布爾什維克比德國更希望沙皇失敗。他們的線人帕爾烏斯不僅給列寧提供了金錢資助，而且在馬克思主義向列寧主義轉化的過程中發揮了思想催化劑的作用。[76]例如是他首先告訴列寧：儘管目前無產階級渴望利用國家機器對抗資產階級，但勝利的無產階級政黨一旦奪取國家機器，就會不可避免地面臨工人和國家對抗的局面，結果現實的無產階級政權註定要建立在永久專政的基礎上。十九世紀的積習最初還不允許德國人利用他們的資訊優勢顛覆兄弟王朝，但戰爭的痛苦使費厄潑賴（Fair Play）變得更像奢侈品。一九一五年以後，戰爭陷入僵局。德國人的情報活動漸漸從傳統的搜集軍事資料轉向顛覆皇室和瓦解軍心的政治活動，很難說他們和布爾什維克到底是誰在利用誰。[77]列寧激烈好鬥的失敗主義態度在俄國社會主義者的圈內並不得人心，但他的同儕最初沒有懷疑他和德國人有關係。甚至在二月革命爆發以後，社會革命黨人晉季諾夫還說：「他的綱領當時遭遇的與其說是憤怒，不如說是嘲笑。大家覺得（他的）綱領竟然會如此荒誕不經和憑空臆造。」[78]克倫斯基[79]聲稱這種脫離現實的老流亡者毫無威脅，很高興向他的朋友表演寬容：「要知道他生活在一個完全與世隔絕的環境中，他什麼都不瞭解，他通過自己狂熱的眼睛觀察一切，在他身邊沒有一個能多少幫他認清既成形勢的人。」[80]德國外交部檔案在二戰末落入英軍之手，列寧和德國參謀總部的交易內容[81]才漸漸洩露。

俄羅斯自由派和社會黨主流派沒有認真對待布爾什維克和德國人的交易，因為他們習慣通過法國大革命的認知框架理解自己的地位。他們盲目地相信革命護國主義具備最大的動員效果，只有社會邊緣人才敢肆無忌憚地鼓吹失敗主義。他們相信革命的危險只會來自拿破崙，只有擔任總司令的科爾尼洛夫和克倫斯基才有資格蒙受嫌疑。長期以來，馬克思主義團體以嗜好爭辯和不負責任著稱。論行動能力，切爾諾夫的社會革命黨領先。[82]論社會影響，利沃夫的地方自治派領先。[83]列寧的兩大綱領——單方面停火和工兵蘇維埃執政——看上去純屬「拆爛汙」（苟且拆臺），符合毫無希望的空談家需要。今人視為列寧主義核心的特徵，即超級國家和統制經濟，在當時根本不在任何社會主義者的能力範圍內。在魯登道夫的時代，誰都不會相信任何類似巴黎公社的組織能夠維持二十四小時以上。德國軍方和大企業家攜手，建立了嚴密高效的戰爭計劃經濟。俄國自由派和實業界合作，建立了比沙皇政府規模還要大的軍事工業委員會。社會黨人照例嘲笑反動資產階級和反動政權的親和力，自己卻照例提不出替代性方案。列寧毫無原則地剽竊了階級敵人的技術和組織創新，用無產階級的恐怖主義取代資產階級的形式主義，產生了前所未有的畸胎。大多數馬克思主義者是說空話的懶人，大多數列寧主義者是不知疲倦的惡棍。克倫斯基把列寧當成了前一種人，沒有意識到他自己才是這種人。

列寧主義以俄羅斯為宿主

全世界都沒有做好長期戰爭的準備。只有英國人能夠依靠全球金融和海運體系，部分抵制戰時社會主義的威脅。只有美國仍然生活在十九世紀的自由主義當中，能夠自然而然地維護立憲政體。總動員、勞動力分配、糧食管制、護照制度、軍事工業物資統籌付諸實施，通向社會主義的道路已經走了一半。整個國家變成軍事後勤部門。協約國只是在程度上落後於德國、而非性質上不同於德國。俄羅斯的軍事工業委員會、軍火工人工會和擁軍協會比政府強大得多，已經處在隨時可以對政府發號施令的位置。軍事工業委員會主要掌握在十月黨人（右翼或體制內自由主義者）和體制內企業家手中。工會主要掌握在孟什維克手中。擁軍協會主要掌握在地方自治派手中。他們如果停止供應物資，政府和軍隊立刻就會垮臺。沙皇倒臺後成立的第一屆臨時政府就是這三派和左翼自由主義者（立憲民主黨）的聯合，地方自治派的李科夫任總理。沙皇沒有意識到，他在一九一六年已經變成了一個可有可無的角色。

戰爭一旦結束，復員軍人就會等於大多數勞動力。軍人撫恤制度自動轉化為全民福利和就業保險，公民戰士權利自動轉化為普選制。混合憲制土崩瓦解，鼎之輕重可問。王冠落地，有產階級元氣大傷。希臘城邦的全民民主和全民戰爭在近代技術的支持下，以民族國家的放大版本捲土重來。英國式混合政體一度隔絕的群眾政治、僭主政治和凱撒主義以世界規模上演，將希臘和春秋轉化為羅馬和戰國。多黨體系雖然形式上仍然存在，但政策主導權已經轉入社會民主黨手中。

戰前的保守派、民主派和社會黨人都在政策傾向和意識形態上追隨自由派，儘管後者在議會內經常是少數黨。戰後的保守派和自由派都在政策傾向和意識形態上追隨社會民主黨，儘管後者在議會內經常是少數派。如果說社會民主主義仍然不同於列寧主義，原因在於混合政體遺留的司法獨立和群眾政治加強的多黨制。民主主義和列寧主義的競爭取代了自由主義和民主主義的鬥爭，戰後的自由主義日益淪為民主主義的附庸和助手。民主主義時代的文明創造力不及自由主義時代，但仍然強於純粹寄生性和消耗性的列寧主義。列寧主義的制度和技術都以德國戰時體制為藍本，只有先鋒隊政黨對全社會和全世界的戰爭權力（包括搶劫權力）是它的獨創。文明沒落最後階段的流寇主義，借助文明盛期累積的資源，以列寧主義的外貌出現，猶如病毒依靠宿主的蛋白質和生產機制。

列寧主義是基督教西方文明第一種只能依靠宿主生存的ＤＮＡ，與以前的各種只是創造機制、方式和成效有異的模式都不同。猛獸吃掉獵物，會產生同樣或更加複雜的有機體。病毒吃掉宿主，就只能在毀滅和傳染之間做出選擇。俄國社會黨人一開始就明白列寧主義的自殺性，卻沒有看出自殺性正是她的力量所在。他們不自覺地浸淫十九世紀資產階級意識形態，以為布爾什維克必然會擠乾俄羅斯的橘子而自我毀滅，無怪乎遭到列寧的蔑視和嘲笑。牛羊的資源主要用於消化和生產，猛獸的資源主要用於消化、捕食和生產，病毒的資源主要用於分解和傳染。列寧主義本來就視俄羅斯為外國和宿主，世界革命的導火線本來就應該為火焰的蔓延而燒光自己。列寧主義如果不是世界革命，就什麼都不是。她的使命就是汲取和毀滅所有不能抵抗侵襲的物種，這正是大自然交給病毒的使命。

布爾什維克大洪水

俄羅斯社會的崩潰給所有組織提供了廉價爭取群眾的巨大機會，原本只有數千名小報讀者的政治俱樂部可以在幾星期內突然擁有數百萬黨員。如果僅僅計算選票，切爾諾夫派社會革命黨似乎已經擁有俄羅斯半數以上的人口。然而，廉價的資料只能反映廉價的支援。如果從組織力量（幹部隊伍、資金流和行動網路）看，切爾諾夫派的真正實力僅僅是稍微超過「崩得派」（俄羅斯的一個猶太社會民主黨，十月革命後被鎮壓取締）。他們的政綱能夠討好占俄羅斯人口八成的農民，造成了威震天下的幻覺，但這些分散的選民缺乏足夠的技術手段，將支持的意向轉變為實際的資助。他們的領袖是自稱社會主義者的知識分子，沒有長期經營宗教組織、軍事組織和地下組織的經驗和能力，僅僅因為自己能夠在安全的辯論中戰勝和羞辱實幹家，就以為自己在不擇手段的暴力和顛覆活動中同樣能夠勝出。

立憲民主黨的真正實力跟社會革命黨相伯仲，但缺乏民粹主義的綱領，因此表面上似乎突然變得弱小了。保守派的真實力量比他們更強，但由於民主的形式不能浮現在水面上。大多數選民是分散的農民和小資產階級，以及他們信服的知識分子和輿論領袖，普選會產生他們喜歡的政黨多數派，但他們最缺乏組織能力，他們支援的代表能動嘴不能動手。頓河哥薩克人、士官生和人民聯盟（大俄羅斯主義者[84]）有組織能戰鬥，但沒有可能獲得多數人的支持，他們後來構成白軍或志願軍的骨幹，但他們跟布爾什維克一樣討厭民主選舉。自由派、民主派、溫和社會主義派的代表在選舉中占盡上風，但在內戰中鬥不過人數不多的布爾什維克或保守派組織。民族分裂派的力量雖小而集中，在其局部地區已經超過了任何其他力量。布爾什維克的真實力量只比他們稍稍軟弱一點，由於同樣的理由無法體現在立憲議會選舉中，一旦得到德國人的支持，就比他們強大得多。民主派各黨、自由派各黨和保守派勢力如果能夠認清真實的力量對比，迅速實現有效的整合，他們跟德國—布爾什維克聯盟的力量對比，就會大致相當於俄羅斯帝國和中歐同盟國的力量對比——俄羅斯一方處於弱勢地位，但不是一敗塗地的絕對弱勢。

然而，俄羅斯共和國的憲制與社會是脫節的：俄羅斯共和國的立憲會議採取單一民主普選制，只能反映人數，不能反映組織力量。議會多數派沒有組織力量和戰鬥力，強組織在議會中沒有機會發出自己的聲音。於是，少數派自然不要民主要鬥爭。多數派被單純的數人頭遊戲誤導，意識不到自己和自己的選民多麼不堪一擊。從憲法學的角度看，俄羅斯帝國不應採取極端民主制。如果議會根據各等級和社會團體選舉，強組織就能在議會當中獲得足夠的代表，以致於不值得走暴力鬥爭路線。一盤散沙的多數人不會掌握幾乎所有議席，但仍然足以在大多數情況下獲得簡單多數。此種情況下，俄羅斯主流政黨不能根據正式程序認知真實力量，忽視了體制外的所有因素，把全部精力用於相互鬥爭，全都陷入了孤立和脆弱的絕對劣勢。

只有列寧、米留科夫[85]、科爾尼洛夫[86]和鄧尼金[87]在七月以後就認清了形勢，民主而統一的俄羅斯純屬夢囈。聽之任之，就無法阻止俄羅斯的自然解體；「擰緊螺絲釘」，就不可能不採取不民主的手段。列寧和鄧尼金都相信，問題只在於哪一方先下手為強。克倫斯基、唐恩和切爾諾夫卻擺脫不了文人積習，以為口頭說理勝利就能解決一切問題，把寶貴的機會視窗用在各種代表會議上面，徒然擁有當時最高的民意支持率，反而表現得不堪一擊。[88]里加陷落[89]和大頓河軍獨立[90]，預示了大俄羅斯帝國遺留版圖的崩潰。科爾尼洛夫兵變和十月政變，預示了志願軍和紅旗軍的血戰。克倫斯基和切爾諾夫的空談誤國和畏首畏尾，預示了立憲會議的下場。布爾什維克水兵驅散立憲議會，標誌著民主俄羅斯的法統胎死腹中。失敗者請求協約國援助，因為列寧主義不僅僅是他們的敵人，而且是毀滅文明基礎的洪水，然而徒勞無益。

布爾什維克確實順應了歷史潮流，因為洪水就是未來的潮流。協約國和德國為戰爭勝利而犧牲自由社會基本原則的種種措施、協約國的綏靖主義和德國的機會主義都是這洪水的一部分，捷爾任斯基和托洛茨基的紅色恐怖只是洪水首先淹沒的下游沼地而已。俄羅斯只比德國先滅頂片刻，法國人的鼻孔也僅僅剛露出水面。大洪水發揮了有效的甄別作用。國家的格式化越徹底，社會的瓦解就越慘烈。反之，土豪的小共同體越強大，產生新秩序的功能就越有效。德國的計畫專家粉碎了太多的自組織資源，以致於南方的天主教小邦都未能發揮防波堤和水密艙的作用。保守落後的波蘭地主和波羅的海貴族正因為甚少經歷進步的解構，才保留了封建自由一脈相承的自組織力量，不僅在俄羅斯軋路機面前保衛了自己的獨立，而且在布爾什維克洪水面前保衛了歐洲文明。

列寧主義進入遠東宿主

華沙戰役前，共產國際的工作語言是德語。列寧的班底中，外國人比俄國人更多。他們都沒有打算在擠乾的橘子和燒盡的導火線俄羅斯度過餘生，社會主義計畫的最完美原型德國才是世界革命的預定和天然中心。如果列寧得到中歐的資源，世界的命運將是難以想像的。波蘭在一九二〇年代阻止了布爾什維克赤化全歐的計畫，在一九八〇年代打破了鐵板一塊的蘇聯集團，在這兩個關鍵時刻，都以天主教為民族凝聚力量，扭轉了歷史路徑。（而德國、法國、俄國的知識分子普遍相信社會科學，變成了馬克思主義的重要培養基。）布爾什維克在一九二三年以前損失的機會視窗，以後再也無法彌補了，甚至在二戰的視窗期都無法彌補，因為預定的宿主已經有足夠時間產生抗體。充滿了休．蓋茨凱爾（Hugh Todd Naylor Gaitskell）和志願軍老兵的新一代社會黨人，不再像克倫斯基時代的前輩那樣盲目和缺乏免疫力。布爾什維克二〇年代在中歐和北歐的盲目和自信像一面鏡子，反襯出俄羅斯社會民主黨人的空疏和軟弱，因為共產國際滲透和劫持瑞典和德國社會民主黨的策略，就是布爾什維克對待俄羅斯社會民主黨和社會革命黨所用策略的經驗總結。

達爾文系統不會浪費資源，獵物和捕食者的組織複雜度和適應能力大體在同一數量級上。邊緣地區的歷史發展比較慢，社會生態環境的壓力比較低。因此中心地區的失敗者，在邊緣地區往往就是征服者。歐洲的獵狗，對澳洲的動物來說比老虎還可怕。這就是「禮失求諸野」的真實涵義：達爾文系統的秩序生產和輸出從來不是均衡的，時間箭頭和空間箭頭都是不可逆的。列寧「突破資本主義薄弱環節」的理論、德國總參謀部資助「人民委員會」的硬通貨其實是同一過程的兩個不同側面，同樣反映了中心地區向邊緣地區的捕食者輸出。共產國際對歐洲的逆向輸出遭到失敗，並不令人感到意外；失敗者轉向遠東和周邊殖民地，同樣並不令人感到意外。遠東的鬥爭不是發生在西方文明和東方文明之間，而是西方文明失敗者、變異品種和顛覆者逃離主戰場的長征。從秩序中心看，避強就弱只是逃亡者從失敗到滅亡的中間環節。龐培黨人在羅馬和希臘失敗後，只能掀起埃及和西班牙的內戰。埃及降虜「龍戰於野」的幻想，其實只是《叛艦喋血記》

（Mutiny on the Bounty）的一段插曲。皇家海軍的逃兵和逃犯征服東方土著的大君和英雄，彷彿不費吹灰之力，其實只是在世界秩序追上他們以前，在即將消失的化外之地享受一段借來的時光而已。

東向轉進最初甚至不是列寧和托洛茨基的刻意策劃，而是達爾文系統對布爾什維克四處播種的無聲裁決。西伯利亞局、遠東共和國、浩罕蘇維埃政權、塔什干圖爾克斯坦共和國、外高加索共和國、瑞典和芬蘭赤衛隊、巴伐利亞和匈牙利蘇維埃共和國本身都是兄弟單位，成敗利鈍全看各人的造化。結果歐洲各分隊全軍覆沒，中亞各分隊沒能越過俄羅斯帝國的舊疆。只有遠東分隊不僅越過了俄羅斯帝國的理論邊界，而且在其實際邊界之外招兵買馬，激起的抵抗明顯低於基督教世界和伊斯蘭世界，只有非洲孤兒（或者說反殖民主義的唯一勝利者）衣索比亞才能相比。列寧作為敏銳的機會主義者，已經依靠廉價出賣大多數社會主義者、甚至同黨最珍視的原則，戰勝、吞併和抹黑了這些教條主義者，不出所料地迅速得出結論：「中國處在鼎沸狀態，我們要讓它繼續沸騰。」[91]從歐洲殖民主義者的角度看，從袁世凱到蔣介石，中華民國一直在竭力驅逐自己的教師和牧羊犬。他們維護這個三心二意的外人，遠不如維護嫡系殖民地積極。如果黑社會和狼群比教師和牧羊犬更善於鎖定對象，工作更加積極和主動，一點都不會令人驚訝：法外人為自己的生命奮鬥，警察只是為自己的薪水工作，這完全符合世界的法則。

1 參看：基辛格，《大外交》，第四章〈歐洲協調：英國、奧地利與俄羅斯〉（海南出版社：二〇一二年二月，初版），頁六五。

2 義大利共產黨領袖、理論家葛蘭西（Antonio Gramsci, 1891-1937）認為，資產階級的統治並非主要依賴政治社會及其代理機構進行維持，而主要依賴於其對意識形態領導權的占有，通過對市民社會的控制從而使大眾接受著一定的道德觀念、行為準則和價值體系。他把政治社會比做周邊的塹壕，而市民社會如同其背後牢固的防禦工事，國家機器容易被摧毀，穩固、複雜的市民社會則難以突破。如果人們對於自身所處的時代和背景，沒有獲得一種自覺的和歷史的意識，就無法成功地進行革命。因此，為了建立一種新社會，就必須首先建立一種新文化，從而塑造一種「新人」。

3 普萊斯（Francis Place, 1771-1854）英國激進運動的重要領導人，他起初是一名普通工匠，後來成為一名裁縫店主。在對法戰爭期間，他領導威斯敏斯特委員會，堅持議會選舉運動。該委員會的成員主要為商人和小業主，而非勞工階層。在一八三〇年代初期的議會改革運動中，普萊斯成立了以中產階級為主體，也包括了大量工人階級會員的全國政治協會，對第一次議會改革的實現起了重大的推動作用。

4 威廉．科貝特（William Cobbett, 1762-1835），英國記者、政治活動家、政論家，他的激進思想以傳統主義和憲政主義為核心，主張通過溫和政治改良變革「腐敗的舊制度」，引導勞工大眾放棄地下密謀支持激進主義，從而推動民眾激進運動的發展和一八三二年議會改革的實現。

5 「山嶽黨」（Montagnards）是法國大革命中在國民公會上坐在左邊最上方的極端民主派，一度掌握了首都的全部力量，他們利用雅各賓俱樂部掌握了群眾的思想，通過無套褲黨掌握了各市區和郊區，又依靠市政府掌握了起義組織。

6 喬．希爾（Joe Hill, 1879-1915），瑞典籍流浪者，美國勞工聯合會下屬的一個激進派（世界產業工會）的成員，罷工歌曲作者。一九一四年一月十日晚上十點，猶他州首府鹽湖城發生一起兇殺案，案發當晚，希爾徹夜未歸（他借宿在朋友家），襯衣上沾滿了血，去找醫生尋求治療，醫生通報了警察局，於是他被逮捕、指控。一九一五年六月二十七日，陪審團決定希爾的謀殺罪名成立。十一月十九日，希爾被執行了死刑。在後來的左派宣傳中，他被塑造為殉難者。

7 威廉．莫里斯（William Morris, 1834-1896），裝飾藝術設計師、文學家、社會主義者、拉斐爾前派的成員，有人認為他是第一個英國馬克思主義者。他通過對工業資本主義時代的美學批判傳統的繼承，把馬克思主義作為羅斯金和卡萊爾的社會批判的邏輯發展而接受下來。著有《藝術與社會主義》、《社會主義原理綱要》等。

8 斐迪南．拉薩爾（Ferdinand Lassalle, 1825-1864），德國早期工人運動領導人，全德工人聯合會的創立者，主張工人階級的貧困是由所謂「鐵的工資規律」造成的，應當依靠國家幫助發展工人合作社，使工人獲得全部勞動所得，而這只有通過普遍的直接的選舉才能實現。馬克思說他是「機會主義者」。

9 休·蓋茨凱爾（Hugh Gaitskell, 1906-1963）在五〇年代末提出工黨現代化。工黨的「現代化」核心是把工黨從一個以工會運動為主的政黨改造成以選舉運動為主的政黨。可參見他的自傳《The Challenge of Coexistence》。關於比利時基督教社會黨（Confessional Catholic Party）的母體之研究可參見：Emmanuel Gerard, "The Emergence of a People's Party: The Catholic Party in Belgium, 1918-1945," in *Christian Democracy in 20th Century Europe*, (Böhlau Verlag, 2001). 關於巴伐利亞基督教社會黨的獨立，參見：G. Ford, "Constructing a regional identity: the Christian Social Union and Bavaria's common heritage, 1949-1962," *Contemporary European History* 16: 3(2007).

10 新芬黨和愛爾蘭共和軍是北愛爾蘭獨立運動中的一體兩翼組織，新芬黨是爭取北愛爾蘭併入愛爾蘭的天主教人口為基礎的政黨，愛爾蘭共和軍則是相應的暴力組織，製造了一系列恐怖襲擊案件。

11 列奧·施特勞斯（Leo Strauss, 1899-1973），美籍德裔猶太人，政治哲學家，致力於通過解讀古典政治哲學批判「現代性」（虛無主義、歷史主義和實證主義）。施特勞斯生前在學界處於邊緣地位，而其眾多門人在雷根、老布希時期進入美國政府重要部門。評論認為，他們推動了美國對伊拉克海珊政權進行軍事打擊。本世紀初以來，在劉小楓及甘陽等人的極力引介之下，中國知識界裡出現了「施特勞斯熱潮」，不少學人通過對施派的扭曲詮釋，發展出一套拒斥普世價值、間接為中共統治進行辯護的理論。

12 這一派的公式就是：自由民主的世界秩序離不開美國的霸權，在美國以外可以暴力推行民主。新保守主義從他這裡吸收了美國傳統缺乏的現實政治觀，體現為小布希的伊拉克戰爭。

13 指打破一切規則下限的「革命」行為，如列寧通過搶劫運鈔車、綁架勒索籌集革命資金，通過逼迫農民交出「餘糧」解決糧食問題，通過派水兵驅散立憲會議解決布爾什維克競選失利問題。

14 卡爾·施米特（Carl Schmitt, 1888-1985），德國親納粹的法學家、政治思想家。他將政治的標準界定為敵人與朋友的區分，主權就是在緊急狀態下，做出誰是敵人、誰是朋友的決斷，做出在不同信仰之間的決斷。主權者有「法外之權」，可以宣佈進入「緊急狀態」（例外狀態／非常時期）。二〇一〇年前後，中國知識界出現了「施米特熱潮」。

15 帕森斯對韋伯進行了去意識形態化的解讀，將韋伯對現代文明的悲觀診斷簡化成一種文化決定論下對（以美國為代表的）資本主義文明的樂觀肯定，代表了韋伯詮釋的一種典範轉移。參見：顧忠華，〈韋伯詮釋的範式轉移與韋伯學研究〉，載《韋伯學說》（廣西師範大學出版社，二〇〇四），頁十六—二八。

帕森斯忽視了韋伯的黑暗面，強調權力意志和現實政治的一面，體現於《民族國家與經濟政策》，實際上暗示除非國家干預和種族清洗，無法保全日爾曼人在東歐的遺產，同時明示如果沒有貴族和等級制度，孱弱的自由主義很快就會失敗。他堅定地否認空間狹窄的德國可以適用美國經驗，更不用說將美國經驗推廣到全世界。帕森斯將韋伯解釋成如何在傳統社會推行現代化的社會學家，而且試圖發現普遍適用的現代化理論，實際內容是要將美國特殊性變成普世規律。

16 「中國最大的問題首先是沒有遇到那個時候的強有力政治人物，這使得我們後來跟毛澤東進行對比的時候發現，的的確確毛澤東是一個了不起的政治領袖。……我們可以說中國首先解決的是政治領袖的問題，而不是所謂的哪一種憲政。……所以中國重新成立政治共同體，所謂的憲政就出來，所以《憲法》就是由這樣的黨來治理的。」劉小楓在二〇一三年四月十九日「鳳凰網讀書會」第一三三期講座「中國——講故事或以夢為馬」上的發言，http://book.ifeng.com/dushuhui/wendang/detail_2013_05/10/25169513_5.shtml

17 「白人的負擔」（The White Man's Burden）出自詩人吉卜林，針對的目標是美國占領菲律賓，意思是帝國主義非但不是牟利，反而是針對落後地區的利他主義行動，為了給後者提供起碼的文明和秩序，帝國主義者需要犧牲本國寶貴的生命和財產。戈登將軍和李文斯頓博士為了拯救黑奴，都死在非洲，是他所說的帝國主義英雄的典範。他們如果僅僅為了牟利，為什麼不跟奴隸販子分紅呢？葡萄牙人和巴西帝國就是這麼做的。英國政治家也普遍認為，占領貿易口岸以外的內地，經濟上得不償失，但戈登將軍壯烈犧牲造成的民意，迫使他們不得不占領內地，肅清奴隸販賣者的政權。諾貝爾和平獎得主施韋策（Albert Schweitzer）說，黑人是我兄弟，但我是兄長，也是這種利他主義的含義。

18 維也納體系由維也納會議（一八一四年九月十八日至一八一五年六月九日召開）建立。此次會議在奧地利首相梅特涅、英國外交大臣卡斯爾雷的主導下，按照正統原則恢復被拿破崙破壞的秩序，重整歐洲版圖，確保歐陸國家之間的均勢。這一體系保證了歐洲三十多年的和平。

19 蕭伯納（George Bernard Shaw, 1856-1950），愛爾蘭劇作家，費邊社會主義者，熱衷於諷刺「資產階級道德的虛偽和陳腐」。

20 Elliot's proclamation of 2 February 1841.

21 香港於一八四三年設立了行政局及立法局，設有當然官守議員及委任官守議員，但沒有代表居民的議席。一八五〇年，港府首次委任兩名商人加入立法局，成為非官守議員。

22 「功能界別」選舉制是社會各個職業的代表在公職選舉中行使投票權的制度。「功能界別」的理論基礎是政治行會主義。行會是歐洲封建制下的產物，多元的行會體系反映了商業社會的階層結構。在行會內部，對於代表資格和發言權的界定不是按照現代民主的「一人一票」模式進行的，而是由行業領導者決定

23 Ian Scott, *Political Change and the Crisis of Legitimacy in Hong Kong* (Hong Kong: Oxford University Press, 1989), 54-61, 106-107.

24 費成康，《中國租界史》（上海社會科學院出版社，一九九一），頁八六—八七；何勤華主編，《英國法律發達史》（北京市：法律出版社，一九九九），頁二五六。

25 一八五三年九月，小刀會攻占上海縣城以後，清政府失去對外僑居留地的控制。一八五四年七月十七日，上海租界組成自治的行政機構工部局，工部局執行部門由萬國商團、警務、火政、衛生、工務、書信、教育、總辦、華文、財務等機構，以及圖書館、樂隊等團體組成，還設有法院、監獄等機構，進行市政建設、治安管理、徵收賦稅等行政管理活動。

26 阿禮國（Rutherford Alcock, 1807-1897），接替巴富爾繼任英國駐上海領事。與美、法兩國同上海道簽訂關於上海海關協定，由美、英、法三國領事派員組成關稅管理委員會，掌管上海海關。咸豐四年，成立工部局。

27 耶律楚材（1190-1244），契丹人，遼太祖耶律阿保機的九世孫、金朝尚書右丞耶律履之子，從小接受儒家教育，後輔佐成吉思汗和窩闊台，依照中原王朝傳統制定儀禮制度，加強大汗的權力與中央集權，使蒙古帝國的憲制發生了變化。

28 第四代克拉林敦伯爵（George Villiers, 4th Earl of Clarendon, 1800-1870），歷任英國駐西班牙大使（1833-1839）、掌璽大臣（1839-1841）、貿易大臣（1846-1847）、愛爾蘭總督（1847-1852）、外交大臣（1853-1858、1865-1866、1868-1870）。

29 王立民，《上海法制史》（上海人民出版社，一九九八），頁一七八—一七九。

30 《上海租界志》編纂委員會，《上海租界志》（上海社會科學院出版社，二〇〇一），第二篇第二章第一節。

31 「一八六五年，工部局頒佈董事會章程，規定：（一）董事會產生後在開展各項業務之前，首先要在第一次會議上選舉出當年的總董和副總董；（二）董事會定期會議應在每月第一艘英郵輪開出之後的第一個星期二上午九時召開；（三）總董必須在規定開會的時間最遲不超過十五分鐘時主持會議，進行議程；（四）如總董在規定開會時間十五分鐘後尚未到場，即由出席會議的副總董主持會議，如副總董也未到場，由出席會議的董事推舉一名會議主席主持會議；（五）董事會每次開會時應考核董事出勤情況；（六）總董有權在任何時間召開董事會特別會議。如有三名董事向總董提出申請，亦可召開特別會議；（七）董事會每次開會時，每項動議不論是原始議案還是修正案，一經有人附議，即應寫成書面動議，由動議人簽字後，交給總董；（八）董事會會議對於修正案的議事規程如下：董事可提出任何數目的修正案，在所有修正案提出後，會議主席即將修正案提付表決。表決的程序是後提出的先表決，一直到某項修正案被通過，或所有修正案被否決為止。任何修正案被否決並不意味著其所修正的動議案自行通過。這些提案，不管是原始提案還是修正案，都應提交董事會會議予以通過或否決。」參見：《上海租界志》編纂委員會，《上海租界志》，第二篇第二章第一節。

32 秦元章，《廢除刑訊議》，轉引自徐家力編，《中華民國律師制度史》（中國政法大學出版社，一九九八），頁二九。

33 費成康，《中國租界史》（上海社會科學院出版社，一九九一），頁一四一。
34 南明弘光政權在清軍南下的緊要關頭不知所措，忙於內訌，自掘墳墓。
35 耆英致璞鼎查函：璞鼎查信函，一八四三年第一四二號，外交部檔案 17/70。轉引自：費正清等編，《劍橋中國晚清史》上卷（一九八五年二月，初版），頁二三七。
36 馬士，《中華帝國對外關係史》（上海世紀出版集團，二〇〇六年七月，初版），第一卷第二十六章十二、十三節，「九月十八日，僧格林沁在張家灣設置埋伏；巴夏禮和其他人員成為俘虜；盤問和虐待」，頁六五四—六五六。
37 麥考萊描繪蘇格蘭高地人的性格：「高地人作為一個民族，只要繼續維持其特殊政體，在軍事方面跟歐洲其他民族相比，就自有其特殊的優勢和劣勢。他們個人無論在道德上還是身體上，都非常適應戰爭，尤其是家鄉不毛之地的戰爭。他勇敢、強壯、會水、耐饑、耐寒、耐勞。他攀登陡峭的山崖，穿越險惡的沼地，猶如法蘭西王家部隊踏上凡爾賽到馬里的大路。他用慣武器，見慣鮮血。他刀劍嫺熟，槍法如神，參軍以前，就不止是半個軍人。蓋爾（Gaels）部落容易訓練成步兵團，正如個人容易訓練成士兵。只是軍事組織必須符合族長制。上校必須由酋長擔任，少校必須由酋長的叔伯昆弟擔任。承租人堪稱小共同體的長老，必須占據上尉的位置。上尉的團隊由他的佃戶組成，他熟悉每一個士兵的面孔、姓名、親戚、性格。……侍從軍容嚴整。世襲風笛手及其子弟組成樂隊。人人都能立刻各就各位，軍令暢通無阻。無論軍階高低，人人勝任愉快。他們一旦接觸到文明秩序，就能迅速將豐富的組織資源變現。庫爾德山民在埃及和敘利亞的伊斯蘭帝國發揮了類似的作用，他們的武士團體產生了富有騎士精神的領袖薩拉丁。庫爾德人和亞述人很容易接受帝國主義的課業，埃及／伊拉克和敘利亞虛榮而軟弱的文明人卻做不到。」參見：麥考萊，《詹姆斯二世以降的英格蘭史》。
38 李泰國以客卿身份，為清廷購買軍艦，但因為喜歡攬權，引起了恭親王和軍機處的疑心。清廷決定退回他買的軍艦，以防兵權落入西人之手。
39 琅威理（William M. Lang, 1843-1906），英國海軍軍官，接受李鴻章的聘請負責北洋海軍的訓練，後因與劉步蟾、李鴻章發生矛盾而辭職回國。一八八六年，琅威理隨北洋海軍出國訪問，八月海軍停靠日本長崎時，一些水兵和日本警民發生衝突。琅威理認為此時北洋海軍實力遠勝對手，力請對日本開戰，被拒絕。
40 天津條約以後，袁世凱在朝鮮採取積極政策。朝鮮保守派開始向俄羅斯求援，維新派則向日本求援。大清正在討論是否應該將朝鮮改為行省，日本只能鼓吹朝鮮脫離大清獨立。美國出於同情弱者的一貫立場，站在日本一方。俄羅斯開始在巨文試探，企圖在朝鮮半島建立軍事基地。英國不在乎弱者的獨立，但忌憚俄羅斯的擴張，知道朝鮮無力保護自己，寧願讓北洋控制朝鮮，以免落入俄羅斯手中。李鴻章用北洋的貸款挽救了朝鮮的危機，用外交手段將俄羅斯趕出了朝鮮。英國人對此相當滿意，直到甲午戰爭證明他無力保護朝鮮。這場戰爭證明只有日本才能在遠東阻止俄國南下，打開了通向英日同盟的道路。參見：林樂知、蔡爾康，《中東戰紀本末》（文海出版社，一九八〇）；王芸生，《六十年來中國與日本》（三聯書店，一九七九）；梁啟超，《李鴻章傳》（中國言實出版社，二〇一四）；信夫清三郎，《日本外交史》（商務印書館，一九八〇）；維特，《維特伯爵回憶錄》（商務印書館，一九七六）；張曉剛、國宇，〈圍繞朝鮮半島的日清、日俄矛盾和甲午戰爭〉，《武漢大學學報》六十七卷四期（二〇一四），頁六六—七四；張麗，〈甲午戰爭與俄國遠東政策之選擇〉，《深圳大學學報》第二期（二〇一五），頁一五一—一五九；崔志海，〈美國政府與中日甲午戰爭〉，《歷史研究》第二期（二〇一一），頁六三—八五。

41 《庚子大事記》記載了美占區紳民自發向美軍送「萬民傘」：「美界紳民以歸美國暫管以來，地方安謐，刁鬥不聞。於是製造萬名旗傘、匾額等，用鼓吹送至美提督暨兵官等四份，以志感銘。」同樣的感謝，德軍在威脅德占區居民照辦時被拒絕：「廣源執事（一家大銀鋪的經理）答言，德界百姓因劫掠騷擾，均遷徙出境，街巷竟不見一人，萬名傘等一家一名，今家家逃避，何從得其名乎？」

42 英國國王喬治五世、俄國沙皇尼古拉二世和德國皇帝威廉二世是親戚。喬治五世的父親是維多利亞女王的長子，尼古拉二世的母親與喬治五世的母親是親姐妹，威廉二世的母親則是女王的大女兒。三人在家庭內部的暱稱是喬吉、尼基和威利。

43 「san-scullotes」，十八世紀末法國大革命的平民支持者及其代表的下層階級，因為著直筒長褲不著套褲（絲綢及膝馬褲）而得名，主張激進平等。

44 一八五三年二月十八日，奧匈帝國皇帝弗蘭茨．約瑟夫一世在維也納沿城牆散步時，被一名匈牙利縫紉工匠用刀刺中頸部，皇帝受傷。

一八八一年三月十三日，正準備簽署法令、啟動君主立憲改革的沙皇亞歷山大二世在出行時遭到人民意志黨人襲擊，刺客投擲的第一枚炸彈炸傷了衛兵和車夫，亞歷山大二世不顧左右勸阻，下車查看衛兵傷勢，被第二枚炸彈炸斷雙腿，當日醫治無效逝世。

一八九一年五月十一日，俄國皇儲，即後來的尼古拉二世在日本訪問時，於大津街頭被一名仇俄的日本警察用刀砍傷。

一八九八年九月十日，弗蘭茨．約瑟夫一世的皇后（即著名的茜茜公主（伊莉莎白））在日內瓦度假時，被一名義大利無政府主義者用錐子刺死。

45 馬基維利本人抱有共和主義情感，但他的基本原則是現實主義的：由於人類邪惡的事實，美好的道德品德不是現實的選項，為了君主國和共同體的維繫和持存，在必要的時候君主應該能做到在違背道德準則為惡時心無歉疚。在邪惡的世界中，結果可以辯白手段。

46 「在法蘭德斯戰場」（In Flanders Fields）是關於第一次世界大戰最重要的詩作之一，由加拿大軍醫約翰．麥克雷（John McCrae）於一九一五年所寫，因為詩中以染紅戰場的罌粟花（虞美人花）象徵戰事的慘烈，使該花成為英、加兩國紀念一戰陣亡將士的配花。

47 一九一四年，八月四日（德國對法國宣戰第二日），德國破壞一八三九年保證比利時永久中立的條約，四路德軍侵入比利時。到四日下午三時，英國外交部命令戈森爵士（Sir W. E. Goschen）向德國政府要求保障比利時中立，但德國宰相貝特曼－霍爾維格對英國駐德大使聲稱：「國際條約不過是一張廢紙。」八月四日午夜，英國以德國破壞比利時中立為藉口對德國宣戰。

48 列寧對德國人保證：「我簽字確認：已向我宣佈由普拉滕與德國大使館商定的條件；我服從於旅行的領導者普拉滕（Fritz Platten，瑞士社會民主黨人）；我已被告知來自……的消息，據此俄國臨時政府警告說將對那些經過德國返回俄國的俄國國民以叛國罪進行起訴；我為我的旅行承擔全部政治責任；普拉滕給予保證的旅行到斯德哥爾摩為止，一九一七年三月二十七日（4.9）」參見：姚海，《俄國革命》，《蘇聯史》第一卷，頁二一二。

一九三七年十月，魯登道夫承認，他在一九一七年讓列寧經德國回國時，根本不知道（大概也沒有去注意）列寧的政治信仰是什麼。德皇對此也茫然無知。《列寧的一生》（北京圖書館出版社，二〇〇二），頁一八四。

所謂「西松文件」是美國總統威爾遜派往俄國搜集情報的私人代表、新聞記者愛德格．西松提供的一組文件，這組文件共六十八份，證明了布爾什維克與德國經費之間的關係。檔顯示，布爾什維克政權企圖「毀屍滅跡」，徹底消除德國經費的痕跡。比如從列寧和其他布爾什維克領導人叛國案卷宗中取出了德國帝國銀行一九一七年三月二日關於轉交資金給列寧等人用於「和平宣傳」的七四三三號付款憑證；從斯德哥爾摩尼亞銀行的帳本抽出了根據德國帝國銀行二七五四號指令開立的列寧和其他人的帳戶等；德國總參謀部偵察部門要求布爾什維克政權讓一批對德和平的人進入中央執行委員會，通報托洛茨基未遵守關於停止在德國軍隊中進行社會主義宣傳的承諾等。這批文件被美國公共情報委員會公佈後引起強烈反應。當時俄國列寧政權和德國政府均予以否認。路易斯．費希爾在《列寧的一生》中就稱「西松文件」為假檔，但《俄國革命》一書指出，近年有研究者認為，「檔基本上是真的，但顯然因為追求政治轟動而被人重新編造加工過了」。

一九二一年，德國財政部副部長伯恩斯坦在《黑暗的歷史》中提到，早在一九一七年十二月，他就從一位權威人士那裡得到了德國是否向列寧等人提供經費的肯定答覆；一九二一年在德國國會外交政策委員會會議上，有人明確指出「布爾什維克從德國政府得到了六千萬馬克」，而外交政策委員會主席向他證實這是事實。這引起德國共產黨人的抗議，於是他建議成立國際調查委員會對此進行調查，結果被勸阻不再進一步調查。因為德國當局並不希望讓世人知道，「德國除了對戰爭負有責任之外，也應對布爾什維克掌權承擔責任」。

一九九三年公佈的俄共特別檔案證明了布爾什維克與德國人「最受信任的」間諜卡爾．莫爾的關係。卡爾．莫爾是瑞士社會民主主義運動的領導人之一，在伯恩長達三十年的生活中，給流亡瑞士的俄國政治僑民提供了大量幫助，與布爾什維克保持密切聯繫。同時，他也把布爾什維克的活動情況報告給在瑞士的德國外交官，另外他也是奧地利間諜。俄國二月革命後，他參與了列寧過境德國的組織工作，還提供了經費。一九一七年，他被派往斯德哥爾摩，作為德國官方與布爾什維克之間的中間人，多次轉給布爾什維克中央外國局數以萬計的經費。此人，一九一八年是列寧對德和談的顧問，一九一九年凡爾賽談判期間有作為「俄國問題專家」為德國外交官提供諮詢。一九二一年，他來到莫斯科，要求歸還一九一七年借給布爾什維克的錢。一九二三年，列寧和莫爾的中間人加涅茨基曾經給列寧說「弗拉基米爾．伊里奇，哥爾布諾夫告訴我，您主張把錢還給莫爾。無論如何，必須同老頭子了結此事。」俄共特別檔案保存一份一九二五年十一月的「關於卡爾．莫爾幫助俄國革命運動的證明」，說「沃羅夫斯基同志和加涅茨基同志向莫爾要求得到借款，他們明確稱之為借款，承諾將在奪取政權後立即歸還給他。列寧知道此事並很感謝莫爾」。後來經歷曲折和長期等待後，莫爾得到了這筆錢。

彼得格勒保安局首腦戈洛巴喬夫指出：「他們組織的資金財產有限，在接受德國資助的情況下，這一塊（指合法收入）未必有什麼地位。」近年有史學著作指出，布爾什維克建立自己的武裝——赤衛隊，隊員津貼是用德國經費和德國印製的十盧布面值的假鈔發放的。參見：姚海，《俄國革命》，頁二二五—二二六。

49 德國對伊斯蘭世界的革命外交，費舍爾（Fritz Fischer）《爭雄世界：德意志帝國——一九一四—一九一八年戰爭目標政策》（英文書名：Germany's Aims in the First World War）有具體記載。

50 孫文依靠德國秘密贈送的一筆款項，動員海軍總長程璧光及部分議員南下，在廣州另設非常國會，組建分裂民國的軍政府。對於接受德款一事，孫文曾矢口否認。他在一九一八年三月十八日回答美國駐廣州總領事海因策爾曼（P. S. Heintzlman）的信中寫道：「我趁此機會毫不猶豫地宣佈，我從未從德國取得款項。在我目前的運動中，我僅僅是為下述願望所激勵：在中國恢復約法政府，並給我們的同胞以民主政體的福祉。」然而，他收錢的情況當時就被自己的同志馮自由記載下來，事後更被德國檔案印證。

馮自由《革命逸史》（上冊）記載：「民六（1917）六月，總統黎元洪被督軍團逼脅解散國會，國人大憤，孫（中山）總理在上海力圖起兵護法，而絀於經費，會有（曹）亞伯相識之美籍某國醫士，告亞伯曰：如孫公有起兵護法之決心，某國願資助百萬。亞伯以告總理，總理大悅，惟囑亞伯堅守秘密。亞伯曰：『吾乃基督教徒，當指天為誓。』自是每當夕陽西下，亞伯恒偕女友吳乘馬車遊行各馬路兜風，順道至虹口某醫士寓所攜去大皮篋一具，其中累累皆各國鈔票，外人雖偵伺甚密，無疑之者。未幾遂有程璧光率海軍南下及廣州召集非常國會之舉。」（新星出版社：二〇〇九），頁二二九。

德國駐中華民國公使辛慈（Paul von Hintze）記載：「繼續做抗議實施反德政策軍閥的工作，並且取得了成果，大部分軍閥已經發表了抗議通電。為了攪亂政府的反德傾向，將繼續與康有為（君主主義者）、孫中山（國民黨急進派）、唐紹儀（國民黨右派）等進行秘密聯絡。我的秘密聯絡人也不斷地拜訪張勳（四川）、倪嗣沖（安徽）將軍」。

德國駐上海的前任領事克里平（Hubert Knipping）記載：「德國公使辛慈閣下在離開中國之際，三月末在上海對我下達了指示：直接聯絡南方激進派國民黨的領袖孫逸仙博士。為了推翻段祺瑞政府及其內閣，我們願意提供孫博士兩千萬美金的援助。」

德國駐上海總領事館翻譯官舍默爾（Hans Schirmer）與孫文進行秘密會談的記載如下：「曹亞伯到上海之後，很快安排了舍默爾與孫逸仙博士的會談。會談就一些政治性目的達成了一致。孫逸仙有意推翻段祺瑞政府，而且也認為這是可行的。他要求德國為軍隊提供兩千萬美金的援助。」

海因策爾曼記載：「據廣東督軍陣炳焜告渠，孫中山在上海秘收德國現款一百五十萬銀元。孫以五十萬給海軍總司令程璧光，使率海軍第一艦隊南下。另三十萬給南下非常國會之議員，餘款由荷蘭銀行與日商臺灣銀行匯廣州備用。」參見：Josef Fass, "Sun Yat-sen and Germany in 1921-1924," *Archiv Orientalni* 36 (1967): 115-120. 引用了德國記載此事的檔案。

據李國祁教授的研究，德國給孫文的數目為兩百萬馬克，但孫實際上只收到了一百萬；另外的一百萬，可能被經手人中飽私囊或德國另送他人了。參見：李國祁，〈在德國檔案中有關中國參加第一次世界大戰的幾項記載〉，收於《中國現代史專題研究報告》第四期（臺北：中華民國史料研究中心，一九七四），頁三一七—三四二。

一說是兩百萬元，一說是一百五十萬元，數目到底多少，有待更多可靠的檔案、史料才能確證。徵諸當時的情況，很難說此事是捕風捉影。

51 二十世紀以來，法國迅速向摩洛哥擴張勢力。一九〇四年四月英法簽訂協定，法國承諾不干涉英國在埃及的行動；英國則承認摩洛哥是法國的勢力範圍。但這侵犯了德國在摩洛哥的利益。一九〇五年二月，法國要求摩洛哥蘇丹在法國監督下進行「改革」，企圖使摩成為法國的保護國。一九〇五年三月三十一日，德皇威廉二世出訪摩洛哥南部重要港口丹吉爾時宣稱將會保護摩洛哥的獨立及其領土的完整，使其與法國關係變得緊張。一九一一年五月二十一日，摩洛哥發生反蘇丹的部落起義，法國借機派兵攻占其首都費茲。德國則要求法國割讓部分給非洲作為補償，並於該年的七月一日，以保護本國商人為藉口，出動炮艦「豹」號駛至摩洛哥的港口阿加迪爾，戰爭一觸即發，這次行動被史家稱為「豹的跳躍」。英國因擔心德國挑戰其海上霸權而支持法國，態度強硬。德國被迫退讓，與法國在該年十一月四日達成協議，以一部分給剛果為代價，德國承認摩洛哥為法國保護國。一九一二年三月三十日，《費茲條約》在摩洛哥的費茲城簽訂，蘇丹阿卜杜勒哈菲德放棄摩洛哥的主權，摩洛哥淪為法國的被保護國。

52 光緒戊申，南皮管理學部，其時尚書為榮慶，字華卿，某日在學部置酒席宴南皮，華卿逢迎之曰：「三儒從祀文廟，聞外間亦將以曾文正公請矣。」謂顧、黃、王三儒從祀文廟，出南皮所請也。不意南皮作色曰：「曾國藩亦將入文廟乎？吾以為將從祀武廟。」坐間愕然。南皮曰：「天津教案，曾國藩至戮十六人以悅法人。是時德兵已入巴黎，曾國藩尚如此，豈非須祀武廟乎？」引自：黃濬，《花隨人聖庵摭憶》（中華書局，二〇一三年八月，初版），「一四六、張南皮喜謗前輩」，頁二七八。

53 一個魔法師學徒趁老巫師不在，自作聰明展現自己的魔力，但他只知道魔法開始的咒語卻不知道該如何結束它，結果導致水漫金山，最後還是老巫師回來收拾了殘局。見：錢春綺譯，《歌德詩集》（上海譯文出版社，一九八二）。

54 日本雖然通過日清戰爭排除了清朝對朝鮮的支配，但另一個課題是如何阻止俄國南下。作為對策，日俄協調論與日英同盟論產生對立。日俄協調論主張日本承認俄國對滿洲（中國東北地區）的支配權，作為交換，俄國承認日本對朝鮮的支配權，即所謂「滿韓交換論」。伊藤博文、井上馨、陸奧宗光等人執這種觀點。山縣有朋、小村壽太郎、桂太郎等人則執日英同盟論，主張日本與英國結成同盟共同對抗俄國。當時英國在中東、中亞等地區與俄國對峙，而日英間基本沒有利害衝突。最終日俄協調沒有取得任何進展，日英則於一九〇二年一月三十日簽署了日英同盟協約。國民對日本能與世界最強國結為同盟感到驚喜萬分。

55 一八九九年五月，山縣有朋首相反對泛亞主義浪漫派的「中日提攜」路線：「觀清國形勢，歐洲列強在清國版圖內到處都在擴張利益線，清國地圖顯然最終將被赤、橙、藍分開。清國將像猶太人般國亡而人種存。值此之際，我國將來應當儘量擴張利益線……即便我國財、政、兵三方面都充實了，與清國提攜維護東洋獨立也是最為拙劣的下策。」見：大山梓編，《山縣有朋意見書》（東京：原書房，一九六六），頁二五一—二五三。

十九世紀末和二十世紀初是英俄大博弈最激烈的時刻，英日合作和日俄合作是此消則彼長的關係。英日合作意味著日本出兵亞洲大陸，解除大英帝國對俄羅斯南下的擔憂。英日一旦合作，俄羅斯和日本就會自動進入短兵相接的位置。參見：外務省編，《日本外交文書》第三十三卷，別冊一（上），第三四〇號文書，頁三五一；同出處第五八三號文書，頁五五一；胡濱譯，《英國藍皮書有關義和團運動資料選譯》，頁三九。

狹間直樹〈初期亞細亞主義史的考察〉稱：「日本曾有『初期亞洲主義』，也叫『處於出發點上的亞細亞主義』，其主要內容為『主張亞洲團結提攜的興亞論』，為對抗歐洲，主張亞洲團結提攜的興亞論及所謂亞細亞主義登場，其所宣導的團結提攜論，從理論與實踐的意義上說，乃以亞細亞內部對等關係為前提。處於出發點上的亞細亞主義，就是這樣的一種理論。」（《東亞》，二〇〇一年八月號）泛亞主義在明治初年聲勢極大，早年的福澤諭吉都受其影響。他對大清在朝鮮問題上的表現不滿，才提出了脫亞入歐的理論。一八八〇年十一月十一日，興亞會成立。成員包括何如璋、黎庶昌、副島種臣、榎本武揚、宮島誠一郎、大久保利通的養子利和、漢學家重野安繹。一八八三年一月二十日，興亞會改名為「亞細亞協會」。正副會長為長岡護美、渡邊洪基。議員包括：重野安繹、宮島誠一郎、谷干城、岸田吟香、末廣重恭、廣部精、成島柳北等二十四名。會員包括：根俊虎、金子彌兵衛、草間時福、桂太郎、東次郎、榎本武揚、牧野伸顯、副島種臣、三島毅、品川彌二郎、原敬、竹添進一郎和王韜。協會宗旨強調日中「協」好，宣導「日中提攜」。與以前不同的是「將通商貿易、確立市場作為日中提攜的經濟基礎」，強調「中日兩國的當務之急就在於合縱以及收回利商權」。東亞會成立於一八九八年，成員包括：犬養毅、頭山滿、內田良平、康有為和梁啟超。泛亞主義的致命弱點在於：如果大清不爭氣，日本的鼓吹者就會在國內陷入狼狽不堪的境地。從甲午到庚子，許多原先的泛亞主義者大失所望。英日同盟鞏固後，只有甘做在野黨和理想主義者的人士才能堅持泛亞主義立場。曾根俊虎、頭山滿和宮崎滔天都屬於這一類，他們哺育了孫文和宋教仁的革命事業。參見：楊棟樑、王美平，〈日本「早期亞洲主義」思潮辨析——兼與盛邦和、戚其章先生商榷〉，《日本學刊》第三期（二〇〇九）。

歐洲列強對泛亞主義頗為忌憚，擔心日本和大清結盟，庚子拳亂消滅了這種可能性，將日本進一步推向國際協調主義。參見：外務省編，《日本外交文書》第三十三卷別冊一（上），頁四一六、四二八—四三二。

英國需要英日聯盟的理由，主要就是需要維護國際秩序的遠東代理人。參見：邵永靈、王琛，〈遠東危機與「光榮孤立」的困境（1900-1901）〉，《史學月刊》第五期（一九九九）。憲政本黨創始人大隈重信主張配合列強的門戶開放政策，在條約體系的框架內實現中日提攜和利益共用。參見：「大隈伯爵的對清善後策」（日），《大阪朝日新聞》，一九〇〇年七月一日，第二版。

政友會的林包明則認為日本已經處在入主中原的有利地位，沒有必要維護條約體系：「列強不如我國瞭解清、韓，又不若帝國能得二國民心。加之，我國航海派兵之迅疾遠非他國可比，況且開拓新殖民地常須軍隊臨之。退一步而言……經營遠東，得我助者，其力增倍，失我助者，其力減半……故我國應借此有利地位，巧奪先機，方可成為名符其實的遠東主人。」見：林包明，〈遠東論策（下）〉（日），《政友》第十七期（一九〇二年二月十日）。

56 日本既想以黃皮膚的歐洲人自居，加入列強俱樂部；又想以東洋領袖自居，主導近水樓臺的東亞大陸。這兩條路線從長遠看來不能相容，從短期看來可以摸著石頭過河，將決斷推給未來。日本在二十世紀初的曖昧，導致她在以後的節點陷入內部分裂和路線鬥爭。參見：王美平，〈日本對列強掀起瓜分中國狂潮的三種論調〉，《歷史檔案》第一期（二〇一三）；「列國協同之必要性」（日），《國民新聞》，一九〇〇年六月十三日，第一版。

57 一九〇四年英國和法國簽訂友好協約，標誌著兩國停止關於爭奪海外殖民地的衝突。參見：基辛格，《大外交》第七章，頁一八五。

58 一九〇〇年，蘭斯多恩繼任外交大臣以後，設想與德國合作，但逐漸認識到這個想法不切實際。後來的外交大臣格雷也一直為緩和與德國因海軍競賽而緊張的關係做努力，並想方設法與德國採取某種合作。直至一九一二年英國政府還派遣陸軍大臣霍爾丹前往德國商談海軍和殖民地問題。

59 George F. Kennan, *The fateful alliance: France, Russia, and the coming of the First World War* (Pantheon Books, 1984, 1st edition).

60 長平之戰。意指總體戰模式。

61 平山周，《支那革命黨及秘密結社》（東京：長陵書林，一九八〇），頁七八—八〇；初瀨龍平，《伝統的右翼内田良平の研究》（福岡：九州大學出版社，一九八〇），頁五九。

62 一九〇五年日俄戰爭結束後，日美關係摩擦不斷。一九〇七年至一九〇八年，為了拉攏美國，在袁世凱的支持下，奉天巡撫唐紹儀和美國駐奉天總領事司戴德就美國投資修築新法（新民至法庫門）鐵路、錦璦鐵路及東三省銀行借款等問題進行談判。與此同時，袁世凱進行了「清美德締結聯盟」的秘密外交活動。一九〇六年，威廉二世曾通過中國駐德公使向清政府建議「締結一個德美清條約，擔保中國本土的完整」。袁在取得慈禧太后同意以後，於一九〇八年夏奏派唐紹儀為專使，以「赴美致謝美國退還庚子賠款」為名，暗中接洽締結清美德三國同盟。同時，唐還負有試圖把兩國公使互提為大使以及向美國借款的秘密任務。然而日本情報人員在唐紹儀出訪前就獲悉了這一計畫。待唐紹儀率領的代表團於十二月一日抵達美國時，日本已於十一月與美國達成了新的協議，而慈禧太后和光緒帝也於十一月去世。美國政府不願對唐紹儀過分熱情，「清美德同盟」因此迅速降溫。

63 某種意義上，袁世凱是革命外交的先驅。曾任國務院參議兼總統府秘書的曾叔度回憶說：「他（袁世凱）說：『我已籌畫好了：（一）購地租地，我叫他一寸地都買不到手；（二）雜居，我叫他一走出附屬地，即遇危險；至於（三）警察顧問用日本人，用雖用他，每月給他幾個錢罷了，至於顧不顧，問不問，權卻在我。我看用行政手段可以破壞條約，用法律破壞不了。其他各條，我都有破壞之法。』」參見：曾叔度，〈我所經手二十一條的內幕〉，收於榮孟源、章伯鋒主編，《近代稗海》第三輯（四川人民出版社，一九八五年八月，初版），頁二八八。

64 外務省編，《日本外交文書，清國事變（辛亥革命）》，頁三三八—三四〇；栗原健，《対満蒙政策史の一面：日露戦後より大正期にいたる》（東京：原書房，一九六六），頁一四二—一四四。

65 小威廉·皮特（William Pitt the Younger, 1759-1806）首相全力推行均勢外交（尤其是壓制法國），為十九世紀的英國對外政策奠定了基礎。威靈頓（Arthur Wellesley, 1st Duke of Wellington, 1769-1852）在滑鐵盧戰役擊敗了拿破崙。他們都是遏制歐陸霸權的功臣。

66 「桂太郎和中山先生密談，前後約計十五六小時，桂太郎的話的要點，我可以記出來：『我剛才聽見先生所論、所勸告日本之策略，不期正為我志。我在日本國內，從不曾得到一個同志，瞭解我的政策。今日得聞先生之說，真大喜欲狂。中國有一孫先生，今後可以無憂。今後惟望我兩人互相信託以達此目的，造成中日土德奧的同盟，以解印度問題。印度問題一解決，則全世界有色人種皆得蘇生。日本得成此功績，決不愁此後無移民貿易地，決不作侵略中國的拙策。對大陸得絕對的保障而以全力發展於美澳，才是日本民族生存發展的正路。大陸的發展，是中國的責任。中日兩國聯好，可保東半球的和平，中日土德奧聯好，可保世界的和平，此惟在吾兩人今後的努力如何耳。現在中國的境遇如此，國力又不堪用，先生的羽翼又未成。剛才所云助袁執政云云，以我所見，袁終非民國忠實的政治家，終為民國之敵，為先生之敵，然今日與之爭殊無益而有損。如先生所言，目前以全力造成中國鐵道幹線，此實最要的企圖。鐵道幹線成，先生便可再起執政權，我必定以全力助先生。現今世界中，足以抗英帝國而倒之者，只有我與先生與德皇三人而已。』」參見：戴季陶，《日本論》第十八節〈桂太郎〉（九州出版社，二〇〇五年四月，初版）。

67 久原房之助（1869-1937），實業家、政治活動家，資助過孫文的反袁活動，支持過二二六事變，戰後提出「亞細亞合眾國論」，晚年曾訪華，受到毛的接見。

68 小磯國昭（1880-1950），泛亞主義者，歷任陸軍省整備局長、軍務局長、陸軍次官、關東軍參謀長、朝鮮軍司令官、拓務大臣、朝鮮總督、首相等職。一九四四年秋對重慶展開和平工作，遭到陸、海、外三相反對，於一九四五年四月辭職。一九五〇年病死於獄中。

69 後藤隆之助（1888-1984），昭和研究會的創立者，大政翼　會組織局長，近衛文麿的好友，在近衛文麿三次組閣及其制定對內對外政策中都起到了重要作用。主張中日提攜、脫離歐美羈絆、防蘇防共的「協同主義」，希望通過充分釋放善意，幫助改善中國人的生活，化解中國人的反日情緒。晚年曾率民間友好團體訪華。

70 一九〇四年四月英法簽訂協定，法國承諾不干涉英國在埃及的行動，英國則承認摩洛哥是法國的勢力範圍。

71 一九〇七年，在中亞長期博弈的英俄達成協定，將波斯劃分成南部的英國勢力範圍、北部的俄國勢力範圍和中部的緩衝地帶。

72 法皇拿破崙三世扶植奧地利大公馬克西米利安建立墨西哥帝國。

73 胡亞雷斯（Benito Pablo Juárez García, 1806-1872），四度當選墨西哥總統，先後頒佈《胡亞雷斯法》、《墨西哥社會改革宣言》。一八六二年領導抗擊拿破崙三世組織的墨西哥遠征，推翻馬克西米利安政權。

74 卡列斯（Plutarco Elías Calles）墨西哥獨裁者，革命制度黨創始人，無神論者。一九二四到一九二八年任總統，一九二八年至一九三四年在幕後垂簾聽政。他執行反帝、土改政策，還嚴厲執行反天主教運動，激發了民間大規模捍衛宗教的反抗。一九三六年被自己的學生拉薩羅·卡德納斯（Lázaro Cárdenas）流放。

75 新陳代謝即身體內部的新成分取代舊成分，但外形不變。歐洲各國從外形上看仍然存在，但內部的人民主權成分不斷增加，壓倒了君主和貴族的成分。混合憲制的新陳代謝導致民族國家取代等級國家。民族國家取代等級國家，導致國際體系的迴旋餘地減少。迴旋餘地減少，導致兩次大戰和歐洲衰落。

76 托洛茨基，《俄國革命史》第二部（北京：商務印書館，二〇一四），頁六〇二。

77 安東尼拉·薩洛莫尼，《列寧與俄國革命》（香港：三聯書店，二〇〇六），頁三七—三八。

78 托洛茨基，《俄國革命史》第一部（北京：商務印書館，二〇一四），頁三二九—三三一。

79 克倫斯基（Alexander Fyodorovich Kerensky, 1881-1970），俄國社會革命黨人。一九一七年二月革命後任李沃夫臨時政府司法和軍事部長。李沃夫垮臺後出任總理，拒絕讓俄國退出一戰（當時軍心渙散，俄國士兵普遍希望逃離戰場，布爾什維克正是利用了這一點）。被布爾什維克推翻後流亡海外。

80 同前註。

81 見本章第二節註釋四十八。

82 社會革命黨在一九〇二年由若干分散的舊民粹派小組和團體初步聯合而成，一九〇五年十二月正式宣告成立。首領是 B. M. 切爾諾夫等。該黨否認無產階級和農民間的階級差別，否認無產階級在資產階級民主革命中的領導作用，反對無產階級革命和無產階級專政，主張在聯邦制基礎上建立民主共和國，在保存資本主義的前提上把土地變為全民的財產並交給農民平均使用，在策略上繼承民粹派的個人恐怖手段。

83 俄國地方自治機構產生於廢除農奴制不久的一八六四年，但一直受到重重束縛。一九一七年二月革命後，它迅速發展，基層機構遍及全俄，一度成為臨時政府的地方政權機構，原全俄地方和城市自治局聯合委員會主席李沃夫成為前兩屆臨時政府總理。

84 大俄羅斯主義者留戀沙俄疆域，認為俄羅斯是不能分割的整體，拒絕容許邊疆少數民族地區的分離。

85 米留科夫（Pavel Nikolayevich Milyukov, 1859-1943），俄國立憲民主黨領袖，二月革命後短暫地擔任了兩個月外交部長。參與策劃科爾尼洛夫事件。十月革命後流亡國外，逐漸把精力轉向歷史撰述。

86 科爾尼洛夫（Lavr Georgiyevich Kornilov, 1870-1918）俄國將領。一戰中表現突出，一時成為英雄人物，得到快速提拔。一九一七年七月十七日，布爾什維克操縱彼得格勒工人、士兵上街遊行，高呼「全部政權歸蘇維埃」的口號，試圖奪取政權。這一次暴動被臨時政府鎮壓下去。隨後，科爾尼洛夫被任命為俄軍最高統帥，要求授權他以一切手段恢復秩序。九月二日，他被克倫斯基撤職關押。九月七日，他的支持者騎兵第三軍向彼得格勒推進，同時向克倫斯基提出最後通牒，要求臨時政府成員全體辭職。克倫斯基手下無兵可用，只得向布爾什維克求援。布爾什維克勢力快速擴張。科爾尼洛夫被放出後南下頓河流域，堅持與紅軍作戰，一九一八年四月戰死，紅軍將其屍體挖出來挫骨揚灰。

87 鄧尼金（Anton Ivanovich Denikin, 1872-1947），俄國將軍，科爾尼洛夫的戰友，十月革命後在北高加索組織志願軍對紅軍作戰，一度幾乎攻占莫斯科，但功敗垂成。一九二〇年率殘部逃往克里米亞，然後流亡國外。二〇〇五年十月，鄧尼金以愛國將領的身份被重新安葬在莫斯科。

88 秦暉，〈孟什維克——正統馬克思主義在俄國的失敗〉，《二十一世紀》（二〇〇七年十月）。

89 里加為拉脫維亞首都。一九一八年十一月十八日，在經歷了七百多年的外國統治之後，拉脫維亞成功獨立。

90 頓河地區哥薩克軍的新首領彼得．克拉斯諾夫組織了大規模抵抗，反對布爾什維克。他們與鄧尼金聯合，控制了從德占區到伏爾加河的大部分地區。

91 〈亞洲的覺醒〉：「現在中國的政治生活沸騰起來了，社會運動和民主主義高潮正在洶湧澎湃地發展。」，載於《真理報》，一九一三年五月七日，引自：《列寧全集》第二十三卷（人民出版社，一九九〇年四月），頁一六〇—一六一。

第二章

遠東體系的破裂

華盛頓會議（一九二一年十一月至一九二二年二月）

由美國、英國、日本、法國、義大利、荷蘭、比利時、葡萄牙、中國（北洋政府）等九國在華盛頓舉行，簽署了《九國公約》。華盛頓會議和《九國公約》名義上實現了威爾遜主義要求的平等，實際上卻製造了遠東的政治真空；不僅葬送了日本過去的投資和未來的機會，而且向當事各方釋放了危險的誘導。共產主義政治秩序從此闌入東亞。

一、列強的綏靖主義和民國的機會主義

引言：第一次世界大戰結束後，列強放棄了在遠東重建條約體系的路線。日本儘管有機會推行東亞的門羅主義，卻沒有勇氣背離長期奉行的國際協調路線。滿洲和各省的獨立傾向迅速發展，但沒有得到門羅主義的保護，未能形成足以自衛的多國體系。北京政府對各省的權力化為泡沫，卻通過外交途徑迫使日本撤出東亞。華盛頓會議和《九國公約》名義上實現了威爾遜主義要求的平等，實際上卻造成了所有人都不負責任的真空狀態。

第一次世界大戰在遠東

一九一四年，大戰爆發不過幾星期，英法兩國就從其殖民地撤出了大部分軍事力量。法蘭德斯和波羅的海封鎖線迅速凝固，置德國人於絕地。與此同時，地中海以東陷於空虛。對此，德國的地中海艦隊雖然未能切斷法國阿爾及利亞軍團的勤王路線，將絞索套在巴黎的頭上，卻已經迅速關閉了達達尼爾海峽，並促使土耳其背叛英國，用沙袋堵死了俄羅斯的呼吸道。而德國的太平洋艦隊則流竄於智利與青島之間，隨時都能在他們選擇的地點複製土耳其模式，甚至切斷對協約

國至關緊要的硝石運輸線。

德國之所以沒有將大沽口和京津走廊的聯軍一掃而空，在北京成立親德政府，主要因為英國人的外交老練和日本人的急切。香港和威海的英軍已經只剩下空架子，甚至必須反過來輸入北洋諸將的剩餘物資。朱爾典（John Newell Jordan）[1]深知，袁世凱政府對日本的仇恨遠遠超過了土耳其的恩維爾（Enver Pasha）[2]政府對俄羅斯的仇恨。德國人出現在京畿附近，固然是危險的。日本人出現在京畿附近，同樣可能刺激北京政府背叛協約國。他為了穩住袁世凱，不惜以支持帝制為餌。袁世凱的中立宣言又穩住了德國人，保障了京畿的空城計。所以，等德國青島總督發現日本艦隊兵臨城下，他的驚訝程度不亞於段祺瑞，然而為時已晚。日本人打起英日聯軍的旗幟，一舉殲滅了德國人的四艘巨艦，預示了「威爾斯親王」號在四分之一世紀後的沉沒。[3]如果法國地中海艦隊能夠表現出同樣的效率，「戈本」號根本不會有機會抵達君士坦丁堡，凱末爾和列寧都將老死邱壟。[4]

日本受惡名而不得惡行之利

一九一五年的日本已經是遠東的主人，但她不知道怎樣運用自己的機會和力量。這一年，協約國全體承諾：戰爭結束以後，德國在亞洲和太平洋地區的所有權益都歸日本繼承。較之協約國對義大利、塞爾維亞、羅馬尼亞和俄羅斯的各項承諾，協約國的這些承諾（也是威爾遜主義者所稱的密約）根本算不上慷慨。後面幾個國家非但沒有實現協約國牽制德軍的期望，反而在自己的戰線上一敗塗地，迫使協約國分散西線的兵力援助他們，但戰後並不因此放棄無功受祿的聲索，他們的依據同樣不過是威爾遜主義者詛咒的秘密外交。而日本基本上獨立完成了這些小夥伴無力完成的使命，其實已經不需要協約國的事後追認，但她掌握不了「做得說不得」和「說得做不得」的區別，一再遷就零成本或低成本的搭便車藝術家和輿論操縱家，使後者得以鎖定適當的捕食對象。此後幾十年，日本不斷陷入受惡名而不得惡行之利的窘境。由於明治維新以來的路徑鎖定，「優等生」的「吃暗虧」[5]相應地引起了她的國民對自由主義—殖民主義憲制的全面質疑。

如果日本具備英國式或羅馬式共同演化的憲制路徑，其實不難將「守序者」和「挑戰者」兩種路徑驅動引入相互配合的佈局，形成「做得說不得」和「說得做不得」同時恰到好處的節奏感。後來發生的情況恰好相反，兩者產生了相互拆臺和顛倒節奏的效果，證明日本缺乏競技狀態良好的憲制結構—國際體系，或者不如說證明了時間是共同演化體系趨於完美的最重要和不可替代的因素。「二十一條」交涉暴露了日本官方外交的迂腐，在應該「做得說不得」的時候偏偏「只說不做」。正如張作霖所說：「日本人從二十一條當中得到了什麼？根本什麼都沒有啊！」[6]他敏銳地看出，遭到體系的拋棄才是最大的損失。因此此後十年，他一直在運用「只做不說」的獨立外交彌補北京外交部給關東父老造成的損失。

民國突破外交底線

袁世凱為晚清外務部制定的班底和政策，以聯美排日為錦囊妙計。袁世凱在大總統任內，又發明了群眾外交和輿論外交。各省將軍[7]奉命動員社會團體和愛國群眾，向北京通電請願，譴責任何企圖對日妥協的政策，希望給東交民巷（Beijing Legation Quarter，使館區）留下深刻的印象。不久以後，同樣的民意機器就要用於洪憲勸進。「二十一條」純屬十九世紀外交，習慣性地假設交涉各方屬於同一個紳士俱樂部，只有達不成協定的問題，沒有達成以後要賴的問題，根本沒有準備應付二十世紀外交的核心問題「執行與監督」。所以，面對各省官民「自發地」毀約，「二十一條」沒有產生哪怕是一小時的效力。然而民國的無賴手段卻通過巧妙的輿論導向，把二十一條變成了世世代代的國恥教育材料，結果弄假成真、作法自斃，把主要設計師袁世凱變成了賣國賊，為「路徑決定命運」提供了極好的注腳。徐世昌政府（1918-1922）穿上袁世凱的靴子，發動北京各界群眾，用「公理戰勝」的搭便車邏輯向協約國示威，迅速演變成引火焚身的「五四運動」。[8]「丘九」（五四運動中丘八〔士兵〕忌憚學生，稱其為丘九）們一旦獲得吳佩孚和孫文的支持，[9]就把鬥爭目標轉向原先的操縱者。

徐世昌政府瓦解後，第二屆「法統重光」政府（1922-1924）已經無實權，淪為各省諸將的交涉經紀人。舊國會恢復了，但曾經主導舊國會的黨派卻瓦解了。新國會（安福國會）雖然解散，但主導新國會的政治邏輯卻勝利了：舊國會第一次解散以後，國民黨和進步黨這樣有綱領的大黨瓦解了。法統重光以後，同一批議員只有少數能結成憲法研究會、益友社這樣的小團體。這些小團體無論人數還是凝聚力，都遠不如原先的政黨。大多數議員甚至連這樣的小團體都無法組成，因為他們跟外省議員沒有什麼值得交流的共同利益。他們大多利用本省的會館和同鄉組織，跟本省的軍官、京官和在京名流來往。新國會號稱安福國會，就是安徽和福建兩省議員的意思，因為皖（安徽）系軍官利用同鄉關係拼湊國會多數派，獲得了很大成功，而梁啟超代表立憲派的政治綱領，卻遭到慘敗。

派系鬥爭是議會政治固有的特點，即使美國也不例外，但美國仍然存在許多跨州的重大利益，足以整合形成全國性政黨。民國各省沒有重大的利益交融。各省自辛亥獨立以來，普遍設立外交局，自行處理各省之間的關係，以及各省與蒙藏、西洋的關係，沒有感到中央政府存在的必要性。反滿革命形成的同仇敵愾情緒迅速消失以後，依靠或反對這些情緒的跨省政黨就失去了立足之地。各省議員不再為他們在北京上海的黨魁代言，而是退回自己家園的範圍、為他們家鄉的政治或軍事強人代言，因為他們本來就沒有聯合的真實需要。跨省大黨和路線鬥爭消沉，以籍貫為基礎的小派系活躍。聯省憲制內在的解體傾向日益浮出水面。一九二三年憲法[10]對蔡鍔和楊度設想的雙重愛國主義做了極大的讓步，仍然不能阻止各省獨立傾向的進一步升級。諸將染指外交部的禁臠，釋放了最明顯不過的信號。

國民外交的底線一旦突破，每況愈下的惡性競爭就無法避免。相形之下，始作俑者反而顯得比後來居上者克制得多。袁世凱從來沒有考慮過允許諸將自行發動群眾，但他不肯觸動的底線很快就讓吳佩孚打破了。張作霖對吳佩孚極為不滿，最初就是因為受不了郡國小將竟敢僭越幕府大佬的特權。隨著各省分割國民外交的紅利，北京外交部反而越來越像一個依靠公使團支援的流亡政府。列強和外交部的交涉，只能產生缺乏執行力的原則性建議。各省單獨簽署協定才能左右具體事務的安排。法蘭克福帝國議會和大哥倫比亞共和國在其最後的幾年，陷入的就是同樣的境地。

列寧送來特洛伊木馬

北京外交部在立憲共和國的最後幾年，享受了一種自相矛盾的自由。奉天和洛陽的「太上總統」（指張作霖和吳佩孚）忙於發展沒有名分的實質外交。內閣總理和各部總長來去匆匆，但外交部的職業官僚幾乎沒有更換過。他們生活在虛擬的世界內，為土崩瓦解的聯邦爭取充饑的畫餅。列寧通過《俄羅斯蘇維埃聯邦社會主義共和國外交人民委員部致中國外交部照會》，給他們送來了一座華麗的特洛伊木馬。[11]「以前俄國歷屆政府同中國訂立的一切條約無效，放棄以前奪取中國的一切領土和中國境內的一切俄國租界，並將沙皇政府和俄國資本階級從中國殘暴地奪得的一切，都無償地永久歸還中國。」[12]北京外交部在弱者的機會主義驅動下，欣然表示：「本國政府深盼有最早之機會，循此次宣言書中指示之程序，以與貴國直接開議也。」[13]他們並不知道中央政治局的秘密指示：「從一九一九到一九二〇年的總宣言中得出直接指示是不能允許的。」[14]其實，名分就是北京外交部的唯一資產。莫斯科作為不被國際社會承認的僭主政權，渴望在外交封鎖線的最薄弱環節打開缺口。實質問題，他們同樣寄希望於各省的獨立外交體系。

一九二一年十月三十一日，外交人民委員契巧林致信中央遠東局：「我們可否同它（廣州）來往，這會不會造成無法同北京建立聯繫？……如果我們打算同時同廣州來往，同北京的聯繫會不會中斷？」[15]因此，莫斯科警告孫文：「將我國的援助嚴守秘密，因為遇公開場所和官方場所，即今在今天，對國民黨謀求解放的意向，我們也只能表示積極同情而已。」[16]哈爾濱工兵代表蘇維埃根據列寧的直接指示，宣佈成立哈爾濱共和國。[17]《對華宣言》稱：「蘇維埃政府已經放棄了沙皇俄國政府從中國攫取的滿洲和其他地區，讓這些地區的人民自己決定他們願意留在哪一國內，願意在自己那兒建立何種形式的政體。」[18]如果翻譯成現實政治的語言，意思就是：白俄控制的中東鐵路區域和張作霖控制的滿洲有權獨立，或像浩罕共和國一樣加入蘇維埃聯邦。奉軍將領張宗昌在協約國的支持下推翻了哈爾濱的紅色政權，從此跟莫斯科結下了不解之仇。[19]

俄對滿洲的滲透和日本對滿洲的建設

張作霖的滿洲在培養獨立外交體系的道路上走得最遠，獲利也最大。一方面，外蒙、哈爾濱共和國和中東路政權更迭動盪。遠東共和國成功地滲入了東正教和白俄的組織，正在通過中東鐵路的苦力培養新的擴張管道，甚至開始為滿洲人和蒙古人發明拼音文字。中華民國和蘇維埃俄羅斯為解決懸案而展開的談判，一開始就註定不會有什麼結果。民國外交部並不完全相信列寧放棄在華利權的承諾，但並不是看不清蘇維埃政權在國際上極度孤立的處境，試圖利用自己作為合法政府的優勢，彌補硬實力和反顛覆能力的不足。蘇聯並不在乎談判有沒有結果，或有什麼結果。只要談判正在進行，蘇聯外交人員和貿易人員就可以出入中華民國。蘇聯派出的這兩種人員，大部分都是喬裝打扮的特務或地下工作者。他們借助領事館、商務辦事處和文化辦事處，完成了最關鍵的初期病毒感染工作。以後的談判即使完全失敗，蘇維埃政權的目標也還是實現了。東正教會和中東鐵路是白俄流亡者集中的地方，自然變成了蘇聯情報機關的主要滲透目標。蘇聯外交的另一個重要目標，就是犧牲沙皇的遺產，收買張作霖、楊增新等軍政要人，在滿洲和新疆當局的配合下，壓制白俄流亡者的反蘇活動，為蘇維埃紅軍和情報組織越界鎮壓白俄提供方便。只要白俄仍然控制中東鐵路，蘇維埃政權控制的亞洲鐵路就沒有用處。歐亞主幹道中斷，滿洲商務也受到損失。《奉俄協定》同時解決了三方面的問題——蘇維埃政權接管了中東鐵路，消滅了心腹大患；滿洲政府獲得了一半的鐵路股份，滿洲商務和稅收得到實利；白俄是最大的輸家，失去了鐵路管理權，但作為唯一有能力經營鐵路的技術團隊，獲得了莫斯科和奉天政府的安全承諾和兩大股東的鐵飯碗。莫斯科很快就違反了既往不咎的承諾，構成張作霖政府和蘇維埃政府反目的誘因之一。[20]

另一方面，日滿聯盟大刀闊斧地推動關東基礎建設。南滿鐵路網延長到距離齊齊哈爾只有幾英里的昂昂溪。日元、正金銀行券、奉天銀幣和紙幣在南北滿全境通行無阻。關東社會豐饒的生命力是誰都看得出的，從移民到土豪的歷程經常在兩代人之內就走完了。哈爾濱比西伯利亞大多數城市人口更多，文化創造力更強。大連比日本三島更西洋化，教育水準更高。滿鐵自一九〇六年成立以來，公司效績和員工待遇遠邁日本、朝鮮和臺灣的企業，不僅有資格遴選專業最優秀的青年才俊，而且發揮了吸引和集中理想主義者和進步主義者的特殊作用。這些人對滿洲處女地懷有拉法耶特對華盛頓的寄託，[21]將母國難以實現的社會理想投射到新大陸。

一九〇七年，滿鐵調查課在大連成立。此後的四十年，調查課或調查部完成了六千多項研究和五十多萬項資料。《滿鐵資料彙編》、《經濟調查資料》、《滿洲農戶調查》、《滿洲舊習慣調查報告》、《滿洲土匪研究》、《工農俄羅斯研究叢書》、《工農俄羅斯調查資料》、《俄羅斯經濟叢書》、《俄文調查資料翻譯》、《中華民國十一年》、《冀東農村實態調查》、《江蘇農村實態調查》的翔實可靠，即使置諸中世紀歐洲亦無愧色。亞洲大陸之所以還有歷史，端賴他們的遠見和辛勞。這些研究材料至今仍然是東亞研究的基石和黃金標準，比敦煌古卷在中古研究當中的地位還重要得多。超越滿鐵調查時空範圍的項目只有參照並對滿鐵材料，才能多多少少區分想像和推測的不同層次。[22]

滿鐵青年一再反對張作霖和關東父老的貪財和短視、外務省和內閣的因循和遲鈍、關東軍的武斷和盲目，最早提出和最執著地維護南滿鄉民的自治權利，不惜為新天地的良治犧牲自己的利益，將鐵路區域的社區建設成奉天的新英格蘭鄉鎮。[23]滿鐵的孵化器孕育了不止一個後藤新平[24]，猶如羅馬元老院薈萃帝王之才。滿洲記憶在日本開明左派當中根深蒂固，不亞於西班牙內戰之於英國馬克思主義者。他們捫心自問，畢生最純潔的奉獻莫過於此。任何人都能看出：隨著滿洲社會的漸次成熟，不同路徑的選擇早晚不可避免。決斷時刻對環境的穩定性極度敏感，正如亞穩態對環境的擾動不太敏感。門羅主義保護了南美，正如凡爾賽體系辜負了東北亞。列強在遠東的退縮本來給日本提供了模仿門羅主義短暫視窗，但外務省缺乏當機立斷的敏銳。最佳機會視窗消失以後，軍部為了擾亂亞穩態卻甘願浪費更大的資源。

北京拆除藩籬

日本身為遠東和太平洋戰場的主力，沒有在戰爭結束時推出自己的門羅主義。這是第一個重大錯誤，直接導致了凡爾賽會議的被動局面。國際維和部隊進駐遠東共和國，日本同樣是主力，仍然沒有索取與其奉獻成比例的發言權，更不用說領導權了。這是第二個錯誤，直接導致了《九國公約》[25]的成立。南美如果在其幼弱時期用類似的公約取代了《門羅宣言》，肯定會在普法戰爭以前就淪為列強的練兵場。兩次世界大戰的失敗者都會在這裡找到避難所，將世外桃源變成西半球的廣島和琉球。

優等生文化第一次面臨外部世界的負激勵，即使無需偽裝的內部文件（見附錄一：《關於山東善後交涉問題的政府方針》）都洋溢著憤懣和惶惑之情。[26]日本屈服了，卻沒有忘記。

華盛頓會議不僅葬送了日本過去的投資和未來的機會，而且向當事各方釋放了危險的誘導。

歐洲列強淪為無肉可吃的牧羊犬，不再看守羊群，卻仍能憑籍其正式身份，妨礙日本人和美國人可能的干涉。機會主義的短暫勝利敗壞了民國精英階級的德性，毀掉了他們辨識形勢的判斷力，將他們變成了一群自以為是狼的羊。披著狼皮的羊首先愚蠢地企圖搶劫牧羊犬，然後為了挽回自己受傷的虛榮心，開始假裝相信披著羊皮的狼才是唯一的真朋友。北京政府在尼港事件[27]中協助布爾什維克的白手套，自己拆除了滿洲的藩籬；[28]在五卅事件中協助布爾什維克的白手套，自己拆除了上海自由市的藩籬。[29]下一條觸手從符拉迪沃斯托克（海參崴）伸向廣州，已經不再需要他們的協助。[30]

二、法統的崩潰與邊界的崩潰

引言：政治真空是最不穩定的狀態，為共產國際的擴張提供了抵抗力最小的方向。自由主義體系在國際上崩潰，隨即導致立憲共和國的原則在東亞崩潰。首都革命以後，北京和廣州的革命政府都公開否定法統。孫文本著機會主義的精神，拋棄了國民黨在辛亥時代堅持的泛亞主義和民初時期堅持的護法主義。日本泛亞主義者處在政治低谷期，無法援助孫文。共產國際急於輸出革命，願意滿足孫文的期望。孫文的背叛導致中華民國門戶洞開，使國民黨淪為共產國際的特洛伊木馬。

民國法統作為自由主義—殖民主義秩序在遠東的分支，不大可能在歐洲秩序中心崩潰以後倖存多久。大清解體時刻的現狀既然無法維持，二十年前擱置的共同體邊界重構和共同體關係重組問題自然重新浮現。段祺瑞的北京臨時執政府和孫文的廣州國民政府相繼宣佈廢除法統，重啟革命，[31]將善後問題交給超越議會政治的國民代表會議。他們推給國民大會的任務如此複雜和矛盾，對國民大會的定義如此空洞和矛盾，既暴露了大清遺產固有的危險性，又預示了東亞秩序未來的衰敗。民國憲制一開始就是遠東體系最薄弱的環節，猶如老水手傷痕累累的關節，早在年輕水手健康的器官還沒有感覺的時候，就已經用疼痛釋放了當下低氣壓和未來暴風雨的信號。

段政府的善後會議

善後會議的憲法意義類似辛亥年的各省代表會議，但方向相反。兩者都是未經國民授權的要人會議，預示了未來的政協會議，只有協商之責，並無創制之權。各省代表會議執行了革命各省的政治意志，為制定將來的憲法契約做準備。執政府善後會議執行了革命各方的政治意志，為廢除原先的憲法契約做準備。善後會議共有會員一百六十六人，分為四類：（一）有大勳勞於國家者（只有孫中山、黎元洪兩人）；（二）討伐賄選（曹錕及其直系軍閥）、制止內亂的各軍最高首領；（三）各省區及蒙、藏、青海軍民長官；（四）有特殊資望、學術、經驗，由執政派充的（但不得逾三十人）。（一）到（三）項中會員不能出席時，可派全權代表參加。[32]

善後會議的任務包括了第二次法統重光期間，朝野各派和輿論領袖公開的訴求。「廢督裁兵」是舊國會重新召集時，對黎元洪大總統的承諾。舊國會未能履行承諾，反而引起了新一輪軍事政變。凡爾賽會議以前的輿論領袖大抵以十九世紀歐洲為師，認為政治不良必須通過憲政途徑解決。如果發生政變，他們就呼籲法統重光。此後的輿論領袖深受戰後歐洲的風氣影響，開始質疑國會政體（資產階級民主）自身的正當性和有效性。國會無力控制軍人，他們就責備國會本身。財政危機是內閣不斷倒臺的關鍵因素，也是各邦分離主義的直接原因。因此，善後會議承擔了三方面的義務。第一，籌備半蘇維埃、半資產階級性質的國民大會，順應一戰以後的國際形勢，安撫親蘇反對派。第二，鞏固中國帝國主義各派和各邦分離主義各派的臨時停戰機制，強化軍事互信，防止軍備競賽升級。第三，重新整理財政，劃分各邦共用收入和專享收入的邊界，從根源上消弭未來可能的衝突。

孫文投靠蘇聯

孫文拒絕第二次法統重光，[33]炮擊廣州西關商業區以後，跟南粵紳商結下了不解之仇，已經不能指望通過民主選舉捲土重來。[34]蘇維埃的崛起，無論從物質資源的角度，還是從政治理論的角度，都是他僅有的出路。國民大會吸收蘇維埃模式，既不再代表歷史悠久的各邦，又切斷了納稅人和食稅人的契約紐帶，淪為黨組織可以輕易控制的社會團體和職業團體代表。孫文敏銳地看到，舊軍官和舊資產階級沒有應對黨治制的能力和準備。國民大會一旦召開，就會變成通向列寧主義國家的橋樑。他一面加緊推動國民黨的列寧化改造，一面為第五縱隊鋪路。

梁任公見證了歐洲文明喪失自信的惡果，但沒有料到衰敗會如此迅速地蔓延到東亞。一旦列強喪失維護條約體系的意志，一九一二年的鬥爭各方自然會喪失委曲求全的動機。民國作為臨時妥協，一開始就沒有得到泛亞主義聯盟（黑龍會和同盟會）的青睞。洪憲帝制為泛亞主義聯盟提供了第二次機會，但法統重光將東亞大陸重新送回條約體系的軌跡。當日本外務省和北京政府言歸於好時，孫文和國民黨極端派就淪為孤兒。大正民主加強了政黨內閣對軍部和泛亞主義者的約束力，迫使饑不擇食的孫文投靠蘇聯。[35]

列寧和他的朋友們剛剛經歷了歐洲的慘敗，正在尋找另一個「帝國主義鏈條上的薄弱環節」。他們懷著這樣的期待，自然不難在孫文身上發現遠東的克倫斯基。「波蘭、高加索、中亞以及外蒙古這些地區，蘇聯派出軍隊以建立共和國或衛星國的手段已達到爐火純青的程度。」[36]孫文現在需要的，恰好就是這樣的衛星國。他現在渴望從蘇聯手中得到外蒙或新疆庇護所，正如一戰期間渴望從日本手中得到大連或青島庇護所。唯一的區別在於：蘇聯自身就是國際主義革命團體的冬蟲夏草，而日本的泛亞主義者還處在邊緣地位。

蘇聯先發制人，日本舉棋不定。「在中國爭取『民族獨立』和『新資產階級民主革命』政治鬥爭的外表之下，包含了一個高遠的戰略目標……其中之一是認為英國、美國和日本在西太平洋瀕臨條紋狗和花斑貓式的衝突。」「它甚至可能已經計畫利用中國的虛弱來誘使日本轉移對蘇聯的入侵，將其推往大陸西部和南部。」[37]蘇聯一面以孫文為籌碼，脅迫北京政府承認列寧主義政權，在國際社會的封鎖線上打開了一個缺口；一面以孫文為宿主，將隱藏的特工人員安插在代表團內，通過交涉實現滲透。北京政府剛剛同意蘇聯駐華大使館開張，北京情報站第一任站長阿納托利・伊里奇・黑克爾以駐華武官身份打入越飛代表團（1922）。[38]代表團違背北京政府的意志，向國民黨提供資助，換取了在宿主體內播種的特權。

孫文並非完全不瞭解蘇聯的危險性，也無意因為共產國際的希望就斷絕其他的資助管道。馮玉祥的「首都革命」塵埃甫定，段祺瑞執政府的邀請便抵達廣州。他首先趕往日本，請求老朋友的援助，沒有得到期望的回應，才廢然北上。[39]他在神戶演講（一九二四年十一月二十八日）[40]的內容跟辛亥和洪憲前夜大同小異，說明日本領導的泛亞共同體仍然是他樂於接受的未來。問題在於，日本當時的政局沒有給泛亞主義者提供機會。等到這樣的機會來臨時，國民黨自身已經淪為泛亞主義最危險的叛逆者和最直接的障礙物。

孫文這次演講中的理論和期望並不新穎，毋寧說重複了東亞輿論界在辛亥前夜和洪憲前後的老生常談，然而對孫文和國民黨而言，無異於行將溺斃者向岸上發出的最後一次呼救聲。沒有日本泛亞主義者的慷慨援助，辛亥革命本來是不會成功的。每一個成功的革命黨人背後，都有一個功成不居的日本泛亞主義者。孫文離不開宮崎滔天，正如米老鼠離不開唐老鴨。他們來自東洋各地，為共同的理想而奮鬥。[41]

國民黨的歷史學家探討辛亥革命，最怕提到玄洋社和頭山滿。玄洋社不斷參加東南各省的革命，日本政府不斷取締他們。俄羅斯佔領關東以後，玄洋社改名為黑龍會。顧名思義，就是要將俄羅斯趕回黑龍江對岸。革命黨人桴鼓相應，在東京籌備拒俄義勇軍。大清和日本兩國政府雖然自己就在合謀反對俄羅斯，但無意給內部的敵人提供機會，聯手禁止他們活動。結果革命黨人把反俄改成反清，用長城取代了黑龍江。興中會和華興會的聯合，依靠內田良平的牽線搭橋。孫文和黃興都是黑龍會的老朋友，但彼此結識不過半個月時間。這次聯合產生了著名的同盟會，會員當中的日本人比廣州革命政府當中的蘇聯人還要多，其中包括內田良平、宮崎滔天、平山周、末永節、萱野長知、和田三郎、清藤幸七郎、梅屋莊吉、北一輝。

辛亥軍興，日本政府照例追隨英國。列強一致宣佈中立，等待塵埃落定。只有黑龍會秉承國際主義精神，為「窮鳥入懷」的孫文保駕護航。犬養毅和頭山滿搶先趕往革命現場，為遠在美國的孫文鋪平道路。內田良平和宮崎滔天留在香港迎接孫文，護送他前往上海。革命最關鍵的視窗期，只有日本保護人為孫文和宋教仁提供資助。[42]孫文出任臨時大總統後，任命內田為外交顧問，阪谷芳郎和原口要為財政顧問，寺尾亨和副島義一為法制顧問，犬養毅為政治顧問。南北和談如果決裂，革命黨人肯定會步武魯監國和鄭成功。

從泛亞主義者到列寧主義者

民國最初十幾年，孫文一直依附泛亞主義者，但他這時已經寄餘命於寸陰，不能繼續等待老友奪取日本的政權。國民黨老一代雖然日益衰微，仍然渴望保全總理的晚節。孫文這次北上的意義本來在於執行蘇聯的新任務，途中繞道日本只能視為首鼠兩端的表現。節外生枝去日本是李烈鈞的傑作，由胡漢民和許崇智在廣州策應支持，代表國民黨元老派—親日派的最後掙扎，遭到蘇聯顧問加倫和他的朋友極力反對。[43]國民黨元老派很清楚如果仍然得不到舊主的資助，就無法阻止領袖投靠新主。新路線必然導致少壯派—親蘇派崛起，將東京流亡者—革命者世代打入冷宮。無奈人謀不如地緣，地緣不如天時。大正民主拋棄了泛亞主義者的浪漫情懷，自然也就拋棄了亞洲大陸的小兄弟。

孫文在日本遭到這樣的冷遇，更加確信蘇聯意味著自己短暫餘生的最後一次機會，隨即就在北京做出了李烈鈞、胡漢民和張繼最害怕的事情，完全將自己交給蘇聯人的朋友汪兆銘和蔣介石。失意的日本俠客活動家（指宮崎滔天等人）一面咒罵市儈（目光短淺的政黨內閣）誤國，一面咒罵支那小兄弟忘恩負義。他們十年以後捲土重來，沒有忘記此時此刻。黑龍會的朋友最終打倒了沒有情懷的現實主義者，解放了「克歐超白」「中日提攜」的旗幟，看到孫文的衣缽已經落入俄國人的朋友手中，於是開啟了一場無法形容的混戰。汪兆銘引用他自己編撰的國父全集，指責蔣介石背叛泛亞主義和亞洲人。蔣介石引用梁啟超為大清發明的中華民族理論，指責汪兆銘背叛新三民主義和中國人。中華民族的發明者梁啟超和中華民國的發明者章太炎則已經懷著對國民黨和汪蔣二人的刻骨仇恨，走完了生命最後的歷程。

一九一八到一九二八的十年構成遠東秩序瓦解前最後的小陽春，廣州的機會主義者和東京的綏靖主義者齊心協力鋸斷了自己坐在上面的樹枝。日本人作為東亞秩序的主導者，為綏靖主義支付了最大的代價。幣原式「霸權無害」的本質就是綏靖，源於既不願放棄霸權、又不願支付霸權成本的曖昧心理，最終不得不在更差時機、以更高成本彌補「失去的十年」。共產主義、大亞洲主義和大中華主義的覬覦路線相互交叉，只有行將消失的條約體系殘餘才能稍稍延緩她們的生死鬥爭。

三、「遠東共和國」與遠東革命佈局

引言：共產國際在征服中亞和西伯利亞的過程中，發現了統一戰線的妙用，讓資產階級政治家和議會政體充當傀儡，由列寧黨在幕後掌握實權，既能欺騙和分化潛在的敵人，又能大大減少革命的阻力。遠東共和國是統一戰線模式的初期實踐，成功地獲得了蘇維埃俄羅斯自身無法獲得的成果，誘使日本撤出西伯利亞，為共產國際爭取到進入中華民國境內活動的合法身份。共產國際獲得了立足點，隨即展開培植支部和代理人的工作。

遠東革命的指揮權

列寧在世之日，革命／間諜機構（二者沒有明顯區別）分為三個系統。其一是費利克斯·捷爾任斯基的契卡（全俄肅反委員會），後來演化成克格勃（KGB）。克倫斯基為了表現臨時政府對民主原則的忠誠，不僅裁撤了情報機構，連治安警察都解散了，大大減輕了列寧推翻他的困難，提供了教條主義的反面教材。捷爾任斯基則恩威並施，強迫沙皇的特務首腦瓦西里耶夫及其幹部加入契卡，迅速提高了契卡的專業水準。費利克斯同志自豪地說：「收買的金額是相當高的，把一個人推下臺階那一瞬間的滿足感是過去從沒有過的。」[44]其二是托洛茨基的「紅軍參謀總部第四局」，比契卡和克格勃更接近舊式情報機構，以對外間諜活動為主，不大捲入內部鎮壓。托洛茨基倒臺後，該機構淪為重點清洗對象，幾乎陷入癱瘓狀態，直到第二次世界大戰才稍稍恢復元氣。其三是季諾維也夫[45]的共產國際，彙集了全世界的革命浪人，為他們提供資金、訓練和各種白手套，將德國總參謀部對列寧的投機制度化。季諾維也夫垮臺後，共產國際日益淪為克格勃的附屬機構。最後，三大系統全都落入史達林和貝利亞手中。

較之列寧、托洛茨基和季諾維也夫，史達林的主要特點就是遲鈍、謹慎和保守。他的導師和朋友正確地指出：他是一個缺乏遠見和想像力的角色，但比其他人更願意幹髒活、累活。他是十月政變的非重要反對者，並不令人意外。他在列寧死後的歲月，負責組織和人事工作，在推動世界革命的大戰略中，始終比托洛茨基和季諾維也夫謹慎得多。他只有在從事內部清洗和鎮壓的時候，出於「寧可錯殺不可錯放」的謹慎心理，才表現得貌似激進。十月政變本屬賭博性質，成功主要依靠僥倖，結果卻變成了領袖的英明和必須效法的傳統，效法的結果自然是敗多勝少。於是越積極的負責人，造成的失敗越多，嫡系班底的損失越大，反倒越有可能因為實力損害而淪為替罪羊。托洛茨基和季諾維也夫先後落到了這種下場，而他們鄙視的「庸人」史達林卻笑在了最後：演化優勢往往不屬於善於捕獵而成本過高的物種，反倒屬於低成本低效績的物種。

遠東革命的指揮權從布爾什維克老近衛軍手中，逐漸轉入史達林手中；革命路線相應地由充滿階級仇恨（或浪人反社會心理）的盲目破壞，演變為老奸巨猾的冬蟲夏草策略（病毒感染宿主並取而代之）。這一過程用革命史的術語描繪，就是「馬克思主義的中國化」；用演化論的術語描繪，就是傳染病和宿主在免疫微環境的共同演化。「統一戰線」，根據共產國際主席季諾維也夫的意見：「就是在沒有手槍可用，又必須消滅敵人的情形下，就要製造一個擁抱敵人的機會，在擁抱中用雙手扼死敵人。」[46]

作為白手套的遠東共和國

「遠東共和國」是統一戰線策略的第一個實驗場，寶貴的經驗很快就應用到更大範圍的遠東區，甚至教會了跟共產主義毫無共同目標的其他勢力，例如黎巴嫩的敘利亞代理人和葉門的伊朗代理人。[47]莫斯科的最初設想是：鑑於布爾什維克在東方各國和各地的硬實力不夠充實，各種反動派、分裂派和列強干涉者的勢力盤根錯節，布爾什維克的核心組織不宜過早暴露自己，利用白手套性質的周邊傀儡反而能夠更好更快地完成革命任務。西伯利亞的社會黨粉紅勢力曾經在高爾察克政權內部發揮了至關緊要的破壞作用，完成了紅軍自己不能勝任的工作。[48]如果臨時的利用變成系統的操縱，莫斯科的收穫一定還會更大。

遠東共和國在形式上是一個獨立國家，享有不低於愛沙尼亞和立陶宛的主權，政府由左翼各黨派聯合組成，甚至最出風頭的成員都不是布爾什維克。然而，真正的權力掌握在不出風頭的地下組織手中。他們是蘇俄情報部門的派出機構，工作範圍不限於理論上的國界，涵蓋了包括當時中華民國在內的整個東亞地區。遠東共和國的格式化一旦完成，不久前風光體面的白手套就會前往古拉格報到。「遠東各民族的獨立國家」預示了愛沙尼亞和立陶宛二十年後的命運，「自願申請加入」「全世界無產階級的偉大祖國」。歷史任務已經完成，但地下組織不會休息。新整合的資源和新獲得的經驗都要用在下一個目標身上，猶如微生物的繁殖。

從形式上講，遠東共和國的主持人是「蘇維埃俄羅斯遠東人民委員會」主席克拉斯諾曉科夫。一九二〇年三月二十八日，他召開了「泛貝加爾湖制憲會議」。四月六日，制憲會議宣佈遠東共和國獨立。制憲會議預演了延安的民主，半數議員由開明紳士和社會賢達組成。從實質上講，遠東共和國就是遠東書記處的白手套。遠東書記處的前身出自西伯利亞局，不久前統戰西伯利亞孟什維克，從內部瓦解了高爾察克攝政制度。書記處現在故伎重演，操縱這些「政協委員」的表演。後者暫時逃脫了階級兄弟的命運，也就不能說毫無收穫了。遠東共和國宣佈，她的領土包括俄羅斯帝國的阿穆爾（黑龍江）省、濱海省、庫頁島、外貝加爾省、堪察加省，以及哈爾濱和北滿鐵路（中東路）地區。這是蘇聯對遠東條約體系的第一次攻擊，直接侵犯了日本帝國、中華民國、張作霖政權、阿穆爾臨時政府、阿塔曼（謝苗諾夫）政權和哈爾濱共和國聲稱屬於自己的領土。紅軍沒有能力將日軍逐出外貝加爾地區，只能以遠東共和國人民革命軍的名義，欺騙這些死心眼的形式主義者。天皇的政府拒絕接受非法政府的外交代表，卻同意跟遠東共和國的統戰政府談判。日軍撤退後，人民革命軍不戰而取赤塔。[49]

遠東共和國和中華民國的外交

一九二〇年六月二十八日，布爾什維克西伯利亞局成立了「東方民族部」。該部下設蒙古處、中國處、朝鮮處和日本處，由中央特派員岡察洛夫領導。一九二〇年九月二日，東方民族部決定派維經斯基赴華[50]。布爾什維克用搶劫所得的珠寶支付他的差旅費，餘款用於建立上海的革命印刷廠。維經斯基除了變賣價值十萬美元的鑽石以外，還多次獲得東方民族部的現金和匯款，其中一次為兩千美元。[51]一九二一年一月十五日，共產國際決定成立遠東書記處。書記處又稱東方局，下轄蒙藏、朝鮮、中國、日本四個支部。維利耶任中國支部聯絡人，接管了東方民族部的珠寶。[52]一九二一年二月十六日，遠東書記處將東方民族部解散。一九二一年三月二十三日，書記處招募張太雷到中國支部。張支書享受科級待遇，月薪六千一百六十盧布，差旅費和制服不計入內。[53]

一九二一年五月，遠東共和國的模式推廣到外蒙和唐努烏梁海。遠東共和國軍隊佔領了恰克圖，又配合紅軍進攻庫倫。[54]中華民國外交部儘管很想遠交近攻，利用赤色勢力抑制盤踞關東的日本、白俄和張作霖，仍然不肯公開接受遠東共和國五月三十日發出的建交照會，只准優林[55]代表團以「商務洽談」名義，假道庫倫入京。事實證明，「商務談判」純屬掩耳盜鈴。優林—顏惠慶談判由兩條相向而行的軌跡組成：北京方面關心蒙古和中東路、舊俄遺留租界問題，以及布爾什維克搶劫華人商團財產的補償問題。赤塔方面關心外交承認，以及在民國境內建立領事館的問題。[56] 北京政府雖然衰弱，仍然是國際社會承認的正統政府，有資格出售其外交承認，購買其實力不能獲致的利益。蘇維埃政府明白自己聲名狼藉，沒有資格加入條約體系，只有借助資產階級人士出頭露面的遠東共和國做白手套，從國際體系的最薄弱環節入手，先為自己的統戰代理人爭取一席之地。優林樂於假北京之手消滅盤踞舊俄租界的白俄勢力，猶如毛澤東後來樂於借緬甸之手消滅李彌[57]的孤軍，但華人資本家的損失只能由布爾什維克士兵負責，他就只有慷慨發放空頭支票了。[58] 無論交涉本身是否成功，使團獲准入境就是列寧特洛伊木馬戰術的初步勝利。優林使團對中華民國的影響，大致相當於封閉列車對俄羅斯共和國的影響。優林本人跟他代表的遠東共和國同樣屬於白手套，真正的權力掌握在未來的遠東局負責人維經斯基手中。在遠東的革命歷程中，這種無間道模式還將多次上演。

北京外交部並非不願意出賣列強和條約體系，但不肯在外蒙古問題上讓步。遠東書記處索性撇開時機尚未成熟的名分問題，直接滲透社會組織，反而取得了更大的成績。遠東書記處負責人伯里斯·舒米亞茨基領導中國共產黨第一次代表大會的預備工作。[59] 共產國際代表馬林[60]的真正上級和中國共產黨第一次代表大會的人事和財政主管尼克爾斯基[61]來自遠東共和國人民軍參謀部情報部，未來的中國共產黨總書記瞿秋白則是優林本人在第一次出使期間招募的。《中國共產黨第一個決議》中規定：「黨中央委員會應每月向第三國際報告工作。在必要時，應派一特命全權代表前往設在伊爾庫茨克的第三國際遠東書記處。」[62] 遠東共和國則相應地轉向事實政權方面，跟黑龍江簽署事務性協定。代表團本身的交涉成績並不是最重要的，關鍵在於公開的談判為秘密的交易創造了機會。優林（或者不如說陳獨秀的招募者維經斯基）[63]和吳佩孚合作，迫使北京政府撕毀了一九一八年《中日陸軍共同防敵軍事協定》和《中日海軍共同防敵軍事協定》。[64]

六月二十七日，吳佩孚致信紅軍之父托洛茨基。信中暗示，雙方在張作霖問題上立場一致。維經斯基希望，「這將成為雙方簽署軍事政治協定的出發點。」[65]他致信莫斯科：「在中國目前的內戰中，學生站到了吳佩孚將軍一邊，也就是說，他們支持召開國民會議的想法。我們贊成這個策略。」[66]一九二〇年秋，維經斯基和孫文在上海會談。這時的孫文已經無家可歸，冒不起放棄最後一根稻草的風險。落魄的革命家向勝利的革命家表示，希望能將「中國南方的鬥爭與遠方俄國的鬥爭結合起來」。[67]鑑於中國南方已經不在他控制下，他暫時無需擔心交易對自己不利。維經斯基敏銳地發現，孫文已經快要走投無路了。「在廣州可以感覺到，對未來缺乏信心。」[68]但共產國際執委會遠東部書記索科洛夫－斯特拉霍夫認為優林代表團低估了國民黨的重要性，[69]赤塔認為孫文只是不切實際的幻想家。[70]晚至一九二二年，俄羅斯聯邦駐遠東全權代表維連斯基－西比里亞科夫仍然堅持說：「只要流覽一下附上的中國示意圖，就可以發現，直隸派佔有最有利的戰略地位，它幾乎統治了人口稠密、具有巨大經濟意義的整個華中和長江流域。與各競爭派別相比較而言，直隸派是最強大的，而且吳佩孚元帥作為軍事領導人所取得的成就，為他進一步擴大影響和加強實力，創造了非常有利的局面。」[71]一九二二年九月十五日，越飛力勸孫文：聯合吳佩孚，不要單獨參加滿洲問題的談判。[72]

遠東共和國對日本的交涉主要集中於國際維和部隊問題，蘇俄稱之為「帝國主義干涉」。

十四國聯軍同床異夢，禁不住蘇俄的挑撥和分化。廟街事件[73]後，中華民國的駐軍公開倒向蘇俄。協約國很快喪失了興趣，在一九二〇年初單方面撤出了軍隊。一九二〇年底，只剩下「優等生」迂腐而執著地堅持歐洲導師已經放棄的原則。日軍輕易地解除了七千紅軍的武裝，佔領了樺太島（庫頁島）北部。

日本帝國政府堅定地拒絕承認無產階級政權，因此交涉只能在外務省和名義上的資產階級遠東共和國之間展開（日本—遠東共和國談判記錄見附錄二：《關於與遠東共和國的軍事協定》）。一九二二年十月，日軍履行了撤離遠東共和國的承諾。列寧一旦騙到了日本的撤軍，就不再需要白手套，僅僅繼續偽裝了一個月（一九二二年十一月），就直接吞併了遠東共和國，將資產階級部長和流亡者送到他們該去的地方。

共產國際對中國支部的撥款

遠東書記處在遠東共和國的掩護下，完成了中國支部的草創工作。[74]一九二二年十二月二十九日，共產國際執行委員會主席團決定在符拉迪沃斯托克成立東方部。[75]一九二三年一月，東方部成立遠東局。[76]列寧解散遠東書記處和遠東共和國以後，俄羅斯共產黨（布爾什維克）遠東局外交科和西伯利亞局接管了他們的許多職能。在此之前，遠東局以白俄僑民和東正教會為主要滲透目標。他們的成績包括：天津大學教授、李大釗的招募者包立威，北京大學教授、在北京出版的法文社會主義報紙《Journal de Pekin》編輯伊文，俄羅斯通訊社北京分社主任、符拉迪沃斯托克報紙《遙遠的邊陲》編輯霍多洛夫，漢口的俄國漢學家伊萬諾夫。[77]西伯利亞委員會通過全俄中央合作總社支付他們的活動經費：北京交給伊萬諾夫，天津交給包立威，上海交給考夫曼。[78]維經斯基在遠東局期間，該機構每年撥給中國潛伏小組的經費是六萬美元，計畫外支付（包括地下交通線開銷）兩萬美元，俄羅斯遠東後勤支出兩萬美元。土著代理人每年可以得到九千六百美元差旅費和著裝費，照民國初年的生活水準等於發了一筆小財。[79]

中國支部在其成立的初期，滲透範圍還非常有限，經費在共產國際的撥款當中所占比例不大，但每年都在穩步增加，直到爭奪上海的鬥爭白熱化，才具備獨當一面的資格。

一九二二年六月三十日，陳獨秀給共產國際的報告說：「收入計國際協款一萬六千六百五十五元，自行募捐一千元。」十分明確，經費主要來自「國際協款」，自募黨費僅千元，不足百分之六。[80]

一九二三年四月三十日，陳獨秀打收條認領共產國際寄交中共的四、五月份經費一千墨西哥元。五月十九日，再認領二千九百四十港幣（折合三千國幣）。七月十日，莫斯科匯款一千八百四十墨西哥元，專用於撫恤二七大罷工罹難者。[81]

一九二三年六月中共三大，陳獨秀的政治報告中說：「黨的經費幾乎完全是我們從共產國際得到的，黨員繳納的黨費很少。今年我們從共產國際得到的約有一萬五千，其中一千六百用在這次代表會議上。」[82]

中共三大一結束，馬林致信共產國際執委會：「黨現有黨員四百二十名，其中工人一百六十名，但應指出以下情況：一、繳納黨費的黨員不到十分之一。二、因此，整個工作幾乎都是依靠外國經費。三、黨內的財政管理狀況至今不明。四、多數黨員沒有職業，所以黨同在職的工人、職員、教師幾乎沒有聯繫。黨是個早產兒……或者說得更確切一點，是有人過早地製造出來的……黨早產並過多地依靠外國的資金維持。」[83]

一九二四年，中共月均得俄款約三千元；一九二五年預算月領二千二百五十元，四月起增至三千六百五十元；一九二七年月均收到三萬元以上；一九二八到一九三二年，每月預算五萬元左右。一九二七年以後，每年僅用於「特別費」一項，中共就得到幾十萬元上下。如一九二七年組織上海三次工人武裝起義，得俄款約三萬元，開辦黨校得五萬元，七至八月為解決湖南農運得款五萬元，九月準備秋收起義得款一萬元，十二月為廣州起義及善後得援款近十萬元。一九二八年底，毛澤東搞秋收起義，章士釗也為他籌了兩萬元。這即毛澤東厚待章的原因之一。[84]

一九二六年五月二十日，聯共（布）政治局決議：「想方設法加強對中國共產黨的人員和資金援助。」[85]一九二六年以後，共產國際提供給中共的經費預算已達每月六千元。一九二七年再增軍費預算每月一萬二千元。一九二七年七月五日，共產國際為復興湖南農運撥款三萬九千五百元。[86]

四、短兵相接的時代

引言：吳佩孚堅持蘇聯撤出蒙古，導致雙方的交易破裂。張作霖的滿洲政權堅持反共，挫敗了莫斯科代理人李大釗策劃的顛覆活動，變成了蘇聯政治上和地緣上的一大威脅。共產國際通過蒙古，大力援助馮玉祥，對張作霖施加壓力。孫文為了滿足新的保護者，願意不擇手段，利用共產國際的人員、資金和組織，改組國民黨和廣州革命政府。他去世時，將國民黨託付給蘇聯。

一九二二年，駐華大使優林的繼承者越飛發現，吳佩孚越來越難以安撫或欺騙。大帥揚言要準備一支精銳部隊，在一九二三年收復外蒙古，[87]甚至專門邀請越飛的代表格克爾，參觀這支部隊的軍事演習。[88]至於中東鐵路，他希望蘇聯無條件歸還給中國。[89]當年年底，越飛終於感到無法忍受。「在蒙古問題的整個喧鬧中，最重要的是，吳佩孚也在俄國所有敵人的大合唱中提高了自己的嗓門，並發出一份令人極難理解的通電，其內在涵義只能解釋為，吳佩孚試圖證明，他在蒙古問題上決不討好俄國」[90]。十二月十二日，越飛向莫斯科建議：國民黨才是中國最重要的力量，推動民族民主革命的最佳切入點。以前在北京舉行的各項談判都欠妥當，吳佩孚、張作霖的友誼沒有那麼重要。[91]

一九二三年一月四日，俄共（布）中央政治局會議接受了越飛「全力支持國民黨」的政策。會議通過決策：「建議外交人民委員部和我們共產國際的代表加強這方面的工作」[92]。孫文則對自己的部下說：「借力於俄國蒙古，這是我最近的出路，因為現在俄國人看到我的苦鬥，已表示許多的意見，不像日本人的小氣，只是口惠而實不至。反正我們革命黨，於現今世界，要求一條出路，非要國際間的援助不可。」[93]日本拋棄的代理人從此投入蘇聯的懷抱，開啟了短兵相接的新時代。

國民黨對日本的背叛不僅是孫文個人的機會主義行動，更多地反映了遠東條約體系─民國憲法秩序的潰敗。一九二三年憲法滿足了好戰的粵人，使他們不再需要扶植國民黨，抵抗北京的帝國主義者。一九二三年日俄談判（談判記錄見附錄三）徹底犧牲了合法性原則，打開了蘇聯出入亞洲大陸的門戶，將張作霖的滿洲置於絕地。原敬─高橋內閣在並非迫不得已的環境下，無情地踐踏了泛亞主義者的夢想，[94]導致了日本憲法認同和路徑共識的巨大撕裂。大正民主曇花一現，草蛇灰線伏脈於此。

加拉罕扶植馮玉祥

英國和日本放棄的，就是蘇聯贏得的。一九二三年，共產國際執行委員會委員拉狄克就已將馮玉祥和孫文列為當前工作的主要目標。[95]第二次直奉戰爭開戰時，共產國際代表加拉罕和馮玉祥開始建立工作關係。[96]在此期間，李大釗扮演了主要掮客的角色。他在段祺瑞─章士釗時代積累了大量的體制內人脈，絕不甘心隨著保護人一起退出政壇，急欲在有生之年將這些資源變現。一九二四年，庫倫─張家口運輸線開放。聯共（布）中央政治局中國委員會再三討論將援助增加到兩千多萬盧布的計畫，最終於一九二五年十月決定只給此數的四分之一。[97]國民軍政權既是保護紅色蒙古的周邊緩衝國，又是進擊白色滿洲的前線橋頭堡。「蓋奉張之勝利即守舊派之勝利，亦即帝國主義（尤以日本為最）之勝利，深足為蘇聯之危害。既不將奉張破壞，亦宜削弱之。此時奉張之重要敵人即係馮玉祥。」[98]

一九二三年九月十五日，越飛寫道：「俄羅斯不能聽任北滿像昔日蒙古一樣，建成白衛分子新的進攻基地。」[99]加拉罕隨即策劃通過張學良─郭松齡團體，建立第二個馮玉祥團體或「東北國民軍」，在奉軍保守派的狙擊下功敗垂成。加拉罕和馮玉祥留在北京的代理人李大釗由此敗露，觸發了張作霖在滿洲的麥卡錫主義運動。[100]馮玉祥在內蒙的貧瘠基地不足以對抗富饒的滿洲，不容蘇聯的輸液管有片刻中斷。一九二六年初，馮玉祥得到了五萬五千八百五十七支步槍、五千八百萬發子彈、四十八門大炮、十八門迫擊炮、十二門山炮、一萬多枚手榴彈、二百三十挺機關槍。[101]一九二六年八月十五日，馮玉祥在莫斯科留下的借據包括：十架飛機、六十門大炮、五萬八千發炮彈、二百二十七挺機關槍、三萬一千五百支步槍、五千一百萬發子彈、五千把軍刀。[102]馮玉祥以此為資本，才得以入侵秦、豫。北伐期間，史達林承諾為馮玉祥「提供五萬人的軍事裝備，但後來他又決定全力以赴，提供了比這個數量多八倍的裝備。」[103]

鮑羅廷經營國民黨

加拉罕和李大釗經營國民軍的同時，越飛和鮑羅廷也在經營國民黨。一九二三年一月二十六日，《孫文越飛聯合宣言》表示：國民黨支持蘇聯在外蒙古和中東鐵路問題上的立場，[104]反對曹錕政府二十五天前呼籲舉國一致保衛蒙古邊界的「公電」。[105]「中國國民黨的宣言和政綱，都經過孫中山、鮑羅廷及中共中央負責同志會商作最後的決定。」[106]二月六日，托洛茨基致信加米涅夫：「最好在地圖上標出正在爭鬥的中國將軍們的位置和實力，並考慮一下我們能向孫逸仙提供什麼樣的幫助。」三月八日，俄共（布）政治局批准了給孫文提供二百萬墨西哥銀元和軍事顧問團的決議。[107]十月二十五日，鮑羅廷出任國民黨中央執行委員會政治顧問。他在接下來的一個多月內，以俄共（布）一九二二年的兩份黨章為藍本，[108]為新國民黨制定了《組織法》、《黨綱》和《黨章》。[109]一九二四年二月九日，加拉罕致信契巧林：「國民黨如此馴服地接受了我們和共產國際的指示。」[110]

一九二五年三月十一日，臨終的孫文將國民黨託付給蘇聯中央執行委員會。

「親愛的同志：我在此身患不治之症，我的心念此時轉向於你們，轉向於我黨及我國的將來。

你們是自由的共和國大聯合之首領。此自由的共和國大聯合，是不朽的列寧遺與被壓迫民族的世界之真遺產。帝國主義下的難民，將藉此以保衛其自由，從以古代奴役戰爭偏私為基礎之國際制度中謀解放。

我遺下的是國民黨。我希望國民黨在完成其由帝國主義制度解放中國及其他被侵略國之歷史的工作中，與你們合力共作。命運使我必須放下我未竟之業，移交與彼謹守國民黨主義與教訓而組織我真正同志之人。故我已囑咐國民黨進行民族革命運動之工作，俾中國可免帝國主義加諸中國的半殖民地狀況之羈縛。為達到此項目的起見，我已命國民黨長此繼續與你們提攜。我深信，你們政府亦必繼續前此予我國之援助。

親愛的同志，當此與你們訣別之際，我願表示我熱烈的希望，希望不久即將破曉，斯時蘇聯以良友及盟國而欣迎強盛獨立之中國，兩國在爭世界被壓迫民族自由之大戰中，攜手並進，以取得勝利。

謹以兄弟之誼，祝你們平安！

孫逸仙（簽字）

見證人：宋子文、汪精衛、何香凝、孫科、戴恩賽、鄒魯、孔庸之」[111]

孫文同意容共，但也要求蘇聯約束共產黨。國民黨提出這種一廂情願的要求，不是最後一次。他們不願意承認，越飛或任何人的承諾對共產國際都沒有約束力；尤其不願意承認，自己只是遠東革命佈局當中的一枚小棋子，其實在共產國際的眼中，他們並不比爪哇重要。[112] 中共第三屆第一次中央執行委員會一九二三年十一月通過的《國民運動進行計畫決議案》規定：「我們的同志在國民黨中為一秘密組。」一九二六年二月十日，維經斯基報告共產國際執委會：「共產黨實際上領導著國民黨……共產黨的影響太大了，很難劃清兩黨之間的界限，幾乎所有領導權都掌握在共產黨人手裡。我們在那裡的同志問，是否應該使國民黨擺脫共產黨的影響，享有更多一些自由呢？」[113] 除了孫文的繼承人，誰都沒有對此假裝驚訝。

國民黨的地方性網路為共產國際提供了闖入亟需的稀缺端口，但國民黨的全球性網路在蘇聯面前一開始就處在極為被動的地位。他們對蘇聯的瞭解，大多出於猜測和希望，自己在蘇聯的眼中，卻沒有什麼秘密可言。蘇聯情報工作的細緻嚴密，大多數西方國家都要到第二次世界大戰以後才能趕上。廣州國民政府對國民黨內派系鬥爭的掌握，都沒有莫斯科準確及時。一九二六年二月十日，蘇聯駐倫敦特工報告：「關於駐倫敦國民黨右派人員向斯諾烏節恩氏請求，及英國工黨允許維持國民黨右派，反抗共產黨在中國之勢力一事，鄙處及米哈洛夫處與外交密探員處均無所聞。唯一注意此地國民黨右派人員之行徑，則知此事容或有之，蓋國民黨右派為便於反抗廣東計，與何方聯絡均可，或與奉張聯絡，或與日本人聯絡，或與英國人聯絡，或與美國聯絡，全為有所獲得，皆可以危害廣東政府與紅黨也。」[114] 這時，英國的大罷工剛剛結束。工黨在這場短兵相接的鬥爭中，制定了針對布爾什維克的清黨名單。西方各國社會黨在一戰後的清黨運動，至此告一段落。不久，同樣的鬥爭就要在東亞展開。

共產國際在廣州、華北、滿蒙的網絡

共產國際在鬥爭中日益成熟，駐外機構日益正規化。《一九二五－一九二六半年度在華軍政預算》的支付名單包括密探薪水、差旅費、交際費、郵電費、汽車費、醫療費，中國共產黨中央委員會軍事組開支，國民黨政工人員和黨部學校經費，馮玉祥國民軍和內蒙部落津貼。各項經費都以美元支付，不再允許工作人員自行銷賬補給。[115]大多數蘇聯密探的月薪在一百美元到三百美元之間，相當於數額兩到三倍的大洋。[116]土著密探的待遇通常不到白人同儕的四分之一，但仍然足以傲視普通公務員，吸引了許多大學生或「新青年」。[117]當時北京的中產階級只要每月有八塊大洋，就可以生活得非常體面了。教授和高級公務員可以得到超過一百美元的月薪，但各項雜費都不能報銷。與此同時，蘇聯人如果不是黨員幹部，就要住在不足二十平米的公寓內，在五家合用的廚房內吃配給黑麵包，生活品質遠不及老北京的中產階級。史達林麾下的「土鱉」新幹部只能滿足於國內的等級特供，不可能不怨恨老國際主義者在資本主義世界享受的硬通貨生活。後者一旦失敗，就會明白嫉妒的力量。

華北不同於廣州，沒有國民黨既存的網路可以接入。共產國際不得不替國民黨建立黨部，然後依託黨部建立更加周邊的群眾組織。這些組織的主要功能就是為共產國際搜集列強和軍紳政權的情報，規模和效益都超過了人類有史以來的任何其他情報組織。[118]李大釗主持國民黨北京執行部，主要班底都是共產黨人。「所有工作皆守常（李大釗）在那裡提調，幾乎ＫＭＴ就是守常。」[119]一九二四年十二月十九日，維經斯基在給拉斯科爾尼科夫的信中提及：「為了更好地在中國北方和滿洲開展工作，兩週前我們成立了黨中央北方局，有七名負責同志參加該局工作，其中有張國燾、譚平山和瞿秋白同志。局址設在北京，從東方勞動者共產主義大學歸來的同志幾乎都擔任負責工作，工作完成得很不錯。」[120]著名的《北方局致林森函》（中文極要第七十八卷）寫到：「接到你的信，知道你在懷疑中。現在，我們解釋如下。白芳渠並不是有這樣一個人，是北方區的代名詞。自然，北方區是ＣＹ（共青團）的組織。葆亭，就是保定。支校，就是ＣＹ的特支。」[121]北伐前夜，國民黨北京、上海執行部和熱河、直隸、山西、江蘇、浙江、江西、湖北、湖南黨部籌備處都已落入共產黨人手中。[122]「一般民眾的心目中，上海特別市黨部等於ＣＰ（中國共產黨）。」[123]國民黨內的三分天下，共產黨人已據其二。「國民黨黨務，共產黨員可以操縱，而共產黨黨務，國民黨員絕對不能參加。」[124]

滿洲和蒙古更不同於華北，蘇聯的法外身份給共產國際的滲透提供了極大的便利。日本發現自己如果謹守條約維護者的本分，就會越來越深地陷入坐以待斃的窘境。一九二六年，日本駐奉天領事開始敦促霞關重新考慮東北亞政策：

> 「蘇聯方面遂擬利用馮玉祥……合組行駛於張家口與庫倫間之汽車公司，並在蒙古經營專

賣鴉片及出口貨等事業。故蘇聯錢幣在張家口、綏遠、甘肅，均可自由流通……難保將來不無發現第二第三郭松齡。昔巴爾幹半島為歐戰之導火線，而東方不靖之原因，或將為蘇聯所導也。我帝國之將來命運，目前唯有保存實力以待天命耳……雖自郭松齡變亂後，日本得保證在滿蒙特權之預約。然外務省與陸軍省對此之意見紛歧，難免人民不無懷疑。愚意兩省成為兩黨，不特與政治之規定有所抵觸，於國家之前途，實呈悲觀之象。故對滿蒙政策應依確定軌道，改變政治方針。唯現在吾等究應實行何種政策，此則非余所敢獨言也。現是所可慮者，即蘇聯在外蒙所施之政策及其勢力。吾等殊無法以反對之故，吾國對華之根本政策，急應從速改變，並設法預防將來可能發生之戰事，以保存本國之地位。」[125]

---

1 朱爾典（John Newell Jordan, 1852-1925），英國駐華公使，與袁世凱是多年故交。劉禺生《世載堂雜憶》：「英使朱爾典探知德國贊成作帝，亟與袁老友莫理遜說袁，英亦極贊成帝制，不必捨近圖遠，袁乃轉與英謀。……又以收復青島為辭，告梁燕孫（梁士詒）轉呈世凱曰：『英日聯盟，日必助英，德國所屬之青島，中國不自取，必有人起而代取之者，即日本是也。不如趁日本未動兵之前，與英立密約，英居其名，中國居其實，即日與德使商談。一面派兵團守青島，使日本不能藉辭聯盟出兵，無所措手，此上策也。』」

2 恩維爾（Enver Passha, 1881-1922），青年土耳其黨領袖，奧斯曼帝國末期軍政大權的實際掌握者。一戰初期，恩維爾觀望形勢，但隨後得知英國和土耳其宿敵俄國簽訂密約，同意俄國戰後佔領伊斯坦堡，而土耳其購買的兩艘軍艦也被英國扣下。於是他接收了逃到君士坦丁堡的「戈本」號和「布雷斯勞」號，並默許二艦襲擊俄國艦隊、炮擊奧德薩等港口，造成既成事實，把土耳其拖進一戰。

3 英國「威爾斯親王號」戰鬥艦於一九四一年十二月十日被日軍擊沉。

4 德國「戈本」號戰鬥巡洋艦與「布雷斯勞」號巡洋艦從協約國海軍的圍追中逃脫，抵達君士坦丁堡港口，是促使原本保持中立但其實偏向德國的土耳其參加同盟國的關鍵事件。土耳其參加同盟國，封鎖了俄國和協約國之間的主要運輸線——達達尼爾海峽。

5 慈禧太后的秘傳心法就是：吃不起虧的人肯定玩不起政治，但權術的高手要懂得吃明虧不吃暗虧。民國外交的秘傳心法就是將暗虧轉化為明虧，開發利用「弱者有權不守規則」的無賴文化，指望低成本剝削守序者高成本獲得的勝利果實，忘記了重新落回叢林世界的真正危險。利令智昏和利令智銳是同一現象的兩面。只有利益和欲望才能造就當事人的達爾文式現場感覺，旁觀者依據抽象原則的判斷總是在操作細節上不著邊際。然而利益和欲望的驅動力雷達是以整體格局感的扭曲為代價的，無法避免螳螂捕蟬黃雀在後的危險。

6 一九二一年十二月五日，來華考察教育的美國哥倫比亞大學教授孟祿在奉天與張作霖進行了一次對談，張作霖在談話中說道：「日本人費那麼大力氣，要求二十一條，你問他在東三省得著什麼了，他連一條也未實行得了啊？不是我吹，你們可實地考察考察。」參見：王卓然，《中國教育一瞥錄》（上海商務印書館，一九二三年八月，初版），頁三七九。

7 二次革命後，袁世凱政府改各省都督為將軍。

8 「世昌素有陰謀家之名，就職後即漸與段疏。……進步黨銜前次被屏之憾，密謀倒段，派湯化龍遊歐，從外交上挑撥英美惡感，以制段死命。……湯之秘書長林長民利用學生愛國熱誠，將各項借款，與巴黎合約，糅雜牽連，以亂學生耳目，日以徐樹錚勾結曹汝霖賣國之說，聒於眾耳。學生激昂萬分，結隊遊行……殊不知此事徐世昌為幕後政戰總司令，林長民為臨時前敵總指揮。徐意在對段示威，林意在對段洩憤。」參見：吳虬，《北洋派之起源及其崩潰》（中華書局，二〇〇七年四月，初版），頁三三—三四。

9 此時身為北洋第三師師長、駐軍湖南前線的吳佩孚通電聲援學生，反對簽約。孫文也在上海接見學生代表，表示支持運動，並致電徐世昌反對簽約。

10 即一九二三年十月十日公布的中華民國憲法，又名曹錕憲法、雙十憲法。採取由國會選舉產生總統的總統制，中央與地方事權的規定則由憲法明白列舉，中央的普通法律或命令不能增減地方事權的範圍，所以該憲法是一部聯邦式憲法。

11 蘇俄的對華宣言起到了良好的宣傳效果，中國許多團體紛紛致信蘇俄政府表示感謝，要求北洋政府承認蘇俄，與其建交。實際上，蘇方宣言中關於無償歸還中東鐵路和其他租讓財產的表示，在蘇俄報刊正式發表時被刪去了，而且這時中東鐵路處在白俄的控制之下；宣言承認滿洲及蒙古地區是沙皇「從中國攫取的」，卻主張「這些地區的人民願意隸屬於哪一國家，願意自己的國家建立哪種形式的政體，全由他們自己決定」，這是為蘇俄日後控制蒙古和支持蒙古獨立埋下了伏筆。

12 李嘉谷，〈十月革命後的早期中蘇關係〉，《二十一世紀》第四十三期（一九九七年十月）。另外，需要注意的是，列寧所指的僅為一八九六年及一八九六年後所簽的各項條約，並不包括一八五八年至一八九六年之前的那些不平等條約。也就是說，割占中國領土一百五十多萬的條約（一八五八年《中俄瑷琿條約》、一八六〇年《中俄北京條約》、一八六四年《中俄勘分西北界約記》以及一八八一年《中俄伊犁條約》）並不包括在內。

13 「外交部發莫斯科總領事陳廣平電」（一九二一年二月十一日），〈中俄會議參考文件〉第二類，《中俄問題往來文件》，頁一二。

14 李嘉谷，〈十月革命後的早期中蘇關係〉，《二十一世紀》。

15 同前註。

16 李玉貞，〈新發現的孫中山與蘇俄政府間的往來函電〉，《近代史研究》第二期（一九八八），頁三〇七—三〇八。

17 《列寧年譜》第五卷（莫斯科，一九七四），頁七五。

18 《蘇俄第一次對華宣言》，西伯利亞及遠東外交人民委員會全權委員楊松簽字。

19 張宗昌，《哈爾濱交涉報告》（一九一八年二月），頁五—一一。

20 李嘉谷，〈略論蘇俄對中俄解決懸案大綱協定的態度〉、〈一九二四年中俄解決懸案大綱協定規定召開的中蘇會議流產的原因〉。

21 拉法耶特（Marie Joseph La Fayette, 1757-1834），法國侯爵，人稱新舊兩個世界的英雄。早年志願參加美國獨立戰爭，與美國開國元勳們結下深厚情誼。法國大革命時一度成為君主立憲派領袖，一八三〇年革命時參與建立七月王朝。

22 例如黃宗智討論華北農村，可靠的資料只有滿鐵——明清兩朝的資料必須用滿鐵資料對照，才能判斷各種資料不同的可靠性。如果比較符合滿鐵後來的紀錄，就可以假定資料比較可靠，如果跟滿鐵紀錄明顯衝突，其可信度就要大打折扣。

23 日本文藝評論家林房雄指出：「在這個短命國家的背後，存在著西洋諸國對亞洲侵略二百年的漫長歷史。明治維新是亞洲首次成功抵抗西方侵略的作為，滿洲國則是在此抵抗精神上的延續。將滿洲國定位為傀儡國家，是不見容於亞洲歷史的結論。在世界史的發展歷程上，滿洲國仍然是個延續性的課題。」（《滿洲國史．總論》，滿洲國史編纂刊行會編）

曾任滿洲國總務廳次長、戰後當上首相的岸信介也曾經回想道：「民族協和、王道樂土的理想十分耀眼，無論在科學上、良心上，滿洲國都果敢地往理想邁進。滿洲國確實是種十分獨特的近代國家建設。直接參與這場建設的人，不只懷抱著滿腔希望跟熱情，還獲得了日滿兩國國民強烈的支持，連印度聖人甘地都從遠方聲援。當時，滿洲國是東亞的希望。」（《嗚呼滿洲》，滿洲國史編纂刊行會編）

曾任總務廳次長的古海忠之確信：「滿洲國的建國過程，是歷史上前所未有的嘗試。在歷史上這個侵略及殖民地化萬能的時代，試圖在滿洲這片土地上成立一個理想國家的嘗試，是日本民族的驕傲，當時的日本青年，不計名利只為理想努力邁進的過程，更是日本青年的驕傲。」（〈滿洲國的夢不會消逝〉，《頓挫的滿洲國》）

推動滿洲國建國的關東軍參謀片倉衷認為，滿洲國所揭櫫的王道樂土及民族協和的理念是人道主義的昇華，「是東亞邁向安定的基石，也是理念的開花結果。」（《回想滿洲國》）

曾任總務長官的星野直樹說：「不只居於指導者地位的日本人，滿洲國也將廣泛團結東亞諸民族的力量進行開發及發展，並將其福澤與各民族廣泛地分享，以創造出一個全新的安樂天地。」（《未竟的夢—滿洲國外史》）

以上參見：山室信一，《滿洲國的實相與幻象》（台北：八旗文化，二〇一六）。

24 後藤新平（1857-1929），醫學博士，臺灣總督府民政長官，南滿洲鐵道株式會社首任總裁，對臺灣的建設、滿鐵的發展貢獻巨大。

25 《關於中國事件應適用各原則及政策之條約》（Treaty Between the Four Powers Concerning Their Insular Possessions and Insular Dominions in the Region of the Pacific Ocean）。

26 這是一戰結束後，日本政府處理山東德國殖民地的檔案。日本人當時有能力以協約國唯一參戰部隊的資格，直接行使處置戰利品的戰爭權力，但當時的日本政府決心走國際協調路線，主動放棄了單邊行動的機會。

27 一九二〇年二月到三月發生在黑龍江出海口附近城市廟街（尼古拉耶夫斯克）的事件。協約國干涉俄國內戰期間，日本也於一九一八年出兵進駐廟街，一九二〇年時該城被德里皮京率領的紅軍游擊隊包圍，日軍不得已開城，紅軍進城後開始處決俄國白軍及支持者，並要求日軍解除武裝，日軍不從，發動突擊失敗，德里皮京進行報復屠殺剩餘日軍及日本平民，並在該城實行恐怖統治。最終被屠殺的總人口超過六千人，約是該城半數的人口。

28 一九二〇年三月至五月，居住在廟街的數百名日軍及其僑民與俄國紅軍發生衝突，中國四艘軍艦因故滯留廟街。適逢日俄衝突，艦長陳世英借重炮給白黨，被紅軍用來轟擊日方。一九二〇年五月，日本援軍收復廟街後，指責中國軍人助俄攻日，遂扣留中國軍艦人員，堅持雙方派員調查。中國外交、海軍兩部被迫派員與日人交涉，幾經交涉，中方在同意道歉、賠款、懲處有關人員等日方要求後，撤回軍艦、官兵和僑民。見：張力，〈廟街事件中的中日交涉〉，《南京大學學報（哲學．人文科學．社會科學）》第一期（二〇〇五），頁五七。

29 一九二五年六月十一日，北京政府外交部在向公使團發出的第三份照會中，要求「先行取消當地戒嚴令，撤退海軍陸戰隊，並解除商團及巡捕之武裝，釋放被捕之人及恢復被封與佔據各學校之原狀，庶上海地方得於最短時間內自然停止非常之狀態。」十一月二十五日，北京政府外交部向領銜公使遞交了有關五卅事件責任的照會，照會附有關於責任、懲處 賠償、交還會審公廨、上海公共租界工部局改組等多項提案。最後上海公共租界將總巡麥高雲、捕頭愛伏生免職，中國收回了上海會審公廨。孔另境，《五卅外交史》（上海永祥印書館，一九四六年版），頁二三、二四、七〇、七一。

30 「為數一萬支步槍的第一批武器於一九二四年十月由『沃洛夫斯基』輪船運到廣州。這批武器原是為黃埔軍校和組建廣州政府軍隊第一個突擊師提供的。後來蘇聯又連續不斷地提供武器。據軍事顧問卡利亞金回憶，僅在一九二六年一月，莫斯科就提供了二十四架飛機、一百五十七門野戰炮、四十八門山炮、一百二十八門迫擊炮、二百九十五挺重機槍、七萬三千九百九十三支步槍、十一萬枚手榴彈、一點二四億發步槍子彈、五萬發炮彈、五百普特火藥。根據卡利亞金的資料，蘇聯提供的武器裝備符合當時的最高標準，具備優異的技術性能，在許多方面超過了軍閥部隊的同類武器。比方說，中國各軍閥部隊在那些年根本沒有飛機，剛剛開始學會使用重機槍。同時一艘艘輪船滿載汽油、煤油、重油、煤炭、木材從符拉迪沃斯托克和巴統運到廣州。蘇聯政府還向廣州政府貸款一千萬元用以開辦中央銀行。」參見：維克多·烏索夫，《二十世紀二〇年代蘇聯情報機關在中國》（解放軍出版社，二〇〇七年七月，初版），頁一八四。

31 一九二五年四月二十四日，段祺瑞執政府正式發佈「廢棄法統令」，宣佈「民國法統，已成陳跡」；七月 日，廣州國民政府正式成立，不再打「護法」的旗號。

32 喻春生撰，《民國時期中央國家機構介紹》第二章第二節（四）。

33 見：孫文，《覆段祺瑞闡述善後會議主張電》。

34 「廣州總商會、商團聯防總部、報界公會暨各團體、香港華商總會、東華醫院各報館、各省各埠各報館各同鄉會均鑒：孫文令粵東軍隊攻擊商團，焚掠商場，慘殺人民，西關一帶，盡成焦土，傷亡遍地，屍血充途，未古今中外有史以來未有慘劇。故鄉東望，無淚可揮，今已決定以十月十五日為孫文焚洗商場殘殺粵民哀痛紀念日。願我三千萬同胞永志莫望。上海、粵僑商業聯合會，廣肇公所、潮州會館、肇慶同鄉會、大埔同鄉會、香山同鄉會、南海會館、番禺會館、順德會館。」參見：宋鑽友，《南北對峙與上海廣東社會內的政見紛擾》。

35 蘇聯提供大批武器與資源給廣州國民政府。參見註30。

36 「亞洲共產黨戰略中的中國」，收於沈志華、楊奎松主編，《美國對華情報解密檔案（六）》（東方出版中心），頁二四一。

37 同前註。

38 阿道夫·阿布拉莫維奇·越飛（1883-1927），蘇俄外交家，曾為托洛茨基的副手，一九二二年七月被任命為駐華全權代表，赴華商談中蘇建交事宜，但由於北京政府不願在中東路和外蒙問題妥協，談判未獲進展，遂將注意力轉向孫文。一九二三年一月二十六日，《孫文越飛聯合宣言》發表。一九二六年回國。托洛茨基失勢後，他處境艱難，自殺而死。參看：維克多·烏索夫，《二十世紀三〇年代蘇聯情報機關在中國》，頁九〇。

39 孫文在托澤村幸夫打的電報中，明確地談到了赴津之前繞道日本，並談此行旨在謀求中日提攜合作。參見：陳德仁、安井三吉編，《孫文・講演「大アジア主義」資料集——一九二四年十一月日本と中国の岐路》（法律文化社，一九八九），頁二三九。

40 孫文的講演會由神戶商業會議所主辦，大阪、神戶的四家報社為後援單位，地點在兵庫縣立神戶高等女學校。各報預先刊登「中國國民黨總理孫文氏講演會」的廣告，講演題目為「大亞細亞問題」。所謂「大亞洲主義」或「大亞細亞主義」，歐美學者通常譯為 Pan-Asianism，即「泛亞主義」。講演時由戴季陶譯成日語，黃昌穀作中文紀錄，日本多家報刊亦派人作日文紀錄。

41 孫文在《三十三年落花夢》的序言當中，回顧多年的革命友誼：「宮崎寅藏君者，今之俠客也。識見高遠，抱負不凡，具懷仁慕義之心，發拯危扶傾之志。日憂黃種陵夷，憫支那削弱。數遊漢土，以訪英賢，欲共建不世之奇勳，襄成興亞之大業。聞吾人有再造支那之謀，創興共和之舉，不遠千里，相來訂交，期許甚深，勖勵極摯。方之虯髯，誠有過之！惟愧吾人無太宗之資，乏衛公之略，馳驅數載，一事無成，實多負君之厚望也。君近以倦遊歸國，將其所曆筆之於書，以為關心亞局興衰，籌保黃種生存者有所取資焉。吾喜其用意之良，為心之苦，特序此以表揚之。壬寅八月支那孫文逸仙拜序。」

42 「犬養等促成大倉、三井等財團參與援助革命黨人所急需的軍火。據統計『一九一一年十二月八日，日本的雲海丸載槍一萬支、佩劍、短槍等約三百萬噸兵器運送到上海；一九一二年一月八日，日本船巴丸將由大倉集團提供的步槍一萬兩千支，機關炮六門，山炮六門及所附彈藥運送到南京，一月十二日前後，日本御代丸將三井物產提供廣東新政府的步槍七千支、彈藥四千萬發運送到廣東。一月二十五日，三井物產提供給汕頭革命軍及商團的步槍一千九百支及刺刀、彈藥等載米約丸在汕頭登陸，二月二十四日，榮城丸載村田槍三萬支、彈丸八百萬發馳入廣東虎門』。這些武器混雜不少日俄戰爭時期的廢槍、廢炮，但在尚無第二家外援的情況下，這些援助對於革命軍仍然是十分有用的。」參見：俞辛焞，《孫文の革命運動と日本》（東京：六興出版，一九八九），頁一六八。

43 《李烈鈞將軍自傳》（三戶圖書社，一九四四），頁八三；陳德仁、安井三吉編，《孫文・講演「大アジア主義」資料集》，頁二三九；N・卡爾圖諾娃，《加倫在中國》（中國社會科學出版社，一九八三），頁一一五。

44 理查·迪肯，《克格勃間諜組織始末（中）》（A History of the Russian Secret Service）（北京：大眾文藝出版社，二〇〇六），頁二〇九。

45 季諾維也夫（1883-1936），布爾什維克早期領導人之一，蘇共政治局委員，共產國際執行委員會首任主席。他與加米涅夫一道幫助史達林扳倒托洛茨基，又在史達林大權在握後遭到打擊，與托洛茨基結盟試圖抵抗，在大清洗中被以「賣身投靠法西斯間諜機關」等罪名處決。

46 王玉，〈中共「抗日民族統一戰線」幾個爭議性問題析辯〉，《逢甲人文社會學報》第三期（二〇〇一年十一月），頁一六一—一八〇。

47 黎巴嫩曾長期被敘利亞控制，其國內的武裝組織黎巴嫩真主黨實際是敘利亞的代理人，一直跟以色列保持交戰狀態。伊朗支持葉門北方的胡塞武裝叛亂，葉門政府曾公開譴責伊朗為叛軍提供武器。

48 高爾察克（1874-1920），北極探險家、俄國海軍上將，一戰期間他在波羅的海艦隊屢立戰功，升任黑海艦隊司令。二月革命後一度被迫流亡。十月革命後回國，成為臨時政府最高執政官，與紅軍作戰。布爾什維克在高爾察克政府內部培植木馬，使其基地伊爾庫茨克發生政變，社會革命黨和孟什維克主持的「政治中心」奪取了政權，高爾察克最後被同伴出賣，遭契卡殺害。參見邱吉爾的第一次世界大戰回憶錄和弗蘭格爾將軍的回憶錄。

49 李嘉谷，《中蘇關係（1917-1926）》（北京：社會科學文獻出版社，一九九六）；佩爾西茨，《遠東共和國與中國》，頁三一—三五；李嘉谷，〈遠東共和國的歷史使命〉，《世界歷史》第五期（一九八七）。

50 維經斯基（1893-1953），共產國際遠東局主席、共產國際駐中國共產黨代表。一九一五年在美國加入社會主義政黨，一九一七年回國加入俄共，一九一八到一九一九年間參加紅軍情報機關，進行地下情報和兵運工作，成功策劃了伊爾庫茨克工兵起義，切斷了高爾察克白衛軍的退路，為紅軍最終消滅「蘇維埃最兇惡的敵人」（列寧語）立下汗馬功勞。一九二〇年，維經斯基擔任共產國際遠東書記處的負責人，四月，以新聞記者的公開身份前往中國，名義上的使命是在中國組建一家華俄通訊社，秘密任務是「考察在上海建立共產國際遠東支部的可行性」。他前後六次赴華，活動時間達四年之久，為中共的成立和發展提供組織和經費。此處可參看：「俄共（布）西伯利亞局東方民族部會議記錄第一號（一九二〇年七月二十七日）」，俄羅斯國家社會政治歷史檔案館，全宗四九五，目錄一五四，案卷七，頁二、一三。

51 楊奎松，〈共產國際為中共提供財政援助之考察〉，《社會科學論壇》第九期（二〇〇四）。

52 Г. M. 阿基別科夫等編，《共產國際的組織機構（1919-1943）》（莫斯科百科全書出版社，一九九七），頁二六、四八。

53 俄羅斯國家社會政治歷史檔案館，全宗四九五，目錄一五四，案卷九四，頁二、二八、四三。

54 黃紀蓮，〈遠東共和國代表團使華史略（三）：阿遼耶夫代理時期的遠東共和國代表團在華外交活動〉，《黑河學刊》第三期（一九八六）。

55 優林（1888-1925），蘇俄外交家，按中方要求以遠東共和國商務總代表名義於一九二〇年八月二十六日至一九二一年五月十八日在華活動。他與時任外長顏惠慶進行了談判。

56 參見：鄧書傑、李梅、吳曉莉、蘇繼紅，《風暴來臨（1920-1929）》；薛銜天等編，《中蘇國家關係史資料彙編（1917-1924）》（中國社會科學出版社，一九九三），頁四三六。

57 李彌（1902-1973），國軍將領，黃埔四期畢業，一九四八年任十三兵團司令，淮海戰役中全軍覆沒，李彌化裝逃走。後被派往閩西、雲南徵兵。一九四九年十二月中共佔領雲南後，雲南境內的殘餘國軍進入緬甸，一九五一年經整頓後，成立了雲南反共救國軍，李彌任總指揮。在緬軍的打擊下，救國軍大部分相繼於一九五三年和一九六一年撤到臺灣。

58 李嘉谷，〈遠東共和國的歷史使命〉，《世界歷史》第五期（一九八七）。

59 葉夢魁、趙曉春，〈「張太雷關於建立共產國際遠東書記處中國支部的報告」作者考〉，《黨的文獻》第二期（二〇一一）。

60 馬林（1883-1942），本名為亨德利庫斯·斯內夫利特，荷蘭人，早年從事鐵路工人運動，一九一三年到荷屬東印度活動，創建了「東印度社會民主聯盟」（印尼共產黨的前身）。一九二〇年當選共產國際執行委員會委員，成為共產國際民族和殖民地委員會秘書（該委員會主席是列寧）。一九二一年六月到上海，主持中共成立，此後又推動了國共合作。一九二三年馬林成為共產國際遠東局第三號人物，被調離中國。

61 尼克爾斯基（1889-1938），本名為弗拉基米爾·阿勃拉莫維奇·涅伊曼，早年曾為店員、列兵、職員。一九二一年至一九二三年先後在遠東共和國人民革命軍參謀部偵察科和第五軍參謀部偵察科工作。一九二一年六月間代表共產國際遠東書記處和赤色職工國際來到中國，籌備、出席中共一大，並組織中共代表去莫斯科參加遠東共產黨組織一大。一九三八年因「從事間諜破壞活動的右傾托洛茨基恐怖組織的積極參加者」罪名被逮捕槍決。俄國學者А·И·卡爾圖諾娃在《遠東問題》二〇〇六年第四期上發表的〈奈曼─尼科爾斯基——中共一大參加者〉一文中指出，尼科爾斯基在一九二一年就進入了遠東共和國革命人民軍參謀部情報部，是一名不折不扣的情報特工。一大代表都以為尼克爾斯基是馬林的助手，但一九八六年在荷蘭發現的「斯內夫利特檔案」顯示，真相恰恰相反，馬林其實是尼克爾斯基的助手。尼克爾斯基掌握著共產國際駐華人員和遠東蘇共黨員的活動經費。

62 王新生，〈共產國際遠東局的來龍去脈〉，《北京日報》。

63 中國社會科學院近代史研究所現代史研究室編譯，《維經斯基在中國的有關資料》（北京：中國社會科學出版社，一九八二），頁四六六。

64 劉德喜，〈蘇俄、共產國際聯合吳佩孚政策的發生和發展〉，《近代史研究》第四期（一九八六），頁七三。

65 中共中央黨史研究室第一研究部譯，《聯共（布）、共產國際與中國國民革命運動（1920-1925）》共產國際、聯共（布）與中國革命檔案資料叢書．第一卷（北京圖書館出版社，一九九七），頁九七。

66 《聯共（布）、共產國際與中國國民革命運動（1920-1925）》，頁三四。

67 維經斯基，〈我與孫中山的兩次會見〉，《國外中國近代史研究》第一輯，頁二〇四。

68 《聯共（布）、共產國際與中國國民革命運動（1920-1925）》，頁六〇。

69 《聯共（布）、共產國際與中國國民革命運動（1920-1925）》，頁五八—六四。

70 王淇等選編，《馬林在中國的有關資料（增訂本）》（北京：人民出版社，一九八四），頁二三。

71 《聯共（布）、共產國際與中國國民革命運動（1920-1925）》，頁七三—七四。

72 《聯共（布）、共產國際與中國國民革命運動（1920-1925）》，頁一一九—一二一。

73 一九二〇年三月，遠東的日本干涉軍與蘇俄紅軍在廟街發生戰事，俄軍以重炮轟擊，日本領事館中的日人死傷慘重，稱為廟街事件。四月，日軍增兵。五月二日，蘇俄放棄廟街，撤走當日處決一百三十多名被俘日軍及平民和其他被抓獲的白俄分子，並放火燒城。五月二十六日，符拉迪沃斯托克日本《浦潮日報》報導了蘇俄軍人虐殺日本人的慘狀，並指出：「廟街之役，華人、韓人均參戰助俄，中國艦隊（中國東北江防艦隊）且供俄炮彈，故演此慘劇。」六月八日到十日，大阪《每日新聞》和符拉迪沃斯托克《浦潮日報》先後登出了一名被俘的日本通信兵日記。該日記由日軍於六月三日進入廟街後搜尋而得。日記中記載了三月中旬日軍與蘇軍交戰情形及廟街的狀況。日記中提到：「日軍所以蒙巨大之損害者，實因某國炮艦對我守備隊施以炮擊所致。我守備隊一部分雖對之突擊，然因受多數機關銃之猛烈抵禦，終未成功。」這裡的「某國炮艦」即指滯留在廟街的中國江防艦隊。

74 И．Н．索特尼科娃，〈共產國際與中國共產主義運動的開端〉有詳細記載。

75 Г．М．阿基別科夫等編，《共產國際的組織機構（1919-1943）》，頁七三。

76 〈共產國際執行委員會主席團關於建立共產國際遠東方面事務遠東局的決定〉，《共產國際有關中國革命的文獻資料》第三輯（北京：中國社會科學出版社，一九九〇），頁四。

77 《聯共（布）、共產國際與中國國民革命運動（1920-1925）》，頁四八—四九。

78 俄羅斯國家社會政治歷史檔案館，全宗四九五，目錄一五四，案卷四九，頁八〇。

79 俄羅斯國家社會政治歷史檔案館，全宗四九五，目錄一五四，案卷一一一，頁五—八。

80 馬細譜等譯，《季米特洛夫日記選編》（桂林：廣西師範大學出版社，二〇〇二），頁四八、六四、一四七。

81 中國社會科學院馬列所毛澤東思想研究室、近代史研究所現代史研究室編，《馬林與第一次國共合作》（北京：光明日報出版社，一九八九），頁一五〇—一五一、一六八。

82 〈陳獨秀在中國共產黨第三次全國代表大會上的報告（一九二三年六月）〉，載中央檔案局編，《中共中央文件選集（1921-1925）》第一冊（北京中共中央黨校出版社，一九八九），頁一六八。

83 馬林，〈致共產國際執行委員會的信（一九二三年六月二十日）〉，參見：《馬林與第一次國共合作》，頁二四三、二四五。

84 楊奎松，《毛澤東與莫斯科的恩恩怨怨》（南昌：江西人民出版社，二〇〇五），頁二〇九；章含之，《跨過厚厚的大紅門》（上海：文匯出版社，二〇〇二），頁六。

85 〈阿布拉莫夫給諾莫夫的電報（一九二七年九月六日）〉，載中共中央黨史研究室第一研究部譯，《聯共（布）、共產國際與中國蘇維埃運動（1927-1931）》共產國際、聯共（布）與中國革命檔案資料叢書·第七卷（北京：中央文獻出版社，二〇〇二），頁六。

86 〈聯共（布）中央政治局會議第二十七號（特字第二十一號）紀錄（摘錄）（一九二六年五月二十日）〉，載中共中央黨史研究室第一研究部譯，《聯共（布）、共產國際與中國蘇維埃運動（1927-1931）》共產國際、聯共（布）與中國革命檔案資料叢書·第三卷，頁二六七。

87 中共中央黨史研究室第一研究部譯，《聯共（布）、共產國際與中國國民革命運動（1920-1925）》共產國際、聯共（布）與中國革命檔案資料叢書·第一卷（北京：圖書館出版社，一九九七），頁一〇七。

88 《聯共（布）、共產國際與中國國民革命運動（1920-1925）》，頁一五九。

89 《聯共（布）、共產國際與中國國民革命運動（1920-1925）》，頁二〇九—二一一。

90 《聯共（布）、共產國際與中國國民革命運動（1920-1925）》，頁一六〇。

91 艾倫·惠廷，《蘇俄對華政策（1917-1924）》（一九六八年英文版），頁二〇一—二〇二。

92 劉德喜，〈蘇俄、共產國際聯合吳佩孚政策的發生和發展〉，頁一八七。

93 馬伯援，《我所知道的國民軍與國民黨合作史》（文海出版社影印本，一九八五），頁三〇—三一。

94 原敬內閣是日本第一個政黨內閣，其外交政策包括：禁止向中國北京政府出口武器；歸還山東權益；撤出進入西伯利亞的干涉軍，等等。原敬遇刺身亡，藏相高橋接任首相，原內閣的全部成員全部保留，繼續推行前內閣的外交方針。民初黃金時代主要依靠他們的單方面善意和永不歸還的貸款。

95 于光田，〈北京政變至郭馮反張時期馮玉祥與蘇聯的關係〉，《西南交通大學學報（社會科學版）》十一卷一期（二〇一〇年十一月）。

96 馮玉祥，《我的生活（下冊）》，頁三七八。

97 見：格里高里也夫等編，馬貴凡譯，〈關於俄共（布）中央政治局中國委員會的新材料〉，《黨史研究資料》第三期（一九九五）。

98 〈任德江為對於馮玉祥聯絡情形及種種之觀察致蘇聯革命軍事會議會長福倫資函並抄送沃羅寧〉，一九二五年五月二十二日。

99 《聯共（布）、共產國際與中國國民革命運動（1920-1925）》，頁一二一。

100 廖華，《任國楨同志傳略》；王若飛，〈關於大革命時期的中國共產黨〉，《近代史研究》第一期（一九八一）。

101 普里馬科夫，《馮玉祥與國民軍》（中國社會科學出版社，一九八二），頁一〇。

102 談方，〈共產國際和蘇聯對北伐戰爭的援助〉，《軍事歷史》第六期（一九九五）。

103 毛以亨，《俄蒙回憶錄》（香港：亞洲出版社，一九五四），頁二〇二。

104 「因承認全部中東鐵路問題，只能於適當之中俄會議始克滿意解決。故孫逸仙博士以為目前的實際情況，宜於該路之管理上覓一相當辦法，且與越飛君同意現行鐵路管理辦法，只能由中俄兩國政府不加成見，協商暫時改組，但不得損害兩方之真實權利與特殊利益。同時，孫逸仙博士以為此點應與張作霖將軍商洽。越飛君向孫博士切實宣稱（孫博士對於此層完全滿意）：俄國現政府，決無，亦從無欲在外蒙實施帝國主義政策，或使其脫離中國之意與目的。孫博士因此，以為俄國軍隊不必立時由外蒙撤退，緣為中國實際利害與必要計，中國北京現政府庸弱無能，無力防止因俄兵撤退後，白俄反對赤俄之陰謀與抵抗行為之發生，而釀成一種較目下尤為嚴重之局面。」

105 「合內外上下一致力爭，務期早定蒙疆，固我藩籬。」

106 《包惠僧回憶錄》（人民出版社，一九八三），頁一四三。

107 《聯共（布）、共產國際與中國國民革命運動（1920-1925）》，頁二二二—二二三、二二五—二二六。

108 江田憲治，〈一九二〇年代の民主主義：国民党と共産党を中心に〉，收於狹間直樹編，《一九二〇年代の中国：京都大学人文科学研究所共同研究報告》（東京：汲古書院，二〇〇五）。

109 王良卿，〈中國國民黨改組前後領導制度的轉型（1923-1924）〉，《國史館館刊》第四十四期（二〇一五年六月），頁一—四六；李玉貞，《國民黨與共產國際（1919-1927）》（人民出版社，二〇一二），頁二四〇—二四二；楊奎松，〈大革命前期的國共關係與共產國際〉，《文史哲》第六期（一九九〇）。

110 《聯共（布）、共產國際與中國國民革命運動（1920-1925）》，頁四一四。

111 石川禎浩，〈孫中山致蘇聯政府的遺書〉，《當代中國探索叢刊》第一輯（東京：日本・人間文化研究機構、早稻田大學現代中國研究所，二〇〇八年十一月）。孫文的《致蘇聯遺書》英文版可參考：International Press Correspondence, vol.5, no.20, March 19, 1925. 至於原件則保管在俄國國立社會政治史檔案館（РГАСПИ），ф514, оп1, д125, л13-14.

112 「伊斯蘭教聯盟是爪哇最早的群眾組織。它建立於一九一一年，具有經濟、社會和宗教混合一體的性質。它的鬥爭鋒芒直指歐洲糖廠主對爪哇人的剝削。這個群眾組織的左翼（集中在三寶壟）接受印地社會民主同盟的宣傳，這個同盟是我說明組織並使之沿著階級鬥爭路線開展宣傳。這種宣傳在伊斯蘭教聯盟內部得到了強烈的支持，特別在一九一四到一九一八年的戰爭年代裡是如此。結果，在一九一八年代表大會的宣言中接受了同『罪惡的資本主義』作鬥爭的思想。和伊斯蘭教聯盟左翼的聯繫創造了在我們自己人領導下組織工會的可能性，其中最重要的是鐵路工會。純粹民族主義分子反對我們社會主義宣傳的日益增長的影響，他們效法正在發展中的工聯主義，建立他們自己的工會。伊斯蘭教聯盟這一鬆懈組織形式，使我們社會民主同盟的印尼人、爪哇人、馬來亞人的影響迅速增長。其影響之大，甚至在軍隊裡也建立了聯合會，而這種情況還是在戰時呢！由此，你就能理解在中國努力同國民黨建立這種形式的合作是直接以爪哇的成功經驗為依據的。保持我們中國共產黨的獨立性是這條路線的邏輯結論。在爪哇，實現了這一點。至於中國，更有必要強調共產黨和工人運動的獨立性，因為在中國民族資產階級已經興起，而在爪哇則還沒有。」參見：伊羅生，〈與斯內夫利特談話記錄——關於一九二〇～一九二三年的中國問題〉，收於中共中央黨史研究室第一研究部編，《聯共（布）、共產國際與中國革命文獻資料選輯（1917-1925）》（北京圖書館出版社，一九九七）。

113 中共中央黨史研究室第一研究部譯，《聯共（布）、共產國際與中國國民革命運動（1926-1927）》（上）（北京圖書館出版社，一九九八），頁四四、六〇。

114 沈雲龍主編，《蘇聯陰謀文證彙編》（文海出版社），頁一五六。

115 同前註，頁一五六—一五九。

116 同前註，頁三六〇—三六二。

117 「聶維楨，第一三六二號，假名王德馨，朝陽大學學生，係共產黨員，通訊處武昌湧三宮馬家巷一號，每月支四十元。此人與俄使館通信，經由第一三六三號轉遞。謝包羅，第一三四五及一二六五號，假名張之時，年二十五歲，湖南人，省立第四種工業學校畢業，係共產黨員，通訊處長沙教育會東街九號，月支四十元，在唐生智司令部供職。此人與俄使館通訊，經由第一三六三號轉遞。朱曉庭，第一三四六號，假名李茂森，年二十歲，湖南人，專司密探漢陽兵工廠消息。通訊處萍鄉安源莆算街一百零九號，月支四十元。此人與俄使館通信，經由第一三六三號轉遞。石學曾，假名　起鳳，又名趙才伊，保定人，中法大學學生，係共產黨員，月支四十元。此人與俄使館通信，經由一三六三號轉發。」同前註，頁二一〇〇—二一〇一。

118 同前註，頁九七一—九七二、一九九二—一九九六。
119 中央統戰部、中央檔案館，《中共中央第一次國內革命戰爭時期統一戰線文件選編》（北京：中國檔案出版社，一九九一），頁二九一—二九二。
120 《聯共（布）、共產國際與中國國民革命運動（1920-1925）》，頁五六二。
121 沈雲龍主編，《蘇聯陰謀文證彙編》，頁九七二—九七三。
122 李雲漢，《從容共到清黨》（臺北：中國學術著作獎助委員會，一九六六），頁二六七—二八九。
123 〈中央擴大會議關於上海工作計畫決議案〉（一九二六年七月），中央檔案館、上海檔案館編印，《上海革命歷史文件彙集（中共上海區委文件〔1925-1926〕）》（一九八六年），頁三〇六。
124 李焰生，〈「容共」政策與「聯共」政策〉，《現代青年》第七十三期（一九二七年四月九日）。
125 沈雲龍主編，《蘇聯陰謀文證彙編》，頁二〇二五—二〇二六。

第三章

三種革命外交的競技場

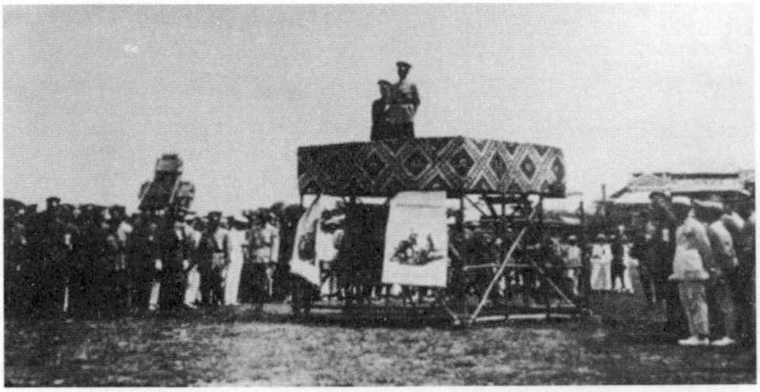

北伐誓師典禮（一九二六年七月九日）

國民革命軍在廣州舉行誓師北伐典禮，宣稱北伐的目的是打倒軍閥與帝國主義，尋求中國統一與獨立自主。實則是北伐作為共產國際的代理人戰爭，肆無忌憚地踐踏了辛亥以來一脈相傳的法統，並以流氓外交的模式製造南京事件、山東事件，以蘇聯的力量驅逐列強代表的自由主義－殖民主義體系，從而使東亞大陸淪為黨國體制。

一、蘇聯的路線鬥爭與遠東革命政權的反覆

引言：根據列寧的設想，蘇俄只是無產階級世界革命的引線。引線本身不是目的，應該為世界革命燒光自己。蘇維埃國家剛剛成立，就將俄羅斯的資源投入歐洲、中東和遠東的革命輸出事業當中。前兩方面受挫以後，遠東革命的地位上升了。這意味著國共兩黨作為世界革命在東亞的代理人，得到的資源大大增加，體現為大清各繼承者的垮臺和廣州革命政府的勝利。同時在莫斯科革命大本營內部，世界革命和不斷革命派開始遭到一國建設社會主義派的侵蝕，人事鬥爭和路線鬥爭相應地傳導到東亞兩大列寧黨內部。

世界革命派失敗

一九二四年一月，列寧的去世開啟了蘇聯的三頭政治。托洛茨基集團和總參情報局系統、季諾維也夫集團和共產國際系統、史達林—布哈林集團和克格勃系統像克雷洛夫寓言裡的天鵝和梭子魚一樣，爭奪遠東革命的領導權。後兩個集團聯合壓制托洛茨基集團，導致尼克爾斯基和越飛的事業半途而廢。托洛茨基倒臺後，總參情報系統遭到殘酷清洗。史達林彷彿為了實現詩意的公

正，以間諜罪名槍殺了中國共產黨第一次代表大會的真正組織者。越飛見布爾什維克左派山窮水盡，在絕望中自殺身亡，從而躲過了史達林的魔爪。

越飛的絕命書[1]與其說屬於一個放棄掙扎的人，不如說屬於一條絕路的先驅者。他曾經信任意識形態的魔法力量，試圖顛覆世界的隱秘法則，一度陶醉於人定勝天的愉悅中，現在卻發現命運從自己最意想不到的角落伸出利爪，將自己扔回原先的軌跡。他在魔法師的學徒時代，就是為了逃避這樣的命運，才走上現在的道路。他無法面對眼前的虛無，無法面對自己，無法面對身後的同路人，做出了最後一次逃避的選擇。

表演藝術家托洛茨基以為列寧的十月賭博可以無限重複，跟他的世界革命計畫一起自取滅亡。「一國建立社會主義」的「庸人聯盟」繼續指導遠東的革命，但行動變得更加謹慎了。季諾維也夫—史達林聯盟拒絕了加拉罕和李大釗出兵北滿的建議，只允許中東路經理伊萬諾夫切斷奉軍的交通線，結果足以開罪張作霖，卻未能挽救郭松齡：拒絕出兵北滿，只是稍微推遲了吳俊陞後備隊南下的時間。遠東軍如果當真忠於世界革命，就應該像一九一九年的高加索方面軍一樣，不計後果地深入外裏海地區，在膽小鬼遊戲當中逼退大英帝國，致剛剛脫離俄羅斯帝國的外高加索各邦於死地。從世界革命大本營的角度看，大英帝國才是帝國主義的核心，日本人不過是英帝國主義在遠東的小兄弟。如果紅軍在滿洲害怕日本人的介入威脅，早就應該把高加索讓給英國人的盟友。唯一合理的解釋就是，革命者住進了君主國的皇宮，就想拋棄自己的階級兄弟，謀求資本主義國家的承認，躲在俄羅斯邊界內享受統治者的榮華富貴。

遠東局經營上海

史達林和布哈林的謹慎或「熱月」性格[2]尤甚於季諾維也夫，最初更願意將制定遠東政策的責任交給比較大膽的共產國際系統，卻並不放棄自己對行政資源的壟斷權力。鮑羅廷最初獲得了巨大的行動自由，利用廖仲愷遇刺的機會，將列寧遇刺的清洗模式引入國民黨，給元老派以致命打擊。國民黨二大以後，共產黨人佔據了國民黨中央黨部百分之七十七的領導職位。[3]

上海是帝國主義在遠東的統治中心，地位非常特殊而重要。一九二六年四月二十七日，共產國際執行委員會遠東書記處在上海成立遠東局。「遠東局以共產國際執委會駐中國、日本和朝鮮代表團的身份作為集體機構領導這些國家共產黨的政治、工會和組織活動。」[4]遠東局繼承了遠東共和國的全部轄區，並且將指揮中心移到了俄羅斯原有邊界之外，含蓄地體現了條約體系在遠東的退縮。維經斯基出任遠東局主席，格列爾、福京任委員，直接領導中國、朝鮮、日本共產黨和臺灣共產黨（後者以日本共產黨民族支部身份到上海述職）。

超級間諜佐爾格[5]在遠東局度過了他的學徒時代，後來聲稱遠東局包括「政治部」和「組織科」兩個互不統屬的體系：政治部像欽差大臣和神學家，負責傳達共產國際的聖旨，依據遠東當時的具體形勢予以解釋。他們的紀錄有程式化的傾向，通常始於歌頌上級領導的英明正確，終於論證自己的方略為什麼完全符合領導指示的精神。後來所謂的黨八股和黨文化，在很大程度上脫胎於政治部；組織部除了名字以外，工作內容跟間諜組織沒有絲毫區別。他們給遠東各支部轉發經費，經理和保護郵件、無線電和其他秘密通訊路線，打理情報搜集和下線發展業務，負責內部安保工作，管理會議紀錄和檔案文件的保存和保密工作。黃面孔的小兄弟位於等級制度的兩端，不是陳獨秀這樣的花瓶，就是打雜的苦力。中層幹部幾乎全是「遠方」的來客，德國人和俄國人佔據了最大的比例和最重要的位置。苦力對他們的領導似乎不是很心悅誠服，發明了一系列毫無敬意可言的黑話：「黨毛子」或「大毛子」（共產國際政治代表）、「小毛子」（少共國際代表）、「工毛子」（赤色職工國際代表）、「太平洋毛子」（太平洋產業工人聯合會代表）。遠東局在內部文件當中，並不諱言自己的種族主義傾向：「可以說，在黨的政治生活和活動中沒有一個問題不是在遠東局俄國同志的參與下解決的。」[6]

上海遠東局主要依靠另外兩個中繼站：一是上海的東正教會，以安利烈・帕夫洛維奇・虞（虞洽卿）[7]為主要代理人；二是長期依靠青幫保護的上海工人，以李立三為主要代理人。

上海納稅人會議並非不瞭解共產國際的活動，一開始就知道李立三和青幫頭目常玉清、王漢良的密切關係是他獲得共產國際重用的主要資本。[8]英國警務處的報告稱：「青紅幫與工運鼓吹者相聯合……效忠於李立三。」他們袖手旁觀，一方面是因為歐洲列強多一事不如少一事的態度，另一方面是因為北京政府利用群眾運動排外的明顯傾向。國共兩黨後來聲稱北京政府勾結帝國主義迫害他們，實際情況恰好相反。沒有北京方面的秘密配合，他們的初期工作是不會這麼順利的。李立三經常奔走於陳獨秀、虞洽卿和李思浩之間，後者是段祺瑞的靈魂和錢袋。當然，段祺瑞跟共產國際的所有統戰對象一樣，過不了多久就會悔不當初，但那是另外一回事了。

莫斯科調整遠東政策

國民黨左派揚眉吐氣，準備乘勝北伐。史達林害怕他們削弱了吳佩孚牽制張作霖的能力，利用自己主管援助物資的權力，拖延他們的軍事準備。[9]蔣介石因此猜疑蘇聯人有意將他出賣給汪兆銘，發動了「中山艦事變」。隨著蔣汪決裂，國民黨少壯派四分五裂。蘇聯黨政系統和共產國際系統意見分歧，坐失良機，對蔣介石的任性無所作為。於是蔣介石得到了他想要的所有東西，包括北伐物資。這次僥倖，猶如十月政變之於托洛茨基，大大加強了他的賭性。北伐軍抵達上海以後，同樣的手段就用到了遠東局頭上。

共產國際決定直接領導上海遠東局，本身就反映了史達林和本土派黨政幹部的猶豫或謹慎。季諾維也夫自以為比史達林更深刻地領會了列寧滲透英國工會的冬蟲夏草策略，命令拉菲斯不要像孟什維克一樣軟弱，堅持無產階級對資產階級民主革命的政治領導權，忘記了正是這種策略導致了英國工黨長達七十年的清黨體制。[10]

一九二六年十月十五日，遠東局書記拉菲斯致信共產國際執行委員會書記皮亞特尼茨基。信件根據形勢的變化，提出了最新的統戰方針：不反對聯邦主義理論，但反對聯邦派。這意味著共產國際認為廣州革命根據地已經穩固，可以將打擊範圍擴大到孫傳芳的五省聯盟頭上。十月二十八日，共產國際遠東局召開會議。維經斯基表示：「中國工人階級越來越接近於成為國民革命運動的領導者。它必將成為領導者，而這將意味著中國國民革命運動中資產階級傾向的失敗。」大家應該遵循遠東局領導拉菲斯的正確主張：「每當危機尖銳化的時刻，我們就應當引導無產階級去進行獨立的鬥爭，以便使它發揮領導者的作用……只有組織無產階級發動鬥爭，我們才能促使小資產階級轉到我們方面來。」最後，他總結說：「應當這樣來進行準備工作，要使整個無產階級都被吸引到行將到來的鬥爭中。」鬥爭的方式以後確定，「但是必須使整個無產階級都作好準備。其次必須這樣來做準備工作，一定要把中小資產階級吸引到鬥爭中來。」[11]他這話翻譯成非統戰語言，就是說要讓一批地下黨能夠操縱的國民黨左派和社會賢達擔任花瓶。遠東共和國依靠統戰打敗了高爾察克和謝苗諾夫的朋友們，遠東共和國的繼承者始終奉這種秘傳心法為法寶。陳獨秀作為中國共產黨名義上的領袖，奉命參加了這次會議，但知趣地沒有提出任何具體方略。他在過去幾年內已經碰了足夠多的釘子，明白了共產國際的秘密等級比公開等級更重要。第一次代表大會上，秘密情報官尼克爾斯基是公開特派員馬林的上級。現在，莫斯科派來的任何臨時代表都比他這位領袖說話算話。

奪取上海的革命高潮

一九二七年二月十一日，共產國際的欽差大臣彭述之向陳獨秀和羅亦農傳達了第七屆共產國際執委會《關於中國革命的決議》。《決議》認為一舉擊破帝國主義中心的時機即將成熟，應該立刻收編上海及其附近地區的幫會、潰兵和遊民，把他們武裝起來，搶在北伐軍入城以前奪取上海。軍事負責人周恩來後來總結說：「遊民的無產階級，落伍的軍人及青紅幫有幾萬人，他們目前的表現尚可信賴……可以聯絡為工人武裝暴動的助力。」共產國際慷慨撥款七千元，超出了暴動組織者最初的要求。[12]

汪壽華和杜月笙的關係相當於李立三和王漢良的關係。一九二七年三月的《特委會議記錄》稱：一九二七年二月二十八日至三月八日，杜月笙和汪壽華五次接頭。二月二十八日，汪壽華向特委會報告：「杜月笙我今天也見到，說他願保護工會，要我們儘管到法界開會和設機關。前次王豐里被捕後，他即與總巡去說，總巡很生氣，所以即把包探捕去數人。他又說我們可備叫子，如有人來被捕，可吹叫子。就（如）捕入捕房，他可想法釋出。」[13]（包探即舊時租界中捕房裡查訪案情的人）三月二日，杜月笙告訴他的朋友：他負責安排共產國際代表和法租界總巡會談，以保障外人權益為條件，換取後者的友好中立，並答應幫助籌款五千元。「今天又見杜月笙，法總巡今日他去約，明天同他去見，他要我簡單說明點共產問題，鴉片問題他去接洽，以後仍請幫忙，款他可籌五千。法捕總巡來聯絡感情，並說法界治安可共同商量，法總巡要與工會的人見面。」[14]

孫傳芳的部下準備逮捕陳獨秀、羅亦農、汪壽華，杜月笙立刻通知汪壽華。他還派出小弟保護朋友的會場，說明安裝電話。汪壽華以晚輩弟子身份（他是以國民黨員資格拜在杜月笙門下的）感謝杜老闆的義薄雲天，杜月笙直率地回答說：「現在我幫你們的忙，將來你們應幫我的忙。」汪壽華明白師父的心意，在暴動前兩天告訴周恩來：杜月笙「請求我們予以幫助……他要求我們不要提出鴉片問題。同時，他希望將所有青紅幫重新組織起來，交由我們指揮。」[15]

杜月笙不是唯一熱愛無產階級的幫會領袖，他的匹敵黃金榮也是識時務者。暴動前夜，虞洽卿告訴汪壽華：「法界華捕麻皮金榮（青幫大亨黃金榮）與其他主要幫會頭目之間的談判已經完成，他們都很願意合作。」[16]此後，黃金榮集團為中共提供了如下的協助：「一、籌款，資助上海總工會擴大工人糾察隊的武裝。二、介紹共產黨與租界當局建立聯繫，安排汪壽華與法租界官員晤談，以協調雙方的關係。三、提供情報，如把軍閥要搜捕中共負責人的消息及時通知共產黨。四、派人保護法租界內的中共人員，協助設立黨的機關，派人說明安裝電話，為中共在租界內召開會議提供會場等。」[17]

租界當局同樣說話算話。費成康的《中國租界史》提到：孫傳芳的盟友直魯聯軍派人潛入租界，企圖抓捕共產黨人林鈞（後來的上海臨時政府秘書長）。杜月笙聞訊，就向法租界當局報信。租界當局公開表示在中國內戰中保持中立，遵守保護外國政治犯的國際慣例，將直魯聯軍的偵探驅逐出境。華界沒有資格以中立區自居，暴動要求大批地下工作者至少暫時浮出水面。李寶章的軍隊原本可以逮捕他們，但沒有多少人敢向杜老闆公開承認的弟子下手。

遠東局過河拆橋

上海公共租界警務處的報告說：一九二七年二月和三月，上海籠罩在紅色恐怖之下。汪壽華和顧順章的「人民法庭」和「人民警察」不僅在拒絕繳納保護費（他們稱為自願資助的革命經費）的資本家，而且當街處決真實或想像的「人民公敵」。這些公敵包含了許多地地道道的工人階級，他們的罪行主要就是在共產國際來到上海以前就加入了敵對的工會或幫會。當時，「人民警察」一詞仍然符合列寧的原意：列寧在十月革命前夜類似的環境下，曾經苦口婆心地教育思想沒有搞通的同黨，「人民警察」之所以有「人民」的字樣，就是為了跟資產階級的警察區別開來，前者可以實施私刑，而後者只能遵守資產階級的法條。法條當然是階級壓迫的工具，給資產階級人士帶來了錯誤的安全感。只有「人民警察」能使他們發現自己的不安全，否則無產階級革命跟資產階級革命還能有什麼區別？杜月笙後來（配合蔣介石清黨以後）聲稱：他之所以跟原先的弟子恩斷義絕，就是因為後者踐踏了江湖人的道義。青幫自古以來仁俠為先，斷無濫殺無辜之理。[18]他這話的可信度，讀者可以自行判斷。

一九二七年三月十二日，遠東局宣佈成立上海市民代表會。羅亦農表示：「市民代表會議就是國民革命的蘇維埃。」鑑於俄國人早就知道並接受孫文討厭蘇維埃這個詞的態度，這話等於公開宣佈了遠東局過河拆橋的決心。他們成功地摘了北伐軍近在咫尺的桃子，控制了中國一半以上的財政收入，只要稍微打打土豪就能收回八年來的全部投資，覺得不用再給過氣明星蔣介石留面子。三月二十二日，最新白手套宣佈成立上海臨時政府委員會。十九位委員包括十位中國共產黨人，還不出預料地包括了非中國的共產黨員虞洽卿。坊間傳說，一九二七年的中國有兩大「青幫政府」。一個是華北的褚玉璞政府，得到青幫元老袁克文的支援。另一個就是上海的臨時政府委員會，包括青幫的三大幹將汪壽華、王漢良、顧順章。然而，史達林覺得共產國際系統囂張過度了。四月四日，他在莫斯科幹部大會上公開支持蔣介石：「國民黨是這樣一類革命的議會，有它的主席團即中央委員會……蔣介石比策烈鐵里和克倫斯基多了一個腦袋，因為他根據情況進行了反對帝國主義者的戰爭。」布哈林附和「親愛的科巴（史達林）」，說國民黨是「黨和蘇維埃的雜交體」。

話音未落，蔣介石就發動了遠東版本的清黨運動。四月二十四日，季諾維也夫幸災樂禍地說：「把今天的國民黨同一九二〇年基瑪律的黨（土耳其）相比，倒是恰當的。基瑪律黨當時盡力裝成革命的、『幾乎是』布林什維主義的黨、向工人賣俏、把農民群眾抓住、答應同共產黨人合作、稱他們的政府為『人民代表委員會』等等。但是在它等待到適當時刻來到時，它便把共產黨人驅入地下、砍斷了他們的一些領袖的脖子（謀殺了蘇布基等同志）並且成立了資產階級國民政府，實行保守的國內政策……我們需要這樣一個中國共產黨，它既不依賴於國民黨的右派也不依賴於國民黨的左派。」[19]

清黨與中華蘇維埃的建立

史達林雖然缺乏捷才，卻從不缺乏堅韌，更不缺乏秋後算帳的良好記憶力。他特別喜歡打倒敵人，剽竊敵人的方案。托洛茨基倒臺後，在位時執行不了的「超工業化」計畫反而以史達林的名義實現了。季諾維也夫倒臺後，他的「中國支部建設方案」同樣變成了英明領袖反對「托季聯盟」的偉大政績。「托季聯盟」純屬子虛烏有，存在的可能性不比「章羅聯盟」或「麥卡錫—華萊士聯盟」更大，但虛構的罪名能夠刺激獵物徒勞的辯護衝動，比消滅效果相同的真實罪名更能滿足捕食者的虐待狂心理。

史達林舉重若輕，首先將季諾維也夫扣到他頭上的帽子扔在鮑羅廷和陳獨秀的頭上；然後面不改色，將季諾維也夫的妙計歸到自己名下。季諾維也夫只得自認倒楣，將共產國際的老部下交給史達林、莫洛托夫、布哈林和皮亞特尼茨基處置。羅明納茲以欽差大臣身份駕臨武漢三鎮，主持八七會議，將斯特拉霍夫（瞿秋白）同志放在陳獨秀留下的位置上，命令支部根據「不斷革命論」的原則，拋棄喪失意義的國民黨假面具，直接打出蘇維埃政權的旗號。周恩來、毛澤東和張太雷根據新領導的新路線，發動了南昌暴動、秋收暴動和廣州暴動。「七月五日，共產國際同意為復興湖南農運而撥款三萬九千五百元……秋收暴動預算『至多不可超過滬鈔一萬元』。」[20]「八月十一日，聯共（布）中央政治局決定，批准軍事總顧問加倫關於組織南昌暴動，然後南下佔領廣東汕頭，接運蘇聯武器，以便裝備一個軍的提議。為此，在已向蘇聯駐武漢總領事伯納和軍事顧問加倫送款三十萬美元之後，會議決定『還應為此目的撥給一萬五千支步槍、一千萬發子彈（算在庫倫儲備物資帳上）、三十挺機關槍和四門山炮帶兩千發炮彈，總金額一百一十萬盧布。』」「據中共中央一九二八年一月十六日報告稱，從一九二七年十一月至一九二八年一月，總計共產國際和中共中央已經為廣州暴動用去了近十萬元。」[21]

這條路線很快導致了更大的失敗，最終獲得了「左傾盲動主義」的定性，不出所料地算在瞿秋白的帳上。共產國際滲透海外的每一次失敗，都加強了史達林在蘇聯國內的權力；劫持國民黨的每一次失敗，都增加了中國支部在遠東經費中所占的份額。一九二六年八月九日，鑑於「白色恐怖」嚴重，中共中央決定政治局委員必須單租房居住，不可兩人同住，以免捕一帶二。共產國際代表為此撥款千元。八月國共關係徹底破裂後，共產國際撥給中共的經費增至每月兩萬元。九月六日，莫斯科電令上海國際工作人員：「請在年底前撥給中共一萬七千一百二十八美元。」[22]根據中共歷史檔案財政統計，一九二七年共產國際秘密撥付中共各項款額接近一百萬銀元。這一數額相對於蘇聯這一時期援助國民黨與西北軍馮玉祥累計五千萬銀元雖微不足道，但對尚處嬰幼期的中國支部來說，年助百萬已是天文數字了。[23]

一九二八年，季諾維也夫陷入絕望，用卑躬屈膝的認罪求饒和自我羞辱，換取了留在黨內和國內的機會，也就是說換來了以後作為叛徒被處決的下場（托洛茨基儘管比他更早垮臺，卻不依不饒地抓住這次機會，論證一切失敗全是史達林的錯，因此在黨內國內都混不下去，也就是說換來了以後在流亡中遇刺的下場）。現在除了布哈林以外，列寧的老近衛軍已經蕩然無存。一九二八年二月九日，史達林和布哈林在共產國際執行委員會第九次擴大會議起草了《關於中國問題的決議》。遠東各支部的班底如影隨形地換血，納入史達林親自領導的範圍。羅明納茲首當其衝，為史達林剛剛發明的「托季聯盟」扮演遠東代理人，他選擇的代理人斯特拉霍夫同志隨之一蹶不振。史達林和布哈林聽信李立三和向忠發的讒言，懷疑世界革命已經淪為東方陰謀家的奶牛。一九二八年三月，東方書記處成立了指導土地革命的軍事委員會。別爾津任軍事委員會主席，米夫、布留赫爾（加倫）、赫梅廖夫、馬馬耶夫、蘇兆征、向忠發任委員。[24]

新人新氣象，共產國際聯絡局長收到上級主管的嚴厲警告：「迄今為止，黨通過國際聯絡局每月收到大約二萬墨西哥元。但這項預算被認為是不完全的。（中共）中央以各種理由請求我們為這樣或那樣的事情撥給或多或少的款項，而且幾乎為每件小事都提出要求。什麼樣的要求沒有提出啊！只要建議散發傳單或宣言，需要調某人到某地去，中央派個書記到省裡去，就連某某人生了病，中央都會立即向我們提出撥給追加經費的要求。他們利用經費來源不同（國際聯絡局、共產國際執委會代表、軍事組織）這一情況，得以弄到這些經費，因為這一個來源不知道另一個來源已經撥出……多數同志相信不能通過正式途徑弄到（我們的錢），就開始逃避事務性會見，然後採取最粗暴的敲詐手段，如散佈謠言，說什麼基層工作人員似乎責備蘇聯，把錢給了軍閥，而不給中央。」[25]皮亞特尼茨基向史達林報告：「我覺得對他們的預算不詳作考慮，是不能給他們撥款的，因為經驗表明，我們給各黨的錢越多，它們就越不想深入群眾，同群眾建立聯繫。而在這個報告中所表明的傾向是：要由黨來養活大量的同志，要建立龐大的機關，並且所有經費都要從這裡取得。我認為滿足他們的要求，就意味著葬送黨。」[26]

然而即使以史達林的刻薄，也抗拒不了革命形勢的需求。一九二八年六至七月在莫斯科召開的中共六大，由蘇聯提供約十萬盧布經費。聯共（布）政治局根據史達林的建議，一九二八年六月十一日再撥九萬盧布給中共應急。共產國際一九二八年上半年撥款十二萬五千盧布。聯共

（布）政治局決定下半年增至三十四萬盧布。折合中國貨幣，一九二八年中共來自蘇聯的經援月均超過六萬元。[27]當然，中國支部必須證明自己沒有騙取上級經費的企圖。一九二八年十二月二十六日，中共中央致函共產國際主席團：中共經常費每月六萬元絕不能減少，且應提供兵運費每月兩萬四千元，特別費年預算也應達到一百萬美元。中央並決定今後嚴格按照新預算開支……所有領導人的生活費都減少二元，娘姨費停發，原住大房子的全部搬小房子。[28]

史達林大權獨攬

一九三〇年，史達林在布哈林和李可夫的支持下徹底消滅了國內新舊左派。他接下來的措施自然就是相應地消滅遠東局和中國支部的新舊左派，將「左傾冒險主義」的帽子留在遠東局新領導蓋里斯和中國支部實際領導李立三的頭上。無所不在的莫斯克斯．周同志連續為幾位元短命的欽差大臣服務，漸漸掌握了兵運、匪運和特科工作的網路，甚至在莫斯科眼中都變得越來越難以替代。[29]一九三一年六月二十二日，中共中央總書記向忠發被捕供詞：「國際幫助中國共產黨每月一萬五千美元，（相當）中國五六萬元。實際國際的款都是俄國共黨供給的。最近經濟的支配權掌握在周恩來手裡……」[30]

布爾什維克的割草機首先消滅政治家，其次消滅官僚，留下的真空不可能無人填補，結果通常有利於秘密情報機構。一九三〇年以後，史達林已經不再需要任何人幫忙了。於是他再度反戈一擊，把布哈林和黨內右派一網打盡，將托洛茨基的集體化汲取計畫付諸實施。從此以後，只有克格勃才能以黨不可或缺的「劍與盾」自居。蘇聯的政變照例引起各支部的清洗，產生了歐洲各共產黨的反社會民主黨運動和米夫－王明在遠東局和中國支部的統治。希特勒的勝利打斷了共產國際的新一輪左傾，迫使史達林回到統戰各國社會民主黨和國民黨的「人民陣線」策略。一九三五年，蔣介石和史達林的統一戰線導致了三項後果：國民黨和日本的戰爭進入倒計時，張聞天政權倒臺，蔣介石對逃亡陝甘的紅軍網開一面。遠東在一九四八年和一九五二年的格局，大部分都已經在這場交易中註定。

二、日本的國際協調主義和泛亞主義

引言：大英帝國逐步撤出遠東，共產國際的滲透相應地深化。日本作為條約體系的最後柱石，處境越來越孤立。英日聯盟以來，日本精英推行的國際協調主義遭到了前所未有的嚴重質疑。日本民間本來就有巨大的泛亞主義潛勢力，只是由於自由主義世紀的國際形勢和明治憲法的精英傾向，無法對外交政策施加影響而已。第一次世界大戰動搖了前者，大正民主動搖了後者。列寧黨在東亞的節節勝利和歐洲列強的綏靖主義，為日本泛亞主義者提供了最有力的論據。泛亞主義勢力的崛起，使日本由條約維護者轉型為條約破壞者。遠東條約體系在共產主義之外，又增加了一個新的挑戰者。

日本民主勢力上升

原敬內閣以打破元老和藩閥的共治結構為宗旨，首次將政治經紀人分肥制度引進日本。立憲政友會[31]運用精算師的原則，巧妙地調節地方派系和選區劃界，不斷降低選民團的門檻，用積極財政和恩蔭交易購買局部和臨時的忠誠，消解了明治開國以來的武士精神和使命感。政友會熱衷於擴大公共事業，重要原因就是公共職位最適合充當庸酬的資源。平民宰相原敬早在護憲運動以前，就以誠實的掮客著稱，從不挑剔委託人的立場和原則。「經紀人政府」的力量在於敏銳準確地掌握政治消費市場的波動，對世界戰略既不能理解也不感興趣，樂於將政策決定權交給霞關（外務省）的專業官僚。

大正時代的國際協調主義在選民當中從來沒有根基，僅僅反映了政黨政治家的缺乏自信，與其說是一種有宗旨的政策，不如說是職業外交官的工作習慣填補了內閣不作為造成的真空。

政友會內閣的財政擴張主義和國際協調主義激怒了中小企業和英日同盟的支持者，促成了加藤高明和民政黨（憲政會）[32]的崛起。民政黨鼓吹財政保守主義和自主外交，譴責職業外交官盲目追隨英美，損害了日本在亞洲大陸的利益。然而，加藤內閣的存在有賴於普選制的勝利和憲政三黨（政友會、憲政會和革新俱樂部）的團結。結果，他的政府比原敬內閣更加徹底地貫徹了分肥制原則。民主主義作為理想，最終總會落實為經紀人統治的現實。加藤內閣的產生和存在，彷彿就是為了給「資產階級民主的虛偽性」提供證據。他鼓吹自主外交，卻不得不將外務省分給幣原[33]；譴責原敬的軟弱，結果擴大了不干涉政策；鼓吹財政保守主義，卻促成了「官民一心」的凱恩斯主義產業政策。泛亞主義在每一次選舉中都是票房春藥，卻在每一次政黨分肥中都遭到出賣。三〇年代的泛亞主義者對資產階級民主絕望，轉而乞靈於天皇和人民的反資本主義聯盟，與其說是由於原敬的軟弱，不如說是由於加藤的背叛。

高橋是清在原敬內閣出任藏相，歷任藏相、首相、工商大臣和農林大臣。十五年來，計臣不是他本人就是他的朋友。無論民政黨執政還是政友會執政，都只能在他搭好的舞臺上舉行歌舞伎表演。他的財政路線追隨第一次世界大戰以後的英國，以積極財政造成人為的景氣，彌補戰爭景氣消退留下的空白，以犧牲帝國防務為代價增加國內福利，以犧牲預算平衡為代價改善國內就業，贏得了「日本凱恩斯」的綽號。「高橋三原則」彷彿出自凱恩斯本人的口授：「廢除金本位制」，「用無需納稅人同意的國債代替納稅人同意的稅收作為財政新基石」，「依靠通貨膨脹製造有利於選舉的經濟繁榮」。財政對憲制演化的規範作用之大，沒有任何其他因素能夠相比。無產者贏得了階級鬥爭的勝利，才能顛倒光榮革命的原則，強迫納稅人供養自己，使增加就業和收買選票變成同一件事。

大眾民主與綏靖主義

凱恩斯主義能夠盛行，本身反映了納稅人—有產者選民團和混合憲制的末日，既是大眾民主制勝利的結果，又是大眾民主制進一步侵蝕憲制平衡的原因。平民政治的經紀人需要政治紅利，也就是用財政擴張造成的就業擴張收買無產者的選票。優秀的經紀人善於將全國有產者的稅收集中到最敏感的幾個搖擺選區，以最小的投資將最多的搖擺選區爭取到自己的黨派一方。整個遊戲的規則就是犧牲比較有原則的階級、地區和團體，收買比較機會主義的階級、地區和團體。殖民帝國雖然集中了國民的精華，卻不足以構成有效的搖擺選區，完全從政治精算師的收支表上消失了，構成政體退化最敏感的晴雨表。凱恩斯財政家需要無產階級經紀人的提攜，平民領袖依靠凱恩斯財政不亞於武士依賴刀劍。二者同樣需要綏靖主義外交，不亞於綏靖主義外交家需要平民領袖的保護和凱恩斯財政家的支持。高橋－原敬－幣原形成珠聯璧合的三位一體，對國內憲制和國際秩序的侵蝕不亞於麥克唐納－鮑德溫政府和凱恩斯本人。

幣原喜重郎在原敬內閣和華盛頓會議時代，即以駐美大使和全權委員身份執國柄，猶如十年前的西原（龜三）和十年後的石原（莞爾），反映了明治憲制的缺陷。他出任外交大臣以後，將國際協調主義總結為「幣原三原則」：「英美協調主義」、「大陸不干涉主義」和「經濟外交」。一九二四年六月，新任外相的演說給加藤外交的棺材釘上了最後一顆釘子。「第一，維護和增進正當的權益，尊重各國正當的權益，以維持世界和平；第二，尊重外交政策的前後相承，以保持同外國的信任關係；第三，改善對美、對蘇關係；第四，在對華政策上貫徹不干涉內政的原則。」[34]他的箴言是：「外交不單是處理國與國之間的政治關係，謀求國家間經濟關係的發展同樣是外交的重要任務，特別是從我國目前情況看，更應把外交的重點放在國際關係的經濟方面。目前最重要最緊急的任務是朝野一心，振興對外貿易與本國人在海外的投資企業，以期改善國際信貸關係。」[35]胡適稱他主導的十年為「霸權無害」時代，其實其主要效果就是將亞洲大陸讓給了蘇聯資助的國共兩黨。日本以其特有的一絲不苟，履行了一九二七年條約的各項義務，置依賴合法途徑的北洋諸將於絕境。如果說威爾遜總統和他的朋友通過九國公約，製造了遠東的政治真空；高橋－原敬－幣原就通過這項條約，[36]親手簽署了日本帝國的死刑判決書。

地球的陰影一旦遮蔽太陽的光芒，月亮就會喪失它借來的光輝。英日兩國一旦拋棄維護條約體系的責任，民國法統隨即土崩瓦解。北京政變產生的臨時執政府只有一項任務，通過廢除法統和國會，取消自身存在的理由。國會政治一旦結束，紳士外交隨即煙消雲散。三一八事件（1926）標誌著舊時代的結束，周鯁生所謂的「流氓外交」取代了十九世紀的「紳士外交」。[37]「流氓外交」的模式大同小異：策劃者躲在暗處，用「不明真相的群眾」做人肉盾牌。敵人如果像後來的以色列人一樣只挨打不還手，他們就贏得了這場不公正的戰鬥。敵人如果像段祺瑞大開殺戒，他們就可以躲在安全地帶消費劉和珍的死亡。如果有陳西瀅[38]質問徐謙和李大釗為什麼專門犧牲別人，就會有魯迅義憤填膺地叱責「正人君子」的冷血。只要當局無法將幕後人逼出水面，就沒法贏得這種不講費厄潑賴的鬥爭。在一九二〇年代的遠東，「流氓外交」的主要策劃者自然是蘇聯和國民黨。「三一八」不是孤立的行動，基本模式早已在沙基慘案（1925）中演習過了。沙基在廣州革命政府的轄區內，蘇聯軍官率領群眾衝擊租界。英國士兵如果不作為，租界就會遭到暴民的洗劫；如果執行法律，他們就會遭到進步輿論的譴責。國民黨政府如果尊重條約義務，就應該保護租界。他們消失得無影無蹤，實際上是希望革命群眾替他們做到他們自己想做而不敢做的事情。如果成功，租界就歸他們了；如果失敗，倒楣鬼只會是廣州的劉和珍。自稱政府的團體如此怯懦和狡詐，不謂之「流氓外交」亦不可得。北伐軍推進到長江流域，革命群眾的攻擊對象隨即指向漢口和九江英租界。英國人這一次不願意流群眾的血，坐視他們闖進租界就不再離開。陳友仁就這樣「收回」了「全中國人民的土地」，正如四十年後的紅衛兵從他留在大陸的同儕家裡「收回」了「全中國人民的財產」。歷史彷彿重演了大衛王的故事：他判處謀色害命的壞人死刑，然後發現這個壞人就是自己。

國際社會不再懷疑，同樣的模式馬上就要在上海自由市出現。各國軍艦雲集黃浦江上，準備保衛租界。北伐軍一進南京，立刻就開始攻擊外僑社區。金陵大學副校長文懷恩（Dr. J. E. Williams）遇害。美國領事館遭到搶劫。英國領事 Herbert A. Giles 中彈。「綠寶石」號艦長 Hugh T. England 報告英國當局：「暴行無疑是由廣州軍事當局蓄意安排，由穿軍裝的武裝士兵通過有計劃的調動來執行的，而且公然預謀要侮辱所有的外國國旗，驅逐所有的外國僑民。」[39]聯軍戰艦應美國領事 Davis 之請，武力平息了騷亂。日本駐南京總領事森岡正平見證了共產國際的勝利：「一名目不識丁的士兵在我館劫掠中高呼：『中蘇一家，日英是帝國主義，趕走日本人，他們的財產自然就是我們中國的啦！』」[40]日本駐上海總領事矢田七太郎發出電報：「此次南京搶劫事件為第二軍、第六軍、第四十軍（魯滌平、程潛、賀耀組）中的黨代表、基層的共產黨派遣軍官及南京地區中國共產黨黨員合謀設計的組織行為。襲擊時有當地的共產黨黨員專為嚮導，執行對象與場所都有事先規劃。前者只限外國人；後者則選定領事館、教會、學校等洋人集中處。」[41]

從此，列強對共產國際海外代理人的政策由綏靖默許轉向全球搜捕。九一一事件發生後，國際社會對基地組織的態度也是這樣。只有在這種背景下，張作霖才敢闖進使館逮捕李大釗。公使團領袖歐登科同意張作霖的行動，因為蘇聯使館已經濫用了他們的外交特權。京師警察廳公佈了蘇聯大使館內發現的文件，暴露了莫斯科通過遠東打擊列強側翼的戰略。「訓令各密探分部（為在各使館內雇傭偵探事），在日本英國和美國使館內招募中國差役及雇員時，對於以下各項最宜注意：（一）汝所雇傭為我等工作充當偵探之人，總須有用於我。換言之，彼須與使館內辦理重要與機密事項人員（使館、主官、武官及秘書等）接近。或充翻譯員、打字員之人，或使館各辦公室內之差役。」[42]西方外交界和輿論界普遍認為，南京事件[43]就是根據蘇聯的命令策劃的。南京不是蘇聯代理人唯一的活動地點，他們有非常全面的部署。軍事及政治兩種密探系統均直接受莫斯科指揮，在華亦通過使館互相協助。軍事密探組織只有縱的關係，而無橫的聯繫。各地共產國際機構，在國民革命軍中蘇俄顧問人員，均須協助軍事密探工作。中共中央執委會、軍委會代表，且接受蘇俄訓令，參加其北京軍事總機關部，以從事研究及計畫蘇俄在中國之軍事行動等項工作。

《蘇聯在華密探局組織法》（極要第一七九卷，原件注明特別密親遞）規定：「揚子江流域上海密探分機關部（第九號）管轄所謂聯盟之五省，即江蘇、安徽、浙江、江西、福建，至於與上海聯絡之地點，則為符拉迪沃斯托克、廣州、漢口。上海內勤密探部至少須有四人，分佈兵營、商埠、兵工廠、領事團。南京至少需有二人，分佈督辦公署及軍營中。杭州至少需有一人，亦密佈軍營中。安慶至少需有二人，分佈督辦公署及軍營中。南昌至少需有二人，亦分佈督辦公署及軍營中。福州至少需有二人，亦分佈督辦公署及軍營中。徐州與浦口至少均須有一人……南京設外勤密探分團長一人、副團長一人（駐浦口），在海州、徐州、蚌埠、蕪湖各設密探員一人、又遊行密探員及遞信員各三人，共十二人……」漢口密探分機關部（第十一號）管轄湖南、湖北、四川、貴州、青海特別區，聯絡地點為上海、廣東。廣州密探分機關部（第六號）管轄廣東、廣西、雲南，聯絡地點為上海、漢口。哈爾濱密探分機關部（第三號）管轄吉林、黑龍江，聯絡地點為奉天、符拉迪沃斯托克。奉天密探分機關部（第一號）管轄奉天各地，聯絡地點為哈爾濱、漢城。漢城密探分機關部（第二號）管轄朝鮮各地，聯絡地點為奉天、符拉迪沃斯托克。北京中央密探部（第一號）管轄直隸、山東、河南、察哈爾、山西、陝西、甘肅，聯絡地點為莫斯科、庫倫、符拉迪沃斯托克、東京……[44]這樣的部署與其稱為蘇聯在華的密探組織，不如稱為共產國際在東亞的密探組織。

張作霖政權公佈的《一九二五年半年度蘇俄在華軍政費預算草案》分為四項，包括普通經費（九萬三千八百五十三美金）、馮玉祥軍隊經費（十四萬八千八百三十美金）、國民二三軍經費（十四萬一千二百四十美金）和廣東經費。最後一項是開放的，「容再續報」[45]。也就是說隨著北伐的展開和莫斯科干預的日益深入，不斷追加新的撥款和援助。前三項的幣值就已經超過了二十一世紀初的一億人民幣，通貨膨脹因素尚未計入。最後一項的資助當中，包含了比金錢更加重要的軍械物資。武器的主人不難在東亞農業區收編過剩的人力資源，反過來就不行。八月二十七日，蘇聯大使館通知鮑羅廷：「下列各件業在符拉迪沃斯托克備妥：俄國子彈一百三十萬粒。日本子彈一萬兩千粒。三寸徑陸戰炮彈八千二百枚（無證明需要之文據），過一星期尚有德國製造者七百萬枚。W－L火藥二百五十普特。三寸徑過山炮彈八千枚。十五尊炮應用之預備零件及炮隊物件。除預備零件及炮隊物件不計外，總計價值五十六萬四千一百四十八元。此款須與該貨同時交付。江西福建兩省邊界情形如何，及關於數部歸附國民政府之談判結果如何，希速函告為要。」[46]

鮑羅廷和羅嘎喬夫出席汪精衛和蔣介石主持的國民黨中央政治委員會、軍事委員會聯席會議。[47]鮑羅廷和加倫主持廣東軍事會議，決定向蔣介石、朱培德、陳銘樞的部隊派出蘇籍參謀長、政務處長、軍務處長、顧問和教官。[48]袁世凱或張作霖的內閣會議和軍事會議，從未將如此眾多的要職交給外籍顧問。黨軍戰鬥力的提升不僅應該感謝布爾什維克的金錢和組織，更應該感謝蘇聯軍官輸入的一戰軍事技術和共產國際獨到的社會性戰爭技術。北洋系老將的軍事技術直接（例如段祺瑞）或間接（通過日本）來自十九世紀末的普魯士軍官，在一九二〇年代已經明顯落伍了。階級鬥爭理論將所有和平居民都變成了軍事目標，賦予匪諜隨時發動超限戰的自由。資產階級政權直到冷戰結束，都未能扭轉特務活動方面的絕對劣勢。聯省各邦泥守十九世紀的戰爭規則，在不按牌理出牌的新型敵人面前不知所措，不下於二十一世紀的民族國家面臨反恐戰爭。

「現在無論如何不能稍事遲疑，且宜再加發展，更為深進，多招密探員，鞏固已成之密探事業，從一九二六年至一九二七年三月以內，首應辦理之事件如下：

一、各密探分部人員應擴充至全額，上海、漢口密探分部尤宜特別擴充之，以鞏固其地位。

二、應即行著手組織滿洲、北韓之外勤密探機關（根據預定計畫至少須有三人），以便得以研究日本及張作霖對於蘇聯及北京（國民軍）預定作戰之趨勢。此外對於吳佩孚之主張，自揚子江向南或向北之事件，至少需設外勤密探分部二處。對於孫傳芳、閻錫山、河南等處，需各設外勤密探分部一處。總計共需設外勤密探分部約為十處或十二處。

三、於以上所述各處，應將內勤密探機關照預定計畫擴充至百分之七十五。

四、現在應設速成科三處，每科十人。徵集強健之國民黨人，或華籍共產黨人入學，以便造成外勤分部密探長，或各密探分機關之密探員。

五、派同志五六人（以通曉東方語言情形之大學學生為宜）赴中央密探總機關部（或重要關係之地方分機關部）實習，以便造成密探幹部事務人員，而免臨時招募。

六、派已受訓練和可靠之東方大學中文班畢業同志五六人（以熟悉軍事者為宜）赴中央密探總機關部實習，以便將來可充各密探機構之翻譯員。

其餘各項密探機關之組織等事，應在一九二七年至一九二八年三月以前一律實行。」[49]

北伐對共產國際而言，是全球性戰爭的一部分；對滿洲（張作霖）、十四省聯軍（吳佩孚）、五省聯軍（孫傳芳）和湘軍（趙恒惕）而言，只是本土父老的反侵略戰爭。大小、強弱相去懸殊，未戰而勝負已分。何況強者在暗處，弱者在明處；強者無底線，弱者有底線。

沉睡的看門狗

列強當中，只有日本有能力及時和全面地瞭解共產國際的滲透情況。然而幣原外交的消極猶豫，跟英格蘭對低地國家事務的敏感迅速形成了鮮明的對比。森岡和幣原極力為蔣介石辯護，希望列強給國民革命軍的溫和派一次機會。[50]參謀本部第二部長松井支持幣原政策，有效地破壞了皇家海軍的干涉：「要在英美各國與蔣介石之間進行斡旋，努力尋找和平解決之方案。故而要盡全力促使英美兩國持冷靜態度。」[51]南京事件證明庚子以後的列強集體行動機制已經瓦解，打開了通向濟南事件[52]和九一八事件的道路。[53]協調主義的支持者從來沒有超出特殊利益集團和上層開明人士的圈子，隨著大正時代群眾地位的上升，自然越來越脆弱，現在終於到了臨界點。政友會抨擊幣原喪權辱國，日本國內的主流輿論從此開始轉向。[54]幣原和繼任外相田中都苦勸英國人相信蔣介石，[55]而蔣介石卻堅信田中毫無誠意。[56]

國民革命軍在日本綏靖政策的鼓勵下，製造了更加惡毒的濟南慘案。國民黨駐日本的特派員殷汝耕報告：「我軍對日僑剝皮、割耳、挖眼、去勢、活埋、下用火油燒殺、婦女裸體遊行當眾輪奸等事，日人言之鑿鑿，其所轉載京津、倫敦、紐約各外報亦均對日同情，歸咎於我。一般空氣異常激昂，認為巴黎、華府會議以來，華對日極輕蔑，從前如關稅會議及不干涉主義一類軟和外交不特不能見好華人，而反遭辱。」[57]

由於這次暴行發生在清黨以後，蔣介石無法運用「共產國際破壞」的萬能藉口。此後幾年，國民政府在遠東扮演了魏瑪民國在歐洲的角色。從《白里安公約》和關稅會議開始，四分五裂的協約國競相出售更大的讓步。每一次讓步都提高了挑戰者出售和平的要價，最終導致凡爾賽—華盛頓體系完全瓦解。幣原在南京事件當中出賣了英國，導致協約國在上海聯合行動的計畫破產，[58]惡果卻落在田中義一頭上。蔣介石像蘇伊士危機時期的納賽爾一樣，不出所料地得寸進尺，將列強釋放的善意轉化為自己的革命資本。日本在濟南事件當中遭到競爭性綏靖的報復，[59]不得不孤軍奮戰、虎頭蛇尾，預演了美國從蘇伊士危機到越南戰爭的命運。[60]列強的公正和大正民主的可靠性在日本國內面臨日益升高的質疑，最終導致了二十世紀三〇年代的逆變。

一九二八年以後，外務省「尊重九國公約主旨，執行對華時局共同協議」的《時局處理方針》淪為一場沒有觀眾的演出。泛亞主義在過去十五年間日益衰微，現在又獲得了新的力量。明治維新時代的武士精神已成昨日黃花，但青年社會主義運動填補了老一代人留下的空缺。

日本的激進化

日本自開化以來，一直深陷理想主義和現實主義的鬥爭之中。從現實主義和國家利益的角度看，日本既然僥倖融入國際體系，獲得了榮譽歐洲國家的地位，就應該以正常國家自居，在現有國際體系內部追求實實在在的好處。這條路線的問題在於，正常國家無論如何都是一個西方中心的概念。日本精英有理由擔心：如果接受了這種路線，日本的特殊國體還能不能保存。現實主義者既是開化政策的主要既得利益者，又是特殊國體的主要既得利益者。東食西宿，態度自然曖昧。曖昧的角色難以勝任引導國民的任務，因此提不出理直氣壯的國家使命。

非既得利益者只能向振亞社和玄洋社尋找使命，曾根俊虎和副島種臣的高見大致如下：西方資本主義的經濟發展以物質利益為本，對包括日本在內的落後國家具有侵略性。東方文化強調以人為本，不能因為暫時的弱勢而喪失自信。日本現在迫於形勢，只能接受西方遊戲規則，但有朝一日發達了，絕不能再走西方資本主義的侵略性老路，而是要用王道的精髓提攜那些不幸的東方兄弟。與孫文同輩的日本泛亞主義希望提攜革命黨人，將大清趕到長城以外，將俄羅斯趕到黑龍江以外，建立一個以日本為核心的新東方文明圈，結束西方對遠東的統治。在清日兩國的泛亞主義者看來，這正是上天賦予他們的使命。只有這樣的偉大事業，才配得上他們艱苦卓絕的犧牲。

大正民主為敵視資本主義的輿論提供了充裕的發展空間，奇妙地促成了新舊激進思想的合流。內田良平的繼承人大川周明和石原莞爾粉墨登場，試圖修改日本和世界的亞洲想像。一九三

○年，櫻花會宣佈：「審視當前社會形勢，我們發現高層領導人道德敗壞，政黨貪污腐化……統治者為了博取外國勢力的歡心，置國家的長遠利益於不顧，對向外擴張毫無興趣……人民渴望一個真正基於民眾利益，以天皇為中心，強有力的廉潔政府的出現……我們將為了改造統治機構，擴充國家實力而奮鬥終生！」昭和研究會提出了東亞共同體的概念，不僅將國族構建的歷史必然性賦予遠東各族群，而且將國族發明的世界化解釋為反殖民主義的正當性。竹內好致力於解構明治維新奠定的「優等生文化」，希望借助反帝使命恢復日本的主體性，將非西方世界從靈魂分裂的厄運中解救出來。北一輝在蘇聯的啟示下，提出了階級鬥爭國際化的高論，從無產階級和共產國際手中奪走了世界革命先驅者的天命，交給有色人種的工會委員長。這些理論揚棄了舊泛亞主義的儒家色彩，剽竊了列寧的理論框架，反過來將蘇聯和英美一起劃入國際大地主和大資產階級的範疇，將日本例外論、革命性和正當性融為一體，一舉解決了理想主義和現實主義的長期鬥爭。日本只要接受等待已久的亞細亞使命，就能由世界舊秩序的學徒升級為人類新紀元的導師。西方個人主義和政黨政治造成的弊端就此一掃而空，猶如天皇—太陽的光芒越過陰霾溫暖眾生。

北一輝的《日本改造法案》包括如下內容：

甲，對內

一、經濟方面

1、每戶財產以一百萬元為限，逾限則收歸國有。

2、每戶土地以時價十萬元為限，逾限由國家發行公債收買之。

3、私人企業以一千萬元為限，逾限歸國家經營。

二、政治方面

1、擁戴天皇，協同國民實行改造國家。

2、貴族院改為審計院；眾議院改為國家改造議會，實行普選；罷免全國原有官吏；廢除華族制度。

三、軍事方面

仍實行徵兵制，造成拿破崙式之軍隊，兵士和軍官一律受平等待遇，並優待士兵之家族。

乙，對外

一、對亞洲

如中國、印度、澳洲、滿蒙、西伯利亞、南洋諸國，應助其完全獨立，脫離歐美列強羈絆，成立亞細亞民族之聯盟，籍以統一全亞洲，以中國為對俄之前衛。

二、對歐美

首先打倒英國，奪取香港、澳洲，並助印度脫離英國而獨立。日本海軍則應與美國平等。

泛亞主義及其盟友

小磯國昭、荒木貞夫、久原房之助、後藤隆之助體現了新泛亞主義的周邊或基礎，在日本社會的中層形成了廣泛但不堅固的網路。他們與其說是先知和理論家，不如說是情懷尚在的實幹家。他們看到田中內閣深陷幣原外交和革命外交的夾縫，既不能重返亞洲，又不能放棄滿蒙，徒勞地尋找越來越不可能存在的「穩健勢力」，預感到珍貴的決斷時刻即將來臨，開始在體制外做第二手準備。他們沒有忘記辛亥前後的國際主義精神，知道國民黨元老派對依靠蘇聯暴發的後生晚輩並不心悅誠服，知道泛蒙古主義正在尋找自己的領袖，知道二〇年代以後的穆斯林復興運動正在深入中亞，不可能放棄瓜分條約體系遺產的大好機會。大正天皇駕崩後的幾年間，明治時代遺留的元老相繼去世。最後的元老西園寺公爵在新君和陌生的世界之間孤立無援，彷彿預示了日本不久後的命運。

閻錫山早在清末留日時期，就非常佩服老師板垣征四郎和同學土肥原賢二。[61]他秉著「實力可隨主義而膨脹，主義須賴實力以保護」[62]的原則，在三晉實踐「亞洲人的亞洲主義」，「聯合亞洲民族，用革命的手段，驅逐白種人的統治……消除侵略主義者，以進世界於大同」[63]。他即使在北伐以後都不大尊重蔣介石新造的大中華思想，企圖復興辛亥傳統的泛亞精神，用「亞洲解放革命黨」繼承和更新同盟會的理想，建立「亞洲民族大同盟」，「推日本為盟主，使亞洲各盟國各得其所」[64]。唐紹儀以孫文和犬養的同儕自居，對孫文思想的原始面貌非常瞭解，深知蔣介石抵抗的日本理想正是孫文臨終前求之不得的夢想，本身就足以構成三民主義新解釋的障礙。他為人精明謹慎，並不公開鼓吹泛亞主義，但他在民國初年一直從事聯日反袁的工作，路徑和關係都已經根深蒂固，女兒和親家都是公開的親日派，自己又深得粵桂諸將的尊重，縱有匹夫無罪之名，難逃懷璧其罪之實，最終慘遭軍統的毒手。[65]孫總理留下的泛亞主義基因給國民黨大中華主義留下了無法擺脫的負面遺產，只有馬列主義給共產黨大中華主義留下的類似遺產才能相提並論。

辛亥革命解放了醞釀已久的泛蒙古運動，啟動了博克多格根十五年前的預言。[66]俄、日、中三國對待蒙古國族構建的態度，酷似德、俄、奧對待波蘭國族發明的態度：日本扮演了類似哈布斯堡的角色，在其勢力範圍內保留了最多的蒙古貴族特權，最願意保護蒙古的文化獨特性；俄羅斯扮演了德國的角色，自以為將歐洲因素傳播到更加東方的屬地，足以構成征服和同化的正當理由，這種自鳴得意的態度激起土著的反感，大大抵銷了近代化建設喚起的讚賞；中華民國扮演了俄羅斯帝國的角色，比屬國更加東方和軟弱，依靠蒙古內部落伍者恐懼歐化的感情，拖延卻無法阻止日益上升的分離主義。一九一八年，第一屆泛蒙會議在上烏丁斯克（烏蘭烏德）舉行。不久，第二屆泛蒙會議在大烏里車站舉行。布里亞特人效法畢蘇斯基，提出了「三帝解體、三蒙統一」的綱領。李大釗和馮玉祥在共產國際的資助下，成立了內蒙古人民黨。

日本泛亞主義者深感時間緊迫，如果不能及時扶植東蒙，滿鮮堡壘就會像多米諾骨牌一樣倒下。他們看到幣原的隔岸觀火、高橋的自壞長城，越來越難以克制，甚至開始鼓吹效法北美十三州，脫離企圖限制他們西進的母國，在大陸上建立共和政權。[67]

泛圖蘭主義[68]跟俄羅斯歐亞主義和日本泛亞主義關係密切，在思想上難分彼此。泛亞主義的感情內核建立在嫉妒和敵視西方的基礎上，自然對半東方的歐亞主義和泛圖蘭主義懷有同病相憐的階級覺悟。克里米亞戰爭刺激了俄羅斯韃靼人的文藝復興，因為他們的地位酷似突厥語世界的猶太人。背井離鄉的命運有效地啟動了啟蒙主義性質的民族發明，跨國散居的現實有利於諸圖蘭共同體的想像。他們發明的圖蘭各民族包括了西方的匈牙利和東方的日本，令奧斯曼主義黯然失色。韃靼知識分子雖然失去了克里米亞的葡萄園，卻贏得了中亞「各民族教育者」的榮譽。齊亞·喬加勒夫渴望的大圖蘭沒有實現，但一九二〇年代的播種畢竟給高加索、浩罕和六城（Altishahr）的新民族留下了不可磨滅的印記。灰狼黨和行動黨[69]的朋友沒有忘記為滿洲和陝甘的穆斯林社區發明身份，恰好符合日本泛亞主義者在大陸扶弱鋤強的傾向。太宰松三郎的《支那穆斯林》和後藤英男的《滿洲伊斯蘭教》雖然並不支持泛圖蘭主義想像，卻鼓勵了東洋和內亞的圖蘭主義者。日本穆斯林山岡光太郎和田中逸平集日本人的執著和穆斯林的虔誠於一身，開東洋伊斯蘭信徒赴麥加朝聖的先河，為二戰前夜的「圖蘭熱」推波助瀾。小林元的《回回》點破了泛亞主義和泛圖蘭主義的紐帶和應許：

「滿支蒙的回教徒們也必須正視這種現代化道路，不，他們難道不應該調整自己的新生活，沿著自己的新生之路向前邁進嗎？他們不能再可悲地堅持著消極保守的立場了。我曾看過斯丹巴厄（Josef von Sternberg）監製的《求救者》這部電影，我記得在它的結尾，是求救的人們向著初升的太陽邁步向前的場面。初升的太陽是『明日』之光。作為『求救者』的滿支蒙回教徒們也應該沐浴著朝陽之光，實際上他們也正在追求著。被稱為『識寶回回』的回民們具有鑑識現代化瑰寶的能力，這是用不著大驚小怪的。我期待著看到回民們沿著現代人生活之路前進，尋求新太陽的雄姿。但是，在亞洲地區，現在像太陽般光芒四射的是我們日本，日本國旗是冠絕世界的『太陽旗』。」[70]

三、國民政府的歷史——國族建構和區域霸權主義

引言：二十世紀爭奪遠東的三股勢力當中，新國民黨是最弱小的。俄羅斯自拿破崙戰爭以後，一直是只有大英帝國可以令其退避三舍的超級大國。共產國際耗盡宿主的資源，需要幾代人的時間。日本帝國雖然是列強當中最弱小的一員，畢竟是東亞區域的最強者。國民黨在蔣介石時代以前，一直是日本泛亞主義者或共產國際的附庸，並無跟兩個保護人競爭的實力。共產主義者和泛亞主義者都希望接管大英帝國和條約體系撤退後的遺產，願意利用國民黨作為反對帝國主義—殖民主義的白手套，但絕不允許國民黨獲得分庭抗禮的機會。蔣介石政權企圖通過重新發明中華民族共同體，對抗共產主義國際共同體和泛亞共同體。他在兩強的夾縫中粉身碎骨以前，竭盡全力地吞併和破壞東亞大陸殘存的各個自治體系。

蔣介石的賭注

早期國民黨在意識形態方面一直是日本和蘇聯的學徒，幾乎沒有堪稱獨創的理論。蔣介石在一九二七年孤注一擲，打亂了共產國際的部署，[71]進而借助宋美齡和基督教的公共形象，不僅贏

得了英美輿論的零成本掌聲，還實現了毀滅金融、海關和租界自主權的自殺性勝利。大英帝國率先拋棄遠東，宣佈了「對華新政策」：「不干涉中國內部糾紛，同情強有力的國民運動。」[72]鑑於大英帝國和國際聯盟宣導的武器禁運首先懲罰了遵守規則的北洋政府，然後又寬恕了破壞規則的共產國際和北伐軍，綏靖政策對革命外交發揮了火上澆油的鼓勵作用，絲毫不足為奇。列強一旦承認了蔣介石革命政權的合法性，宋子文就利用列強的承認消滅自由貿易體系的殘餘。「國務院放棄了華盛頓會議已經建立的合作政策，突然與蔣介石的國民黨商定單獨的關稅條約，並開始向中國人要求結束治外法權的壓力屈服。」[73]中美《關稅協定》簽署後，英、法、義相繼跟進。[74]自由資本主義的黃金時代在東亞周邊地帶落下帷幕，正如十五年前的歐洲核心地帶和三十年後的南洋邊緣地帶。每一次謝幕的始作俑者，都在接踵而來的洪水中自食其果，然而錯誤的因果關係認知顛倒了成功和失敗的標準，驅使意識形態的犧牲者為彌補失敗而追求更大的失敗。

一九二九年五月到一九三〇年五月，中日兩國完成了修約談判。這是革命外交和幣原外交的巔峰時刻，但日本國內的政治平衡因此破壞。反動接踵而來，日本一變為主要的「條約破壞者」。入江昭對日本三〇年代革命領袖的分析，其實同樣適用於國民革命的領袖：

「在華盛頓條約的框架內，列強在穩定相互關係，鼓勵以經濟而非軍事手段相互打交道以及通過一步步把中國整合入全球經濟秩序來吸引中國民族主義等方面大體是成功的。正是這種成功促使日本的一些勢力——陸海軍軍官、右翼組織、排外主義知識分子——不顧一切地冒險。它們在國際體系和全球經濟秩序中看到的僅僅是災難：國際體系在逐漸向中國做出種種讓步，而全球經濟秩序則把日本這個國家的繁榮與不斷波動的貿易平衡和兌換率如此緊密地聯繫在一起。他們譴責日本的領導人製造了這樣的形勢：這個國家的命運越來越依賴於列強和中國的善意。除非採取某種行動，否則日本不久就會完全受這些外部力量的支配。日本反國際主義勢力看到了唯一的解決辦法：通過用武力趕走信奉國際主義的國家領導人來扭轉國家政策上的這一趨勢以及在中國行動時不受華會條約的約束。他們判斷三〇年代初是完成這些任務的時機，也許這是這樣做的最後的機會。」[75]

蔣介石政權在蘇聯所謂「小資產階級狂熱性」的驅使下，被文學青年無限熱愛的「新氣象」沖昏了頭腦，英勇地跳進了凱末爾僥倖脫身的泥潭——同時向共產國際和帝國主義挑戰。國民政府遷都南京，以凱末爾遷都安卡拉為藍本，意在拋棄辛丑合約－海峽公約保護的京津走廊－黑海咽喉，在列強鞭長莫及或不感興趣的亞洲內地建立新邦，可惜畫虎不成反類犬，不肯效法凱末爾成功的關鍵秘訣——

凱末爾從革命外交轉向國際協調的心路酷似汪兆銘，達達尼爾戰役（Dardanelles Campaign）和長城抗戰的慘烈犧牲發揮了關鍵性的刺激作用；凱末爾從聯俄容共轉向抗俄剿匪的心路酷似蔣介石，洛桑覬覦事件和上海灘密謀發揮了關鍵的刺激作用[76]；奧斯曼帝國和大清、青年土耳其黨和國民黨在世界格局當中的地位有一定的相似性，至少足以使蘇聯和國民黨都有意識地以此為參照系。內亞切割和剿匪決斷具有互為因果的性質，因為正如安娜．科穆寧娜公主所說：[77]即使你是赫拉克勒斯，也承擔不了兩線作戰的重負。凱末爾身為青年土耳其黨的中堅力量，對第一次世界大戰負有不小的責任，在達達尼爾海峽血戰澳紐軍團，目睹奧斯曼帝國和恩維爾帕夏的末路，決心不再重蹈覆轍。他在一九二一年屠殺了土耳其的李大釗（穆斯塔法．蘇布希）及其同黨以後，就明白自己已經用完了二三其德的資本。摩蘇爾問題和亞歷山大勒塔問題解決後，他重新想像的新土耳其民族完全切斷了內亞帝國的羈絆。《蒙特勒公約》簽署後，土耳其共和國掃清了重返國際體系的障礙。凱末爾最大的成就，莫過於培養了歐化精英集團的傳統，足以在他身後守護他劃定的路徑。

國民政府的藍圖

國民政府在一九二八年以後的短暫蜜月期，一度有過類似的機會，但他們做出了相反的選擇，原因絕不是大清的內亞遺產比奧斯曼更多。戴季陶的孫文主義發明[78]將新國民黨變成了阿卜杜勒．哈米德和恩維爾帕夏的合體，[79]至少從理論上要求國民黨承擔共產國際和泛亞主義在遠東的全部應許。梁啟超的奧斯曼主義是為大清帝國轉型為中華帝國而準備，非常樂意將韓國、臺灣、南洋的諸夏留做大英帝國和日本帝國的自治領。日本的泛亞主義雖然要求解放亞洲各民族，卻沒有統一眾多假定同盟國和衛星國的意圖。共產國際一開始就將民族解釋成資產階級發明的虛假共同體，遮蔽了真實的階級共同體，將建構者的負擔變成了解構者的資源。新孫文主義者自以為能夠結合三者的優點，扮演黃雀在後的角色，實現彎道超車的使命。於是，孫文同時繼承了堯舜周孔、林肯列寧和明治維新的道統。新中華民族同時包括了大清的蒙古盟友和大英的馬華社區。三民主義先鋒隊同時承擔了將蒙古、印度和韓國從共產主義、帝國主義和泛亞主義魔掌中解放出來的使命。

理論家可以天馬行空，實幹家則必須分清主次。三民主義先鋒隊在現階段的主要任務是什麼？蔣介石的答案完全不同於史達林和凱末爾。他否定了「一國建設三民主義」的「革命終結論」，堅持反帝鬥爭仍然是國民政府的核心任務：

「本黨所代表的民眾，是一切被壓迫的民眾，決沒有階級之分，既不排斥農工階級，也不限於農工階級；既不排斥小資產階級，也不限於小資產階級。一切被帝國主義者所剝削，被封建勢力所蹂躪的民眾，都是本黨應該代表的民眾。難道中國除卻農、工、小資產階級以外，就沒有被壓迫的民眾嗎？對於農工小資產階級以外的被壓迫民眾，尤其是被帝國主義者所壓迫的民眾，本黨就可以任其受痛苦，而不代表其利益嗎？我們只知本當有擁護農工利益的政綱，絕對不承認有代表農工單一階級利益的理論，更不能有代表小資產階級利益的思想。」80

那麼，什麼是國民黨維護的中國民眾呢？《中國之命運》雖然在四〇年代才定稿，但並非不能反映蔣介石在其黃金時代就已經形成的思想脈絡。

「就民族成長的歷史來說：我們中華民族是多數宗族融和而成的。融和於中華民族的宗族，歷代都有增加，但融和的動力是文化而不是武力，融和的方法是同化而不是征服。在三千年前，我們黃河、長江、黑龍江、珠江諸流域，有多數宗族分佈於其間。自五帝以後，文字記載較多，宗族的組織，更班班可考。四海之內，各地的宗族，若非同源於一個始祖，即是相結以累世的婚姻。詩經上說：『文王孫子，本支百世』，就是說同一血統的大小宗支。詩經上又說：『豈伊異人，昆弟甥舅』，就是說各宗族之間，血統相維之外，還有婚姻的系屬。古代中國的民族就是這樣構成的……在中國領域之內，各宗族的習俗，各區域的生活，互有不同。然而合各民族的習俗，以構成中國的民族文化，合各區域的生活，以構成中國的民族生存，為中國歷史上顯明的事實。這個顯明的事實，基於地理的環境，基於經濟的組織，基於國防的需要，基於歷史上命運的共同，而並不是全出於政治的要求。」[81]

三民主義者一面破壞殖民主義殘餘秩序，大大縮短了本來就已經所剩無幾的喘息時間，一面醉心於如此複雜而矛盾的構建，終於淹沒在各種民族主義、泛民族主義和共產主義的洪流當中。

條約維護者的後退

國民政府以國家社會主義為宗旨，其存在的先決條件就是消滅上海的自由資本主義和自治政體。宋子文建立的中央銀行、公債委員會、預算委員會、幣制委員會將民初二十年積累的資本羅掘俱盡，[82]為南京政府的統制經濟和債務財政奠定了基礎。沒有進步主義者的汲取技術，蔣介石不可能削平群雄、力爭內亞[83]、抗戰建國。清黨尚未結束，上海資本家就不得不面對袁世凱時代聞所未聞的勒索。「款數過巨，復電措辭甚難，……俟委員會諸君籌議後，按實電復。」[84]「自清黨以來，……而前轍依然，故吾猶是。其較為明瞭者則曰：訓政方當期月，責備未可過嚴。其屬於謹願者則曰：彼此同屬一丘，改革已經絕望。且事實俱在，盡有優渥之口惠，奚解現時之倒懸！」[85]《字林西報》一再用「批判的武器」鞭打欲壑難填的國民政府，但大英帝國的軍艦拒絕保護他們。工部局（上海市議會）既然已經允許共產國際以自由市為基地，從事顛覆華界的革命活動；現在很難拒絕軍統的特工人員如法炮製，在租界行使類似黑幫或恐怖團體的制裁權。上海自由市的納稅階級為了購買人身安全和業務自由，不得不付出更大的代價。

二〇年代末，「上海問題」構成遠東問題的試金石。條約破壞者和條約維護者虎視鷹瞵，唯大英帝國馬首是瞻。一九二九年南非法官費唐的調查團來滬以前，工部局向英國外交部提出了三種解決方案。[86]一九二七年五月，Finlayson 備忘錄設計了 Free City of Shanghai 方案。Free City of Shanghai 以國際聯盟保護的 Free City of Danzig（但澤自由市）為範本，要求中外各方合作維護遠東的自由貿易中心。所有各方都應該「真誠地承認正是外國人的首創精神、外國的企業、外國的管理和外國的保護造就了今天的上海。」[87] The Greater Shanghai 應該以吳淞為圓心，包括半徑三十英里以內的所有地區，遠遠超出了工部局治下的舊自由市範圍。理事會依據國聯批准的法律或規章，由中、英、美、日、法、德、意、瑞士各國人士組成。各國理事的人數，由國聯根據各國的商業、資本的利益確定。在任何情況下，某一國籍代表的人數不得超過其他三個國家代表的總人數。理事會由 Free City of Shanghai 的納稅人定期選出，然後互選產生理事會指導的行政管理機構（類似原先的工部局）。國際聯盟和美利堅合眾國共同保證 Free City of Shanghai 的中立地位，Free City of Shanghai 有權組織一支由國聯軍官指揮的小型軍隊。Free City of Shanghai 作為國聯保護的部分主權邦國（Quasi-State），司法、財政和稅收獨立於中華民國和其他國家。駐華英國公使藍普森（Miles Lampson）建議外交大臣張伯倫（Austen Chamberlain）不要接受，因為他預期中國和美國都不會支持。[88]

一九二九年三月，亨特雷・大衛森（Huntley Davidson）向英國外交部提出了 The Free Port of Shanghai 方案。The Free Port of Shanghai 由國際委員會管理，華人佔據國際委員會的一半名額。The Free Port of Shanghai 的治安由國際警備隊保護，直至中國政府表現出履行條約義務的意圖和能力。只要租界時代的安全和信任得以恢復，The Free Port of Shanghai 就可以交給中國保護。The Free Port of Shanghai 的日常事務由華董負責，除非外籍董事感到有必要提議採取積極的建設性行動。上海英國商會和上海工部局英美籍董事認為他的計畫不僅切實可行，而且還有多方面的附帶好處。The Free Port of Shanghai 擺脫了各種政治糾紛的牽累，有助於穩定全域。中國社會的建設性力量將會獲得利益，政治家也會發現履行條約義務的好處。合理的民族主義訴求可以得到滿足，英美的原有政策也不會受到損害。國際委員會本身就是自治能力的訓練所，將會為將來的合作培養良好的基礎。他們擔心外交部會重復處理漢口外灘問題的綏靖政策，將上海出賣給蔣介石。他們的恐懼果然應驗了，英國外交部官員維克多・衛斯理（Victor Wellesley）斷定大衛森的計畫純屬紙上談兵。[89]

一九二四年四月，一份懷特（Alexander Frederick Whyte）備忘錄向英國外交部建議：逐步增加華董數額和工部局機構中的華人成員名額，由此訓練華人參與市政管理的能力。英國應該鼓勵工部局與中國簽訂協定，以此為基礎解決上海問題。華董應該在增加權力的同時，相應地增加責任。英國政府應該切實履行制裁的權力，保證協議的執行不會受到干擾。「首先必須有足夠的遠見展望我們真正的努力目標，並且在擬定政策過程中有足夠的勇氣支撐我們的判斷，這判斷部分依賴我們的常識，部分依賴我們的善良願望，部分依賴運氣，部分依賴在合適的時機使用武力。其次，要敢於說不害怕混亂。總而言之，我們會使用武力保護我們自己的權利。」[90]所謂的混亂顯然包括了國民政府引以為榮的「流氓外交」和共產國際的暴力勒索，二者都是維也納體系瓦解的附帶後果。皇家海軍如果確有保衛條約體系的決心，本來是應該在一九二六年和一九二七年之間果斷干涉的。國民政府成立以後，最佳時機已經逝去。

駐華公使藍普森給張伯倫的建議純屬敷衍，他說：「懷特備忘錄的總原則當然是有道理的，但問題是能否與中國人達成協議，原因是目前無法確定這個協議的底線，因為這個協議要具備這樣的條件，它既能令中國人滿意，又未超出英國和其他列強認為安全的範圍。那麼能夠讓中國人滿意的限度在哪裡？如何保障這個新協議的實施？在這些關鍵問題上，目前尚無良策。」[91]

一九二九年五月，藍普森根據自己的調查得出結論：「在現階段，由於我們面對的情況是隨著中國的國內政治及其與列強的關係的不斷發展和演化而變化的，因此，任何一種試圖將租界的管理權漸進地交給中國人的計畫或者程序都是無濟於事的。」[92]孤立無援的工部局從此苟且為治，只求保護外籍納稅人的生命財產，一步一步拋棄了保護華人居民的義務，最終毀滅了自身存在的根基。

國民政府的巔峰時刻

一九二八年，工部局董事會同意國民政府向界內華人徵收捲煙稅。一九三〇年，上海特別市土地局單方面宣佈大清在民國以前發給租界居民的道契停止生效。美國領事克寧翰（Henry Quelch）抗議這種踐踏一八五四年《土地章程》的武斷行徑，然而工部局還是承認了土地局的重新註冊制度。土地財產權是所有財產權的核心，尤其是上海自由市所有憲法性文件當中最古老和最重要的一環，先於條約體系和民國憲法而存在，本身就構成了二者的基石。依據光榮革命時代的遊戲規則，這種肆無忌憚的搶劫足以構成革命和戰爭的充分理由，然而在第一次世界大戰以後的叔季之世，反而變成了左派作家指控國民政府代表資產階級的證據。畢竟蘇聯和蘇區的業主和富農已經進了集中營，上海的房東和地主只是多出了一筆冤枉錢而已。

一九三一年，上海特別市法院奪取了走私案件的審判權。一九三五年，南京政府財政部開始對租界華人徵收所得稅。這一次，革命政府甚至沒有費心跟工部局談判。後者明顯已經決定拋棄租界華人，以便交換外籍居民不受影響。這種心照不宣的交易做得說不得，正式的談判只會讓雙方都沒面子。英國外交家埃里克・台克滿（Eric Teichman）預言華人社會無法理解代議制，外籍董事的撤退就是自治政體的末日。[93]隨著太平洋戰爭的爆發，這一天終於來臨了。自由主義－殖民主義體系彷彿在不斷上升的洪水面前退卻，位居低地的民國法統首先淹沒，各地外灘組成的遠東漢薩同盟僅僅多堅持了二十年，甚至位居山頂的美國很快都會淪為洪水包圍的孤島。

南京國民政府在其短暫的黃金時代，向它能夠接觸的所有對手發起了挑戰。上海租界和長江三角洲增加的收入難以抵償粵、桂、晉、滿、馮、蒙等各條戰線的支出，更無法滿足軍事委員會、建設委員會和資源委員會對計劃經濟的愛慕。一九二九年四月，《中華民國國防計畫綱領草案》進一步提出：「由外交之現勢、地理之地位、歷史之事蹟而判斷，將來與我國發生戰爭公算較多之敵國，首為陸、海相接而有滿蒙問題、山東問題及其他多數利害衝突問題之日本。」一九二九年十月三十一日，國府頒佈了《兵工廠組織法》[94]。同年，列強放棄了完全喪失意義的武器禁運。畢竟，他們的禁令已經消滅了所有願意遵守禁令的主權者。革命政府利用犯規所得的獎賞，在三年內進口了價值三千一百四十一萬三千零七十八兩海關銀的軍火。[95]總體戰隨著一九三四年的經濟計畫委員會（國家資源委員會的前身）和一九三六年的「三年計畫」，終於深入遠東的心臟。德式新軍和航空兵組建後，國軍的戰爭意志急劇上升。德國國防軍前總司令西克特將軍甚至認為，日軍不一定能夠戰勝國軍。他為蔣介石爭取到一億馬克貸款，購買德國軍火和軍工設備。[96]一九三七年戰爭之所以能夠爆發，德國對國民政府的慷慨支援發揮了關鍵作用。

四、瓜分舊秩序殘餘資源的鬥爭

引言：三〇年代以前的東亞大陸，大體在條約體系的保護之下。中華民國、聯省各邦、特別是各口岸自治市鎮的憲政試驗，都有賴於大英帝國主導的遠東和平。大英帝國撤退後，條約體系的三大挑戰者都企圖盡可能快、盡可能多地侵奪這些資源，在另外兩個競爭對手壯大起來之前，掌握盡可能有利的地位。上海自由市和內地的軍紳自治政權相繼淪為國民黨的犧牲品。共產國際在整個東亞和東南亞擴張網路。泛亞主義者集中力量建設滿洲蒙古基地。條約體系遺棄的孤兒一旦瓜分完畢，三股勢力的鬥爭就會白熱化。

圍繞上海的鬥爭

只要條約體系和民國憲制的剩餘資源尚未瓜分完畢，莫斯科、南京和東京的覬覦之心就不至於正面衝突。三〇年代初，三條路線的焦點迅速演化為熱點。上海作為最寶貴的獵物和條約體系的象徵，自然是熱點中的熱點。

美國既然以《九國公約》的柱石自居，感到自己有義務未雨綢繆。北伐軍還沒有抵達上海，美國公使約翰・麥克莫里（John MacMurray）就擔心漢口外灘事件可能要在揚子江口重演。他給國務院的報告說：美國無論在道義上還是法律上，都有義務聯合其他列強保衛上海自由市。[97] 美國國務院秉承威爾遜主義的精神，提出了「上海中立化」的建議。「美國希望相關列強支持這樣的建議，即將上海公共租界設為非武裝衝突區，控制著武裝力量的相關各方應採取措施，禁止武裝力量強行進入租界，甚至在鄰近公共租界的地區亦不得駐紮軍隊。」各國應該保護租界居民的共同利益和外籍居民的人身安全，賦予租界中立的地位和權利。上海的最終地位問題應該通過各方的友好協調解決，美國樂於助談判一臂之力。[98] 助理國務卿納爾遜・詹森（Nelson T. Johnson）告訴英國駐美大使，美國國務院準備就上海公共租界中立化問題與中國相關各方溝通。他還補充說：租界與英、日、美密切相關，美國準備參加未來的磋商。[99] 弗蘭克 B. 凱洛格（Frank Billings Kelogg，《非戰公約》的主要推動者）堅決反對使用武力，在歐洲和亞洲造成了同樣的後果，將戰場留給了願意使用武力的各方。[100]

工部局在上海暴動前夜開闢惡例，將界內華裔居民遺棄給共產國際和國民黨地下組織。地下組織能夠行使超越黑幫的實際權力，無需讓幕後政治集團承擔任何責任，自然構成二十世紀政治敗壞的主要因素，預示了亞非殖民地即將面臨的命運。上海灘的綿羊陷入這場剪羊毛的競爭，不能不懷念舊日青紅幫徵收保護費的公正和節制。共產國際在間諜方面的投入和經驗遠非國民黨人所能望其項背，清黨沒有防止他們有計畫有步驟地滲入黑社會和警察署：「在上海靜安寺路掛魔術大師招牌，在先施公司屋頂花園公開登臺表演魔術，用以掩護身份，吸收門徒，結交流氓及幫會分子，利用公開職業的身份，廣攬群眾，特務工作的佈置，遂得以順利進行……共特對收買工作頗重視，過去上海公共租界和法租界刑事偵察人員，均有被共金錢收買的，此類被收買者，對我們破案照例會同辦理，往往於到達搜捕目的地時，逮捕對象早已逃逸，均為被收買的人員事先通風報信。」[101]

一九三〇年以前，共產國際和國民黨情報機構還存在某種心照不宣的合作。李克農和錢壯飛為南京國民政府特務機構的成立和發展立下了汗馬功勞，蔣介石和徐恩曾不可能完全沒有警覺，然而針對上海和滿洲的滲透又是雙方共同利益所在，因此合作和鬥爭尚可並行不悖。一九三〇年七月二十九日，遠東局全面改組，米夫任遠東局書記，雷利斯基和埃斯勒輔佐他。[102]這次改組說明史達林系對老近衛軍系的勝利正在從中央向前線擴展。遠東局作為國際恐怖分子的一大重鎮，早晚不容於史達林培植的土鱉新階級。蘇聯內部的清洗升級後，肅反機構進駐上海。米夫和遠東革命的早期負責人相繼死於非命。相應地，火拼的傾向逐漸壓倒了合作。一九三二年以後，「紅隊」開始清除國民黨特務在上海的據點（以色列撤離加沙地帶以後，哈馬斯對法塔赫採取了同樣的策略）：

一九三二年十一月二十五日，紅隊隊長鄺惠安，率領五個隊員，衝進調查科上海閘北分區斯文里的秘密辦事處，實行刺殺，結果調查科工作人員王壽喜被擊殞命，分區主任趙伯謙夫婦、工作人員郝鳴、吳修均被擊重傷。一九三三年四月十一日下午，調查科工作人員四人，路經南京路江陰街，發覺有紅隊五人在，乃迅速逃至崗警附近，紅隊仍開槍射擊，死一人，傷二人，紅隊人員則在紛亂中逃逸；

同年五月，調查科工作人員一人，正前往法院，為一自首中共作證，以便保釋，行至中途，又被紅隊擊斃；

同年六月十四日，調查科上海區負責人史濟美，由京述職返滬，趕往已定之約會，抵滬後即驅車逕赴約會地點，但一下車即被鄺惠安率領六個預伏在該地的紅隊隊員包圍襲擊，身中七槍而死；

同年八月十二晚，調查科新任上海區負責人錢義章，到職二個月之後，亦於中華飯店三樓電梯旁，被預伏該處之紅隊襲擊身死。[103]

紅隊並非戰無不勝，《色．戒》主角原型丁默村、李士群就是在刺殺國民黨特務陳靜的途中敗露被捕的。一九三三年秋到一九三四年秋，國民黨在全國捕獲了四千五百零五名地下黨員，其中四千二百一十三人叛變，「自首叛變率」高達百分之九十五。[104]國民黨部分出於意識形態的親和力，部分出於情報人才的缺乏，特別喜歡重用前共產黨員，丁、李二人甚至高升到汪兆銘政權情報首腦的位置。[105]當然，國民黨人更願意用新三民主義和大中華主義的優越性來解釋。「除了極少數（大概是五百比一）頑固倔強的交付法律制裁以外，其餘都是給予自新報國的機會，以後的事實，證明這些從錯誤道路上挽救過來的青年，他們的服務成績，一般都是非常優越，而其反共意志之堅決，尤其比一般未入圈套的人強的多，這大概是他們這一番痛苦經驗換來的認識。」[106]無論叛變的真正原因是不是意識形態的感召力，倒戈共產黨員的貢獻確乎毋庸置疑。中統舊人萬亞剛在《國共鬥爭的見聞》書中〈謎，還是謎〉這篇文章當中寫道：「即以二十八個布爾什維克而論，有三分之一以上，被捕後轉變，成為中統的成員。這些從共黨過來的人，熟悉共黨的地下活動，由於他們的指引，終於在一九三四年底，將共黨設在上海的地下總部和其他重要機關，全部破獲。」[107]

共產國際的內陸攻略

史達林親自接管共產國際的工作以後，決定中國支部應該重點發展蘇區和紅軍。既然劉存厚[108]這樣沒有外援的帝制餘孽都能割據亞洲內地，蘇區的能力不應該比他更差。共產國際「為此幫助中共起草和制定了許多重要文件，並力主派遣大批幹部和工人到蘇區和紅軍中去。」[109]因此，中共中央不得不遷往瑞金。鬥爭從上海向內陸各地蔓延，各省的土豪共同體相繼落到了滬、吳資產階級的類似下場。

共產國際和三民主義者經常合作摧毀民初自治政權的殘餘，也經常為爭奪剪下的羊毛而火拼。在三〇年代初，條約體系—民國法統的殘餘還比較豐富，雙方以合作為主，共同剪毛，各自表述。蔣介石的戰爭為共產國際的滲透開路，共產國際的滲透為蔣介石的戰爭提供藉口。到三〇年代中葉，南方土豪的資源已經所剩無幾，雙方在長江流域的關係日益接近零和博弈。蔣介石就用軟硬兼施、網開一面、以鄰為壑的策略，將紅軍驅向更加周邊的藩屬，為他的下一步擴張提供理由。粵軍和紅軍都感到蔣介石對他們的共同威脅超過了他們相互之間的威脅，結成了針對南京的攻守同盟。[110]粵、桂、湘、蜀明顯並不樂意為莫斯科和南京的盟約犧牲自己，獨立外交的傳統仍在發揮作用。

紅軍的西竄，同時滿足了南京和廣州的隱秘期望——「更能夠在實質上決定紅軍命運的，還是其對手方的動向。紅軍和粵方的談判成功，使其在長征之初事實上為中共開放了西進道路自是重要原因。同時，蔣介石的態度其實也十分複雜。李宗仁就曾談過：『就戰略的原則來說，中央自應四方築碉，重重圍困，庶幾使共軍逃竄無路，整個就地消滅……但此次中央的戰略部署卻將缺口開向西南，壓迫共軍西竄。』」[111]「何、白這些急如星火的建議在蔣這裡並未得到認真回應，除象徵性要求加強構築碉堡工事外，缺乏有效的實際動作。以致紅軍開始西進時，贛州一帶防禦相當空虛，『南康縣周圍百里無國軍。』」「一九三四年底除舊迎新之際，蔣瞻前顧後，在日記中將追剿紅軍、抗日準備與控制西南三者巧妙結合：『若為對倭計，以剿匪為掩護抗日之原則言之，避免內戰，使倭無懈可乘，並可得眾同情，乃仍以親剿川、黔殘匪為經營西南根據地張本，未始非策也。當再熟籌之！』」「紅軍正在緊鑼密鼓地進行長征的最後準備時，蔣介石卻從江西前線撤手西去，開始當時報章稱為『萬里長征』的一個多月西北、華北之行……考慮到當時蔣介石正和蘇俄尋求更緊密關係，西北之行傳達的意思，對中蘇、中日乃至國共關係，都透著歷史深處一言難盡的微妙。」[112] 劉湘則直率地指出，蔣介石以剿匪之名行謀蜀之實：「朱毛據遵義時，中央只口頭宣稱進兵，實則遲遲不到，現匪已經本軍擊破，而中央軍各面如潮湧來，且進駐肥城，殊令人不解。」[113]

鄂、贛諸省一開始就在南京政府直接控制下，由於涸澤而漁的便利和軍政人員的高流動性，首先陷入群盜如麻的混亂之中。這時，何鍵、陳濟棠、閻錫山等人的轄區尚稱小康。蔣介石在開明知識分子和技術官僚的支持下，逐步消滅和削弱各藩屬政權，社會解體的範圍隨之擴大，為紅軍提供了更大的可滲透區域。中央蘇區的倖存和擴大，主要原因在於南京和廣州的長期鬥爭和客軍在江西的不斷政變。唐生智和何鍵通過引狼入室的北伐戰爭，破壞了譚延闓和趙恆惕苦心維護的憲法，結果使鄉邦湖南淪為蔣介石、李宗仁和張發奎爭奪的戰利品，為毛澤東和彭德懷的襲擊掃清了道路。廣東的蘇維埃政權起源於汪兆銘和張發奎親蘇反蔣的佈局，借助蔣介石打擊胡漢民、李濟深和陳濟棠的機會發展壯大。廣西的憲制和文化自成一體，原本沒有外人闖入的空隙，由於李宗仁和白崇禧的挑戰和逃亡、蔣介石和李明瑞[114]的勝利和入侵，才造成了鄧小平和百色蘇維埃兵變的機會。

竭澤而漁的蘇維埃憲制

共產國際在三〇年代的實驗，給人類的憲制演化留下了兩大遺產：幹部－群眾社會和特務政治：前者消滅和吞食了城市資本主義社會和鄉村宗族社會，給蘇聯發明的超經濟剝削技術提供了用武之地。工人和農民解除了失業和奪佃的威脅，得到了強制勞動和軍事管理的保障；後者替代了吏治國家的科舉制度和資產階級的選舉制度，解決了幹部集團的管理技術和退出機制問題。幹部解除了落第和敗選的威脅，得到了處決和監視的「保障」。

遠東蘇維埃憲制面臨的政治問題主要是群眾和士兵的逃亡，[115]因為蘇區的邊界沒有像蘇聯一樣關閉。經濟問題主要是戰爭開支和行政開支有增無減，蘇聯的援助和土豪的財產都難以填補虧空。兩者的共同特徵就是涸澤而漁，[116]人力的枯竭和物力的枯竭其實只是蘇維埃憲制的不同側面。江西全省動員到前方配合紅軍作戰的赤衛隊模範營、模範少隊在幾天內開小差已達全數的四分之三，剩下的不過四分之一。所逃跑的不僅是隊員，尤其是主要的領導幹部也同樣逃跑。[117]「據《紅星報》第五十四期的統計，從一九三三年八月到一九三四年七月，中央蘇區的擴大紅軍人數共達十一萬二千一百零五人。若加上一九三三年二月後的數目，總共人數大約十七萬左右。以中央蘇區當時的人口二百五十萬來說，這個徵集幾乎把能當兵作戰的青壯年人口都聚集到了紅軍。」[118]

蘇維埃憲制取消了政治和社會的區別，也就取消了希臘和日爾曼意義上的政治人，將殘餘的生物人簡化為幹部－群眾－人民公敵三層次。幹部在人口當中的比例迅速上升，同時勞動人口迅速下降、公敵人口迅速上升。「龐大的工作人員隊伍，使脫產人員比例空前提高……第五次反圍剿時，蘇區脫產、半脫產人員總數達三四十萬人，平均每八個人就要負擔一個脫產半脫產人員，民眾的負擔對象大大增加。張聞天曾經談道：『常常有這樣的同志說，為了中國革命的勝利，農民是不能不犧牲一點的。』」[119]江西省蘇維埃的報告說「各級政府浪費的情形實可驚人，一鄉每月可用至數百元，一區一用數千，一縣甚至用萬元以上。貪汙腐化更是普遍，各級政府的工作人員隨便可以亂用隱報存款、吞沒公款，對沒收來的東西（如金器物品等）隨便據為己有，實等於分贓形式。」[120]「過去各級政府各自為政，私打土豪，私自開支。有些地方區政府一個月用到一萬元，鄉政府用到幾千元之多。下級埋伏短報，上級提款不動。各地財政收支也不照系統，少先隊、獨立團、遊擊隊、以及過境紅軍都可以自由地向當地政府提款，政府也不拒絕。這樣必然就會發生貪汙腐化的現象，把大部分財政用到無用之地。」[121]

「財政來源，專靠於土豪，最後就專靠打富農。可是浪費過度，土豪富農均已打盡。於是由富農打到中農，甚至一時間連貧農只要有少量現金餘存儲蓄的都打起來了……貪汙腐化更是普遍，各級政府的工作人員隨便可以亂用隱報存款吞沒公款，對沒收來的東西（如玉器物品等）隨便據為己有。」[122]富庶的贛南支持不了五年時間，貧瘠的海南連五個月都支持不了。瓊崖特委從「屠殺土豪劣紳，根本上推翻其政權（一九二七年九月）」[123]和「要徹底剷除封建基礎，殺戮土劣地主，沒收一切土地，不交租，不還債，政權歸農會（一九二七年十月）」[124]開始，以現計十一、十二兩個月，東路收入約共六千餘元，均係沒收反動派財產得來」和「在可靠的樂會、萬寧兩縣，反動派的財產幾乎沒收清光，不能再籌，各縣又只勉強自給，所靠者只有陵水一縣」結束，原因無非是「內戰時期主要的經濟來源是靠沒收反動派財產和綁票資本家」和「資本家反動派有了經驗，加以防備，因此我們的經濟就感到極端的困難。」[125]

私人財產轉化為國有財產以後，該發生的事情自然會發生。國有財產的經營者利用專政賦予的壟斷權，為自己牟利。[126]階級鬥爭的託辭，無法掩飾搶劫和貪婪的現實。[127]所謂理想主義時代的革命者，不幸只存在於文宣部門事後製造的楚門世界中。

蘇維埃政權擠乾境內的橘子，並不需要很長的時間。「一九三二年六月、十月和一九三三年七月，由於財政緊張，蘇維埃中央政府先後三次發行公債六十萬、一百二十萬、三百萬元。第一期公債大都用抵交土地稅方式陸續歸還，第二三期基本成為無償的貢獻。如果把一九三三年發行的三百萬元公債平攤到蘇區約三百萬人口中，人均負擔將有成倍的增加。一九三四年蘇區政權借谷近百萬擔，每擔以價值五元計算，總值近五百萬元。而此時中央蘇區人口已下降至二百萬人左右。」[128]波爾布特在高棉的業績，相形之下不免遜色。紙幣同樣在一九三二年開始發行，強制收兌了蘇區殘餘的貴金屬，然後像列寧的盧布一樣迅速破產。「一九三三年八月，國家銀行紙幣發行量為二百萬元。至一九三四年十月中旬，發行總數竟高達八百萬元。」[129]通貨膨脹猶如脫韁之馬，蘇維埃政權照例歸咎於資產階級的破壞。一九三二年的《革命戰爭短期公債條例》第八條規定：「如有人故意破壞信用、破壞價格者，以破壞蘇維埃革命戰爭罪論處。」一九三四年的《中華蘇維埃共和國懲治反革命條例》規定：「煽動居民拒絕使用蘇維埃的各種貨幣，或抑低蘇維埃各種貨幣的價格引起市面恐慌者，或煽動居民向蘇維埃銀行擠兌現金，或藏匿大批現金，或偷運大批現金出口故意擾亂蘇維埃金融者，均處以死刑。」《紅色中華》在一九三三年第一〇六期發表〈開展擁護國幣的群眾運動〉：「（金融犯）特別是奸商、地主、富農，從速捕禁、罰款，以至沒收、槍決。」[130]一九三三年，遠東局領導米夫承認：「蘇區的經濟狀況整體說來是相當惡化了，這影響到革命的勝利。」[131]

這種現象並不是張聞天個人的失誤，也不限於中央蘇區一地。蘇維埃所到之處，社會無不殘破。有產階級的消失非但沒有減輕窮人的負擔，反而使他們赤裸裸地面對專政機構的勒索。列寧主義者汲取資源的能力，大大超出了儒家士紳和舊式軍閥所能想像的程度。蘇區像擠乾的橘子一樣，只剩下老弱病殘和殘羹剩飯。壯丁、財富和糧食，全都落入黨的手中。[132]革命初期尚稱殷實，有大批土豪可打，[133]不出五年就殘破不堪，只剩下嗷嗷待哺的老弱病殘。[134]

贛南和陝北的蘇維埃政權從財政角度講，雖然是遠東各兄弟支部的長兄，卻並不是共產國際的長子。共產國際給蘇區的撥款從一九二八年的每月一萬二千八百二十美元[135]增加到一九三一年的每月一萬五千美元[136]，超過日本共產黨十倍以上，但他們仍然經常有充分理由嫉妒馮玉祥和汪兆銘、甚至蔣介石本人的部屬。一九三三年八到九月，遠東局負責人埃維特撥給中國支部二十四萬五千六百法郎、六萬一千六百美元、十萬一千四百五十二墨西哥元、五千瑞士法郎和一千八百六十四荷蘭盾。同年十月，共產國際又通過十九路軍為紅軍代購五萬元軍火和三萬元藥品。一九三四年，共產國際命上海局負責人李竹生「成立一個公司，從事販賣四川鴉片生意，從四川向江西盜賣白銀。這樣我們就可以為購買江西紅軍所必需的東西提供極重要的資金援助。」[137]一九三六年十二月二日，共產國際主席季米特洛夫給蘇聯財政人民委員會發電報：要求（向中共）在撥出二百萬之外，再提供……五十萬美元。[138]一九三六年六月，紅軍抵達陝北後的第一封電報就是：「請你們詢問國際，能否每月幫助我們三百萬元。」書記處的要求還包括飛機、重炮、高射機槍、步槍、子彈等。一九三六年十二月五日，張聞天再馳電：「你們答應在十一月底在滬交款，究竟實行了沒有？……我們派人於本月十五日由西安乘飛機到滬取款，決不可使落空。八、九萬人靠此吃飯。」[139]蘇維埃政權、西北軍各部和盛世才政權穩定地接受蘇聯資助，再加上斷斷續續接受蘇聯資助的粵桂各部，佔據了中華民國聯省領土的三分之二。

列寧黨的組織資源

然而，組織資源比財政資源更加重要。從組織角度講，親疏和傳承一目了然。史達林控制共產國際後，對滿蒙周邊的政策日趨謹慎。遠方的滲透越來越多地服務於蘇聯本身的安全利益，充當操縱南京國民政府的籌碼。從長時段考慮，這些變化應驗了托洛茨基的熱月預言。情報機構的成熟和規範，本身是革命內生官僚化[140]的證據。周恩來、康生、李克農、陳賡根據共產國際東方部一九三〇年八月通過的《關於中國蘇維埃問題決議案》，模仿蘇聯國家政治保衛局，奠定了政治保衛局的基本班底。政治保衛局奉行垂直領導的原則，同級黨委和革命軍事委員會無權節制。

日後的公安部、安全部、社會部、中調部、統戰部、外交部、新華社都是這棵大樹分出的枝條，構成瑞金—延安—北京紅色政權實質憲制的三大柱石之首，穩定性和延續性甚至超過了比較顯眼的黨、軍系統。三〇年代形成的基本結構，在以後的幾十年間，雖然下游的修飾和變形甚多，核心元素仍然保存了原始的面貌。

精密強大的情報機構和散漫貧弱的原子群眾直接接觸，將最微不足道的中間團體都盡數刪除，包括秦始皇以來任何暴君都不會過問的血緣家庭，將僅有組織者——幹部置於比蘇丹家奴和皇室太監更可悲的地位，隨時都會淪為群眾踐踏的人民公敵。蘇維埃政權的組織不一定是人類歷史上最強大的，但蘇維埃治下的群眾無疑是人類歷史上最貧弱的。納粹統治的本國社會、甚至征服的戰敗國社會，都保留了更多的社會層次和團體組織，其中至少包括家庭、教會和私有財產。納粹不得不任用的軍官、法官和外交官能夠在黨和革命群眾之間維護團體的榮譽，甚少面臨不公正的審判，更不是蘇維埃幹部所能比擬的。[141]張聞天冷靜地指出：「我們是在殘酷的階級鬥爭中根據著革命的需要創造著我們的法律，因此一切反革命的案件，我們不能常常尋找到法律的根據。我們應該首先依靠於當時同反革命鬥爭的革命的需要，來處置這些案件……只有那些有意曲解蘇維埃法律的階級異己分子，或者那些崇拜資產階級『司法神聖』的書呆子或俘虜，才會把蘇維埃法律用來給反革命分子辯護或減輕罪狀。」[142]

列寧黨能夠馴服江湖習氣濃厚的紅軍，政保系統功不可沒。張國燾在《我的回憶》當中寫道，紅軍將領許繼慎認為：「愛好醇酒美人，乃是英雄本色」。[143]軍官好色的普遍性，並不遜於文官貪財。一九二九年九月八日，何玉琳報告中央：「安、麻、陂、光黨里負責人除最少數外，約有四分之三的多數，總與數十、數百女人發生性的關係，因此養成婦女向墮落、腐化、浪漫的方面走。」[144] 一九三一年七月一日，方英報告中央：「曠繼勳和曾中生在河口命令地方黨佈置路線，準備找六個女子共同分配，但因種種原因，中生的事幸沒有完成。在擴大會時，澤民同志提議組織『審查此問題』，在常委中雖然收集了很大（多）材料，但國燾同志不同意此種小題大做，所以沒有通過。紅軍與蘇維埃尚未有建立親密的聯繫，以為蘇維埃是紅軍招待所，尤其對於婦女關係的惡化非常。四軍到麻埠時，有七區一個十六、七歲少女被紅軍強姦，十二師卅六團到霍山朱（諸）佛庵要蘇維埃主席把（為）他們佈置路線，也發生強姦少共青團事件。紅軍南下時，到各處都有強姦事發生，還有少數女子心（以）為擁護紅軍是解決性的問題，是唯一要務。自動把慰勞紅軍的婦女分配給團長、參謀長睡覺。」[145] 列寧黨將舊秩序的殘渣餘孽改造成新秩序的燃料，並不是一件輕鬆的任務。

南京國民政府的野望

蔣介石—張學良聯盟在其全盛時代，對自己的真實處境缺乏起碼的認知，迅速淪為自己發明的意識形態犧牲品，致力於自壞長城的事業。他們各自佔有中華民國名義領土的六分之一弱，不斷侵奪西方和日本的條約權利，不斷破壞各省和各邦的自治政體，不斷干擾和打擊自發產生的中間階級。他們一旦清除了包圍和保護自己的外交、政治和社會緩衝勢力，就要面對凱末爾竭盡全力避免的考驗。蔣介石的策略是模仿蘇聯和利用蘇聯，首先打倒帝國主義和資本主義，然後在更大範圍內重演清黨故事。如果他發明的「中華民族」果真像波蘭民族一樣存在，無疑能夠扶植他實現畢蘇斯基的偉業。然而歷史無情地嘲弄了他的想像，為他準備了哈米德蘇丹和恩維爾帕夏的命運。他的抗戰佈局之所以能夠展開，並不是因為他想像的中華，而是因為他不願正視的蘇聯。「由於二十世紀二〇和三〇年代早期大戰略的失敗，以及日本被假定為太平洋地區的主要威脅，共產黨在中國、蒙古及蘇聯遠東地區的努力轉為加強領土緩衝地帶，以防日本入侵俄國。」[146]雷霆極少擊中同一個目標，孫文和他的門徒卻創造了這樣的奇跡。[147]新三民主義確實是一種偉大的意識形態，因為意識形態的偉大程度往往體現於扭曲受眾健全常識的力量。

新三民主義有兩塊試金石：滿蒙和臺灣。奧斯曼主義者哈米德和土耳其民族主義者凱末爾肯定會在滿蒙的十字路口分道揚鑣，泛突厥主義者恩維爾和土耳其民族主義者凱末爾肯定會在臺灣的十字路口分道揚鑣。只有在奧斯曼主義的前提下，摩蘇爾和君士坦丁堡才有可能「自古以來屬於同一個土耳其」。只有在泛突厥主義的前提下，賽普勒斯和君士坦丁堡才有可能自古以來屬於同一個土耳其。如果你走上了哈米德和恩維爾的道路，凱末爾不會在道路的盡頭等待你。凱末爾如果願意發明自己的新三民主義，完全有機會利用大英帝國的撤退和蘇聯的擴張，以抗英統一戰線領袖的身份聯俄容共，從殖民主義者手中收復摩蘇爾和賽普勒斯，用本來可以創造小土耳其的資源買下《開羅宣言》的短暫榮耀，然後用賽普勒斯的流亡歲月償還當年的透支，等待君士坦丁堡的蘇維埃政權和尼古西亞的希臘獨立分子合攏鐵鉗。新三民主義者以為意識形態有無窮的力量，足以欺騙神明和歷史，猶如欺騙離不開符號的群眾，結果只是成功地欺騙了自己。

在此期間，王家楨為張學良主持機要。他的風格模仿陳友仁，不亞於陳友仁模仿托洛茨基。安國軍政府時代的日俄平衡、反蔣剿匪變成了排日反蘇、聯蔣容共，將滿洲由東北亞的暹羅變成了關羽的荊州。「東北國民外交協會」的滑稽戲以其「詩意的公正」，為畫虎不成反類犬的「革命外交」開路和送終。僅僅「東北國民外交」的辭令，就已經充分暴露了新三民主義者「只看見賊吃肉，看不見賊挨打」的小聰明。第一層小聰明體現於「東北」，意思是通過國民黨地下組織操縱法律上不能染指的關東。第二層小聰明體現於「國民」，意思是通過國民黨地下組織破壞日本的條約特權。

國民黨的特洛伊木馬策略來自過去的革命導師和現在的競爭對手蘇聯，造成的結果比蘇聯自己的策劃都更有利於蘇聯。國民黨成功地滲入張學良集團的要害，通過國共兩黨地下組織的共同創始人錢壯飛。國民黨成功地將「流氓外交」從漢口移植到滿洲，通過國共兩黨抗日救亡的共同先驅者閻寶航。[148]「東北國民外交協會」以六大宗旨著稱：不去日本；不與日本人私人交涉；不向日本出口原料；不使用朝鮮銀行券；禁止買賣日貨；不雇傭日本人。閻寶航履行這些宗旨，在西京（日本京都）會議上公佈了《田中折奏》，有效地消滅了張作霖之死創造的日蔣合作機會。[149]張學良為了證明年輕人辦事也不差，相應地發出了步步緊逼的密令：禁止向日人出賣土地、房屋（一九二九年四月）、禁止購買日貨（一九三〇年六月）、禁止與日本合辦各項事業（一九三〇年七月），並通令禁止日人到東北內地旅行（一九三〇年七月），通令收回滿鐵附屬地教育權。「東北國民外交協會」最終通過「萬寶山事件」，徑直向若槻—幣原政府提出「收回旅順大連和南滿鐵路」的要求，致東京的國際協調主義者於死地。[150]

帝國主義者飽受革命外交或流氓外交之苦，自然不會過分同情太晚才挨打的新三民主義者。一九三一年十一月二十三日，英國外交大臣西蒙向內閣提交了《滿洲備忘錄》。英國人以其在不涉及自身利益情況下總是令人欽佩的公正指出：日本在滿洲的權益來自日俄戰爭，遠在中華民國成立和國民政府存在以前，卻沒有妨礙國民政府聲索滿洲的主權、用不斷升級的流氓外交干擾日本人的活動，最終釀成了九月十八日的衝突。日本的過度報復違反國聯的宗旨，但畢竟事出有因。事件不能視為一國軍隊跨越邊境入侵鄰國，因為南滿鐵路區域屬於日本。日本有權在鐵路沿線駐兵，保障鐵路的通行。[151]外交部遠東事務次官威斯利承認：「根據法律，很難限制日本發展其在滿洲的條約權利。」[152]惡人自有惡人磨，英國人犯不著親自「給貓脖子繫鈴鐺」。[153]麥克唐納政府訓令英國駐外使節，「切忌首先對任何一方提出抗議。」[154]

國聯調查團認為雙方都有不是之處，簡單地恢復原狀只會重演新一輪衝突，釜底抽薪的辦法莫過於建立國際共管的「滿洲自治政府」：「自治政府行政長官得就國聯行政院提名單中，指派國籍不同之外籍人員二名，監督警察和稅收機關……行政長官當就國際清理銀行董事會提出之名單中，指派一外國人為中央銀行之總顧問……自治政府行政長官得指派相當數額之外國顧問，其中日本人應占一重要之比例……在外國顧問協助下組織特別警備隊，構成境內唯一武裝力量。」[155]這種方案的精神酷似「上海自由市」計畫，實際上就是建立挪威、羅馬尼亞式緩衝國，進一步減少大陸出現統一或強權國家的可能性，進一步強化英國仲裁的世界和平。維也納體系或自由主義世紀之所以能夠長治久安，端在列強浸淫紳士俱樂部的精神。問題在於德、奧、俄正統君主制能夠做到的，莫斯科、南京和東京的革命政權卻不可能做到。後者存在的合法性就建立在推翻國際秩序的使命之上，沒有什麼辦法可以將國內憲制和國際秩序隔離開來。

維也納體系和聯省憲制不會對失敗者斬盡殺絕，而革命外交的歷史任務就是刪除失敗者。「國民黨之外交政策，仍踏襲聯俄時代之口號，呼號『打倒帝國主義』，而實力又不足以副之。徒挑動世界各強國之惡感，初無可以使人懼我之道。外人每詈近年來中國之外交為狂妄誇大，有由來也。平心而論，國民黨在外交上之失敗，其最大原因，即為輕舉妄動，遍樹敵人，無敏銳遠大之眼光，純鶩虛驕之氣，事實上本已失敗，而猶大言壯語以欺飾國民。」[156]中東路事件[157]和九一八事件證明新三民主義在東北亞正面戰場不是共產主義和泛亞主義的對手，但在內亞側翼仍然有能力吞噬十九世紀的殘餘秩序。內亞之於南京國民政府，無異於遠東之於共產國際、滿蒙之於泛亞主義——三大革命勢力都在幻想，側翼進攻可以替代正面戰場的失敗，結果都只是延長了失敗的時間和犧牲的痛苦。共產主義的潰敗或長征路線上，躺著從朝鮮到高棉的犧牲品；泛亞主義的潰敗或長征路線上，躺著從菲律賓到新加坡的犧牲品；新三民主義的潰敗或長征路線上，躺著從東蒙、南粵到西蜀的犧牲品。[158]

次級帝國主義的深入

晉綏和東蒙的糾紛由來已久，在條約體系—五族共和的彌縫之下尚能維持。國民政府在東北亞潰敗後，對蒙、晉雙方的侵蝕驟然加強。紅軍這時恰好沿著蔣介石希望的路線，闖入晉綏、西北軍、內蒙和穆斯林寧海軍犬牙交錯的邊界地帶，發揮了給中央軍帶路的作用。閻錫山利用他身為同盟會元老在辛亥和北伐期間積累的資源，為晉綏自治政權爭取到了相對較為體面的投降條件。這一東亞的模範、秩序的孤島在過去二十多年來一直以政治穩定和經濟增長著稱，給外人留下了酷似瑞士和烏拉圭的印象，現在終於像黎巴嫩一樣淪為周邊秩序瓦解的犧牲品。西北軍一開始就是作為紅色蒙古的延伸、遠東真主黨的先驅而存在的，終於通過製造盧溝橋事變，完成了最初的基因設定。寧海軍依靠宗教的組織力，既能壓制迪化和延安的紅色政權，又能抵制南京的內亞拓殖，一直堅持到冷戰全線展開，組織的優勢才終於無法抗拒地緣的劣勢。

一九三五年的巴蜀公路計畫打開了「以貴陽為中心通向湖南、雲南、四川、廣西的主要幹線，接著預定開通的幹線合計達三十條。」[159]這些經費來自巴蜀的徵斂和公債，為抗戰和冷戰期間漸次升級的超經濟剝削打開了道路。[160]一九三五年十一月三日的《幣制改革緊急令》用紙幣取代了巴蜀市場長期流行的硬通貨，啟動了進步主義者用惡性通貨膨脹支付軍費的錦囊妙計，永遠結束了巴蜀斗米三錢、蜜橘如土的黃金時代。巴蜀十大銀行步上海、吳越金融家的後塵，淪為中央銀行的附庸，喪失了清末民初銀行家抗拒官方徵斂和賴債的職能。[161]通向計劃經濟的道路，在蔣介石和宋子文手中已經走了一半，而且是啟動階段困難最大的一段，以致於毛澤東和陳雲後來的順水推舟簡直算不上什麼成就了。一如既往，始作俑者的掠奪成績不如後來居上者，於是在劫後餘生的殘民記憶中，始作俑者反而變成了仁政的化身，真正輕徭薄賦的大清和北洋時代，反而因為少折騰的緣故，不容易留下鮮明的記憶。

歷史鮮有真正的原創，多見改名換姓的複製品。二十世紀所謂的進步，恰好就是十七世紀英國和荷蘭新教徒高舉「宗教、自由和財產」旗幟大張撻伐的對象。巴蜀士紳和軍官並非不瞭解革命政權的掠奪性，然而由於缺乏掙脫大中華主義認同綁架的勇氣，只能為自己的掘墓人充當優秀助手。

1 越飛遺書，《致里昂．大衛度維奇．布隆施泰因》。
2 世界革命的支持者有理由認為，「一國建設社會主義」的理論違反了列寧主義，只不過反映了無產者內部墮落分子的訴求，方便他們打著革命的旗號追求享受。馬克思和列寧認為，熱月政變的領袖就是法國革命陣營內部貪圖享受的墮落分子。托派不久就宣稱，史達林分子就是俄國革命的熱月黨人。
3 參見：沈志華，《中蘇關係史綱》。
4 俄羅斯科學院遠東研究所等編，《共產國際、聯共（布）與中國文件集第二卷（1926-1927）》第一冊（莫斯科，一九九六），頁二五七。

5 理查・佐爾格（Richard Sorge, 1895-1944），德國人，一九二五年加入蘇聯共產黨。他在上海為蘇聯紅軍總參情報部工作時，與共產國際遠東局有合作關係。
6 《共產國際、聯共（布）與中國革命檔案資料叢書》第三卷（北京圖書館出版社，一九九八），頁五三二。
7 虞洽卿（1867-1945），浙江慈溪人，一九二〇年合夥創辦上海證券物品交易所，任理事長。一九二三年當選為上海總商會會長。他是東正教徒，上海東正教徒活動關係網的中心，安利烈・帕夫洛維奇・虞是他的教名。康生曾在他手上做事，被捕後由他保釋出來。
8 唐純良著，《李立三全傳》：「有一次，一個開澡堂的青幫小頭目常玉清的徒弟綁架了李立三，有幾個上海大學的學生看見了，就跑去報告黨中央，中央趕快設法營救他。但是，李立三很快就回來了。他向中央報告說，常玉清是一個小頭頭，聯繫他有利於工運，黨中央同意了他的行動。從此，他同青幫徒弟和下層頭頭就有了比較好的關係。」青幫頭目王漢良也在五卅運動中保護過李立三。
9 一九二五年十二月，史達林指出，應該實行旨在「日本和英美之間打入楔子的方針」，在中國北方要容忍日本，革命工作不能過左，在南方不能刺激英國，要集中於內部的鞏固，不容許北伐。次年三月，陳獨秀要求國民革命軍立即遠征吳佩孚，聯共（布）中央政治局特別使團團長布勃諾夫表示強烈反對。中山艦事件爆發後，布勃諾夫轉而支持北伐。六月，史達林又派維經斯基來中國制止北伐。七月，迫於北伐形勢的發展，共產國際遠東局不得不做出應對，而他們採取的緊急措施中限制性的規定比支持的措施多。北伐軍進軍江西時，遠東局還提出應停止繼續北進，與張作霖召開和平會議，緩和武裝干涉的危險。參看：馬連儒，〈北伐問題爭論的演變與爭奪領導權鬥爭的實質〉，《黨史研究與教學》第一期（二〇〇八）。
10 作為十九世紀英國工人階級運動長期發展的自然產物，英國工黨一開始就把改良主義作為一種行之有效的傳統接受下來，與馬克思主義大相徑庭。英國共產黨自一九二〇年成立以後，提出集體加入工黨的申請，但工黨年會以絕對多數否決了這項提議，此後堅持排斥共產黨。
11 共產國際遠東局委員與中共中央委員聯席會議（一九二六年十月二十八日）。
12 楊奎松，〈共產國際為中共提供財政援助情況之考察〉，《社會科學論壇》第四期（二〇〇四）。
13 蘇智良，〈四一二反革命政變前上海幫會的動向〉，《百年潮》第十二期（二〇一〇）。
14 同前註。
15 栗月靜，〈上海工人運動背後的幫會〉，《文史博覽》第十一期（二〇一一）。
16 同前註。

17 同前註。

18 指一度拜在他門下的汪壽華等人綁票勒索，破壞江湖規矩。

19 季諾維也夫，《關於中國革命的提綱》。

20 《聯共（布）、共產國際與中國蘇維埃運動（1927-1931）》，頁一六—二〇、七一；楊奎松，〈共產國際為中共提供財政援助情況之考察〉。

21 同前註。

22 〈阿布拉莫夫給諾莫夫的電報〉（一九二七年九月六日），載中共中央黨史研究室第一研究部譯，《聯共（布）、共產國際與中國蘇維埃運動（1927-1931）》，《共產國際、聯共（布）與中國革命檔案資料叢書》第七卷（北京中央文獻出版社，二〇〇二），頁六。

23 徐焰，〈解放後蘇聯援華的歷史真相〉，《炎黃春秋》第二期（二〇〇八），頁一六。

24 《共產國際、聯共（布）與中國革命檔案資料叢書》第七卷，頁三八七。

25 〈阿爾布列赫特給皮亞特尼茨基的信〉（一九二八年二月），載《聯共（布）、共產國際與中國國民革命運動（1920-1925）》，頁三一六。

26 〈皮亞特尼茨基寫給史達林的信〉（一九二八年六月十一日），《聯共（布）、共產國際與中國蘇維埃運動（1927-1931）》，頁四八三—四八五。

27 〈聯共（布）中央政治局會議第29號（特字第28號）紀錄（摘錄）〉（一九二八年六月十一日），收於《聯共（布）、共產國際與中國蘇維埃運動（1927-1931）》共產國際、聯共（布）與中國革命檔案資料叢書・第七卷，頁二九二—二九三。

28 楊奎松，〈共產國際為中共提供財政援助情況之考察（續）〉，《黨史研究資料》第二期（二〇〇四），頁一七—一八、二四。

29 周恩來當時領導組織科和特務科，特務科包括：保衛股、情報股、特務股和匪運股，參見：劉育鋼，《顧順章：中共歷史上最危險的叛徒》（當代中國出版社，二〇一四），以及：李春遠，〈革命根據地時期中共的秘密社會工作〉，《二十一世紀（擴增版）》第二期（二〇〇二年五月三十一日）。

30 王建民，《中國共產黨史稿》（第二編）（香港中文圖書供應社，一九七四—一九七五），頁一六三。

31 立憲政友會，一九〇〇年由伊藤博文創立。先後組織第四屆伊藤博文內閣（1900-1901），第一、二次西園寺公望內閣（1906-1908，1911-1912），原敬內閣（1918-1921），高橋是清內閣（1921-1922），田中義一內閣（1927-1929）和犬養毅內閣

（1931-1932）。一九四〇年解散。政友會的成員包括一半藩閥、一半民黨，是為了消除舊有的藩閥和民黨對立、進一步完善議會體制而產生的。其後，藩閥政治逐漸式微，而政黨政治因此而得以完善。

32 立憲民政黨通稱「民政黨」。一九二七年六月一日，由憲政會和政友本黨合併成立。組織濱口內閣、第二次若槻內閣，和立憲政友會（政友會）共同實現兩黨制。一九四〇年八月十五日解散，和立憲政友會合流為大政翼贊會。民政黨與三菱財閥關係密切，主要代表城市資產階級利益。與政友會相比，稍帶自由主義色彩。

33 他把外交留給幣原，等於回到了競選時發誓要改變的舊路上，放棄制定外交政策的權力，跟建制派妥協，背叛了競選時吸引群眾的承諾。

34 關静雄編著，《近代日本外交思想史入門》（ミネルヴァ書房，一九九九），頁一三三。

35 日本國防政治學會，《太平洋戦争への道・1》（朝日新聞社，一九六三），頁四五八。

36 見附錄四：《輸入及輸出の禁止及制限の撤廢の為の國際條約》。

37 周鯁生（1889-1971），國際法學家，曾任武漢大學校長。一九二七年，他寫下《革命的外交》一書，主張：「中國今日所需的不是紳士式外交，正是流氓式的外交」，「對於既存的國際規則、慣例、或條約的束縛，都要一概打破」，要「利用民眾勢力」，要「主動的、攻勢的」「遇事生風、小題大做」。一九四九年後他曾任中共政府外交部顧問、人大代表，一九五六年加入中共，文革時被抄家。

38 陳源（1896-1970），散文家，西瀅是他的筆名。三一八事件發生後，他認為學生「這次鬧得太不像樣了」，被魯迅痛罵。

39 Emerald submission, No. 7006, dated 29th March 1927, Nanjing Incident（March 1927）, ADM. 1/8711/149, FO228/3576/27，NA. London.

40 〈森岡領事關於南京事件為共產黨煽動應對南軍暴行予以制裁之意見書〉，收於日本外務省編，《日本外交文書，昭和期I第一部第一卷》（一九八九），頁五二八。

41 同前註，頁五二七。

42 京師警察廳編譯會，〈蘇聯陰謀文證彙編〉，收於沈雲龍主編，《近代中國史料叢刊》第三編第四十一輯（文海出版社，一九八八），頁六〇。

43 一九二七年三月二十四日，進入南京的國民革命軍第二、第六軍（第二軍副黨代表〔實際負責人〕兼政治部主任為李富春，第六軍副黨代表兼政治部主任為林伯渠）劫掠英美日領事署及外人商店、住宅、學校、醫院。英領事 H. Giles 受傷，金陵大學副校長文懷恩（美國人）及震旦大學預科校長（義大利人）等遇害。日本駐南京領事森岡正平報告外務省：「昨日（即二十四日）

自上午七時至十一時三十分，國民革命軍第二、第六軍所屬中國士兵約一百五十人在準備了驢車、馬車等搬運工具的情況下，身著軍服，攜帶步槍，絡繹不絕地闖入領事館，隨即開始了武裝搶劫。……現場有士兵高呼：『中蘇一家，日英是帝國主義，趕走日本人，他們的財產自然就是我們中國的啦！』」

44 同前註，頁二四二—二五〇。

45 同前註，頁三二—三四。

46 同前註，頁九〇。

47 同前註，頁七〇—八五。

48 同前註，頁六二—六五。

49 同前註，頁二五七—二五八。

50 小谷豪冶郎，〈幣原外交第一遣外艦隊——關於南京事件與漢口事件〉，收於北伐統一六十周年學術討論集編輯委員會編，《北伐統一六十周年學術討論集》（台北，一九八八），頁二七二—二七五。
〈（編號四二〇）關於緩和南京事件要求條件以避免共產派推動蔣介石下臺一事幣原外務大臣致駐中國公使芳澤電（一九二七年三月三十日）〉，外務省編，《日本外交文書，昭和期I第一部第一卷》，頁五二九—五三〇。Doc. 29, F4648/1530/10, Sir. E. Howard to Sir. Austen Chamberlain, BDFA, Volume 32.

51 〈（編號四一一）參謀本部第二部關於南京事件對蔣介石總司令及武漢政府之方針（一九二七年三月二十八日）〉，外務省編，《日本外交文書，昭和期I第一部第一卷》，頁五一九。

52 一九二八年五月一日，國民政府北伐軍進入濟南後打出「打倒日本帝國主義」的標語，還搗毀了日本人辦的經銷《滿洲日報》的濟南日報社。據北伐軍第六十五團團長李默庵回憶，「進入日本使館區時，第六十四團的士兵看到使館區懸掛著日本國旗，便上去給扯了下來……五月二日，進城部隊還未有組織收攏，仨一群倆一夥地在街上活動，不斷有到日本大使館去的，放兩槍就又走了。」五月三日，十餘名日本僑民也在濟南城中被中國軍民以「鴉片販子」的罪名處死。雙方摩擦愈演愈烈，引發強烈對抗。據日本方面的調查，此事件中中國市民的死亡人數為三千六百人，傷者一千四百人，日軍死亡二十六人，傷一百五十七人。濟南事件後，國民黨中央執行委員會常委會指示各地黨部「切實指導各種民眾團體，如商會、商民協會、學生會、工會、農民協會、婦女協會等，及與日商有交易往來之各行商，聯合組織抵制仇貨委員會，主持關於對日經濟絕交之一切事宜。」

53 關於濟南事件，見附錄五：《山東派兵に関する政府声明》。

54 信夫清三郎編，天津社會科學院日本問題研究所譯，《日本外交史（下）》（北京：商務印書館，一九八〇），頁五一七。

55 田中義一：「南京政府值得列強信賴。」From Tokyo to H. M. Minister, 13th May, 1927. FO228/3587.

56 田中義一：「日本對於貴國的內亂固然可以一概不予干涉，但共產主義如果在貴國得勢，便斷難袖手旁觀……日本絕對沒有支持張作霖，不用說物質，就是替張說話都沒有過。日本的希望只在於滿洲的治安得到維持，便已安心了。」李華譯，〈田中義一與蔣介石會談紀錄〉，《近代史資料》總四十五號（一九八一年八月），頁二一八—二二四。

蔣介石「（田中義一）毫無誠意，中日亦決無合作之可能。且知其必不許我革命成功，而其後必將妨礙我革命軍北伐之行動，以阻中國之統一。」周美華編註，《蔣中正總統檔案：事略稿本》第二卷（台北：國史館，二〇〇三），頁一一一。

57 〈殷汝耕陽酉電（一九二八年五月七日）〉，《黃郛檔案》第二盒，美國史丹佛大學胡佛研究所檔案館藏微卷。

58 傅啟學編著，《中國外交史（下）》（臺灣商務印書館，一九九四），頁四六二。

59 蔣介石命李濟深試探：「英國取何態度？有何法補救？籍察英日對此事是否協調。」見：〈蔣介石致李濟深電〉（一九二八年五月九日），周美華編註，《蔣中正總統檔案：事略稿本》第三卷，頁二九九—三〇一。

英國駐廣州總領事告訴李濟深：「中日若決裂，英必守中立。美領意見略同，初戰美必不參加。宜宣佈日兵橫暴證據，以博世界輿論之同情，最為上策。」〈李濟深致蔣介石電〉（一九二八年五月十四日），《黃郛檔案》第二盒，美國史丹佛大學胡佛研究所檔案館藏微卷。

蔣介石命黃郛懇請美國出面斡旋：「將福田條件及今日報告抄交美領，從中調停如何？」見：〈黃郛致蔣介石電〉（一九二八年五月十三日），《黃郛檔案》第二盒，美國史丹佛大學胡佛研究所檔案館藏微卷。

五月二十三日，美國國務院表示：「日本和其他各國都有義務遵守《九國公約》。」〈紐約李錦綸參事來電〉（一九二八年五月二十四日），《黃郛檔案》第二盒，美國史丹佛大學胡佛研究所檔案館藏微卷。

60 基辛格在《大外交》中提出：美國為了反對殖民主義，在蘇伊士危機中綏靖納賽爾，導致歐洲盟國喪失了維護海外利益的興趣，結果在越南戰爭時期，無法阻止歐洲盟國綏靖胡志明。

61 趙瑞，〈閻錫山通敵叛國罪行紀要〉，《文史資料選輯》第二十九輯，頁一五八。

62 《閻錫山日記》，一九三一年十月六日。

63 孔繁芝、尤晉鳴，〈閻錫山與亞洲民族大同盟〉，《山西檔案》第六期（二〇〇九）。

64 同前註。

65 珠海市政協、暨南大學歷史系著，《唐紹儀研究論文集》（廣州：廣東人民出版社，一九八九），頁三一七—三一八、三二五、三四七。

66 博克多格根（1869-1924），又稱博克達汗，外蒙古的藏傳佛教活佛八世哲布尊丹巴呼圖克圖，名阿旺垂濟尼瑪丹彬旺舒克。一九一一年十二月宣佈外蒙古從清朝獨立，自稱「大蒙古國皇帝」，一九一五年因大部分王公不支持獨立，改為自治。

67 滿洲青年聯盟史刊行委員會編，《滿洲青年聯盟史》（密西根大學，二〇〇六）。

68 圖蘭民族指的是烏拉爾語系和阿勒泰語系所有族群，甚至包括朝鮮和日本，這個概念在一八七〇年代由土耳其帝國知識分子在德國發明出來，最有名的代表是齊亞．喬加勒夫，他認為土耳其版圖應由阿爾泰山至博斯普魯斯海峽。

69 土耳其民族行動黨與亞塞拜然的灰狼黨是堅定的圖蘭主義者；狼是突厥族傳統圖騰。

70 小林元，《回回》中國回族古籍叢書編委會．中國回族古籍叢書（銀川：寧夏人民出版社，一九九二），頁一〇二。

71 工部局（上海市議會）當時已經近乎絕望，寧願通過杜月笙和汪壽華的斡旋，以解除鴉片貿易的禁例為餌，換取遠東局對外人生命財產的保護。總董費信惇（Stirling Fessenden）等人甚至認為四一二清黨沒有什麼成功的希望，「且謂歐美各國均有共黨，其人數雖不多，其聲勢則甚大」，二十四小時解決上海共黨的「囈語」不值一駁。參見：布萊恩．馬丁著、周育民譯，《上海青幫》（上海：三聯書店，二〇〇二）；和裴宜理著、劉平譯，《上海罷工：中國工人政治研究》（江蘇人民出版社，二〇〇一）。

72 孫瑩、丁惠希，《大革命時期的中外關係》（武漢大學出版社，一九九七），頁二一九。

73 Merlo J. Pusey, *Charles Evans Hughes* (New York: Macmillan, 1951, 2 vol), 517.

74 陶文釗，《中美關係史（1911-1950）》（重慶出版社，一九九三），第三章「動盪年代」，第四節「南京國民政府成立之初」。

75 Akira Iriye, *The Origins of the Second World War in Asia and the Pacific* (New York: Longman Inc, 1987), 5. 轉引自：王立新，〈美國的世界秩序觀與東亞國際體系的演變（1900-1945）〉，《東南亞研究》第四—五期（二〇〇三年五月）。

76 參見：涅任斯基，《俄國與黑海海峽》。蘇聯在洛桑會議期間，企圖唆使凱末爾拒絕跟協約國和解，發動工農群眾，向列強挑戰，收回黑海海峽。凱末爾明智地預見到，這樣會使土耳其完全依賴蘇聯。最後的結果只能是，海峽和土耳其本身都會落入蘇聯支援的共產主義者手中。他決定接受列強的要求，把海峽交給國際委員會，從而結束了土耳其革命時期的土蘇聯盟，排除了土耳其和英法結盟的障礙，隨即大舉鎮壓國內的共產黨。換句話說，他暫時放棄了廢除「不平等條約」的革命鬥爭。蔣介石在同樣的情況（遠東局的一九二七年上海灘密謀）下，發動了四一二清黨。國民政府有意識地自比凱末爾。參見：金以林，《國民黨高層的派系政治》（社會科學文獻出版社，二〇一六）。

77 黃志高，〈凱末爾革命與二十世紀二〇年代共產國際、蘇聯的對華工作〉，《中共黨史研究》第二期（二〇〇九）。

78 見：戴季陶，《孫文主義之哲學的基礎》（上海：明智書局，一九二七）。

79 指戴季陶的理論試圖將國民黨說成既是中華道統的繼承者，又是新時代的革命者，如同將土耳其蘇丹和青年土耳其黨領袖混為一體。
80 蔣介石一九二九年講話。
81 蔣中正、陶希聖，《中國之命運》，第一章「中華民族的成長和發展」。
82 史全生，〈江浙財團與蔣介石政權的建立〉，《江海學刊》第四期（一九八四）。
83 指蔣介石將中央勢力伸向西部各省，直至新疆歸順。
84 穆烜，〈「四・一二」前後的上海商業聯合會〉，《學術月刊》第四期（一九六四）。
85 *Report of the Hon. Richard Feetham: to the Shanghai Municipal Council* (Shanghai: North-China Daily News & Herald, 1931-1932), 轉引自：王敏，〈上海何去何從？——論南京國民政府初期英美的「上海問題」政策〉，《近代史研究》第五期（二〇一四），頁一〇五—一一七。Richard Feetham 是南非法官，他在上海的調查從某種意義上講，預示了李頓調查團在滿洲的下場。
86 王敏，〈上海何去何從？——論南京國民政府初期英美的「上海問題」政策〉，頁一〇五—一一七。
87 同前註。
88 Robert L. Jarman, "Possibility of a 'Free City of Shanghai'," *Shanghai Reports*, Vol. 16, pp. 17-18, 出處同前註。
89 Robert L. Jarman, "Sir Austen Chamberlain to Sir M. Lampson (Peking)," *Shanghai Reports*, Vol. 16, pp. 331-332, 出處同前註。
90 Robert L. Jarman, "Memorandum on Shanghai by Sir F. Whyte," *Shanghai Reports*, Vol. 16, pp. 289-290, 出處同前註。
91 Robert L. Jarman, "Sir M. Lampson to Sir Austen Chamberlain," *Shanghai Reports*, Vol. 16, pp. 359, 以及：Robert L. Jarman, "Memorandum Respecting the Problem of Shanghai," *Shanghai Reports*, Vol. 16, pp. 388-390, 出處同前註。
92 Robert L. Jarman, "Sir M. Lampson to Sir Austen Chamberlain," *Shanghai Reports*, Vol. 16, pp. 352, 出處同前註。
93 王敏，〈上海何去何從？——論南京國民政府初期英美的「上海問題」政策〉。
94 《兵工廠整理計畫草案及建設新兵工廠計畫》，中國第二歷史檔案館館藏，全宗號：七八七，案卷號：二二二一二。
95 王正華，《抗戰時期外國對華軍事援助》（臺北：環球書局，一九八七），頁二七、五〇—五一。
96 馬振犢，〈抗戰爆發前德國軍火輸華述評〉，《民國檔案》第三期（一九九六年八月）。
97 United States Department of State (ed.), *Foreign Relations of the United States Diplomatic Papers* (Washington: U. S. Government Printing Office, 1927), Vol. 2, p.49.
98 同前註, Vol. 2, p.60.
99 同前註, Vol. 2, p.355.

100 同前註, Vol. 2, p.211.

101 內政部調查局編印，《共匪的特務工作與保密工作》（一九五一年十一月），頁九、十一。

102 《共產國際、聯共（布）與中國軍命檔案資料叢書》第九卷（中央文獻出版社，二〇〇二），頁二三一—二三二。

103 郭華倫，《中共史論》（中華民國國際關係研究所編印，一九六九年九月），頁二三八。

104 王健民，《中國共產黨史稿》第二編（臺北中文圖書供應社，一九七四），頁一五四—一五八。

105 岩谷將，〈蔣介石、共產軍、日本軍——二十世紀前半葉中國國民黨情報組織的成立和展開〉，收於黃自進、潘光哲主編，《蔣介石與現代中國的形塑（第二冊）》（中央研究院近代史研究所，二〇一三），頁八。

106 參見徐恩曾，在《暗鬥》一書中的回憶。

107 王彬彬，〈國共關係的一段往事〉，《同舟共進》第十二期（二〇一〇）。

108 劉存厚（1885-1960），留日期間加入同盟會，回國後任職於雲南武備學堂，參與光復雲南。護國戰爭中回應蔡鍔。一九一七年任四川督軍，後逐漸失勢，但仍能控制綏定一帶。一九三三年因剿匪戰敗被蔣免職。一九四九年在老同學閻錫山幫助下去臺灣。

109 楊奎松，〈共產國際為中共提供財政援助情況之考察〉。

110 力群，〈一個值得查證的重要史實——初期推動陳濟棠同紅軍談判的中共使者〉，收於中共中央黨史研究室、中央檔案館編，《中共黨史資料》第六十六輯（中共黨史資料出版社，一九八五），頁一六六。

111 黃道炫，《張力與界限——中央蘇區的革命（1933-1934）》（社會科學文獻出版社，二〇一一），頁四七一。

112 同前註，頁四七三—四七七。

113 土城之戰，毛澤東稱為一渡赤水。〈康澤電蔣中正劉湘往軍官團演說稱中央軍口頭宣稱進兵卻遲遲未到〉（一九三五年二月九日），《蔣中正總統文物·特交檔案·一般資料——民國二十四年（八）》，國史館藏，典藏號：002-080200-00206-035，頁二。

114 李明瑞（1896-1931），原為桂系將領，因未能得到軍長職位而勾結中共反蔣反桂，由鄧小平等介紹入黨，曾任紅七軍紅八軍總指揮、紅七軍軍長，在肅反中被以「企圖率隊逃跑」罪名殺掉。

115 「在寧都，調動八十餘人去前線在二十天內全部開小差回來。某支部的黨員竟聽到要十分之一的黨員，就把家屬帶到山上去躲藏。一九三三年『十一月十五日集中到區的是一千六百六十三人，到補充師的只有七百二十八人，路上跑了九百三十五人。』在萬泰，『東縫區報告一百四十餘人而實際加入紅軍只有七人，古坪區擴大一百餘人而到老營盤全部開了小差。』『會昌三月份動員三百人參戰，沒有到前方就中途折回。』甚至瑞金『九堡模範營全連開小差，團部不准他回，與團部對立起來，還敢登山打槍，結果開小差走了七十餘人。』在于都，開小差的可編一個師。」何友良等，《蘇區研究論文精粹》（中國社會科學出版社，二〇一二），頁一三九—一四〇。

116 「會昌的某區少共區委，召開群眾大會，把前後門關起，一個簡單的號召以後，就要到會的一致加入，公開宣告。有一個不報名即不散會。在這一方式之下，少數的人起來報名了。主席就叫報名的另坐一邊，誇獎他們勇於加入紅軍一番之後，便要已報名的向未報名的作鬥爭。而在瑞金，要麼是封不當紅軍的人的屋子，要麼是在不當紅軍人家的門口貼上恥辱牌。」潘漢年，〈工人師少共國際師的動員總結與今後四個月的動員計畫〉，《鬥爭》第二十四期（一九三三年八月二十九日）。

117 〈江西省蘇維埃政府、江西軍區總指揮部聯合通令——關於聯合赤少隊開小差問題（一九三三年四月十六日）〉，《江西革命歷史文件匯集（一九三三—一九三四年）》（中央檔案館、江西省檔案館編印，一九九二），頁一〇七。

118 同前註，頁一四四。

119 黃道炫，《張力與界限》，頁二八七。

120 同前註，頁三二一。

121 〈目前各級財政部的中心工作〉，《紅色中華》第三十三期（一九三二年九月十三日）。

122 〈江西省第一次工農兵蘇維埃大會財政與經濟問題的決議案〉，江西省委黨校黨史教研室編，《中共革命根據地史料選編（下）》（江西人民出版社，一九八二），頁五七七。

123 中國人民解放軍歷史資料叢書編審委員會，《土地革命戰爭時期各地武裝起義：廣東瓊崖地區》（北京：解放軍出版社，一九九六），頁四五。

124 同前註，頁五五。

125 同前註，頁八一、一一〇、四六、六五。

126 「于都城某些黨和蘇維埃機關絕大部分工作人員，特別是負責人互相競爭販賣穀鹽進出口，因為這種生意是最賺錢的。穀子出口可換現洋，再販鹽進口……這方面的案例有縣委書記劉洪清、縣蘇維埃主席熊仙壁、縣財政部長羅鳳林等。」朱欽勝，《中央蘇區反腐倡廉史》（中國社科出版社，二〇〇九），頁一五四。

127 「地主應編入永久的勞役隊，富農則應編入臨時的勞役隊。在直接作戰的區域，在軍事必要時，即在直接作戰區域的近後方，地主富農可以編入同一勞役隊內。在基本地區，則仍應有這種區別。在所有戰區進行反革命活動的地主富農應就地處決外，地主的家產全部沒收，地主家屬一律驅逐出境或移往別處，但對富農則只實行徵發其糧食與現金，富農家屬一般仍可留在原地。徵發的程度可由當時戰爭的環境和戰爭的需要來決定，但不得少於基本地區的徵發量。在所有基本地區，對於地主家產仍然是全部沒收，富農亦應開始徵發其糧食。暫時決定每人五鬥穀子。富農捐款的百分比應相應增加。除對於商店、停業、逃跑、操縱居奇，造成經濟恐慌，以相應敵人進攻的商人與資本家的財產應全部沒收外，目前應開始在主要市鎮向商人資本家募集捐款，幫助革命戰爭的經費。」人民委員會主席張聞天一九三四年五月二十日發佈的訓令見：〈中華蘇維埃共和國人民委員會訓令（中字第三號）——關於地主富農編制勞役隊與沒收徵發問題〉，《紅色中華》第一百二十九期（一九三四年五月二十三日）。

128 黃道炫，《張力與界限》，頁二八四。

129 俞兆鵬、張美琴，〈中央蘇區貨幣流通的經驗與教訓〉，《南昌大學學報（人社版）》第三十四卷第二期（二〇〇三年三月）。

130 同前註。

131 《共產國際、聯共（布）與中國革命檔案資料叢書》第十六卷，頁二六二。

132 「豪紳地主和大富農都被趕出去了，同時又因為抗債的關系，農民無處借貸，糧食也不能出售，所以赤區農民感到革命後更痛苦，雖然是沒有地主豪紳及高利貸者的壓迫和剝削了。」子修，〈贛北工作綜合報告（一九三〇年七月）〉，收於《江西革命歷史文件匯集（一九三〇年）》，頁二六四。

133 「蘇維埃初期，在蘇區內乃至赤白邊境地區打土豪，既是紅軍的政治任務，也為中共解決財政問題提供了便捷管道。紅軍常有『籌款部隊專門負責籌款責任』……一九三二年二月，共產國際遠東局報告提到中共情況時說：『工作將會進行得更快些，因為現在有錢。中央從毛澤東那裏得到了價值約十萬墨西哥元的黃金，從賀龍那裏得到了一萬五千墨西哥元的黃金。』一九三三年一月，贛東北蘇區在自身財政已遇到困難時，仍響應中共中央『各蘇區要將籌款幫助中央作為目前主要戰鬥任務之一』的指示，先後給中共中央送去純金條三百五十兩。」同前註，頁二八一。

134 「毛澤東一九三三年底在興國長崗鄉和福建才溪鄉的調查，也證實了當時蘇區兵源窮盡的現實。興國長崗鄉全部青壯年男子（十六—四十五歲）四百零七人，其中外出當紅軍、做工作的三百零二人，占百分之七十九。才溪鄉全部青壯年男子一千三百一十九人，外出當紅軍、做工作的一千零一十八人，占百分之七十七……更具普遍意義的資料顯示：一九三四年年中，中央蘇區『紅軍家屬人口占總人口的一半，在興國、瑞金、太雷、楊殷、上杭等有些區鄉已達三分之二。』……寧都『固村、梅江發生不去運輸的打他的雞子，竹窄埰、丸塘鄉用捆綁的辦法，東山壩、特別是洛口，不去運輸的罰苦工、禁閉』……第五次反圍剿期間，『運糧食、抬擔架基本上是婦女。』」同前註，頁二五一。

135 同前註，頁二八九。

136 「一九三一年六月二十二日，中共中央總書記向忠發被捕供詞：『國際幫助中國共產黨每月一萬五千美元，（相當）中國五六萬元。實際國際的款都是俄國共黨供給的。最近經濟的支配權掌握在周恩來手裡……』」王建民，《中國共產黨史稿（第二編）》（香港中文圖書供應社，一九七四—一九七五），頁一六三。

137 同前註。

138 馬細譜等譯，《季米特洛夫日記選編》（桂林廣西師範大學出版社，二〇〇二），頁四八、六四、一四七。

139 〈書記處致王明、康生電〉（一九三六年六月十六日）、〈張聞天致王明、陳雲電〉（一九三六年十一月二十日）、〈張聞天致王明、陳雲電〉（一九三六年十二月五日）。楊奎松，〈共產國際為中共提供財政援助情況之考察（續）〉，頁十七—十八、二四。

140 托洛茨基的意思是：革命者如果不組成官僚機構，就會停留在業餘愛好者的水準；如果組成官僚機構，自己就會變成官僚。老雅各賓黨經過熱月政變，變成了拿破崙帝國的行政官。

141 納粹的掌權並不是對此前統治集團進行全面清洗的結果，德國仍留存有大量舊式貴族和職業官僚，尤以軍隊、外交和法院系統為甚。

142 張聞天，〈無情地去對付我們的階級敵人〉，《鬥爭》第四十九期六卷（一九三四）。

143 張國燾，《我的回憶》第三冊（東方出版社，一九九一），頁九七。

144 中國工農紅軍第四方面軍戰史編輯委員會，《中國工農紅軍第四方面軍戰史資料選編．鄂豫皖時期（上）》（解放軍出版社，一九九三），頁三六五。

145 中國工農紅軍第四方面軍戰史編輯委員會，《中國工農紅軍第四方面軍戰史資料選編．鄂豫皖時期（下）》（解放軍出版社，1993），頁二七九。

146 沈志華、楊奎松主編，《美國對華情報解密檔案（六）》（東方出版中心），頁二四三。

147 國民黨後悔第一次聯俄容共，發動四一二清黨；為了對付日本，又第二次聯俄容共。他們每一次都宣傳，共產國際坑害了他們。問題在於共產國際的目標是公開的，行為是一貫的，就算第一次該怪別人，第二次難道不該怪自己麼。

148 參見：《閻寶航自傳》，藏於遼寧社會科學院黨史研究所；關東廳警務局高等警察課，《國民外交協會排日運動大要》；尾形洋一，〈瀋陽的國權回收運動——遼寧省國民外交協會箚記〉。

149 王美平，〈太平洋國際學會與東北問題——中、日學會的交鋒〉，《近代史研究》第二期（二〇〇八年二月）。

150 「《趙凌勳給張學良等的呈文》一九三一年七月十三日稱『東京蔡智堪密報若槻內閣藉萬寶山事件以示威於北滿，一舉而欲造成其新勢力於長春近郊，以便堅固其所得之長春路利權。』」遼寧省檔案館編，《九．一八事變檔案史料精編》（瀋陽：一九九一），頁一〇一—一〇三。

蔡智堪的報告內容如下：「萬寶山事件係乃若槻內閣對北滿施威之試金石，懇我政府必須以強硬的與之對抗，雖須犧牲亦不可以辭。」遼寧省檔案館編，《九·一八事變檔案史料精編》，頁一〇四—一〇五。這種口吻與其身份極不相稱，彷彿他已經習慣參加蔣介石—張學良政府的決策。

鑑於蔡智堪同時又是《田中折奏》的情報源，勢必引發更多的猜疑。鄒有恆的〈〈田中奏摺〉真偽論〉（《外國問題研究》一九四〇年第十期）說：「一九二九年，當時的外務省亞洲局長有田八郎認為，從文件的幼稚程度上看，凡是有點常識的人，一見之下便可識破其並非真物。」

秦鬱彥在《追蹤昭和歷史的秘密》一書中，更是詳細地羅列了奏摺中的史實錯誤：第一，奏摺稱田中義一在歐美旅行的歸途中在上海遭到刺客襲擊，而事實上田中義一上海遭刺是在馬尼拉的歸途中。對於這樣受過皮肉之苦的事件，當事人在上奏文中寫錯應該是可能性極小的。第二，奏摺中稱大正天皇與山縣有朋等人商談九國公約的執行問題，而事實上在九國條約簽字前山縣已經去世。第三，關於中國政府鋪設吉海鐵道問題。事實上吉海鐵道的開設是在昭和四年五月，上奏的時期是昭和二年，也就是說，奏摺是預知了二年後發生的事情。

一九九九年九月七日，日本《產經新聞》報導：托洛茨基在被暗殺前的一九〇四年，曾經向《第四國際》這本雜誌投稿，稱《田中奏摺》是蘇聯特工一九二五年偽造的。

一九二八年以前，國民黨無疑是有意識地執行共產國際外交路線的。一九二八年以後的國民政府在什麼情況下是有意執行參照蘇聯、利用蘇聯但不同於蘇聯的新三民主義革命外交，在什麼情況下是因為內部遭到滲透而無意中淪為史達林的人肉盾牌，尚有一定的模糊空間。冷戰時期的國民黨為了攀附西方，明顯誇大了後一種因素。共產黨為了宣傳國民黨的資產階級反動性，明顯淡化了前一種因素。下面的材料暗示：在《田中奏摺》問題上，前一種因素更有可能占主導地位。

「國民黨黨史會曾在一九五三年六月以『史北字第一一四號函』向一九二八年擔任外交部長的王正廷查證蔡智堪取得《田中奏摺》事。王正廷於六月二十六日函複黨史會。信函主要內容如下……『當時東北尚有局部外交』，『大致系各據所聞隨時具報者居多』，『謂所抄取之奏摺……於折內字句行數之間，稍為變易。』……『所費之款，記為萬餘至二萬元之譜，係由部中秘密款項支出。』……『我國之國際情報，確有真實而又靈敏之價值，田中奏摺不可不視為嚆矢。』」參見：「王正廷致國民黨黨史會函」（一九五三年六月二十六日），全文見：程玉鳳，《臺灣志士蔡智堪》（臺北：統帥，一九八一），頁一五八—一六〇。

151 周勇、耿密，〈利益依歸：九一八事變後英國遠東政策演變（1931-1933）——以英國內閣文件為中心的分析〉，《東北師大學報（哲學社會科學版）》第一期（二〇一五年一月）。

152 羅傑·路易，《一九一九—一九三九年英國遠東戰略》（Roger Louis, *British Strategy in the Far East, 1919-1939*）（牛津：

一九七二），頁二〇〇。

153 索恩，《外交政策的限制：西方、國聯與一九三一—一九三三年遠東危機》（C. Thorne, *The Limits of Foreign Policy: The West, the League and the Far Eastern Crisis of 1931-1933*）（倫敦：一九七二），頁二〇〇。

154 羅漢．布特勒，《一九一九—一九三九年英國外交文件集》（Rohan Butler, *Documents on Britain Foreign Policy, 1919-1939*）第二卷第八冊（倫敦：一九六〇），第七三九號、五三八號、六九四號附件。

155 《國際聯盟委員會關於日華糾紛的報告》（李頓調查團報告）。

156 王芸生，〈中國國民黨外交之回顧〉（一九三一年十二月二十三日），見黃自進、潘光哲主編，《蔣介石與現代中國的形塑（二）》（中央研究院近代史研究所，二〇一三），頁三六七。

157 一九二九年七月，在南京國民政府「革命外交」的氛圍中，張學良以武力強行收回當時為蘇聯掌握的中東鐵路部分管理權。十七日，蘇聯政府宣佈從中國召回所有官方代表，要求中國外交官迅速撤離，斷絕外交關係。九月至十一月，「蘇聯特別遠東集團軍」進攻中國東北邊防軍，東北軍戰敗。十二月二十二日，東北地方當局代表蔡運升受張學良委派，與蘇聯代表談判，達成《伯力協定》。在本次事件中，東北地方當局損兵折將，實力大為削弱，暴露出虛弱性。

158 羅敏，《走向統一：西南與中央關係研究（1931-1936）》（社會科學文獻出版社，二〇一四），頁二二八—二三〇。

159 家近亮子，〈一九三五年蔣介石的分析——四川省建設與抗日戰爭的準備〉，收於黃自進、潘光哲主編，《蔣介石與現代中國的形塑（二）》（中央研究院近代史研究所，二〇一三），頁一八五。

160 〈蔣中正電請孔祥熙速照第一案公佈發行四川公債七千萬元以定川局〉（一九三五年六月七日），《蔣中正總統文物．革命文獻．統一時期（一四一）》，國史館藏，典藏號：002-010200-00141-005，頁一—三。

161 家近亮子，〈一九三五年蔣介石的分析——四川省建設與抗日戰爭的準備〉，頁一八七—一八八。

第四章

從二戰到冷戰

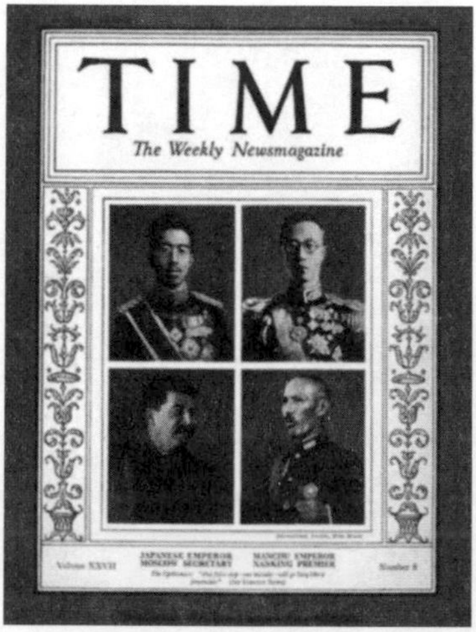

《時代》雜誌封面人物（一九三六年二月二十四日號）

從右上開始直排為溥儀、蔣介石、昭和天皇與史達林。封面配合的本期文章為〈遠東：蘇聯對決帝國〉（EASTERN ASIA: Soviets v. Empires），內容是報導日蘇兩國在蒙古邊界的衝突。此封面非常貼切的傳達出一九三〇到四〇年代遠東各方秩序的相互競逐。滿洲事變意味著日本的泛亞主義捲土重來，西安事變意味著蘇聯的共產秩序再次整合國共兩黨。東亞的模範國家滿洲國最後成為最大的犧牲品。

一、國共抗日與國際統一戰線

引言：史達林政權的穩固，不僅是單純的人事和權力鬥爭，同時意味著主要由新一代本土幹部組成的「一國建設社會主義派」在蘇聯內部戰勝了主要由國際恐怖分子組成的「世界革命派」。共產國際為蘇聯利益服務的程度，逐漸超過了俄羅斯資源為世界革命服務的程度。共產國際的新政策轉向團結社會民主黨和激進黨，集中力量反對蘇聯的地緣敵人，在西歐要求各國共產黨為社會民主黨和激進黨犧牲，在東亞要求共產黨為國民黨犧牲。蔣介石未能像凱末爾一樣利用蘇聯自私的外交政策，消滅共產黨。毛澤東卻成功地利用了史達林和蔣介石聯合抗日的新政策，為共產黨爭取生存和發展的空間。二戰全面爆發，蘇聯和西方民主大國結成統一戰線，不僅是史達林外交政策的勝利，也使得共產國際能夠利用西方大國支持遠東的革命事業。

日、蘇、蔣三角變局

盧溝橋事變前夜，三大革命勢力的瓜分工作已經接近完成。除非三方同時放棄進一步的擴張計畫，否則火拼無從避免：蘇聯得到了外蒙、陝北、華北、西北和新疆，跟蔣介石分享張學良殘餘勢力和粵桂聯盟反覆無常的效忠，比張作霖去世以前的任何時刻強大得多；日本得到了滿洲、東蒙，勉強保存了日俄戰爭以後的基本盤，但因此不得不提前承擔冷戰以前的責任，孤軍奮戰地收拾歐洲導師拋棄的殘局，雖然終於將滿洲建設成亞洲最發達的工業基地，卻始終無法清除冀察緩衝區的恐怖和滲透活動。

一九三五年的《國權報》事件[1]證明，日本人在這種遊戲中吃啞巴虧最多，正如他們在公開戰爭中佔便宜最多。從行為模式的角度看，高橋坦的交涉[2]預演了圍繞盧溝橋事變、通州事變和廣安門事變的交涉。國民政府吞噬了歐洲列強在長江流域的絕大部分遺產，以巴蜀土豪為犧牲品，[3]建立了第二個核心基地，進一步削弱了晉魯豫滇的自治政權，跟蘇聯分享張學良殘餘勢力和粵桂聯盟反覆無常的效忠。在耗盡自由資本主義的殘餘生產力以前，國民政府能夠動員的資源超過了蒙古帝國以後任何東亞大陸政權——穆斯林寧海軍政權和達賴佛教政權的領土過於貧瘠，社會組織過於特殊和嚴密，任何擴張者只有在解除了心腹之患以後，才能集結足夠的剩餘資源，覬覦這些高成本負收益的目標。

三角關係天然缺乏平衡，史達林—蔣介石聯盟夾擊日滿鮮體系的格局日益形成。一九三二年，外交部長羅文幹宣稱：「松岡（洋右）活動，當完全失敗於我人之手！」[4]南京和莫斯科恢復外交關係以後，內田外相隨即拒絕了《日蘇互不侵犯條約》[5]。一九三三年四月二十七日，蔣介石在日記中寫道：「若俄倭重新開戰，倭必滅亡，吾能自強，當可立國也。」[6]一九三四年，蔣廷黻以蔣介石私人代表的身份訪問蘇聯。他代表蔣介石，向蘇聯副外交人民委員斯托莫尼亞科夫保證：「在任何時候、任何情況下，中國絕不會站在日本一方與蘇聯作對，在一定條件下，中國會同蘇聯肩並肩地抵禦來犯之敵。」[7] 斯托莫尼亞科夫向他表示，一九二七年以來的清黨和絕交不會影響莫斯科對蔣介石的友好和尊重。[8] 史達林根據西班牙內戰以後的統戰佈局，把蔣介石列為相當於西班牙共和派的操縱對象。莫斯科在張景惠和安國軍元老派集體倒向日本，五色旗殘餘勢力在華北躍躍欲試的情況下，必須對南京採取既團結又鬥爭的策略。蔣介石根據他對凱末爾主義的拙劣理解，以為可以重演北伐時代首先騙取資助、然後反戈一擊的妙計，在利用蘇聯將帝國主義趕出遠東的安那托利亞高原之後，再一次利用蘇聯將帝國主義趕出遠東的摩蘇爾和賽普勒斯。國民政府培養和資助朝鮮和臺灣解放組織的時間不僅早於盧溝橋事變，而且早於九一八事變，對馬來華社和印度國大黨的居心，也沒有瞞過大英帝國的眼睛。蔣介石政府的動機始終是反西方，因此聯合蘇聯的策略有其必然性。西方自然不會像對待及時轉向維護條約體系政策的凱末爾一樣，保護他的政權。

內田外相的《處理對華時局的方針綱要》要求：「對於各種懸案，要盡可能在各地方政權之間加以解決，努力避免發生事態；萬一中國本部發生危及日本僑民的生命財產的重大事態，除重要地點以外，要適當撤退僑民；對於僑民中的惹是生非之徒，駐華外交官員要與陸海軍方面合作，加以嚴重取締。」[9] 幾乎與此同時，陸軍《處理時局綱要案》要求打倒蔣介石這個反日的禍根。外務省交涉後，文件才刪去了蔣介石的名字，把排日活動的責任推給「赤化勢力」，要求在反共基礎上實現中日和解。[10]這種妥協的精神酷似美國要求法塔赫驅逐哈馬斯的和平條件，得到的結果也是一模一樣的。南京國民政府明知自己在正規戰爭中消滅不了日本，自然不願意替日本人解除超限戰的騷擾。蔣介石在西安事變前夜召集全國將領，準備在日本最薄弱的綏遠前線開戰。[11]

西安事變無關大局

西安事變證實了日本人最壞的預見，他們有理由斷定蔣政權已經變成了共產國際的白手套。陸軍省的《西安事變對策綱要》宣佈：「日本依然堅持並希望實現既定的對華政策，與此同時，要以特別公正的態度對待此次事變，以期掌握中國的民心。但如果南京政府及其他地方政權不改變以往的政策，反而更加激化抗日、反日思潮，侵害日本僑民安全或在華權益，則須毫不猶豫地發動自衛之權。」[12]這份文件其實不是針對南京政府，而是為了打擊外務省一天前的會議決定：「等待正確的消息，不應採取利用中國亂事而為日本圖謀或易於招致誤解之任何行動，目前應止於靜觀事態之演變，避免積極行動。」[13]外相有田八郎在會見中國駐日大使許世英時表示：「由於此次事件對於日本的影響甚大，日本政府當然予以重大的關心，並注視事態的發展……對於那些主張容共聯蘇者，無論其在中央政府還是地方政權，日本都希望他們迅速消失。」[14]這次交涉像日本在一戰以後的所有交涉一樣，只收到促使事態向相反方向發展的效果。廣田政府（一九三六年三月到一九三七年二月）成立後，日本外交重新回到了自說自話的空轉狀態。與此同時，南京的「統一戰線」政策由隱蔽轉為公開。

一九三五年七月四日，財政部長孔祥熙要求蘇聯大使鮑格莫洛夫回答：蘇聯政府是否有意簽訂互助條約？[15] 一九三五年十月四日，日本外務省和海陸軍提出「廣田三原則」。廣田三原則直截了當地要求南京政府放棄以夷（蘇聯）制夷（日本）政策，在國際反共聯盟的基礎上重構東亞體系。國民政府深感形勢緊迫，加快了莫斯科—南京諒解的進度。一九三五年十月九日，孔祥熙進一步詢問蘇聯大使：如果對日戰爭導致海路關閉，南京能否通過新疆陸路獲得蘇聯的軍需品？[16] 一九三五年十月十九日，蔣介石會見鮑格莫洛夫。委員長在會議中再次提出，莫斯科和南京都需要比互不侵犯條約更進一步的合作。蔣介石不僅指望互不侵犯條約，而且指望軍事互助協定。[17] 一九三五年底，陳立夫和張沖奉命跟蘇聯人「商談對日軍事同盟」。[18] 一九三五年十一月十五日，斯托莫尼亞科夫同意接受孔祥熙的要求。[19] 如果蔣介石聯蘇抗日的廟算在一九三五年還是國民黨高階層的猜測，在此之後無疑已經變成了全黨的公開話題。廣州革命政府的時代又回來了，日本人只有在北洋舊勢力當中尋找交涉對象。一九三七年四月，立法院長孫科和鮑格莫洛夫達成協議。莫斯科承諾用貸款和武器支持國民黨抗日，國民黨承諾不再進攻陝北的共產黨殘部。[20] 張學良的西安事變除了斷送自己未來的副總統資格以外，幾乎沒有影響到歷史進程。

國民政府傾向於聯蘇反帝抗日，現實利益因素和意識形態因素兼而有之。滿洲沃野千里，是遠東唯一的「北美殖民地」。上海自由市雖然只有彈丸之地，財源卻超過了歷屆北京和南京政府從內亞獲得的全部收入。蘇聯侵入的土地雖然遼闊，顯然要貧瘠得多。日本國際協調主義者的協調對象明確指向英美，並沒有把南京放在眼裡。日本泛亞主義者以英美大資本家和蘇聯大地主為假想敵，同樣沒有把國軍放在眼裡。蔣介石點兵西安，只准張學良做預備隊，嚴重傷害了後者的面子，直接觸發了西安事變。英國人和日本人對蔣介石的態度同樣輕蔑，造成的後果也差不多。蔣介石甚至在抗戰爆發以後，明顯有求於英國人的時候，仍然對紳士的高冷做派耿耿於懷。[21]蘇聯人自己就是半個亞洲人，給蔣介石帶來的心理壓力小得多。結果應驗了布勞岱爾的格言：所有人在更窮的人眼裡，都是值得覬覦的富翁；奧斯曼帝國咬住歐洲不放，波斯帝國又咬住奧斯曼帝國不放。日本人眼中只有蘇聯，蔣介石眼中只有日本。抗戰雖然對國民政府極為不利，但至少可以教訓日本人不要把蔣介石當做空氣對待。

蔣介石挑起戰爭

一九三六年三月十七日，日本陸軍省軍務課與外務省東亞局第一課上村伸一課長協商對華政策時，軍務課方面主張：「預定於一九四一年完成對蘇戰備，因此外交上的準備要在這六年內完成。」具體內容是要設法「完成華北五省自治」，以保證對蘇開戰時後方的安全。[22]後方的問題主要是維護社會穩定，也就是鎮壓共產國際和國府秘密策動的暗殺和襲擊。超限戰早在這個名詞產生以前，就已經存在了。一九三七年的冀察政務委員會和華北非軍事區處於類似「南黎巴嫩安全區」的狀態。日本（以色列）並不覬覦該地的主權，但依據停戰協定禁止中央軍與地下組織（尤其是黨部與特工）進入。於是，此地淪為半真空灰色地帶。這時的日本外交與一九六七年後的以色列外交沒有差別：以東北換華北，以撤軍換和平，以反恐換合作。然而，蔣介石絕不願意犧牲東北以收回華北。於是出現了勝利者渴望和平，失敗者渴望兩敗俱傷的格局。長期抗戰的整個戰略，就建立在蔣對兩敗俱傷的期望之上。宋哲元不准北上抗日的中央軍越過保定，不在北平設防。這樣一來，華北的事態就難以升級了。蔣介石明白日本仍然會是勝利者，除非他能將戰場移到上海，將列強拖進戰爭。

日本具有一個以色列人沒有的弱點，最終陷入了以色列人迄今一直得以避免的困境：他們在意「皇軍的面子」，不能忍受遭到弱者攻擊而無法報復的尷尬。如果不是這樣，盧溝橋事變以後的交涉其實對日本相當有利。國民政府的國際信用非常低落，很難指望蘇聯以外的國際社會支持。英國駐華使館秘書郭萬安在一九三七年七月十二日說：「在談到中國方面認為的盧溝橋事變是日本有意挑起的時候，我應該說明我的觀點，即我認為這種說法是不對的。……當時日本駐屯軍司令田代皖一郎因病正在天津、大量的日本外交防衛人員在通州、多數參加演習的日本人員已經返回到豐台，要說誰先開的第一槍已不可能。」[23]英國外交大臣艾登認為，「我仍相信日本政府不是有意有計劃地開始侵略的……我絕不相信日本政府在此時會在中國願意冒一場軍事冒險。」[24]英國駐日使館的臨時代辦多茲說：「沒有滿意的證據向我們表明盧溝橋事變上到底是誰開了第一槍。日本報界異口同聲地說首先開火的是中國人……日本向中國派出軍隊的原因是為了保護日本在中國華北的安全和利益。」[25]英國駐華大使許閣森認為，「這或許並不是日本有意挑起的事變，日本也不想把事態擴大化。」[26]張伯倫調停計畫的內容實際上是要求各方恢復盧溝橋事變以前的狀態，幾乎肯定會將南京政府置於較張作霖去世時前更為惡劣的處境。[27]這時唯有打破格局的非常事件，才能將盧溝橋事變有別於《塘沽協定》以來不了了之的眾多地方性衝突。列強盤根錯節的上海自由市比華北更適合充當舞臺，虹橋事件和淞滬會戰承擔了扭轉歷史路徑的任務。淞滬會戰沒有實現蔣介石的目標，但八年抗戰大體上做到了。日本人愚蠢地損害了列強的利益，他就不用繼續吃啞巴虧了。這種策略生效了，國民黨在以後幾十年一直引以為榮。其實，這就是他們毀滅的原因。

一九三七年八月七日，蔣介石在南京國防會議上決定在上海開戰。列強不出所料地出面斡旋，和談預計在八月九日舉行。然而「虹橋機場事件」就在這一天發生，和議永遠沒有機會舉行。數十萬國軍化裝成保安隊，進駐安全區。八月十一日，日軍要求中國撤除上海保安隊與其防禦工事。八月十二日淩晨，中央軍精銳部隊的第八十七師、第八十八師包圍了國際租界的日本人區域。日本駐上海領事再次召集國際委員會，要求中國軍隊撤退。下午五點五十分，日本海軍的第三艦隊給日本軍令部發電報，請求日本陸軍派兵。下午八點四十分，收到東京的回覆，增援人員抵達時間要花費兩週，故指示儘量不要擴大戰鬥。八月十四日，中國空軍轟炸日本陸戰隊總部、日本駐上海總領事館，除了軍艦，船舶以外，也向上海市區投下炸彈，造成大量中國市民傷亡。同日，十八架日本飛機轟炸上海和南京。從此，戰爭一發而不可收拾。中國方面的材料宣稱，「虹橋機場事件」是日本人的挑釁。日本人自然不承認，麻煩的是歐洲人也把責任放在蔣介石身上：

八月九日的《朝日新聞》：「陸戰隊第一中隊長海軍中尉大山勇夫乘坐由一等水兵齊藤要倉駕駛的汽車，經過上海公共租界紀念碑路時，遭到大批中國保安隊的機槍和步槍射擊。」

八月十日的《大公報》：「日本海軍官兵乘坐汽車來虹橋機場，打算進入場內。機場的衛兵打算阻止，日軍方面開始開槍。槍戰造成一名保安隊員和一名日本人當場死亡，另一名日本人重傷之後死亡。」

巴黎《古蘭．格阿魯》報特派員埃德阿魯．耶魯森撰寫的《中國事變觀察》：「八月九日發生了守備虹橋機場的支那士兵殺害日本海軍士官的不幸事件。如果日本官兵能夠當心，事變或許能夠避免。但無論如何，事變都是支那一方有意策劃的。南京政府決心最晚也要在十五日以前在上海點燃戰火，這是不容置疑的。這樣不僅是為了將日本一部分力量引向中國南方，更重要的是隱含了這樣的動機，也就是將日軍拉向中立地帶，引發難以避免的國際爭端。這是一個通過頻頻爆發的事件和各種誤解來誘導西方輿論的妙計，得到了蔣介石本人的同意，甚至蔣介石本人也感到有些得意。我十月末在南京見蔣介石，向蔣介石詢問。他回答說是的，這是一個很好的計畫。當初日本政府和軍部期望避免交戰，認為進攻上海很危險。」

莫斯科和南京的交易

只有莫斯科和南京要求國際聯盟宣佈日本為侵略者，但他們的提案在英國、波蘭和澳大利亞的反對之下未能通過。[28] 美國對交戰雙方實施一視同仁的武器禁運，扣押了蔣介石購買的十九架飛機。[29] 近衛首相宣稱：日本沒有任何領土要求，也不會支持滿洲國聲索關內的土地。[30] 日本以《防共協定》為和平條件，實際上是要求蔣介石放棄一九三五年的南京—莫斯科聯盟。建議由德國轉交給蔣介石，遭到後者的斷然拒絕。蔣介石堅持，「今日中國捨聯俄無路。」[31] 南京如果加入東京主導的反共產國際聯盟，聯俄抗日的主角蔣介石確實很難繼續領導國民政府。[32]

蘇蔣最初合流的時候，瑞金蘇維埃政權就像劉豫和穆斯塔法．蘇布希一樣多餘而礙事。[33] 蔣廷黻和張沖（國民黨中央調查科總幹事）根據土耳其經驗，提出了反日必先聯蘇的妙計。蘇聯駐南京參贊表示：「俄願以聯絡土耳其之方法，與我國聯絡；尊重外蒙及新疆之我主權；締結互不侵犯之約，附以軍事合作文件；對於武器願極力幫助。」[34]

鑒於土耳其人這時已經徹底消滅了本國的共產黨合作者，這種承諾的含義是不言而喻的。史達林根據共產國際的遊戲規則，完全可能將瑞金和馬德里的支部一起召回莫斯科，直接送進盧比揚卡的地下室銷毀。然而蔣介石出自小資產階級革命家的軟弱本性，反倒以為放紅軍逃往接近外蒙和新疆的邊界，就是給史達林送了一份見面禮，即使史達林並不領情，紅軍給內亞各政權造成的破壞也會有利於黃雀在後的中央軍。[35] 史達林的慣例是：改變政策，就要殺掉執行原先政策的幹部。米夫和遠東局領導的末日清楚地顯示，史達林已經打算把他們的支部放在盤子裡送給蔣介石——他如果愛護支部，就會另派一批自己訓練的心腹來，而允許毛澤東這種路人皆知的梁山周邊角色逆襲上位，本身就足以證明史達林已經視支部為雞肋蒿箭，就像老爺肯定會把得寵的丫鬟留給少爺做姨娘，不會隨便許給打雜的小廝。

毛澤東改變生態位

此時，上海和瑞金的大多數共產國際苦力還沒有看清自己所在的生態位多麼岌岌可危，毛澤東卻依靠他從華夏古典文史作品學到的格局判斷力凌駕於同儕之上，憑藉超人的洞察力和隱忍功夫，熬過了夾縫偷生的慘澹歲月；蔣介石放棄了最好的機會，聽任紅軍逃到陝北。一九三七年三月二十六日，蔣介石開始給陝北的紅軍發放軍餉給養。[36] 一九三六年，中共中央還相當依賴打土豪所得的六十五萬二千八百五十八元收入，到了一九三七年，莫斯科和南京的撥款就上升到延安總收入的百分之七十七點二。[37] 國民黨既然主動放棄追剿，毛澤東剛剛攫取的新中央也就不再構成抗日統一戰線的障礙。史達林發現棄子居然生還，也就不再計較毛澤東竊取了棄子的領袖地位。蔣介石既然自己願意用陝北的紅軍做見面禮，史達林自然更不會介意用蘇聯的武器多換一點回報。

毛澤東直到赫魯雪夫上臺，才擺脫了隨時可能遭到蘇聯遺棄和出賣的恐懼。他後半生對蘇聯和親蘇派班底的政策，深受《天方夜譚・瓶中魔鬼》式延遲性屈辱和報復反射的影響，並不完全符合他當時的利益。瓶中魔鬼在完全喪失得救希望以後，發誓要將仇恨發洩在第一個救他的人身上，僅僅是因為鬱積的仇恨不能不釋放，而害他的人早已死了。赫魯雪夫不幸充當了第一個善待毛澤東的共產主義領袖，自然免不了體驗民間傳說蘊涵的「詩意真實」。

列寧主義團體始於地下組織，因此蘇維埃憲制的核心權力在情報組織。黨的領袖如果不能主持情報系統，就不會比統戰花瓶強多少。毛澤東知道自己不是共產國際欽定的候選人，經過了三四年「當家姨太太」的曖昧生活，才勉強擺脫了「妾身未分明」的痛苦。一九三九年二月，中共中央社會部成立。[38]研究調查委員會成立以後，毛澤東自為主任。情報部直屬研究調查委員會，以康生為部長、葉劍英李克農為副部長。[39]即使在此之後，毛澤東在延安的地位仍然不能跟史達林在莫斯科的地位相比。周恩來、李克農、康生、陳賡都是蘇聯訓練出來的老特務首領，盤根錯節的關係網絕非毛澤東這樣的周邊人士在短期內能夠撼動的。毛澤東討好葉劍英、培植劉少奇、重用任弼時的動機，跟攝政王提拔吳祿貞和袁世凱賞識蔡鍔的動機非常相似，都是想給自己無力破壞的網路摻沙子。毛澤東當家以後，中國支部開始產生不同於莫斯科本部的風格。毛澤東同樣需要通過清洗強化自己的地位，但他寧願依靠群眾運動和「治病救人」的手段，較少採取列寧、史達林、張聞天、張國燾習慣的方式，由契卡、克格勃、政治保衛局批量屠殺，除了毛澤東個人的江湖氣和落第秀才氣以外，重要的因素之一就是他缺少親信的特務機構。群眾運動和草莽將領多多少少能夠分散，但始終不足以替代危險而有用的列寧主義組織。這是毛澤東政權自始至終無法擺脫的死結，也是他無法放棄領袖崇拜的難言之隱。

國民黨準備總體戰

新三民主義者相信自己能夠打敗日本，主要就是因為他們儘管處處不如日本，卻擁有日本因古舊扭曲的憲法結構而無法有效實施的計劃經濟。計劃經濟使一戰末期的德國人瀕臨餓死，使蘇聯人長期生活在餓殍狀態，但確實是一劑預支未來的春藥，能夠保證落後社會在軍事動員方面反超先進社會。一九三七年八月十日，國防最高會議通過《總動員計畫大綱》。外匯管制立刻導致法幣在上海市場一落千丈。蔣介石像一位真正的社會主義者，堅信這是英國資本家的陰謀和漢奸資本家的貪婪所致，必須進一步強化金融管制。[40] 一九三九年九月八日，《戰時健全中央金融機構辦法綱要》宣佈：「中央、中國、交通、中國農民四銀行合組聯合辦事總處，負責辦理政府戰時金融政策有關各種業務。」蔣介石親任四聯總處理事會主席，「總攬一切事務」，包括戰時金融委員會和戰時經濟委員會。「財政部授權聯合總處理事會主席在非常時期內，對中央、中國、交通、農民四銀行可為便宜之措施，並代行之職權。」[41]

革命政權控制了絕大部分命脈行業和大中企業，將貨幣、生產物資和物價的調配權力全部集中於中央之手，卻將中小企業和土地留在私人資本家手中，又沒有讓秘密警察的力量強大到足以操縱消費市場的程度。社會主義上半身和資本主義下半身的混合物天然不能穩定，總有一方會吞噬另一方。革命政權要麼進一步，廢除資本主義的最後殘餘，將生產和消費同時納入統制體系，以免黑市和投機活動擾亂計劃經濟的正常運作；要麼只能後退一步，放開金融管制、生產管制和價格管制，喪失其操縱社會和發動戰爭的大部分力量。蔣介石政府企圖在短期內實現的戰爭目標和大國負擔只有列寧主義才能勝任，而他既不肯放棄前者又不肯推行後者。自由主義—資本主義的發展路線，至少在其最初階段離不開殖民主義的保護和養育。這條路線只有在蔣介石走投無路以後，才能捲土重來。新三民主義作為社會主義的分支，預支未來的能力不如列寧主義，因此逃不了短期的失敗；作為資本主義的分支，養育未來的能力不如自由主義，因此逃不了長期的失敗；作為奧斯曼主義的分支，繼承正統的資格不如滿洲國，因此逃不了短期的失敗；作為凱末爾主義的分支，發明民族的資格不如台獨，因此逃不了長期的失敗。

史達林和毛澤東鬥法

抗戰正式爆發，蘇聯就立於不敗之地。史達林不遺餘力地鼓勵蔣介石做蘇聯的人肉盾牌，同樣不遺餘力地鼓勵延安做蔣介石的人肉盾牌。王明的《目前抗戰形勢和任務》代表了史達林的旨意，要求中共服從，配合國民黨，折射出史達林對日本的恐懼和尊重、對國民黨真實力量的蔑視和擔憂：

「鞏固和擴大以國共合作為基礎的抗日民族統一戰線
——抗日高於一切，一切服從抗日，一切為著抗日統一戰線，一切經過抗日統一戰線
——擁護國民黨在中國政府及軍隊中的領導權力，共同綱領，共同負責，共同磋商，互相幫助，不是爭取領導權
——承認孫先生革命三民主義為救中國的基本方針，而以民族解放為中心做起，直到建設獨立自由幸福的中國
——團結一切力量，朋友愈多愈好，敵人愈少愈孤立愈好」[42]

如果遠東局仍然存在，王明和張聞天肯定會將整個支部投入遠東馬德里（武漢）保衛戰。只有毛澤東寧願相信自己的切身經驗，謹守活狗總是比死獅子更正確的教訓。他善於體會鴻門宴精神，把握「陽奉」與「陰違」間不容髮的邊界，在避免觸動兩位領導底線的前提下，最大限度地開發利用雙方的資源。蔣介石只要堅持聯蘇抗日，就只能為了蘇聯而容忍延安的越軌行徑。延安只要以撕破統一戰線的面子為要脅，就能讓蔣介石吃暗虧。史達林只要堅持滲透同盟國的要害部門，就只能聽任延安搭國際共運網路的便車。「反法西斯統一戰線」對蘇聯本身也是千載難逢的寶貴機遇，全世界無產者的大元帥不可能因為梁山頭目的小算盤而耽誤大局。師哲當時在毛澤東左右，非常清楚虎口掠食的危險性。「他們老是啃著一個死公式：國內要團結（指同國民黨和其他抗日力量），黨內要團結（不搞任何鬥爭），一致對外，抗擊日寇。因此，無論是出現了反摩

擦鬥爭，或黨內鬥爭，他們不分青紅皂白地一概認為不利於抗戰，使抗戰力量削弱或相互抵銷。毛主席除多次給遠方發電解釋外，同時還多次給蘇方駐延安情報組的人員做過關於整風運動的介紹或解釋。但這一切都是枉然的。因為他們內心裡總是抱著自己主觀上的看法，加上王明個人的認識和想法，往往使問題弄不清了。」[43]

內向掠食的機智是沒落文明的特長，也是他們自取滅亡的主因。強者難以在詭詐方面戰勝弱者，因為既強大又詭詐在演化意義上意味著資源的浪費。毛澤東的智慧對西方人和共產國際而言都非常難以理解，卻瞞不過浸淫《水滸》、《說唐》文化的遊民英雄。他殫精竭力地培植彭德懷、許世友之流，居然暫時壓制了訓練有素的列寧主義者。費拉（斯賓格勒所言 Fellah，文明灰燼）的智慧建立在解構殘餘秩序資源的基礎上，專門研究怎樣比競爭者更擅長降低底線，即使這些底線在蠻族和年輕時期的文明人看來，已經不比垃圾箱的雞爪更值得啃咬了。費拉社會已經沒有什麼可供掠奪的秩序生產力，外來秩序扔下的殘羹剩飯對他們而言就像一筆財富。如果巨人相互殘殺，遊民英雄的偉大就體現在第一時間掠劫失敗者錢包和襯衫的果決，錯誤地判斷勝負和掌握時間有偏差都會給自己帶來滅頂之災。遊民懂得運用達爾文式敏銳嗅覺發現自己的英雄，抗戰對他們就是一次達爾文選擇，將遊民英雄和命中註定的餓殍和食料區別開來。

毛澤東拯救共產黨

毛澤東依靠遊民社會的遺產，將他的黨派從最高領袖預定的人肉盾牌命運中拯救出來。他的策略分為三個層次：地方—前線（苦力），蘇聯—日本—國民政府（為爭奪升級機會而自相殘殺的挑戰者和覬覦者），英美和世界體系（統治者）。基本技術異常簡單和雷同：如果搭便車的形勢存在，就利用別人的資源實現自己的目標；如果搭便車的形勢不存在，就以降低自己的消耗為最高目標。毛澤東在地方—前線層次找到了自己的天地，[44]他的階級本能就是在苦力生長的夾縫中鍛煉出來的。[45]

蘇聯—日本—國民政府層次的線索掌握在列寧主義訓練產生的中級幹部組織手中，毛澤東在這方面並不是最精明的。他只能利用蔣介石急欲冒充大中華共同領袖的心理弱點，乘機讓國民黨吃暗虧。史達林和蔣介石最初心照不宣，將紅軍移動到蒙古和華北之間。[46]

張克俠主持西北軍，為蘇聯發揮了閻寶航在東北軍內部的作用。[47]史達林渴望已久的三國志終於以最有利於蘇聯的方式爆發，[48]共產國際執行委員會從此只有一件事情需要擔心：「抗日戰線內部存在投降派和妥協派的情況下，投降已經成為實際的直接危險……因此，現在中國青年運動的最主要任務是：動員中國青年的一切力量同投降行為作鬥爭，堅決把抗日戰爭繼續進行下去。」[49]

蔣介石並非看不清汪兆銘、章太炎和蔣廷黼都能看清的事實，但新三民主義—大中華主義的意識形態是他存在的基礎。如果他甘願承認現實的蔣政權根本不能勝任想像的大中華使命，就等於承認北伐以來的所有革命行動都是錯誤的。他現在已經沒有退路，只能像拉磨的驢一樣，追隨面前那根永遠無法到口的胡蘿蔔。[50]統一戰線的磨盤不停地轉動，很快就毀滅了他從一九二七年以來清黨建黨的所有成就：「共產黨員應該以抗日積極分子的面目參加到政府與軍隊中去，並取得其中的領導地位。」[51]

日本人看到國民黨公開聯蘇容共，不可能不想到一九二七年幣原綏靖的後果，很快就放棄了議和的希望。[52]昭和政治家都明白，自己之所以佔據現在的位置，是幣原時代綏靖主義者身敗名裂的結果。國民黨戲弄了每一位釋放善意的談判對手，現在已經沒有人願意或能夠重蹈覆轍。明治憲法的藩籬和人民對天皇的敬畏，都無法抑制忍無可忍和悔不當初的普遍情緒。利益和期望的參差不是和平最大的障礙，交涉對象的任何承諾都不值得信任，才是和平無法逾越的障礙。

共產國際通過西方經營遠東

英美和世界體系層次掌握在世界中心的正統派和粉紅色左派[53]手中，對世界體系的邊緣行使的生殺予奪大權僅次於神明。共產國際核心層在這場遊戲中也不過是個小角色，並不比毛澤東夾在史達林和蔣介石之間的處境優越多少。美國的卡車和貸款提前或推遲幾個月，就會改變史達林格勒或昆明的命運。蔣介石在爭奪租借法案物資[54]的鬥爭中，一再落到史達林的下風，自然對左右華盛頓的匪諜深惡痛絕。

粉紅色左派利用莫斯科製造的馬德里和延安神話，主要是為了自己的品牌塑造，並不是因為他們突然喪失了列寧時代的恐怖記憶。《真理報》早在戰前就開始為朱德和毛澤東造勢，將他們描寫成北歐和印度神話的巨人。「他來自遙遠偏僻的山區，身軀高過任何大樹。他伸出雙手，就能噴出團團烈火，燒死任何敵手……眼觀四方，能看到百里之外。」[55]斯諾則聲稱：蘇區非但「沒有販賣鴉片，而且……實現了權利平等和男女平等」[56]；「沒有什麼可稱恐怖的，而且我懷疑當時根本就不存在恐怖。」[57]他的神話塑造了二戰時期和冷戰初期美國自由派人士對亞洲共產主義的看法。費正清和芭芭拉・塔克曼都通過斯諾的眼睛，向西方讀者介紹陌生的東亞。[58]富蘭克林・羅斯福是《紅星照耀中國》的忠實讀者，三次召見斯諾，甚至打算同時承認國民黨和共產黨的政權。「我在同（中國的）兩個政府打交道，我打算繼續這樣做。」[59]他果然說到做到，在開羅會議上提出了這項建議。[60]一九四一年一月皖南事件爆發後，美國駐華大使詹森（Nelson Trusler Johnson）指責華盛頓親共人士的統一戰線策略正在破壞國民政府的抗戰努力。[61]一九四四年，史迪威和謝偉思促成了美軍觀察團的延安之行。[62]戰略情報局為中國共產黨提供了大批軍事援助，包括兩萬五千遊擊隊的武裝。[63]狄托、毛澤東和胡志明都是戰略情報局的乳汁養大的，可以視為統一戰線在世界邊緣地帶的投影。

毛澤東從斯諾和延安的時代到赫魯雪夫和莫斯科的時代，一向沒有掌握技術指標的能力，但他具備東方無產者（遊民、妃嬪和太監）的特長，善於捕捉蛛絲馬跡透露的態度和意圖。贛南蘇區的殘酷鬥爭早就教會他，小人物的成功和毀滅通常都是大人物鄧書燕說的副產品。他明知史達林允許他篡奪張聞天，主要因為誤解和輕視，自然不會反對美國人因為同樣的理由，允許他侮弄蔣介石。他秉著賭徒的精明和勇氣，明確指示林伯渠、董必武和王若飛向納爾遜和赫爾利提出，美援軍火至少應該由「國共平分」。[64]蔣介石憤怒地要求，只給配合國府軍令的共產黨部隊提供美援，但他明顯無法區別聽話和不聽話的共產黨人，如果這兩者真有任何區別的話。謝偉思公開贊成平分軍火，並不令人驚訝。[65]史迪威對外聲稱「鬥志昂揚的共產黨人」[66]應該得到美國的支援，但他真實的目標顯然是要打擊心懷叵測的蔣介石。

史迪威的延安計畫來自他的顧問戴維斯，而後者非常清楚：鬥志昂揚的共產黨人「完全用遊擊戰來打日本。日本人一來，他們就疏散。日本人一撤，他們就集中，並佔領村鎮。他們沒有力量抗擊日軍，因為他們的武器太差，而且也不願意浪費已有的彈藥。他們要留著等將來奪取政權。日本人也不想向他們進攻，因為他們佔領的地方沒有什麼軍事價值。中國共產黨設法避免進攻日軍，因為害怕遭到報復，要說他們有什麼協定可能太過分，但雙方確實都不想真打。」[67]史迪威需要為日本人在亞洲大陸的軍事勝利尋找責任人，羅斯福則需要向美國公眾論證全球統一戰線的正當性。史達林、蔣介石和毛澤東在這場遊戲中應該扮演什麼角色，都必須根據美國人、而非他們自己的需要來確定。他們只能競爭觀望風色、因利乘便的敏感性，而蔣介石在這方面的執拗和遲鈍眾所周知。儘管溫斯坦（Allen Weinstein）、瓦西里耶夫（Alexander Vassiliev）、海因斯（John Earl Haynes）和克萊爾（Harvey Klehr）根據二十世紀九〇年代披露的蘇聯檔案和維諾那計劃（Venona Project）破譯的三千封莫斯科密電，證明財政部、國務院、戰略情報局、曼哈頓計畫署等要害部門確實遭到匪諜滲透，其中包括羅斯福的特別顧問柯里（Lauchlin Currie）和財政部長亨利・摩根索的助手懷特（Harry Dexter White），但他的挫敗仍然必須歸因於更深刻的原因：美國人反對日本的泛亞帝國主義，並不意味著喜歡蔣介石或史達林的中華帝國主義或歐亞帝國主義理想。[68]美國精英階級從統一戰線時期的縱容匪諜轉向冷戰時期的鎮壓匪諜，看似相反其實相成，目標都是打擊當時最有可能成功的大陸霸權覬覦者。

真相並不是不重要，但只有在符合格局需要的前提下才能發揮作用。蔣介石從來不擅長理解自己在世界上的位置，而賭徒的運氣早已在二〇年代用完。他最後淪落到平話小說聽眾的水準，把一切問題歸咎於蒙蔽聖明天子的壞人，像平話小說裡的忠臣一樣喋喋不休：「羅斯福總統應該記住，共產黨人是不能公開使用蘇聯來為自己撐腰的。他們能夠而且的確做到了的是利用美國來強迫國民黨答應他們的要求。」[69]「談判總是由共產黨人破壞的，羅斯福總統的斡旋會損害自己的威信。」羅斯福不為所動，要求蔣介石政府和中國共產黨人達成協議。[70]赫爾利向莫洛托夫交涉，得到了蘇聯支持統一戰線的保證：「俄國從來沒有幫助過，今後也不會幫助中國共產黨人，從來沒有給他們提供過武器，今後也不會提供。」[71]美國人覺得莫斯科和重慶都已經屈服，接下來的技術問題應該不難解決。[72]赫爾利自信地告訴謝偉思：「不用發愁，我會把雙方（國共兩黨）撮合到一起。他們（共產黨）將會得到美國武器，那正是我在這裡所致力的。」[73]赫爾利－莫洛托夫－蔣介石交涉實際上預演了雅爾達－馬歇爾交涉，將蔣介石從開羅會議的幻覺中拖出來。蔣介石發現事態的發展應驗了汪兆銘的預見，一九四五年的所謂勝利比一九三七年的所謂失敗更為不利，就像輸光了最後一條內褲的賭徒一樣，毅然主動地衝向懸崖，犧牲了本來就已經沒有希望的現實，保護了苦心經營的新三民主義—大中華主義意識形態，回到僅僅屬於自己和門徒的世界中，永遠享受「勝利者」和「正義者」的榮耀。

二、「滿洲堡壘」和泛亞各國的民族構建

引言：戰爭既然爆發，日本人就徹底拋棄了西方國際秩序的約束。泛亞主義者在其短暫的勝利期間，建立了以日本為中心的東亞和東南亞多國體系，以有色人種的反帝反殖敘事為基礎。滿洲國變成了東亞的模範國家。汪兆銘政權重新發掘孫文的泛亞主義思想。緬甸和菲律賓的獨立雖然徒具形式，仍然對西方殖民統治的基礎造成了一定的破壞。暹羅利用日本的干涉，推動泰民族構建和反法戰爭，推動了戰後泰王國的民族國家化。馬來穆斯林利用日本和馬來華裔的互不信任，保護自己在馬來多族群社會的地位。荷屬東印度的穆斯林社會利用日本人提供的機會，為獨立戰爭做好了準備。

日本激進派的滿洲夢

蔣介石在幻想的空中帝國飛翔，史達林在灼熱的地下帝國挖掘。與此同時，日本人正在經營陽光下的土地。

泛亞主義者認為，九一八事變僅僅是糾正了二〇年代綏靖主義的錯誤。「滿洲堡壘」的偉大

意義不限於此，應該為亞細亞各民族的新生開闢道路。朝鮮和臺灣的殖民主義產生於十九世紀的遊戲規則，沒有對母國的憲制和殖民地的社會造成革命性的衝擊。而滿洲國的成立表面上以條約體系的殘餘為打擊目標，實際上體現了日本國內進步主義者對明治憲法的隱蔽革命。這些進步主義者對「東北亞美利堅」的期望，非常接近於英國清教徒對麻塞諸塞殖民地的期望。戰後日本和韓國的成就，在政治上和表面上奉美國宣導的民主主義為正朔，在經濟上和實質上卻沿襲了「滿洲實驗室」的某些元素，尤其是開明官僚—產業政策—大企業的配合默契。「滿洲實驗室」之所以重要，是因為以前的朝鮮和臺灣殖民地、甚至日本本土，並不具備推動社會實驗的條件。「滿洲國」不僅在遠東國際體系內，而且在日本憲法結構內製造了一片真空地帶。「處女地效應」為日本的「青年土耳其黨人」提供了機會，否則他們在國內的前途原本是很成問題的。「滿洲國」存在的十幾年時間，保證了他們的歷練和成熟。戰敗適得其時，將實驗室成果交給大眾。

詹森（Chalmers Johnson）在名作《通產省和日本奇蹟》（MITI and the Japanese Miracle）中宣稱，滿洲國的發展計畫是戰後通產省政策的藍本。吉田茂和岸信介跟滿洲國時期的官僚有千絲萬縷的聯繫，以「棄其名而取其實」的方式，把「統制經濟」這個難聽的名詞包裝成「產業政策」，掛起一面自由資本主義的大旗。企畫院（日本戰前直屬內閣的物資動員和政策規劃機構）充滿了熱愛進步的東京大學畢業生，相信自己能夠加速後發國家的現代化。岸信介在這裡結束了他的成長年代，然後在滿洲國總務廳次長的任內找到了大顯身手的場所。總務廳和內閣的關係，相當於《部長大人》（Yes Minister）裡面的韓弗理爵士和哈克大臣。[74]「滿洲國」的特殊政治地位要求總長和大臣必須由本地人和統戰對象擔任，次長和顧問則多半是實際秉政的日本人。戰後民主主義表面上強調民選政治家的權力，實際上並不能真正革除優秀官僚左右平庸政治家的隱秘權力。政治家忙於選區事務，通常只能滿足於審核官僚制定的為數不多的幾種方案，發揮歌舞伎表演的職能。「滿洲國經濟建設要綱」、「滿洲國產業開發五年計劃」都是岸信介的傑作（當然他在戰後就不再用「五年計劃」這種蘇聯色彩濃厚的語言了）。

新天地的開闢

戰前日本的國家主義和社會主義合流，其實是周邊國家常見的現象。國家主義者照例對馬克思主義沒有興趣，卻往往會讚賞列寧主義的某些手段（而非目的），因為其中似乎隱藏著趕超核心國家的秘訣。岸信介在大正民主的黃金時代，曾經以左派同情者自居，認為天皇制度已經腐朽，國內的統治階級不可救藥，北一輝的改造計畫值得推崇——北一輝本人到底算左派還是右派，本身是一個無法解答的問題。大企業和知識分子比農民和窮人更傾向於統制經濟，也是全世界共同的特徵。能幹的官僚和少數優秀企業合作，有意識有目標地推動重點產業的發展，似乎比聽任眾多散漫和低效的小企業自由發展更迅速而可靠。蘇聯在北滿的投資集中在滲透和顛覆方面，但中東路的存在仍然足以妨礙滿洲鐵路網的合理規劃。張作霖父子的競爭性路網和港口建設，在南滿發揮了同樣的妨礙作用。[75] 張作霖—王永江政府對裙帶經濟的寬容態度，大連的市政官員實難忍受。基層政權的腐敗和武斷，引起了滿鐵青年的農民自治運動。[76]滿洲新青年集團和關東軍集團積不相能，在九一八事變發生後力圖破壞軍人的獨立企圖，但不可否認只有在滿洲國政權趕走了張學良和蘇聯人以後，他們心愛的整體規劃才能大刀闊斧地展開。新京戰勝了大連和奉天，酷似巴西利亞對聖保羅和里約熱內盧的勝利，[77]暴露了進步主義者對「一張白紙好畫圖」的熱愛。《日滿議定書》存在的意義，主要就是為《滿洲國經濟建設綱要》和滿洲交通規劃提供方便。

日本重返亞洲大陸，根本目標在於整合全亞洲的資源對抗西方和蘇聯。滿洲國由於地緣政治的關係，對抗蘇聯的目的性尤為明顯。日本軍官大橋曾經對後來的中國戰區參謀長史迪威說過：「只有我們能阻止俄國將亞洲蘇維埃化的計畫。如果滿洲國和日本失敗了，那麼中國將輕易成為犧牲品。」[78]後來的歷史完全證明了他的預見，唯一疏失是沒有將印度支那也加入犧牲品名單。

史達林體制的特點是集中力量發展重工業，尤其是涉及軍事和交通的產業。即使犧牲農業、造成饑荒也在所不惜。考慮到當時的國際形勢，這種政策的原因不難理解。日本在滿洲國的建設出於同樣的考慮，具有同樣的特點：重工業獲得的資金遠遠超過輕工業和農業。區別只限於，進步主義者不能取消私有制，因此「糧穀出荷」沒有造成集體農莊的危險後果。「滿洲國」迅速轉化為亞洲屈指可數的工業中心，在某些關鍵技術上甚至領先於歐美。「亞細亞號」高鐵快車以一百三十公里的時速奔馳在大連—新京—哈爾濱鐵路上，保持世界記錄長達八十年之久。戰爭結束時，滿洲的工業產值已占全中國七成以上。[79]這個紀錄意味著滿洲國的生產能力至少兩倍於大後方。在遠東的三角外交中，日本和蘇聯才是主要的競爭對手。如果不考慮其他盟國的援助，重慶只是一個次要角色。超高速的重工業建設意味著經濟結構的嚴重失衡，勢必造成國民當前的生活困難和中長期的發展陷阱。然而，日蘇兩國的目標都是滿足近在咫尺的戰爭需要。如果在眼前的戰爭中失敗，具有長期優越性的模式對它們並不是什麼安慰。

一九三六年十一月一日，滿洲國政府確定了《產業開發五年計劃》。次年四月一日，第一個五年計劃開始實施。全部資金五十億八千零五十四萬元，其中三十九億九千八百五十四萬億元投入工礦業。交通部門投資六億四千四百萬元。農牧業投資不過一億三千五百萬元。一九四一年，第一個五年計劃結束。生鐵產量從八十五萬噸增加到一百二十萬噸，鋼產量從五十八萬噸增長到一百一十萬噸。[80]第二個五年計劃投資一百億元，其中六十億由日本提供。[81]到日本投降時，計畫僅僅執行了三年半，生鐵產量增加到一百八十萬噸。松花江和鴨綠江發電站已經開始發電。滿洲飛機製造股份公司年產一千二百架。農產品增加了二百萬噸。[82]盟國的轟炸將日本本土化為一片廢墟，卻沒有打斷「滿洲國」工業建設的上升線。戰爭結束時，東北工業所受的破壞甚輕，遺留的資源極為豐厚，足以給當事各方留下深刻的印象。蘇軍對東北的搜刮和中國內戰各方對東北的爭奪都體現了日本經營的分量，對此後的歷史進程發揮了很大的間接影響。然而，這種模式的種種長期負面因素也不得不由數十年後的東北和中國承受。

產業計畫成就了滿洲對亞洲大陸、甚至對日本本土的優勢，而且優勢每年都在擴大。倘若盟國靠山都在一九四五年退出戰爭，兵精糧足的滿洲國必勝無疑。新京—重慶的軍工差距不是以多勝少，而是以有勝無，足以將戰爭變成單方面的屠殺，較清兵入關有過之而無不及——其實，後來的歷史發展正是如此，只是滿洲統治者由日本代理人改為俄國代理人，戰爭機器依然如故。這個軍事強國年產飛機上千，在外貿中斷的情況下，五年內鋼鐵產量倍增，道路里程增加三分之二，糧食產量增加三分之一。與此同時，它的敵人連卡車螺母都必須依靠進口。四川士兵的蛋白質攝入量不及東北囚犯的三分之一。鑑於蘇聯只派了一百多架飛機就足以將國民黨趕出華東，滿洲堡壘的繼承人不難在六個月之內從山海關打到上海。「戰爭結束時，還有大量農產品和軍需糧未及運出……山中存糧足夠兩個師團用六年。」[83]如此，滿洲遠比一九五五年以後的韓國、南越、馬來亞、印尼更能抵抗蘇聯南下。畢蘇斯基與梵蒂岡寄予厚望，絕非無因。[84]郭藥師燕雲之師，卒亡全宋。宋徽宗海上之盟，自毀藩籬。

滿洲國的憲制

新京政權的力量並不僅僅來自經濟建設，處在上承滿蒙帝國正統、下合民族構建常軌的有利地位。君統衍生法統，其成本低於任何革命政權。滿洲國組織法規定立法、行政、司法三權分立。皇帝作為統治滿洲國的元首，經過立法院的「翼贊」行使立法權，統督國務院行使行政權，根據法律使司法部行使司法權。皇帝還統率海陸空三軍。關於重要國務，以參議府作為諮詢機關，皇帝得令參議府提出意見。監察院掌管監察和審計、宮內事務。組織法規定：皇帝的尊嚴神聖不可侵犯，不負刑事責任，國務上也無回答之責。地方性邦國發明民族，難度低於任何帝國繼承者。滿洲國在一九三七年底，通過《關於撤銷治外法權和轉讓滿鐵附屬地行政權條約》，廢除了治外法權，收回了日俄戰爭遺留的南滿鐵路區域。契機在於日裔滿洲人以新滿洲國民共同體的一員自居，利用滿洲國名義上的獨立地位，把原先日本國內的新舊鬥爭變成了國際爭端，向母國聲索了比張學良政權更多的權益。征服者為自己的勝利，必須付出比失敗更大的代價。[85]日本人和蘇聯人在同一個試驗場，發現了同樣的真理。石原如果失敗，日本不難抵抗蔣介石—張學良政府的騷擾，更長久地保存糾紛的根源。林彪如果失敗，蘇聯同樣不難抵抗蔣介石政府的騷擾，更長久地保存中長鐵路和旅順大連，更不用說兩個五年計劃的巨大犧牲了。[86]

日本官員憤怒地指責日裔滿洲國顧問「只知有滿洲國不知有日本」，對親邦採取「對抗而非合作的態度。」[87]其實，這種現象恰好是「五族新民」的共同體想像應有之義。滿洲國因此自詡在民族國家建構和反殖革命外交的道路上，領先於亞洲其他國家。日本式顧問政治確實將滿蒙貴族變成了傀儡，但仍然比蘇聯和國民黨在同樣環境下的做法溫和得多。日本殖民者沒有集體屠殺任何族群的精英階級或造成大規模的人口損失（這兩者恰好是蘇聯統治的特徵）。滿洲國、興安四省和蒙古聯合邦給原住民保留的權利，明顯多於東北九省、察哈爾和綏遠行省。如果以自治為標準，日本的泛亞主義不及大英帝國，但在取代大英帝國的三種革命勢力當中，仍然是最不壞的選擇。如果以建設為標準，日本的紀錄優於當時和以後幾十年的所有競爭者。如果以汲取能力為標準，日本僅次於蘇聯，通常超過國民黨，但三者都超過了英國人和十九世紀秩序的遺留政權。

汪兆銘推動東亞聯盟

一九三九年八月，汪兆銘公開指責蔣介石背叛了孫文的泛亞主義理想。[88]《大亞洲主義》[89]的創刊號刊登了孫文遺像和神戶演講，試圖將蔣介石復活的梁啟超式民族建構逐出三民主義的神廟。汪兆銘提出：國父的民族主義建立在泛亞主義的基礎上，三民主義本質上就是泛亞主義在東亞大陸的進一步勝利。南京國民政府的宣傳部長林柏生提出：國民革命以打倒帝國主義為目標，東亞聯盟自然是其合乎邏輯的歸宿。[90]汪兆銘政權恢復了辛亥前夜的小中華建構，用西方帝國主義取代內亞帝國主義，作為主要鬥爭對象，從而將滿蒙從敵人變成盟友。新京和南京通過義務教育，攜手發明了鴉片戰爭和民族英雄林則徐的神話。上海工部局近在咫尺，構成了愛國主義教育的現成素材——南京和新京都把歐洲裔居民主導的上海議會民主制，發明為「萬惡的帝國主義侵略」。南京國民政府通過上海回歸的紀念活動，一面告慰總理在天之靈，一面羞辱重慶的帝國主義僕從，向全世界宣佈「中國人民從此站起來了」。

日本經營南洋

德國征服歐洲大陸，給東南亞的反殖民主義造成了填補真空的機會。有田外相試圖配合英美維持南洋現狀的政策，隨著短命的米內內閣倒臺而煙消雲散。第二屆近衛內閣通過《基本國策綱要》，向呼之欲出的舉國體制做出了新一輪讓步，給奄奄一息的政黨政治釘上了又一顆棺材釘，對棺木已拱的國際協調主義掘墓鞭屍。大聯合政府「站在帝國獨立自主的立場上，走帝國獨自的道路。雖然說是獨自的道路，但它絕不意味著消極的自主外交。必須認識到，這不只是簡單消極地應付世界局勢的變化，而是要自己主動地指導世界的變化，依靠自己的力量建立世界新秩序……為了堅決推行上述外交國策，必須儘早擺脫依靠外國的狀態。在這個意義上，帝國同滿洲和中國的經濟合作，以及向南洋方面發展的必要性正在日益增加。」[91]「對於法屬印度支那（包括廣州灣），力圖徹底斷絕其援蔣行為，同時迅速迫使其同意我軍擔負補給任務部隊的通過和使用機場等，並力求取得帝國所需的資源。根據情況，可以考慮使用武力。對於香港，與徹底切斷緬甸援蔣公路相配合，強有力地推進各方面工作，首先迅速剷除敵對勢力。對於租界，首先謀求消除敵對勢力和撤退交戰國軍隊。同時誘導中國（汪兆銘南京國民政府）方面，使逐漸收回之。」[92]

一九四〇年七月二十三日，日軍越過印度支那邊界。七月二十八日，美國隨即下令禁止對日輸出鋼鐵。通向珍珠港的道路就此打開，日本再也無法回頭。「獨立自主外交」在任何時間地點都意味著法外世界（outlaw）針對世界秩序的挑戰，註定將戰爭和饑荒帶給挑戰者統治的平行體系。國民黨身為世界秩序的挑戰者黑吃黑，自然可以不受直接的懲罰；東南亞殖民地卻有合法的保護人，法外世界很快就會體驗警察的力量。蔣介石在上海陷落以後期待的國際反應，終於在印度支那陷落以後出現了：儘管方式沒有多少值得羨慕的地方，但重慶國民政府依然由此實現了報復日本的夢想。

泛亞主義在東南亞經營的時間非常短暫，但並非沒有留下自己的種子。南洋的歷史時間表比東北亞慢半拍，自由主義－殖民主義體系直到六七〇年代才最終解體。日本的入侵對東南亞的衝擊，效果類似第一次世界大戰對東北亞的衝擊。冷戰顛覆活動在南洋歷史格局當中的地位，類似共產國際和國共兩黨在東北亞的地位。在兩種情況下，第一衝擊波都構成了後繼反應的背景。日本人在東南亞的破壞和建構作用大體可以分為三類：菲律賓除了地緣以外，完全不屬於亞細亞社會，日本只能採取類似歐洲的佔領軍模式。泛亞主義完全不能喚起亞洲天主教徒的共鳴，面對美國的訓政體制，大東亞共榮圈也沒有什麼吸引力；緬甸、馬來亞和印尼的國族發明直接源於日本泛亞主義，政治精英的傳統同樣來自日本在二戰期間的反殖民主義；暹羅王國轉化為泰語民族的國家，主要也是日本刺激的結果。日本培養的學徒（指緬甸、馬來亞、印尼、暹羅）在戰後發動獨立運動，大體實現了皇軍未了的期願。日本任何時候想到重返亞洲，都會在這裡找到簞食壺漿的追隨者。印度支那的形勢介於兩者之間，天主教社會已經存在，但不夠強大；日本的挑戰足以破壞，但不足以建設。兩敗俱傷的殘局為北方的滲透提供了合適的條件，將西伯利亞局和遠東局的衣缽傳給了南方局。

緬甸曾經是英印帝國的分支，英印帝國則是英國殖民主義的拱心石。泛亞主義以推翻殖民主義統治為己任，急於通過構建緬甸國族，實現解構大英帝國的夢想。日本佔領軍的《林集團軍政措施要領》規定，英屬緬甸應該在戰後獲得獨立。昂山將軍和日本人合作的經歷，構成緬甸建國神話的核心。[93]

泛亞主義者不僅哺育了東亞的孫文主義和內亞的圖蘭主義，也是南洋伊斯蘭主義最忠誠的保姆。日本和東南亞穆斯林社會分享了許多共同的目標，其中包括促進這些社會的國族建構和國家獨立。[94]今天的馬來民族主義者，有理由感謝日本人的干涉。今天的印尼國家，直接繼承了日本人的經營。

「日本占領馬來亞後，一方面對於抗日的華僑加以逮捕、殺害，另一方面對於原住民的馬來人則希望取得他們的合作；於是華僑與馬來人對於日本的統治政策有著截然不同的觀感。（略）在日本統治下的馬來人領袖可分為四種類型：（一）蘇丹和貴族，他們都與日本合作；（二）宗教領袖，日本企圖扶植這些人，表態支持伊斯蘭教，但是被一部分士兵和地方官僚無感覺的行為所抵消；（三）成為日本行政體系的官僚和鄉村頭人，他們必須幫助日本徵募強制性勞役，並實施日本的政策，他們中的有些人被馬來亞人民抗日軍殺害，而其中有許多人失去人民對他們的信任；（四）戰前的馬來人民族主義組織之領袖，日本官員堅稱這些人培植了馬來極端分子，但其中一個組織ＫＭＭ（馬來青年同盟）的領袖易卜哈欣（Ibrahim Yaacob）否認他提供活動的援助，宣稱他已經承諾ＫＭＭ不會抵抗日本的進攻。」[95]

早在戰爭爆發以前，泛亞主義思想家大川周明就開始論證日本和東南亞穆斯林共同反對歐洲殖民主義的天然盟友關係。日本軍政府沒收荷蘭人的圖書，建立了雅加達伊斯蘭圖書館。爪哇穆斯林社會對日本佔領軍也相當友好，他們的領袖翁多阿米塞諾（Wondoamiseno）和瑪斯·曼蘇爾（Mas Mansur）積極配合大東亞新秩序。印尼穆斯林諮詢委員會在日本人的監護下，行使了行政當局的職權。未來國父哈達的穆斯林黨在委員會的所有支部，都建立了自己的組織。瓦希德·哈芯（Wahid Hasyim，穆斯林黨副主席）利用伊斯蘭經校（pesantren）的網路，將穆斯林社會（Ummah，烏瑪）從政治上、行政上和軍事上組織起來。一九四五年七月，爪哇人繼承了共榮圈的最後遺產——雅加達穆斯林大學和穆斯林大會廳。[96]

泛亞主義的垂死掙紮造就了印尼，將戰爭留給荷蘭人。日本訓練的鄉土防衛義勇軍，構成印尼共和派在獨立戰爭時期的軍事核心。[97]海軍中將柴田彌四郎青睞共和派，讓印尼人染指日本軍械。十月三日，荷蘭海軍軍官作為盟軍的第一批代表抵達泗水（Surabaya）。柴田首先向他們投降，然後宣佈承認印尼人對城市的實際控制。他命令日軍將剩下的軍械交給印尼人，讓後者負責轉交給盟軍。（當然，印尼人沒有這麼做。）從十月底到十一月初，伊斯蘭教師聯合會（Nahdlatul Ulama）和穆斯林黨（Masyumi）的領導人宣佈保衛印尼祖國的戰爭為聖戰，穆斯林人人有責。伊斯蘭長老（kyai）和學生從爪哇東部的伊斯蘭學校蜂擁而出，擠滿了泗水。激進派政治家Soetomo

（1920-1981）以托莫兄弟著稱，通過地方電臺煽動全城的革命情緒。[98]

日本設想的國際新秩序[99]浸透了缺乏操作細節的願景，以其空洞性和抽象性體現了革命性。暹羅王國改名為泰王國，意味著國本從君統轉向民族構建。新的構建對英法殖民主義主導的國際秩序，構成直接挑戰。君主國的邊界跟民族構成無關，但大量泰語系各族群散佈在暹羅王國的邊界之外。法屬印度支那西部和南部都有泰語族群的聚居地，在歷史上曾經是暹羅的臣屬。《日本和泰國同盟條約》的締結，使新王國得以逆轉法屬印度支那的軍事優勢，將邊界向湄公河流域推進。作為回報，泰王國加入了日本策劃的大東亞共榮圈。日本的新舊盟國僅僅得到了國族創造的框架，但即使最空虛的形式都能夠保存原本不一定會產生的路徑和機會。

「大東亞共榮圈」的成員如此龐雜，既沒有共同的記憶和共同的紐帶，又沒有共同的願景和共同的價值，除了戰爭的臨時需要以外，沒有多少存在的理由。即使如此，獨立、自由和平等的訴求仍然擊中了美國人固有的救世情懷。國民黨人的老朋友赫爾利把自己評定為「反帝國主義的英勇鬥士」，他抨擊了英帝國主義，說英帝國主義正處在崩潰的前夕，而美國人已經以巨大的犧牲為代價，兩次挽救了英國人。但是，美國人已經不願意再這樣做了。[100]抗日戰爭最積極的支持者賽珍珠在《紐約時報雜誌》上發表文章，頌揚泛亞主義的新秩序：

「東條讓緬甸獨立的諾言於八月一日實現。……十月十四日，菲律賓宣佈獨立，一個星期後，自由印度臨時政府也宣告成立，由鮑斯擔任國家元首。西方沒有認識到這些事件的意義。這些新政府都是日本的傀儡。但是，億萬亞洲人通過他們第一次看到了從白人統治下獲得了自由。他們的熱情在十一月初召開的『大東亞會議』上達到了頂峰。中國、泰國、滿洲國、菲律賓和緬甸派代表到東京出席了會議。……這是正在覺醒的亞洲的聲音。對東條說來，這幾個小時是他的生涯中最滿意的時刻。東條巧妙地操縱著整個會議的進程，慈父般地朝各代表們微笑。他不只把這次會議看成是軍事聯盟，他自己也被泛亞精神所陶醉了，可是，他的軍隊中的同僚卻為之大傷腦筋。……這是大西洋憲章的太平洋翻版，是實現亞洲人長期以來的夢想的許諾。那些到東京去的人也許都是傀儡，但是，他們是在奴役狀態中出生的，此時已是自由了，並第一次共同宣佈為亞洲建立一個勇敢的新世界。」

日本人無法滿足美國人對普世主義的追求，在未來的三年內輸掉了他們的帝國。歐洲人和蘇聯人在未來的三十年和六十年內，落到了同樣的下場。

三、華北、南京和重慶的法統復辟與革命投機

引言：如果中華民族已經構建成功，抗戰就是愚蠢的決斷。抗戰在政治上之所以必要，正是因為蔣介石政權需要籍此推動中華民族的構建。為此，諸夏的歷史和傳統必須犧牲。汪兆銘政權以孫文主義的嫡系自居，視重慶政權為篡位者，試圖在南京延續黨統。維新政權以一九二三年憲法和聯省共和國的合法繼承者自居，視重慶政權為共產國際代理人，試圖在北平延續法統。延安一面在形式上承認蔣介石的領導，一面暗中跟汪兆銘政權合作，利用雙方的猜忌，擴大自己的勢力範圍。戰爭的壓力迫使各方越來越多地推行社會主義的經濟政策和革命的外交政策。南京政權在革命外交方面，暫時領先於重慶。

「抗戰建國」的虛構

只要戰爭的骰子仍然在空中轉動，所有各方都用最有利於自己的方式解讀。對重慶的蔣介石集團而言，戰爭可以彌補自身的雙重不合法性：北伐作為共產國際的代理人戰爭，肆無忌憚地踐踏了辛亥以來一脈相傳的法統。蔣介石依靠軍方驅逐胡漢民和汪兆銘，又粗暴地踐踏了三民主義

黨派的正統原則。訓政需要黨權，憲政需要國會。前者對蔣介石不利，後者對國民黨不利。蔣介石如果將革命戰爭轉化為護國戰爭，就有希望通過全民戰爭產生全民領袖的需要；如果借助對日戰爭消滅舊中華民國憲制內的眾多部分主權實體（quasi-state），就有希望通過大中華國族主義開發華夏文化圈的歷史資源。戰爭傷害的範圍越廣，重構歷史記憶的需要就越強。

戰爭爆發以前，諸夏由眾多膈膜的小團體組成。大多數團體對待遙遠的中華民國，猶如對待古老的朝廷。朝廷和天災一樣難以抗拒，但根本上屬於異類。中華民族或任何建構想要打破這些膈膜，都必須首先摧毀這些小團體。流亡重慶的下江人首先發現自己「屬於」中華民族，否則就會淪為無家可歸的浪人和難民。他們從此別無選擇，必須以抗戰—建國為藉口發動革命—征服，瓦解巴蜀士紳軍官和西南蠻夷部落，將總體戰結構深入到原有社會的廢墟內，才能將自己的行為正當化。中華民族原先只是眾多可能存在的未來路徑之一，此後就是證明自己正確的唯一途徑。「抗戰建國」自動轉化為「建設新中國」，實際涵義就是通過虛構舊中國，鎖定未來的路徑選擇範圍。意識形態的創新彌補了正統性的欠缺，如果蔣介石的發明獲得勝利，「下江人的流亡」就會自然形成新民族的誕生史詩，介於《伊利亞德》和《出埃及記》之間。

建國神話有自身的邏輯，很難接受一部分而排除其餘部分。共產黨取天下以巧詐，以致於沒有積累到建國神話的最基本元素，不得不剪貼拼接蘇聯、日本和國民黨為自己不同需要準備的材料，包括「建設新中國」和「虛構舊中國」的核心程序，結果在《出埃及記》部分留下了難堪的空缺，只好發明更加脆弱的「兩萬五千里長征」作為無產者的瓜菜代替。民族英雄蔣介石的形象塑造通過ＳＭ式感情煉金術，熔鑄了偉大領袖毛澤東的形象。[101]

一九三七年十一月的國民代表大會流產後，一九三八年三月的國民黨臨時代表會議通過了《抗戰建國大綱》和《組織非常時期國民參政會，以統一國民意志，增加抗戰力量案》。國民參政會處在國民代表大會和政治協商會議的中間狀態，發揮了聯接統戰周邊和黨國核心的紐帶作用。虛擬共同體（中華民族）像機車噴出的煙霧，保護和遮蔽了真實共同體（國民黨）。中華民國與國民黨不可分割，新中國和新三民主義不可分割。中華民族與華夏文明不可分割。重慶流亡政權相信，這樣的三層次鎖定足以造成法統虛位，給革命黨的社會重組計畫提供充分的自由。

南京的黨統與北平的法統

汪兆銘集團在新三民主義陣營內的生態位，酷似托洛茨基集團在列寧主義陣營內的地位。他們看到遲鈍的庸人篡奪了領袖和先知的遺囑，驚愕的程度仿佛希律王的子孫穿上了所羅門的靴子。他們不希望在黨權重建社會的使命完成以前，就讓名義上的「行憲」變成革命半途而廢的藉口。他們的黨治理想非常接近蘇聯意識形態專家痛心疾首的「小資產階級激進主義」，但他們自以為完全有能力繼承列寧主義的組織優勢，同時無需付出殘酷鬥爭的代價。歷史如果賦予他們較好的機會，就會產生酷似納賽爾主義和庇隆主義的左翼法西斯國家。抗戰爆發前的十年，他們彷徨於不同的軍事集團之間。每一次失敗都降低了他們下一輪討價還價的地位，越來越依賴汪兆銘的個人形象。

汪兆銘不大依賴他的集團，也不大照顧他的集團。自戀的詩人沉溺於拉馬丁和十二月黨人的浪漫鏡像中，一向沒有缺乏過自願投靠的追隨者。他看清了蔣介石策略的隱秘期望和致命弱點，對蔣介石的道德和智力都沒有多少尊重。他能夠容忍機會主義者佔據權位，只要能保障自己珍愛的記憶或幻覺；但如果黃雀在後的篡奪者連導師的意識形態遺產都要吞沒，不合時宜的騎士之血就要重新點燃小資產階級文人的虛弱薪柴。[102]他如果不能拯救國民黨，至少可以死在蔣介石斷送國民黨以前。他的策略如果配合國民黨的全部實力，確實可以實現辛亥泛亞大同盟的理想主義，但由於這一點根本不可能，他只是發揮了分裂國民黨的作用。南京國民政府的左派傾向吸引的匪諜比重慶更多，尤其在國共合作從未中斷的情報機構。汪兆銘企圖阻止的，都由周佛海、潘漢年和李士群加倍地做到了。[103]

南京國民政府的組織最初亦步亦趨地繼承「以黨治國」的一九二八年原則，召開了平行的「第六次全國代表大會」。會議通過了《整理黨務案》，否定了一九三九年一月一日以後的蔣介石派系的中央執行委員會和監察委員會，將總裁制和蔣介石的總裁職位一起撤銷了，通過了具有訓政時期基本法性質的《修訂中國國民黨政綱案》、《關於授權中央政治委員會案》、《關於盡速召集國民大會實施憲政案》，制定了政策指導文件《決定以反共為基本國策案》、《根本調整中日關係並盡速恢復邦交案》。汪兆銘政權希望堅持北伐和訓政的正當性，以一九二三年憲法為主要假想敵。他們之所以同意在《日華基本條約》中做出重大讓步，就是為了購買日本的支持，壓制北平的五色旗政權。「華北政務委員會」勉強放棄了「中華民國臨時政府」和國會重開的希望，換取了「中央政治會議」三分之一的席位和最終「實施憲政」的承諾。[104]「中央政治會議」的地位相當於同時的「國民參政會」和後來的「政治協商會議」，包容性大於僅僅屬於國民黨的中央執行委員會。一九四〇年的中央政治會議產生了孫文設想的五院及其《組織法》，批准了訓政時期的人事任命：國民政府主席林森，代主席兼行政院長汪兆銘、院長褚民誼，立法院長陳公博，司法院長溫宗堯、副院長朱履和，監察院長梁鴻志、副院長顧忠琛，考試院長王揖唐、副院長江亢虎。汪兆銘個人的憲制理想和一九三〇年代的痛苦記憶體現於軍政和軍令系統的分離，保證了南京國民政府不可能重新出現蔣介石式的「委員長」。

北平的「中華民國臨時政府」在其轉瞬即逝的機會視窗內，重提吳佩孚和北洋舊人年年不忘的一九二三年憲法，以五色旗為國旗，以《卿雲歌》為國歌，以廢除一黨專政為主要號召：「恢復民主國家，煎條汙穢黨治，同時絕對排除共產主義。」[105]王克敏、朱深祖述宋教仁和梁啟超，草擬了《中華民國臨時政府組織大綱》，復活了民初憲制的三權分立和責任內閣，設立行政、議政、司法三個委員會，在非常時期代行三權。他們秉承梁啟超在北伐時期的意見，將蔣介石政權視為共產主義的培養基，企圖利用日本的干涉報復蘇聯的干涉，通過抗戰的反作用力抵銷北伐的作用力，指責國民黨「竊據政柄，欺罔民眾者十有餘載」；「反復容共，倒行逆施，不顧社稷之將覆」；「拾共產唾餘，為黨權高於一切之邪說，私國家為己有」；「蔣介石執迷不悟，倡言容共」；「以焦土抗戰為號召，而百戰百敗，未數月而喪其國都，省市幾失其半」；「託名於國防，而消耗之金錢，不知幾十億萬何」。總之，「國民黨亟宜悟容共之非，謝罔民之罪，自承失敗，引咎下野，是非聽諸公斷，政權還之吾民。」[106]他們以正統的繼承者自居，向全世界呼籲：

「自黨府專權，輕開戰釁，師徒敗績，日不絕書。臨時政府、維新政府，應時勢之要求，先後成立。皆所以緩和戰禍、恢復邦交，救中國垂死之遺藜，兼以樹東亞百年之大計也。數月以來，兩政府悉心體察，覺對開兩府，固感要政之不易推行；即樹立中樞，亦須各方之詳加考究。幾經商榷，而中華民國政府聯合委員會遂於今日產生。本救國之精神，求反共之效率，通力合作，責任綦重。不待入會政府當努力從事，誓踐此言；即未隸兩府版籍之朝野諸賢，亦望其深憬民艱，保全國脈，參加組織，共策進行。其民眾之誤信宣傳者，亦宜力戒盲從，急圖覺悟，認明安危利害，以自造於福利之途。至於共產黨人，乘中國之危機，詭私統一之方，莫逾聯共，目前以嘗試黨府，將來以赤化中國，此則盡人皆知，無待復說。豈蔣介石執迷不悟，倡言容共，為飲鴆止渴之謀，又復出其爪牙，肆為簧鼓。不講立國之道，專惑在遠之人。國中有識之士，亦不免受其威逼利誘，墮入轂中。蔣氏遂借此負隅，延長戰禍，以造成今日之局。須知我兩政府同人之抱負，聯合委員會會務之進行，皆不願中國受悲慘之犧牲，華人增無窮之苦痛也。果使中國厲行反共，則國事可以安定；國事安定，則東亞立現和平；東亞和平，則世界舉蒙其福。然則聯合委員會之設，非徒為中國而已。世界人士如能俯見此誠，則向來通好之國家，皆吾弟昆，皆吾素友。其有陰助蔣氏，扶植共黨，假託旁觀，使中國民眾如水益深、如火益熱，而冀收漁人之利者，則雖欲敦我睦誼，其道無由。肺腑之言，度蒙諒解，中國前途之榮悴，亦將於此徵之。謹此宣言，用告中外。中華民國政府聯合委員會。」[107]

北平政權的憲法理論源於久已消亡的自由主義世紀，外交上卻得不到自由主義核心國家的支持。日本干涉者正在忙於消滅本國的自由主義殘餘，非但沒有為大陸的孑遺而興滅繼絕，反而以機會主義的態度對待華北的「法統復辟」和「聯省復辟」，強迫他們併入南京政權。舊國會的夢想隨著最後的維護者吳佩孚，不明不白地退出歷史。南京和重慶的殘餘政權雖然彼此敵對，卻同樣堅定地走上了政黨協商制的道路。汪兆銘和改組派指責西方代議制的弱點，嚮往協商機制和組合國家，這為此後數十年的「協商制民主」理論提供了藍本。[108]社會各部分的協商—組合需要一個超越性的政黨，否則國民聯合體就會始終處在虛懸的狀態。汪兆銘的眾多敵人迄今仍然不得不借用他的模型，為一黨制國家辯護。

戰爭總是對統制經濟有利，促使北平、南京和重慶的敵對政權加強物資和流通的管制。汪兆銘政權的「全國商業統制總會」囊括了棉業、米糧、粉麥、油糧、日用品五大領域，後來又擴充到鋼鐵、非鐵金屬、礦石、棉花及棉製品、羊毛及其製品、麻及麻製品、橡膠及其製品、礦油、煤炭、機器及附屬品，強迫業主和商人接受官方的登記、徵購和調配，但一般不會觸動利潤本身。汪政權儘管在理論上偏左，卻較少推行國有化和國家直接投資建設，部分原因在於華南社會的資本主義性格更為濃厚，部分原因在於汪兆銘和他的朋友們把主要精力用於收回日本控制的軍事設施和殘餘的租界。[109]重慶政權統治了一片幾乎沒有工業、金融和基礎設施的土地，又攜帶了資源委員會和四聯總處理事會的全套班底，自然而然地走上了國家投資驅動（尤其是農業、軍火和交通建設）的路線。西遷的私人企業為數不多，又陷入原始和陌生的經濟環境，越來越離不開官方的貸款和採購支援，至少在功能上已經淪為戰時社會主義的次要齒輪。[110]華北政務委員會為了保存民初憲制的最後一點遺跡，抗拒南京和東京日益強大的壓力，推遲「一個主義（大亞洲主義）、一個黨（仍然是國民黨）、一個領袖（汪兆銘取代蔣介石）」的意識形態二次北伐，已經沒有餘力和興趣推動經濟建設。華北的小企業大多數來自逃避鄉村掠奪者的本土小有產者，性質酷似一九七二年的西貢。大企業多數來自日本財團和滿洲會社，同時大量勞動力流入繁榮的滿洲。[111]這些企業在一九四五年被蔣介石的代表國有化，至今仍然構成華北國有經濟的骨幹。[112]

孫文主義的最高峰

一九四二年十月十三日，東條內閣同意放棄全部在華特權。汪兆銘自豪地宣佈，他簽署了「中國近百年來獨一無二的平等條約」。[113]《同盟條約》和《附屬議定書》取消了日本從《辛丑合約》到《日華基本關係條約》（1940）獲得的所有特權，從戰爭的重要導火線華北駐軍、源遠流長的東交民巷使館區到鼓浪嶼租界，性質和內容都非常接近一九三七年的滿洲國－日本條約、一九四四年的蔣介石—西方盟國條約、一九五五年的毛澤東—蘇聯條約。[114]事實上的附庸國通過充當人肉盾牌和貢獻後勤補給，從保護者手中買到了名義上的平等權利。南京政權覺得中國人民從此站起來了，都是自己的豐功偉績，足以告慰祖師爺孫文和頭山滿的在天之靈，對歷史本身也算有所交待了。[115]陳公博直到戰後還向蔣介石政權表功：「同盟條約內容，已取消一切密約附件，更取消所謂華北駐兵及經濟合作，而且更將內蒙返還中國。所剩下來的，只有一個東北問題了。」[116]殊不知蔣介石之所以必須將汪兆銘集團的經營從歷史中抹去，正是因為不能容忍中國人民居然會在敵人的領導下搶先站了起來，這樣豈非證明他自己的抗戰建國計畫既無用又有害，下江人的遷徙由悲壯的史詩一變為可笑的鬧劇？

不久後，毛澤東就依據同樣的理由，用蔣介石對待汪兆銘的手段對待蔣介石，將「中國人民」自一九二八年以來一次又一次「站起來了」的排演塞進壁櫥，再用精心設置的無菌樂園培育下一代青年，最後將知道得太多的老一輩見證人趕盡殺絕，以免「歷史的選擇」和「人民的選擇」沒完沒了地發生。

四、毛澤東的切香腸戰術[117]與梁山路線

引言：毛澤東機敏地發現，羅斯福、史達林、蔣介石和汪兆銘的路線衝突為他提供了玩弄權術的大好機會。黨內的列寧主義者習慣將中國共產黨視為共產國際的一部分，應該為莫斯科和重慶的統戰大局犧牲。毛澤東憑藉他對東方權謀和流寇社會的深刻理解，挫敗了列寧主義者，將史達林和蔣介石的資助用於保存實力和擴展領地的目標。蔣介石出於借助共產黨消滅地方勢力、害怕影響重慶—莫斯科關係的考慮，默許了共產黨吞併華北、華中和西北的大部分土地。二戰結束前夜，延安和南京達成針對重慶的互助協約。華盛頓和莫斯科關於戰後建立聯合政府的安排，進一步捆住了蔣介石的手腳。

史達林改變遠東政策

史達林根據西班牙內戰的經驗，指導了遠東陣線的初期部署。武漢在他的規劃中相當於東亞的馬德里，國民黨和共產黨分別代入西班牙共和派和共產黨的相對位置。蔣介石和王明忠實地執行了史達林的計畫，毛澤東不敢公開反抗他們。歐洲的危機和武漢的陷落幾乎同時發生，促使

史達林改變政策。前期的政策是利用蔣介石政權，拖住深入亞洲內陸的日軍。後期的政策是聯合德國和日本，破壞和瓜分搖搖欲墜的世界體系。前後兩期的轉換大致以慕尼黑綏靖和武漢陷落為界，隨著《蘇德互不侵犯條約》和《蘇日中立協定》[118]而完成。三大革命勢力在東北亞勝負已分，日本和蘇聯實現了滿蒙互換。華北緩衝區由北平的政務委員會和延安的中共中央瓜分，負責保護滿洲國和蒙古人民共和國的周邊，正如南黎巴嫩軍為以色列守邊，黎巴嫩真主黨為敘利亞守邊。

莫斯科和東京瓜分了東北亞，內亞則是蘇聯的禁臠。蘇聯技術人員打通並維護莫斯科—阿拉木圖—迪化—西安交通線，同時給重慶和延安輸送軍事裝備。內亞各邦的長官無論名義上是國民黨、共產黨還是穆斯林，實際上都是莫斯科的藩屬。周恩來和任弼時在這裡建立了可靠的後方基地。[119]

蔣介石事實上已經出局，但他繼續自欺欺人，因為害怕全國領袖的空架子被戳破，不敢公開為他留在華北的餘部鳴冤叫屈。後者紛紛效仿石友三和呂正操，分別投靠北平和延安。蘇聯和日本實際上都已經將蔣介石視為汪兆銘、王克敏和毛澤東的同儕，分別跟這些地方政權交涉，只有西方列強仍然承認重慶名義上的中央政權，但蔣介石的革命行動仍然以列強在東南亞的殖民地為主要目標。他在抗戰時期的滲透活動（支持印度國大黨反對英印帝國的備戰工作，組織西藏革命黨反對達賴十三世，為越南國民黨和共產黨提供滇桂基地，越過英國當局直接動員緬甸和馬來的華裔人力財力）得罪了英國人，給日本人提供了入侵的藉口，為國際共產主義打開了期待已久的門戶。國民黨在南洋的分支機構將閩粵移民社區變成了超限戰的戰場，最終使他們落到類似東歐日爾曼人的下場。

毛澤東建立根據地

毛澤東敏銳地看出，二〇年代革命家的恐怖主義策略已經不合時宜，蘇聯現在需要的是緩衝區，他只要大方向正確就能乘機營私。蔣介石最怕在觀眾面前暴露自己淪為地方政權的事實，因此吃了啞巴虧也不敢聲張。日本人越是公開宣傳重慶不過是地方政權，蔣介石就越有必要付高價購買中央政府的門面。毛澤東和他的朋友在一九三六年仍然戰戰兢兢，為張學良區區六萬發子彈的接濟而感恩戴德，[120]在偏師的襲擊下倉惶逃離赤都瓦窯堡，[121]在一九四〇年就能夠肆無忌憚地越界蠶食國民黨轄區了。毛澤東覺得現在是該替自己人打算的時候了，但這話必須翻譯成黑話，既能讓出身草莽的愚蠢部下明白怎樣保護自己，又不能讓精明冷酷的列寧主義幹部抓住破綻：

「歷史上存在過許多流寇主義的農民戰爭，都沒有成功。在交通和技術進步的今日而企圖用流寇主義獲得勝利，更是毫無根據的幻想。然而流寇主義在今天的破產農民中還是存在的，他們的意識反映到遊擊戰爭的領導者們的頭腦中，就成了不要或不重視根據地的思想。因此，從遊擊戰爭的領導者們的頭腦中驅除流寇主義，是確定建立根據地的前提。」[122]

這樣的理論在米夫的學生看來，明顯散發著異端的氣味，但在做不到言必稱希臘（馬列）[123]的流民和梟雄耳中，真有久旱逢甘霖他鄉遇故知的解放感。

毛澤東最大的困難在於，他只能戲侮和恐嚇列寧主義幹部群體，在組織上卻永遠找不到替代品。他狡猾地培植梁山系人馬，足以牽制蘇聯系的舊班底，但某些至關緊要的任務只有後者才能勝任，尤其是列寧主義組織的命脈——情報機構。[124]如果他有自己的貝利亞，就不應該允許莫斯克斯．周、康生、陳賡、李克農和葉劍英活下去，然而任何外國支部在莫斯科的觸角監護之下，都只能允許領袖享受如履薄冰的生活。

雖然史達林在四〇年代，無論如何不會允許毛澤東除掉共產國際留下的明哨暗哨，[125]但他直到垂暮之年仍然不得不聽任周恩來和康生自然死亡，就已經解釋了許多問題。他「個人崇拜」和「群眾路線」的意義就是監視和牽制介於領袖和群眾之間的幹部。換成掌握了捷爾任斯基和貝利亞的史達林，根本沒有必要這麼做。曖昧混亂的「治病救人」[126]取代了精確高效的肅反，因為社會部仍然是政治保衛局的直接延續。真正的共產黨人都心裡有數，組織為他安排的「女主人」可能來自克格勃或中央保衛委員會（中央社會部的別名）。毛澤東雖然任性地堅持自由戀愛，仍然不能不允許康生審查未來的妻子。康生有充分理由為江青洗脫國民黨特務的嫌疑，因為後者就是他自己派到魯迅藝術學院的網員（告密者），在保衛部長許建國的直接領導之下。[127]康、江二人在延安一見如故，顯然並不僅僅是因為同鄉和舊識的緣故。毛澤東根據普世原理「得不到自己喜歡的，就只能喜歡自己得到的」，相應地發明了「馬克思主義中國化」的精神勝利法。文化大革命即使真能打倒匪諜的核心，也無非是把權力轉給匪諜的周邊。江湖梟雄無論多麼機警狡詐，終歸不過是列寧黨蜘蛛網內的一隻昆蟲。

抗日根據地作為遠東共和國的孫輩，有豐富的統戰經驗可以繼承。共產國際第七次代表大會提出了「人民民主（反法西斯統一戰線）」，企圖欺騙永遠不會吸取教訓的資產階級。毛澤東相應地提出了「新民主主義」和「三三制」的副本，首先在延安付諸表演。林伯渠在《陝甘寧邊區政府對邊區第一屆參議會的工作報告》宣稱：邊區有近二百萬人口，二十二萬四千三百二十五人的自衛軍，二萬八千零八十七人的少先隊，七百多個鋤奸委員會，近九千個鋤奸小組和十萬多的鋤奸組員。[128] 民兵和鋤奸團只能為正規軍和情報機構提供輔助服務，考慮到林伯渠作為周邊人士得不到核心人員的名單，黨政組織和社會組織必不可少的核心幹部尚不計入，我們不難估計，群眾的監視者人數不會低於總人口的五分之一。

張聞天的贛南同樣有共產國際的資助、打土豪分田地的贓物和國有土特產壟斷企業的收益，都已經在八個群眾供養一個幹部的壓力下崩潰，在五年內損失了三分之一人口。延安的幹群比例甚至更為惡劣，僅僅依靠莫斯科和重慶的補給是根本不可能減輕群眾負擔的。民主演出只能依靠強力部門的工作和左派文人的宣傳，而且後者其實也是前者的周邊。周恩來在重慶、李克農在桂林的重要工作就是組織這些知識分子，毛澤東親自出馬教育投奔延安的文學青年怎樣做黨員。謝覺哉承認：「第一屆邊區各級參議會，雖然是普選，但非黨員和富有階級當選的很少，少得幾乎看不見。都是黨員，都是執行黨的決定，沒有異議，更說不上爭議，因此大家覺得議會可有可無。兩年來邊區各級參議會的不能按期開會及改選，這也是原因之一……第一屆參議會聘了十位非黨的地方紳士，我們把他當傀儡，他們也自認為傀儡，沒有什麼實際意義。」[129]贛南蘇區地形複雜，大為「群眾的反抗、群眾的上山」所苦。[130]延安的地形雖然便於監視控制，但最可靠的鞏固方式畢竟莫過於滲透、劫持和蠶食鄰近地區。即使蘇聯本身也只有不斷擴張邊界，才能壓制核心地區的反測之心。

統一戰線與滲透策略

統一戰線允許八路軍為軍事方便，進駐或通過邊區以外的各縣。當然，他們來了就不會走。國民政府的基層組織薄弱，縣以下幾乎沒有工作人員。共產黨的任何組織一旦將觸鬚伸入白區，就會迅速建立大量的黨組織和民兵組織，人數和實力大大超出通常只有數十人的國民黨現政府。[131]知趣的縣長這時會主動辭職，換取開明人士的名分。不知趣的縣長則會發現政令不出縣府，自己在共產黨大隊人馬的包圍下形同囚犯。如果他這時仍然拒絕交出權力，縣政府的少數工作人員就會在衝突中全軍覆沒。[132]如果共產黨的民兵和群眾組織未能消滅縣政府人員，八路軍就會以消極抗戰的藉口介入。最後的結果，總是邊區不斷蠶食白區。國民黨的地方官只能向蔣介石告狀，蔣介石則為了維持統一戰線的門面而隱忍。[133]最嚴厲的反制措施不過是修建防線，禁止邊區進一步擴張，已經喪失的地區，從來不曾收回，然而即使這樣的自衛措施，也被粉紅色媒體稱為

「反共高潮」。

毛澤東把紅色根據地視為自留地，儘量開發史達林和蔣介石的資訊落差，急迫之心溢於言表，說明他知道時機多麼短暫：

「(一)……所謂發展，就是不受國民黨的限制，超越國民黨所能允許的範圍，不要別人委任，不靠上級發餉，獨立自主地放手地擴大軍隊，堅決地建立根據地，在這種根據地上獨立自主地發動群眾，建立共產黨領導的抗日統一戰線的政權，向一切敵人佔領區域發展。例如在江蘇境內，應不顧顧祝同、冷欣、韓德勤等反共分子的批評、限制和壓迫，西起南京，東至海邊，南至杭州，北至徐州，盡可能迅速地並有步驟有計劃地將一切可能控制的區域控制在我們手中，獨立自主地擴大軍隊，建立政權，設立財政機關，徵收抗日捐稅，設立經濟機關，發展農工商業，開辦各種學校，大批培養幹部。中央前要你們在今年一年內，在江浙兩省敵後地區擴大抗日武裝至十萬人槍和迅速建立政權等項，不知你們具體佈置如何？過去已經失去了時機，若再失去今年的時機，將來就會更困難了。

(二)……對於反共頑固派的一切反動的法律、命令、宣傳、批評，我們應提出針鋒相對的辦法和他們作堅決的鬥爭。例如，他們要四、五支隊南下，我們則以無論如何不能南下的態度對付之；他們要葉、張兩部南下，我們則以請准徵調一部北上對付之；他們說我們破壞兵役，我們就請他們擴大新四軍的募兵區域；他們說我們的宣傳錯誤，我們就請他們取消一切反共宣傳，取消一切磨擦法令；他們要向我們舉行軍事進攻，我們就實行軍事反攻以打破之。實行這樣的針鋒相對的政策，我們是有理由的。……在應付可能的全國性的突然事變的問題上，也只有採取鬥爭的方針，才能使全黨全軍在精神上有所準備，在工作上有所佈置。否則，就將再犯一九二七年的錯誤。

（三）……我們的任務，是堅持地猛力地執行中央『發展進步勢力』、『爭取中間勢力』、『孤立頑固勢力』這三項唯一正確的方針，用以達到克服投降危險、爭取時局好轉的目的。如果對時局的估計和任務的提出發生過左過右的意見，而不加以說明和克服，那也是絕大的危險。

（四）四、五支隊反對韓德勤、李宗仁向皖東進攻的自衛戰爭，李先念縱隊反對頑固派向鄂中和鄂東進攻的自衛戰爭，彭雪楓支隊在淮北的堅決鬥爭，葉飛在江北的發展，以及八路軍二萬餘人南下淮北、皖東和蘇北，均不但是絕對必要和絕對正確的……同樣，八路軍、新四軍和華南遊擊隊，在西北、華北、華中、華南愈發展，共產黨在全國範圍內愈發展，則克服投降危險爭取時局好轉的可能性愈增加，我黨在全國的文章就愈好做。

（五）在抗日戰爭中，我們在全國的方針是抗日民族統一戰線的。在敵後建立民主的抗日根據地，也是抗日民族統一戰線的。中央關於政權問題的決定，你們應該堅決執行。

（六）在國民黨統治區域的方針，則和戰爭區域、敵後區域不同……利用國民黨一切可以利用的法律、命令和社會習慣所許可的範圍，穩紮穩打地進行鬥爭和積蓄力量。在黨員被國民黨強迫入黨時，即加入之；對於地方保甲團體、教育團體、經濟團體、軍事團體，應廣泛地打入之；在中央軍和雜牌軍中，應該廣泛地展開統一戰線的工作，即交朋友的工作。在一切國民黨區域，黨的基本方針，同樣是發展進步勢力（發展黨的組織和民眾運動），爭取中間勢力（民族資產階級、開明紳士、雜牌軍隊、國民黨內的中間派、中央軍中的中間派、上層小資產階級和各小黨派，共七種），孤立頑固勢力，用以克服投降危險，爭取時局好轉……在日本佔領地區（大城市、中小城市和鄉村，如上海、南京、蕪湖、無錫等地）的方針，和在國民黨區域者基本相同。」[134]

教條的共產主義者相信歷史必然性，缺乏辨認和捕捉機會視窗的敏銳。因此從列寧的十月賭注開始，成功的共產主義者一直都是改頭換面的馬基維利主義者。這種人信任江湖經驗，鄙視理論和書本。毛澤東知道自己不是史達林或任何列寧主義者的親信，只有「勝利者不受責備」原則才能保他安全。他的勝利是薛西弗斯和馬克白苦刑的綜合體，既不能退也不能停。天賦或精力不濟的人長期陷入這種處境，肯定會死於腎上腺皮質激素紊亂。實驗員熟悉這樣的小白鼠，不亞於審訊員熟悉這樣的犯人。他們要麼陷入呆鈍或幼稚行為，要麼爆發出以自毀為目標的超凡智慧。只有特別強壯和狡猾的個體才能數十年如一日地忍受煎熬，稱之為特殊材料[135]並非過譽。當然，他們最後的成功可能就是一種隱秘的自毀。毛澤東在抗戰中期就已經明白自己對格局的把握超過大多數同儕，越來越自信地冒他們不敢冒的險。他發現蘇聯是蔣介石的上級，無情地踐踏後者最珍惜的門面。皖南事件給蔣介石提供了表演各黨各派共同領袖的機會，毛澤東卻直接詢問崔可夫：「蔣介石無法無天至此，如何辦？」[136]他明白蔣介石已成籠中困獸釜底游魚，居高臨下和寬大為懷的態度無非是為了掩飾自己越走越窄的路徑。「蔣介石無論他怎樣造反但鬧來鬧去，只會把他自己鬧垮臺的。」[137]如果不是因為史達林的反對，[138]他已經準備進攻重慶了。[139]

蔣介石甘願吃暗虧，以免向蘇聯暴露自己根本沒有能力號令全國的可悲處境。西北軍和晉綏軍、更不用說地方團練同樣寧願吃暗虧，以免向蔣介石暴露自己的半獨立政權根本沒有抵抗收編整合的能力。他們經常希望借助共產黨的統戰支持，抗拒或延緩蔣介石統一政令軍令的步驟。國民黨同樣熱衷於借刀殺人，簡化他們心目中的反封建任務。[140]毛澤東指責晉綏軍將領張蔭梧是冀中敵後游擊區的「摩擦專家」，冀、察戰區趙侗的遊擊第七縱隊則是國家社會黨的武裝。第一戰區司令長官衛立煌看到他們和八路軍衝突，就乘機解散了他們的部隊。閻錫山和犧牲救國同盟會合作，結果導致了三晉新軍（薄一波的決死隊）和舊軍的全面衝突。閻錫山為了保存自己的特殊體系，寧願聽任新軍併入編外共產黨軍隊，以致太行、上黨之險盡失。

發展是硬道理

背叛和投機的遊戲沒有產生多少清白的演員，加害者和受害者僅僅因為極為偶然的因素就會交換位置。衛立煌和程潛都喜歡配合八路軍消滅地方勢力，原因並不僅僅在於他們本人或身邊的匪諜。蔣介石對待長征紅軍和川滇軍閥的手腕，為他們提供了「能做不能說」的秘傳心法。蔣介石從未允許第三戰區和第九戰區解散遭到新四軍襲擊的部隊，卻願意對晉察冀邊區和晉冀魯豫邊區的各種僭政睜一眼閉一眼。華北諸軍心裡有數，腳下明白。魯、豫、冀屬於西北軍的傳統範圍，跟北洋和蘇聯的關係都比跟蔣介石黃埔系的關係深厚。投靠北平和延安的軍隊以此系為最，兩者經常交叉，尤其在黃淮和膠東，孫良誠和吳化文就是他們當中的佼佼者，最終實現了曲線報復蔣介石的目標。[141]

對這些投靠的人馬，彭德懷專門為他們制定了優惠政策：

「一、對反正偽軍，按照抗日友軍待遇，不繳槍；二、對反正偽軍，給以抗日軍番號，不編散；三、對反正偽軍，一視同仁，幫助其發展，共同抗日。」[142]

一九三八到一九三九年，冀中八路軍士兵的三分之一到四分之一來自偽軍。[143] 日本人的軍事訓練往往比他們的敵人更勝一籌，為其叛逃的附庸贏得了更好的物質待遇。八路軍野戰政治部提出：「對反正偽軍的待遇不應和我們八路軍一樣，只要他們抗日，斟酌情形予以特殊待遇，不但可以鞏固反正的偽軍，而且可以影響其他偽軍，××反正的偽軍，反正後我們將他們升了一級，生活上給予特別待遇，該部不但鞏固了，而且擴大了，並影響到據點內偽軍，這樣反映『還不如到外面抗日，還吃饃饃呢！』的確，這樣對其他偽軍是起了瓦解的作用，我們對×縣和×××的反正的偽軍，由於不關心他們的生活，同時要求和我們一樣，所以造成內部情緒不高，再加上日寇的勾引，所以又重投敵一部，這是一個嚴重的教訓。」[144]

兵荒馬亂之際，土匪同樣是寶貴的資源。晉察冀邊區為了爭取進一步統戰土匪的機會，跟他們約法三章：「第一，抗日，給八路軍送情報，掩護抗日人員；第二，劃定各自的活動地域，在有抗日政權的地區內不許綁票，但可以『養秧子』（綁架來的人質），允許其到老敵佔區掏那些漢奸、親日分子和豪紳地主；第三，聽從我之指揮，准許我派幹部定期前來上課……這樣就相當的約束了他們對群眾的危險，而把其破壞性引向對敵。」[145]

隨著八路軍和新四軍的壯大，摩擦愈演愈烈：

一九三八年一月，八路軍在新河襲擊河北民軍趙雲翔部。

一九三八年十二月，八路軍圍攻博野的冀中遊擊司令部。

一九三九年，八路軍一一五師殲滅了魯西、徐海行政專員公署。

一九三九年六月，劉伯承、賀龍在邢臺殲滅河北民軍張蔭梧部。

一九三九年九月，八路軍在渾源殲滅第二戰區第二遊擊師。

一九三九年十二月，八路軍在鹽山殲滅冀、察戰區遊擊第三支隊。

一九四〇年一月，聶榮臻和賀龍在靈壽殲滅冀、察戰區遊擊第七縱隊。

一九四〇年一月，八路軍在元氏襲擊冀、察戰區遊擊第二、第四縱隊。

一九四〇年四到十一月，八路軍主力進攻河北省主席鹿鐘麟。鹿鐘麟逃離戰區後，重慶政權再也沒有恢復他們在河北的領地。

一九四〇年八月，八路軍在魯村圍攻山東省主席沈鴻烈。

一九四〇年九月，新四軍在泰興襲擊江蘇省政府陳泰運部。

一九四〇年十月，新四軍在黃橋襲擊八十九軍。

一九四一年一月，新四軍在茂林襲擊第四十師。

一九四二年四月，八路軍在浮山襲擊六十一軍。

一九四二年五月，八路軍在萊陽襲擊第十二師。

一九四二年八月，八路軍襲擊殺害山東省政府建設廳長秦啟榮。

一九四三年二月，新四軍劫持江蘇省主席韓德勤。

一九四三年五月，八路軍與日軍夾擊太行山國軍預八師和四十五、四十六兩師。

一九四四年七月，共產黨運貨支隊襲擊微山湖專員公署。

一九四四年八月，李先念在黃陂襲擊第四縱隊。

一九四四年八月，津浦路共軍在沛、蕭縣襲擊國軍第十二、二十六縱隊。

一九四四年九月，八路軍與日軍在浮山夾擊國軍六十一軍。[146]

國民參政會第三屆第二次大會接受了第十八集團軍不斷配合日軍夾擊國軍的報告，《大公報》發表了《懇勸第十八集團軍》的社論。周恩來做了一番不著邊際的辯解，發誓說八路軍絕對沒有進駐太行山區。張蔭梧到大後方上訪，[147]得不到蔣介石的同情。委員長最後用中央軍校的教官職位打發他，侮辱的涵義多於安撫。「摩擦專家」發現軍政部和軍令部裡的敵人比華北還要多，只能用反駁《新華日報》的小冊子自我安慰。

重慶的國民黨人試圖向毛澤東的上級告狀，但勝利者總是不受責備的。史達林的代理人對他們的態度，猶如蔣介石對待太行山區的遊擊隊員。一九四五年六月十九日，白崇禧對蘇聯代表彼得羅夫說：「鹿鐘麟的部隊在河北討伐日本人的同時，還遭到了中國共產黨軍隊的襲擊，一部分士兵還被解除了武裝。在山東，中國共產黨的部隊封鎖了道路，並解除了受到日本人攻擊而撤退的省政府軍的武裝。在華中地區，面對日本絕對優勢兵力而撤退的韓德勤將軍，遭到了背後的襲擊……我當然不願意說，共產黨人是同日本人商量好並按照日本人的命令列事的，但他們在客觀上利用了日本人的攻擊行動……共產黨人吹噓說，他們有九十多萬常規部隊、三百多萬民兵……他們在開始防禦戰爭時，只有大約三萬支步槍。他們靠什麼補充了這麼多武器？共產黨人吹牛說是靠從日本人手中繳獲來的。這也是不符合事實的。指望日本人你是不可能獲得這麼多武器的，這不是容易做到的事情。共產黨是通過解除地方保安團和國民政府軍隊的武裝才獲得了這麼多武器。」[148]當然，這時說什麼都沒有意義了。事實勝於雄辯，「毛澤東思想」已經勝利了。甚至日本人自己在完全喪失太平洋以後，也開始考慮撤退到亞洲大陸，跟莫斯科和延安聯合起來，堅持抗美反蔣的遊擊戰爭。[149]

滲透—劫持—重組—汲取

共產黨的擴張程序由滲透—劫持—重組—汲取四個階段組成，成敗取決於幹部隊伍和目標社會的組織資源落差。[150]共產主義的幹部和軍人群體比三民主義和儒家社會對應的精英群體龐大得多，一旦滲透成功就不難將後者變成甕中之鱉，但是正因為組織更加強大和龐大，劫持和重組以後的汲取力度必然會大大加強。一九三八年三月十五日，《關於大量發展黨員的決定》頒佈。延安成立了中央黨校和抗日軍政大學，隨後在淮北、蘇北、晉綏、淮南、蘇中各地建立了十二個軍政幹部學校。合法地位和真空地帶提供了空前有利的機會視窗。[151]

軍官的專業性質較強，不像黨政幹部容易培養，因此更加依賴統戰。《中央對根據地軍事政策之原則指示》寫道：「在軍隊的領導權握在我黨手中的條件下，可以吸收大量的同情分子（抗日而又不反共的國民黨軍官及無黨無派的軍官）加入我軍。」[152]

軍政幹部首先滲入社會，以人數和組織的絕對優勢，包圍寥寥無幾的舊政府官員，然後切斷其社會紐帶，果子自然會從砍斷的樹枝上落下。相對於人類其他文明，儒家傳統的農村社會最明顯的特徵就是散沙化程度極高。孤立的小農除了血緣家族以外，相互之間幾乎沒有共同利益和合作習慣。宗族長老和地主鄉紳除了應付衙門的稅收以外，很少為普通農戶和公共事務承擔責任。小農從他們那裡得到的庇護不多，服從他們的習慣也很薄弱。封建領主、基督教和伊斯蘭教士的組織網路和動員能力，在這裡完全不存在。社會軟弱，統治者就不需要太強。大清以數十名縣衙官員，統治宗族長老和地主鄉紳。國民黨通過部分的列寧化，將基層政權伸入各區和各村，在農村生產力沒有顯著提高的情況下，大大增加了農民的負擔。共產黨的徹底列寧化，又將脫產幹部的人數增加了數百倍至數千倍。

八路軍和新四軍進駐縣城，就足以震懾國民黨幹部手下的治安人員。黨組織建立以後，通過民眾抗戰動員，將周邊組織滲入基層。各級組織的人數都比同級的國民黨行政人員多出數百倍以上。各級黨支部、群眾組織和紅色民兵經過一段時間的訓練，足以繞過國民黨行政人員，向小農徵收公糧和物資，組織徵兵和勞役。他們根據延安的政策和當時的需要，統戰一部分親共的鄉紳和長老（所謂的開明紳士），以犧牲頑固分子和缺乏統戰價值的普通農民為代價，給他們的子弟安排有利可圖的肥缺，對反共的鄉紳和長老，展開騷擾和迫害，迫使他們逃到較大的城市，以便扣上漢奸或消極抗戰的罪名，侵奪他們留下的土地和財產，消滅他們在地方上的影響力。

社會控制完成後，壯丁、糧食和金錢都流向共產黨的組織和軍隊。國民黨幹部得不到人力物力，政令也出不了自己的辦公室。這時，共產黨組織就會遊說或強迫國民黨幹部辭職。留下的空缺，由共產黨人和開明紳士填補。國民黨幹部如果招來國民黨軍隊，就由八路軍和新四軍解決。[153]紅軍從抗戰初期的數萬人發展到抗戰結束時的數百萬人，為組織的擴張提供了關鍵的保障。

劉少奇向部下解釋統戰與革命的區別，尤其是統治的奧秘時說：「建立蘇北抗日民主根據地，一定要肅清暗藏的反革命，但要慎重不亂殺人。統一戰線始終不變，不用國民黨的罪名，不因為他是國民黨而槍斃任何人。如果是最壞的，進行暴動、殺人、破壞，那當然要殺。依照抗日民主根據地的法律來制裁，不問他是否國民黨員，也不必公佈他是否國民黨。任何政權的建立，統治的建立，不殺人就不能建立統治的權威。沒有威，就沒有恩，給他很多好處，他的感覺，反而背後笑我們無能。我們一定要有威力，『有威則知恩』，因此對真正的漢奸反革命，今天應採取鎮壓政策，毫不留情的對付他。但絕不能亂殺。我們做到不放走一個奸細，也不冤枉一個好人。流氓、反革命的土匪頭子，土豪地主真正反革命的，我們也可殺幾個，不過我們要慎重顧到群眾中的影響等。例如對那些鼎鼎大名的，有地位的，過去在群眾中有些威望的紳士地主，因為他的地位太重要，雖然他是頑固的反對我們的，但因為捉了他或殺了他影響很大，就不能不在事前慎重考慮和決定處理辦法。」[154]

小農的保守性格始終如一，因此地方幹部仍然必須發動積極分子。毛澤東在湖南農運時期發現的流氓無產者，時隔二十年仍然是革命最寶貴的依靠力量。社會邊緣人沒有什麼可以失去的，風險承受能力自然較強；長期受人歧視，報復社會的情緒自然濃厚；平時習慣以零零碎碎的犯罪活動謀生，侵奪財產的技術自然熟練。這些素質都是資產階級社會的負資產，卻是無產階級革命的寶貴資源。「我們不要怕流氓，並可利用他們，因為當一個運動開始時，老實頭常常不敢出頭打場面，這些分子，往往成為群眾運動的敲門磚。」[155]

可以明顯看出，「統戰對象」和「革命對象」其實是同一批人。統戰時期應該慎重對待，意思就是在（以前和以後的）革命時期應該殺掉。一九四五年以後的革命比一九三七年以前的革命容易了許多，關鍵就在於統戰時期剪除了舊精英的社會聯繫。土豪的財產和官職可能沒有變化，但他們已經失去了他們的曾國藩、別廷芳[156]動員宗族、鄉鄰的組織資源。社會重組完成後，幹部取代了鄉紳在社會網路當中的位置。土豪從凝結核變成局外人，自然就會變得不堪一擊。如果革命者像三〇年代一樣直接進攻土豪，很可能同樣會陷入眾多小別廷芳的汪洋大海。統戰工作之所以是黨的三大法寶之一，原因一目了然。

毛澤東貳心日漲

隨著自留地的擴大，毛澤東對兩位領導的貳心日益明顯。他在史達林面前還有掩飾的必要，在蔣介石面前就肆無忌憚地露出了勒索者的嘴臉。德國人入侵蘇聯，造成西伯利亞邊境空虛。史達林讓毛澤東派兵代守，許諾多給他一些裝備，毛澤東雖然背後藏私，還是服從了領袖的意志，派楊成武和呂正操進駐滿蒙邊境。[157]他的忠誠得到了意外的回報，因為這裡恰好就是蔣介石部隊在一九四五年爭奪關東的咽喉要道。

蘇聯駐延安的情報官（對外稱塔斯社記者）孫平（本名彼得・巴甫洛維奇・弗拉基米洛夫）雖然掌握了所有物質意義上的優勢，在亞細亞式權術方面卻遠不及毛澤東老練。師哲在他的回憶錄中說：

「毛主席把孫平拉得緊緊的，目的是通過孫的嘴巴，把我們的看法彙報給共產國際和史達林。最後兩年，雙方越來越親密，孫平的電臺幾乎成了毛主席的電臺。孫平任何時候都可以到毛主席那裡去，毛主席也隨時可以叫他來……毛主席正想進一步改造和培養他，把他變成我們的朋友，讓他宣傳我們的觀點。

於是，從一九四四年六、七月開始，到『七大』召開前，毛主席差不多每隔一周或兩周就同孫平長談一次，有時甚至一周內同他談兩次。每次要花三、四個小時，幾乎像上黨課一樣。

談話內容包括建黨以來，中國革命發展的各個階段的形勢變化，及我黨的政策、方針、路線，我黨取得的成績、遭受的挫折，各個時期黨、政、軍的發展變化、派別鬥爭等等……『七大』前夕，毛主席把『七大』的準備工作，《關於若干歷史問題的決議》草案的內容都給孫講了，同時告訴孫，讓他作為客人列席『七大』，並指定由我擔任翻譯。會後，毛主席還一再問我，各次會議孫平是否都參加了？

『七大』結束後，毛主席不滿足於孫平參加聽會，還專門把孫找來，向他介紹了大會的情況。實際上等於給了他一個提綱，讓他照提綱向莫斯科彙報。這個提綱的中心內容有三點：一、大會是團結的，全黨達到了空前的一致。二、『七大』通過的路線、方針、政策是完全正確的，得到了全黨的擁護。三、大會一致擁護毛澤東和劉少奇作為第一把手和第二把手。」[158]

毛澤東不僅要求蔣介石承認切香腸戰術造就的既成事實，而且拒絕保證放過香腸尚未切完的部分。這些條件包括：給共產黨五個軍十六個師的番號；承認陝甘寧邊區及中共在華北、華中、華南各敵後根據地政府及其各項設施；恢復接濟糧餉彈藥；公平獲得盟國援助之武器裝備；通令取消各種侮辱和污蔑中共及軍隊的稱號；停止特務人員對中共的各種破壞活動；釋放所有中共被俘和被捕人員；禁止發表造謠文字；允許中共在各地辦黨辦報；恢復中共在重慶和西安辦事處的電臺。他志得意滿地宣稱：「八路軍、新四軍除了要大力鞏固根據地以外，還要準備奪取城市。只要我們有實力，有地盤，拿不下全國，我們也可以搞聯邦的辦法來解決與國民黨的關係問題。而實際上，依據河南發生的情況，事實上很可能我們的力量要強過國民黨。如果反攻非用我們不可，羅斯福很可能會選擇共產黨，直接援助我們，那樣我們就會變成狄托，擔負起解放中國的責任。」[159]蔣介石最初斷然拒絕，但在美國人的威脅下，不得不勉強接受以「軍隊國家化」交換「政治民主化」的基本原則。

美國調停失敗

美國人一旦放出信號，統一戰線各方就不得不假戲真做了。一九四五年五月十日，莫洛托夫煞有介事地向赫爾利保證：「俄國從來沒有幫助過，今後也不會幫助中國共產黨人，從來沒有給他們提供過武器，今後也不會提供。」[160]赫爾利覺得大局已定，興致勃勃地趕往延安。後來，他自鳴得意地表示：「我看到一些報導，說蘇聯做了某些侵犯中國領土完整和獨立主權的事情，但坦率地說，我沒有發現使我相信這是事實的證據。我相信，美國和蘇聯在對華政策上是一致的。」[161]毛澤東自然不會公開忤逆史達林，在自留地裡面卻不見得不會玩弄老兵油子的忽悠技術。

蔣介石清楚毛澤東意義上的「服從國民政府」是什麼意思：殲滅和吞併蔣介石真實或理論上的部下，讓蔣介石用默認交換共產黨對他名義領袖地位的承認。只要犧牲品僅限於各路藩鎮土豪，他就樂於放出紅軍替自己「幹濕活」（指暗殺或策動政變等不能說明的事情）。共產黨的大多數受害者，正是他推動中央集權的障礙。共產主義威脅造成的恐懼，又為他攫取獨裁權力提供了最好的藉口。過去十幾年來，蔣介石的勢力和共產黨的勢力一直是同步擴展的。他從國民黨的後生晚輩，上升為國民黨的派系領袖，最後得以戰勝國民黨其他派系，以國民黨的組織力量構建中華民族，覬覦國家最高領袖的地位，每一步都離不開共產黨的配合。

當然，這樣的遊戲不可能永遠持續下去。一九四四年的政治生態系統已經高度簡化，蔣介石的障礙物和毛澤東的獵物已經所剩無幾。毛澤東如果繼續擴張，就要越來越多地犧牲蔣介石的嫡系。後者不是蔣介石集權的障礙，而是集權的支柱。蔣介石自然也明白，在他從名義領袖通向實質領袖的道路上，殘餘的障礙物越少，共產黨在殘餘障礙物當中的地位就越突出。毛澤東如果騙到了美國人的武器，接下來會幹出什麼事情，委員長並非毫無猜疑。針對赫爾利和毛澤東在延安達成的五項協定，他決定提出毛澤東無法接受的條件，以便讓美國人相信，決裂的責任完全在共產黨一方。一九四四年十一月十七日，蔣介石提出三項反建議：

一、統編所有軍隊，待遇裝備一視同仁。

二、共產黨人加入國民政府軍事委員會。

三、共產黨服從國民政府。

赫爾利看不出雙方的建議有什麼區別，照樣欣然同意，但周恩來沒有這樣天真，斷然拒絕。毛澤東辛辣地評價說，蔣介石的意思無非是「黨治不動，請幾個客，限制我軍」。[162]

蔣介石暫時穩住了每況愈下的局面，但沒有任何反敗為勝的機會。重慶政府的漏洞比篩子還多——周恩來和李克農一點都沒有浪費這幾年的合法地位。廣田弘毅的政府曾經認為，三〇年代的國民政府純屬匪諜培養基。其實在一九四四年國民政府的對照下，前者簡直像幼稚園一樣純潔。八路軍在各地的辦事處和各地的抗戰民眾組織，為經驗豐富的特工領導人提供了極大的便利。何況無論在西方還是東方，無產階級政黨總是比任何競爭對手更適應地下工作。莫斯科瞭解國務院和戰略情報局的動向，反過來卻並非如此。延安和重慶之間，情況同樣如此。兩黨領袖知己知彼的能力，尤其相去懸絕。毛澤東知道自己不是史達林的嫡系，又片刻不能離開史達林的支持，無論盲目服從還是公然對抗都有粉身碎骨的危險，只能小心翼翼地試探史達林的底線，一有危險就立刻停止，集中精力整肅自己的部下，不給他們任何吃裡扒外的機會。

蔣介石半生從事打倒帝國主義的革命，僅僅因為破壞國際體系的能力不如日本人，僅僅是在日本入侵印度支那以後，才獲得列強半心半意的支持，卻日益陷入自欺欺人的循環，一面假裝他是為西方的利益抗戰，甚至是西方必不可少的代理人，幻想美國人的耐性永遠沒有盡頭，一面假裝他是跟列強平起平坐的大國領袖，實際上卻沒有控制部下的能力。

國民黨漏洞百出，瞞不過蘇聯的耳目。一九四五年二月十四日，周恩來向蘇聯代表斯克沃爾佐夫彙報聯合政府談判經過：「蔣介石接見了周恩來、王世杰和赫爾利，對中國共產黨關於建立民主聯合政府的要求，蔣介石聲明說，革命給予了他權力，他將把這些權力轉交給人民，而不是什麼政黨，而且只能通過國民大會進行，而不是通過某種黨派之間的協商會議……我向周恩來同志詢問了中國共產黨與中國民主同盟之間的關係，周對此的答覆是，民盟擁護中國共產黨，並與共產黨人協商他們的工作，因為它自己單獨是不可能做成任何事情的。周恩來同志說，國民黨的左翼分子贊成中國共產黨關於建立聯合政府的要求。他們還制定了在這個問題上與中國共產黨共同行動的綱領。在回答了我的相關問題以後，周恩來同志說，參加國民黨左翼分子集團的人有：孫科、覃振、鄒魯（他認為鄒魯是最近幾年變成「左傾」的）、王昆侖（綱領的作者）、鍾天新、李烈鈞……周恩來同志認為，只有當宋子文本人失去權力的時候，他才會成為蔣介石的對立派。」[163]

美國人漏洞百出，同樣瞞不過蘇聯的耳目。蔣介石試圖讓國民黨人和共產黨人相信，美國的政策是為他服務的，除了成功地欺騙自己以外，很少能騙住任何其他人。蔣介石在羅斯福政府內部的朋友寥寥無幾，只有赫爾利和魏德邁數人；在自己的國民黨內部，也只能得到非常可疑的效忠。國務院的左派分子盼望延安勝利的心情，跟國民黨分裂分子渴望蔣介石失敗的心情不相上下。一九四六年十一月，赫爾利致信杜魯門總統：「我們的職業外交人員仍在向共產黨人進言說，我阻止國民政府垮臺的努力並不代表美國的政策，就是這些人公開告誡武裝的共產黨人拒不將中共軍隊統一編入國軍。」[164]其實，這些都是國民黨元老重臣天天都在做的事情。

---

1 一九三五年五月初，天津日租界著名親日人士《國權報》社長胡恩溥和《振報》社長白逾桓相繼被刺殺。事後日本中國駐屯軍參謀長酒井隆與駐華使館武官高橋坦隨即會見國民黨軍委會華北分會代理委員長何應欽，聲稱此案「係中國排外之舉動，若中國政府不加以注意改善，則日方將採取自衛行動」。

2 高橋坦（1893-1986）香川縣小豆郡人，先後畢業於陸軍士官學校、陸軍大學。從一九三四年十二月開始出任「北平在勤武官輔佐官」，即駐北平副武官。期間他與在天津的中國駐屯軍參謀長酒井隆一起策劃了《何梅協定》的簽署。一九四四年十月成為「華北方面軍」參謀長，晉升為中將。戰後在悠閒的生活中寫了回憶錄，於一九八六年一月八日死亡。

國民黨搞「巴勒斯坦解放組織」，日本人在表面上報復，卻無法阻止國民黨撕毀承諾，一面撤出地上政府黨部軍隊，一面派回地下特務組織，用恐怖活動維持華北的實質統治。

3 國民政府遷都重慶以後，為堅持抗戰不斷加大汲取力度，四川在人力、物力、財力上消耗巨大，四川原有的士紳階層也損失慘重。

4 張雲伏，《中蘇問題》（上海商務印書館，一九三七），頁一四四。

5 《蘇聯對外政策文件集》第十五卷（莫斯科，一九六八），頁六八三。

6 王宇高、王宇正編，《蔣中正總統檔案·困勉齋初稿》（臺北：國史館藏），一九三三年四月二十七日條。

7 《蘇聯對外政策文件集》第十八卷（莫斯科，一九七三），頁四四－四五。

8 羅志剛，《中蘇外交關係研究（1931-1945）》（武漢大學出版社，一九九九），頁五四－五五。

9 外務省紀錄 A.1.1.0.10，「帝国ノ対支外交政策関係一件」（松本紀錄，第一卷），日本外務省外交史料館藏。

10 小林龍夫、島田俊彥編，《現代史資料（7）満州事変》（東京：みすず書房，一九六四），頁三二〇－三二一。

11 楊奎松，〈蔣介石與一九三六年綏遠抗戰〉，《抗日戰爭研究》第四期（二〇〇一）。

12 臧運祜，〈西安事變與日本對華政策〉，《近代史研究》第二期（二〇〇八）。

13 同前註。

14 同前註。

15 「俞大維自南京致蔣中正九月巧電·摘要」（九月十八日），《蔣中正總統檔案·特交檔案·一般資料》卷四五七，「呈表彙集」三十，資料號 38201。

16 《蘇聯對外政策文件集》第十八卷（莫斯科，一九七三），頁六六二。

17 「鮑格莫洛夫致蘇聯外交人民委員部電報」（一九三五年十月十九日），收於李玉貞譯，《中蘇外交檔選譯（上）》，《近代史資料》總七十九號，頁二二〇。

18 陳立夫，〈抗日戰爭準備工作之回憶〉，《近代中國》第二期（一九七七），頁二〇。

19 《蘇聯對外政策文件集》第十八卷，頁六六三。

20 程天放，《中俄關係史》（華盛頓，一九五七），頁二一一。

21 「英國老繪之刻薄，世無其匹，難怪倭德俄意皆與之為敵也。」，《蔣中正日記》，一九三九年七月十八日。

22 熊沛彪，《日本外交史研究》（商務印書館，二〇一一），頁七五。

23 British Documents on Foreign Affairs, Part II , Series E, Asia, 1914-1939, Volume 45 [B]. University Publications of America. p.40.

24 同前註，四一—四二頁。

25 同前註，七一—七五頁。

26 同前註，五三頁。

27 復旦大學歷史系中國近代史教研組，《中國近代對外關係史資料選輯（1840-1949）（下卷第二分冊）》（上海：上海人民出版社，一九七七），頁六〇。

28 「國防最高會議常務委員第十七次會議紀錄」（一九三七年九月二十七日）、「國防最高會議常務委員第十九次會議紀錄」（一九三七年十月四日），「國防最高會議第十一—二十次常會紀錄」，收於《會議記錄》，黨史館藏，檔號：會00.9/3，轉引自：林美莉：〈七七事變之後國民政府走向對日決戰的時局判斷〉，《國史館館刊》第四十六期（二〇一五年十二月），頁三三。

29 同前註，頁三一—三二。

30 同前註，頁三六。

31 徐永昌著、中央研究院近代史研究所編，《徐永昌日記》第四冊，一九三八年一月十一日，頁二一四。

32 《蔣介石日記》，一九三八年一月九日—十二日。

33 劉豫是金國放進宋國的特洛伊木馬，蘇布希（土耳其共產黨領袖）是共產國際放進土耳其的特洛伊木馬。莫斯科為了爭取土耳其反對協約國，聽任凱末爾鎮壓土耳其共產黨。蘇聯要爭取國民黨反對日本，瑞金就是類似土耳其共產黨的障礙。國民黨如果像凱末爾一樣堅持以犧牲國內共產黨為交易條件，蘇聯是很難拒絕的，但國民黨急於報復日本和收回滿洲，對蘇聯就強硬不起來，因為不敢承擔單獨反對日本的風險，也就是說南京需要莫斯科的程度，超過了莫斯科需要南京的程度。凱末爾之所以能夠強硬，因為他以放棄摩蘇爾為代價，贏得了英國人的支援，他不需要反對帝國主義，也就不在乎蘇聯支持不支援，結果是蘇聯需要土耳其的程度，超過土耳其需要蘇聯的程度。

34 「戴笠自杭州致蔣中正九月敬午電」（九月二十四日），《蔣檔．迭肇事端》第三冊，資料號 24020731。

35 蔣介石如果聽任穆斯林軍閥繼續統治內亞，補給斷絕的紅軍本來會陷入類似西路軍的絕境，史達林不大可能因此改變扶蔣抗日的佈局。但蔣介石無意乘機消滅紅軍。紅軍不僅幫助蔣介石吞併了川、黔的統治者，也為他削弱了湘、桂、粵、滇和穆斯林地區的統治者。蔣介石空降安插的班底為了獲得資源和壓制勉強退讓的穆斯林軍閥，不能不實行親蘇政策，打開了張聞天和毛澤東夢寐以求的中亞—陝北國際交通線。

36 王宇高、王宇正編，《蔣檔．困勉齋初稿》，一九三七年三月二十六條；「蔣中正自杭州致何應欽等三月豔電」（三月二十九日），《國民政府檔案》，檔號 200A / 0161.42 / 4450.11-15。

37 程耀煌，〈統籌與自給之間：中共陝甘寧邊區的財經政策與金融、貿易體系〉，《中央研究院近代史研究所集刊》第七十二期（二〇一一年六月），頁一三七—一九二。

38 中央社會部正式成立於一九三九年二月，但一九三八年已開始運行。康生為部長。參見：「中央書記處關於成立社會部的決定」，收於中共中央組織部辦公廳編，《組織工作文件選編（一九三五—一九四五年八月）》（北京：中共中央組織部，一九八〇），頁二七四—二七五。

39 一九四一年七月七日，中共中央發出通知：中央已設立調查研究委員會，毛澤東為主任，任弼時為副主任（七月三十日改稱「調查研究局」，毛澤東兼局長，任弼時為副局長）。下設情報部，將中央與軍委一切情報機構統一於此部，康生為部長，葉劍英、李克農為副部長。各地黨委與軍隊一切情報工作，統受中央情報部的領導。中央情報部和中央社會部合署辦公，實為一套機構、兩塊牌子。參見：「中央設立調查研究委員會的通知」，收於中國人民解放軍政治學院政治工作教研室編，《軍隊政治工作歷史資料（第六冊）》（中國人民解放軍戰士出版社，一九八二），頁四二一；王健英，《中共中央機關歷史演變考實（1921-1949）》（北京：中共黨史出版社，二〇〇五），頁四一三、四二三。

40 《蔣中正日記》，一九三九年六月二十日、六月二十四日、七月十八日、七月二十—二十二日；「蔣介石致胡適電」（一九三九年七月三十日），《蔣中正總統文物．革命文獻．對美外交：財經援助（一）》，國史館藏，典藏號：002-020300-00030-017，頁一。

41 吳景平，〈蔣介石與戰時國民政府金融政策的制定與實施〉，收於黃自進、潘光哲主編，《蔣介石與現代中國的形塑（二）》，頁二五二—二五三。

42 陳紹禹，《陳紹禹抗戰言論集》（漢口民族解放社，一九三八年二月）。

43 師哲、李海文，《在歷史巨人身邊：師哲回憶錄》（北京：中央文獻出版社，一九九一），頁二〇五。

44 「這一決策，可分為三個階段來實施；第一、妥協階段，在此階段中，應藉自我犧牲，表面上表示服從國民政府，並奉行三民主義，但事實上這只是掩護本黨的生存發展；第二、競爭階段，以二、三年工夫，建立本黨的政治與武力基礎，並繼續發展至能與國民政府抗衡而破壞之為止，同時極力消滅國民黨在黃河以北的勢力；第三、進攻階段，在此階段中，深入華中地區，建立根據地，割斷中央軍在各地區的交通，使他們孤立而失去聯繫，直至我們反攻力量已準備成熟，然後從國民黨手中奪取領導地位。」郭華倫，《中共史論》（台北：國際關係研究所，一九七三），頁二二三—二二四。

45 「國民黨是當權的黨，它至今不許有統一戰線的組織形式。劉少奇同志說的很對，如果所謂『一切經過』就是經過蔣介石和閻錫山，那只是片面的服從，無所謂『經過統一戰線』。在敵後，只有根據國民黨已經許可的東西（例如《抗戰建國綱領》），獨立自主地去做，無法『一切通過』。或者估計國民黨可能許可的，先斬後奏。例如設置行政專員，派兵去山東之類，先『通過』則行不通。聽說法國共產黨曾經提出過這個口號，那大概是因為法國有了各黨的共同委員會，而對於共同決定的綱領，社會黨方面不願照做，依然幹他們自己的，故共產黨有提此口號以限制社會黨之必要，並不是提此口號以束縛自己。中國的情形是國民黨剝奪各黨派的平等權利，企圖指導各黨聽它一黨的命令。我們提這個口號，如果是要求國民黨『一切』都要『經過』我們同意，是做不到的，滑稽的。如果想把我們所要做的『一切』均事先取得國民黨同意，那麼，它不同意怎麼辦？國民黨的方針是限制我們發展，我們提出這個口號，只是自己把自己的手腳束縛起來，是完全不應該的。在現時，有些應該先得國民黨同意，例如將三個師的番號擴編為三個軍番號，這叫做先奏後斬。有些則造成既成事實再告訴它，例如發展二十餘萬軍隊，這叫做先斬後奏。有些則暫時斬而不奏，估計它現時不會同意，例如召集邊區議會之類。有些是暫時不斬不奏，例如那些如果做了就要妨礙大局的事情。總之，我們一定不要破壞統一戰線，但又決不可自己束縛自己的手腳，因此不應提出『一切經過統一戰線』的口號。『一切服從統一戰線』，如果解釋為『一切服從』蔣介石和閻錫山，那也是錯誤的。我們的方針是統一戰線中的獨立自主，既統一，又獨立。」《毛澤東選集》第二卷，頁五二六—五二八。

46 「蘇聯至少可以保護其側翼，同時它（根據地）也給蘇聯提供了保護。」沈志華、楊奎松主編，《美國對華情報解密檔案（六）》（東方出版中心），頁二四三。

「一九三六年九月二十日，共產國際領導人就已經開會討論了對中共提供財政援助的問題。季米特洛夫為此向聯共（布）中央政治局寫了專門的報告，請求提供二百萬盧布的貸款經過聯共（布）中央政治局批准後，十月十八日，共產國際就已經致電中共中央表明要從財政上來援助中共了。其電報稱：『我們準備向你們提供數目可觀的現金，以便你們能夠在國內自行購買必需的物品。』十一月三日，蘇聯注意到南京政府的軍隊與日偽軍將要在綏遠爆發戰爭，莫斯科在要求紅軍改向新疆接運軍事物資，並主動將援助物資的噸位提高到一千一百六十噸的同時，也制定了專項撥款援助的計畫。十一月十二日，共產國際執委會書記處通過王明和陳雲電告中共中央稱：『經濟上不能按月幫助，決定為你們幫助的總數五十五萬美元，第一批送去二十五萬。你們大約在十一月底可以在你們指定的上海轉款人手中收到。』」楊奎松，《西安事變新探》（山西人民出版社，二〇一二），頁二四五。

「他們甚至許諾，一旦紅軍能夠接通新疆，蘇聯方面可以將援助物資再增加一倍以上，總重量可以達到兩千噸左右，其中還包括了紅軍所急需的火炮，以及在西北地方作戰中極為有用的輕型裝甲車等。另外還可以送給紅軍五十名左右在莫斯科已經熟練地掌握了炮兵、裝甲車等項技術的中國同志。不僅如此，共產國際這時還根據中共中央的請求，陸續開始通過上海和天津的秘密接收地點，向中共提供財政援助。據共產國際電報稱，蘇聯方面二月間已經確定的援助數額即可達到將近兩百萬美元之多。」同前，頁四三六。

47 「張克俠是馮玉祥的連襟（馮玉祥夫人李德全之妹是張克俠的夫人）……張克俠早在一九二九年就被當時任中央組織部長的周恩來發展為特別黨員，要他在西北軍中開展工作，不可暴露身份，不得與地方黨組織聯繫，由中共中央直接派人與他接頭。一九三六年張克俠任二十九軍副參謀長，中央派蕭明與他聯繫……制定了一個集中兵力於平、津、保地區，計畫在日軍增援以前，以二十九軍的十萬之眾，一舉消滅在華北的兩萬日軍，亦即『以攻為守』的方針……張克俠接受指示後，即開始積極籌畫。」張滌，〈七七事變前後的蕭明與張克俠〉，《北京黨史研究》第四期（一九九五）。

48 「蘇聯之外交政策，完全避戰政策也。國人切不可有絲毫之誤會……蘇聯當局一面極望吾人抗日，其代表與國人私自談話亦竭力鼓動吾人抗日，然彼輩政府曾未與我國政府說一句負責的實著邊際之話，且蘇聯本身對日尚力求避戰。……更可惡者，彼在我國製造抗日潮流，使我人民與我政府為難，幾至挾我人民以迫我政府。我人民知識幼稚，感情用事……彼所願者為中國多負責任，蓋中日多事，則日蘇之間可少事矣。」參見：〈蔣廷黻關於蘇聯概況、外交政策及中蘇關係問題致外交部報告〉（一九三七年四月），《民國檔案》第一期（一九八九年二月），頁二五—三一、五〇。

49 中共中央黨史研究室科研局編譯處編，《國外中共黨史中國革命史研究譯文集（第一集）》（北京：中共黨史出版社，一九九一），頁四三五。

50 史達林對楊傑保證：「蘇聯希望日本削弱，但目前蘇聯尚未到與日開戰時機……中國現在抗戰甚力，且有良好成績，若中國不利時，蘇聯可以與日開戰。」李嘉谷，〈中蘇關係史研究二題〉，《抗日戰爭研究》第一期（一九九五）。

51 中共中央組織部，《關於抗戰中地方工作的原則指示》，一九三七年八月十二日。

52 魏宏運主編，《中國現代史資料選編》（黑龍江人民出版社，一九八一），頁五九七—五九八。

53 正統派指憲法保守派，鮑德溫、邱吉爾和蘭登，左派是麥克唐納和羅斯福。

54 一九四一年三月十一日，羅斯福簽署租借法案（Lend-Lease Act），依照這個法案，總統有權向「其防務對美國國防至關重要的任何國家出售、轉讓、交換、租借或以其他方法處理……任何國防物資」，並決定受援國的償付方式。國民政府多方爭取，美國在一九四一年五月六日宣佈《租借法案》適用於中國。但在租借物資分配方面，美國分配的數額少於中國的申請額，而中國實際獲得的物資數量，又少於分配定額。造成這一現象的一個重要原因是美國「先歐後亞」政策——英國獲得美國全部租借物資的百分之六三點七一，約三百零九億；蘇聯獲得百分之二二點七六，約一百一十億；法國獲得百分之五點八五，約二十八億。中國在抗戰結束前，獲得的八點四五七億美元物資，只占全部租借物資的百分之一點八。參看：吳景平，〈抗戰時期中美租借關係述評〉，《歷史研究》第四期（一九九五）；李琳，《租借法案在華實施研究》，遼寧師範大學碩士論文，二〇一四。
55 《真理報》，一九三五年十二月六日，十二月十三日。參見：《蘇聯〈真理報〉有關中國革命的文獻資料選編》第二輯（四川科學出版社，一九八六），頁五二六—五三一。
56 愛德加．斯諾，〈複始之旅〉，收於《斯諾文集》第一卷，頁二一〇—二一三。
57 愛德加．斯諾，《西行漫記》，頁二二〇。
58 黎永泰，《毛澤東與美國》（雲南人民出版社，一九九三），頁八八。
59 裘克安編，《斯諾在中國》（三聯書店，一九八二），頁一七五。
60 伊里奧．羅斯福，《羅斯福見聞秘錄》（春光新聞社，一九四七），頁一五四—一五五。
61 NARA, RG59, 893.00/14631, Johnson to Hull, January 3, 1941.
62 黎永泰，《毛澤東與美國》，頁一三九—一四六。
63 Yu, OSS in China, p.159-160. 參見：方德萬，〈重看史迪威〉，《中國的民族主義與戰爭（1925-1945）》第一章（北京：三聯書店，二〇〇七）。
64 《南方局黨史資料（一）》（重慶出版社，一九八六），頁二四二。
65 約瑟夫 W. 埃謝里克，《在中國失掉的機會》（北京：國際文化出版公司，一九八九），頁二七六—二七九。
66 邁克爾．沙勒，《美國十字軍在中國》（北京：商務印書館，一九八二），頁一六三。
67 'Diary of Fu Bingchang', entry of 1945-4-7. 戴維斯似乎不知道潘漢年（長江局情報部長）在上海的任務，後者的悲慘下場主要是為了洗刷直接上司李克農、甚至李克農背後的更重要領導人：「他（岩井）當然會想到潘漢年這位中共情報官員會利用袁殊和『岩井公館』獵取日、汪方面的情報。但他更重視潘漢年所能為他提供的有關中國內地以及重慶政府和蘇、美等大國關係的情報……都甲（李士群的軍事顧問，華中派遣軍謀略課長都甲大佐）說：『清鄉』的目的是為了強化社會治安。日本方面目前最關心的是津浦南段的鐵路運輸安全。只要新四軍不破壞這一段的鐵路交通，日方則希望和新四軍之間有一個緩衝地帶。潘漢年說：『新四軍發展很快，目前正在穩步地鞏固和擴大農村根據地，也無意要立即佔領鐵路交通線和其他交通據點。日軍方面要給新四軍有一定的生存條件，否則遊擊隊就會隨時襲擊和破壞鐵路交通線。』」《潘漢年的情報生涯》（人民出版社，一九九六），頁一一二—一七〇。
68 Weinstein, et al.,The Haunted Wood and Haynes, et al.,Venona.

Lowenthal, Venona and Alger Hiss, Intelligence and National Security, XV: 3(2000).
方德萬，《中國的民族主義與戰爭（1925-1945）》，頁八—九。
69 《中美關係資料彙編第一輯》，頁五七六—五七八。
70 同前註，頁五八二—五八三。
71 沈志華主編，《俄羅斯解密檔案選編——中蘇關係（第一卷）》（上海：東方出版中心），頁三三。
72 伊卡恩，《毛澤東的勝利和美國外交官的悲劇》（群眾出版社，一九九〇），頁一四九。
73 約瑟夫W．埃謝里克，《在中國失掉的機會》，頁二八五。
74 BBC製作的政治情景劇。講述了在野黨人士吉姆哈克當上內閣大臣之後，與事務官韓弗理爵士以及私人秘書伯納德三人之間鬥智鬥勇的故事。吉姆哈克是內閣大臣，本應是三人中權力最高的一位，另外兩人應服從他的命令。然而，他的部秘書韓弗理是事務官，與其屬於文官體系中的兩個分支，在種種事情上不配合吉姆哈克。公派的私人秘書伯納德夾在兩人之間忙於應付。
75 「從中國本土來說，一個更合乎需要的系統也許是以漢口為中心的輻射網。而實際的系統是一個平行的鐵路網，過於集中於華北和華東。在滿洲，曾發展過一種輻射與平行相結合的鐵路網，但由於二〇年代中日在東北的競爭，這種鐵路網受到不經濟的複線的損害。」《劍橋中華民國史》上卷第二章〈經濟趨勢，一九一二—一九四九年〉（北京：中國社會科學出版社，一九九三），頁一一〇。
76 郭冬梅、楊盼，〈橘樸的「滿洲國」與「農民自治」論〉，《外國問題研究》第一期（二〇一四）。
77 巴西殖民地最初的首府是港口聖保羅，獨立後的首都是港口里約熱內盧，內地大多是經濟落後地區或未開發地區。巴西政府在二戰後為了開發內地，遷都巴西利亞。巴西利亞在荒地上建立，不需要拆遷改造舊城區，變成了設計規劃人員的天堂。滿洲國出於類似的原因，放棄了歷史悠久的大連和奉天，選擇在內地建設新城。
78 芭芭拉W．塔奇曼，《史迪威與美國在中國的經驗》（新星出版社，二〇〇七），頁一五六。
79 鐘放，〈滿鐵技師的歐美考察與亞細亞號列車〉，《外國問題研究》第二期（二〇一四）。
80 滕利貴，《偽滿經濟統治》（吉林：吉林教育出版社，一九九二），頁六三。
81 關口壽一，《滿洲經濟十年史》（滿洲國通信社，一九四二），頁三〇—三一。
82 滕利貴，《偽滿經濟統治》，頁六九。
83 張士宇，《偽滿「糧穀出荷」政策與實施》，東北師範大學碩士論文，二〇〇九。
84 二戰爆發前，波蘭一度和日本走得很近，也承認了滿洲國。梵蒂岡在一九三四年委派吉林代牧區宗座高德惠負責「與滿洲國政府交涉」，不過這是否屬於承認一直存在爭議。

85 蔣介石的要求沒有滿洲國的要求多，而且日本能夠拒絕敵人的要求，難以拒絕自己人的要求。滿洲國的交涉代表是日本的激進派，在滿洲國建立以前，長期遭到日本國內老派人士的壓制，現在利用滿洲國做自己的陣地，地位比以前有利多了。後來蘇聯也面對同樣的問題，它能夠在中東路事件當中拒絕蔣介石和張學良，卻難以在朝鮮戰爭以後拒絕毛澤東。

86 毛澤東的一五和二五計畫，都是蘇聯出錢出技術的。如果蔣介石在位，蘇聯當然不用承擔這樣的犧牲。

87 服部卓四郎，《大東亞戰爭全史》（商務印書館，一九八四），頁九。

88 裴京漢，《從韓國看的中華民國史》（社會科學文獻出版社，二〇〇四），頁一八二。

89 汪南京政府一九四〇所辦雜誌，宣揚國家集團主義，認為中國要復興必須與日本合作，化敵為友，讓日本這個先進者提攜後進者，謀求東亞民族的共存共榮。孫文一九二四年神戶演講也以此為題。

90 同前註，頁一八五—一八六。

91 服部卓四郎，《大東亞戰爭全史》，頁二九。

92 大本營和內閣聯席會議，《適應世界形勢演變的時局處理綱要》，一九四〇年七月二十七日。

93 「三十志士是第二次世界大戰期間在日本受軍訓的以翁山為首的三十名緬甸青年。也是聯合日本進入緬甸的「緬甸獨立軍（BIA）」的重要組成人員。舊版對於緬甸和日本合作的原因，並沒有作太多的敘述，課文中也沒有出現被新版描述為英雄的三十志士，只有提到一群和日本合作的愛國青年。新版則是詳細敘述當時追求獨立的德欽翁山和其他德欽領袖們和日本合作的原因，認為日本是亞洲的領導者，相信日本可以為緬甸帶來獨立。」高嘉玲，《緬甸歷史教科書中的民族史觀》，國立政治大學民族研究所碩士論文，頁一一。

94 「日本人保留了各土邦蘇丹的行政機構，並用日本顧問取代了英國駐紮官。馬來語被作為東南亞的公共用語。日本人也繼承了英國人「分而治之」的殖民策略，利用馬來警察部隊對付主要由華人組成的抗日遊擊隊。另外，日本還支持有反英傾向的馬來民族主義運動。佔領期間，一批激進的馬來民族主義領導人希望借助於日本人的力量達到馬來亞獨立的目的，而日本人出於經濟與軍事上的考慮，也支援他們的計畫。在日本支持下，馬來民族主義者成立了准軍事性的青年組織「祖國的保衛者」（Defenders of the Fatherland）。一九四五年，在伊布拉希姆．雅各比與布哈努丁博士領導下「半島印尼人聯盟」（Union of Peninsular Indonesians）成立，其目標是取得馬來亞的獨立並與印尼實現聯邦。」陳曉律、王成，〈馬來人特權與馬來西亞社會〉，《歷史教學》第八期（二〇一四）。

95 李盈慧，〈戰爭與族群互動：太平洋戰爭中的華僑、臺灣人和東南亞原住民〉，《國史研究通訊》第十期（二〇一六年六月），頁六四—七一。

96 本段：*The Encyclopedia of Indonesia in the Pacific War*,(Leiden/Boston: Brill, 2010), pp.301-309.

97 周益群，〈日本在印尼的統治政策及其影響〉，《東南亞研究》第三期（一九八七）。

98 M. C. Ricklefs, *A History of Modern Indonesia since c.1200*,(Palgrave, 2001), p.266-267.

99 大東亞共同宣言

「世界各國應相倚相扶，共用萬邦共榮之樂，以確立世界和平為根本要義。然英美為求自國之繁榮而壓抑他國、他民族，對大東亞不斷進行侵略壓榨，逞其稱霸大東亞之野心，更顛覆大東亞安定之基礎，此為大東亞戰爭之原因。

大東亞各國應互相提攜，完成大東亞戰爭，從美英桎梏之下解放大東亞，以求自存自衛。根據左邊之綱領，期待寄望確立世界和平。

一、大東亞各國相互協同，確保大東亞安定，本著道義，建設共存共榮之秩序。

二、大東亞各國相互尊重彼此之自主獨立，呈現睦鄰之成果，確立大東亞之和睦。

三、大東亞各國相互尊重各自之傳統，伸揚各民族之創造性，發揚大東亞文化。

四、大東亞各國尊重對方的傳統，發展各民族的創造力，互相提升東亞國家各文化。

五、大東亞各國在互惠之下緊密提攜，促進經濟發展，增進大東亞繁榮。

六、大東亞各國和世界萬邦誠意往來，撤廢人種差別，普及文化交流，開放自由，期對世界進步有貢獻。」

（譯文：李文卿，《共榮的想像：帝國日本與大東亞文學圈（1937-1945）》〔稻鄉出版社，二〇一〇年六月〕，頁三。）

100 沈志華主編，《俄羅斯解密檔案選編——中蘇關係（第一卷）》，頁三二一—三七。

101 國民黨以抗戰為材料，把蔣介石塑造成民族英雄，通過偉大領袖蔣介石的敘事，發明中華民族。共產黨原本是中華民族構建的積極破壞者，但為了竊取國民黨的遺產，套用了國民黨發明的敘事體系，只是用毛澤東的名字換成了蔣介石的名字。

102 汪兆銘，〈我對於中日關係之根本觀念及前進目標〉：「受了第三國際的秘密命令，將階級鬥爭的招牌收起，將抗日的招牌掛起，利用中國幾年來的民族意識，挑動中日戰爭，這種大當斷斷乎上不得的……抗戰以來，軍隊和人民都已充份的表現了民族意識，這是不可磨滅的；然而同時我們又必須知道，這種民族意識，如今已被共產黨完全利用了。利用民族意識，在民族意識的掩護之下，來做摧殘民眾斷送國家的工作，在共產黨是以為當然的，他們只知道接受了第三國際的命令，要把中國來犧牲，犧牲的地方越大越好，犧牲的時間越長越好，犧牲的人數越多越好。中國固然犧牲個精光，日本也必受創，這在第三國際看來，

103

真個是一舉兩得。何況天從人願，抓著了蔣來做幌子，以盡情發洩十六年以來『剿共』的仇恨，等到盡情發洩之後，他們自然會回到第三國際老家去，用不著一些留戀。因為這樣，所以三番幾次得著了恢復和平的機會，偏要說抗戰到底。這就是說：中國永遠得不著和平的，非替第三國際犧牲到底不可。」

據周佛海的兒子周幼海回憶道：「我的外祖父楊自容，二〇年代曾去長沙明憲女中教書，他很喜歡一個女學生，名叫楊宇久。楊並認我外祖母為乾媽，我母親楊淑慧就成了她的乾姐了。後來楊在湘雅醫學院護士學校畢業，到了南京做護士。那時，周佛海已叛變中共，當了國民黨的高官。楊宇久經常出入周家，我和妹妹都稱她揚阿姨。那時，我們都知道楊宇久是劉少奇的表外甥女，因受劉少奇的影響，思想很進步，抗戰以後，周做了漢奸，任命楊宇久的親弟弟楊叔丹為偽財政部警衛隊隊長，兼管周家警衛。周之任命共產黨員楊宇久的弟弟為自己的警衛隊隊長，是有其政治用意的。因為，我們那時都知道楊宇久在蘇北新四軍工作。（略）

周佛海、楊淑慧首先問楊宇久，為什麼到南京來？。（略）原來楊宇久是奉新四軍政委劉少奇的命令，到南京來的。她想通過周佛海的妻子和周見面，瞭解周當了漢奸後有何打算，並探詢今後能否保持聯繫。（略）。

問題既然已經攤了出來，周就對楊宇久談了自己的想法。他說：「我自從脫離共產黨後，在國民黨內也當了十幾年官，但一直不得意。關於抗日問題，我有不同看法。因此，這次汪先生搞和平運動，我也跟了出來，想從另外一個角度來解決中日戰爭。但是，到了南京以後，覺得日本人遠不是他們自己所講的那樣，什麼『共存共榮』等等，特別是日本軍人。日本軍國主義的對華政策，既不統一，朝令夕改，上下左右互相排擠，人事調動頻繁，事情很不好辦。前途究竟怎樣？我自己心中也沒有底，只好走一步是一步，走了再看。至於和共產黨，我當然希望保持一個聯繫，何況有你在其中說話。你這次來，我保證絕對安全，你隨時都可以回蘇北。」周佛海的這一番話，使楊宇久也滿意。她表示，既然姐夫如此坦率，我也放心了。

一九四五年初，周佛海自己和我談到這一段往事時，還說了這樣一種看法。他說：「共產黨派楊宇久來找我，是非常聰明的。因為她和我家關係很深，加之又是女的，不會被人注意。」。（略）

周佛海與共產黨最後一次，也是最重要的一次接觸是與馮龍（即馮少白）的談判。周的親信、偽財政部稅務司司長邵式軍有個親戚叫馮龍，是共產黨。一九四三年春，馮龍來到上海住在邵家，希望通過邵能和陳公博、周佛海見面，商討雙方關係問題。

（略）馮接著問：「你參加的第一次代表大會，在黨中央的領導同志中，哪幾位和你熟悉？」周說：「在廣州黃埔軍官學校時期，我和周恩來、林伯渠共過事。特別是周恩來，還常到我家吃湖南菜哩！」馮說：「我下次來時，可以帶來他們的親筆信。」周接著問：「雙方合作要有共同基礎，我們之間的共同基礎是什麼呢？」馮說：「你們現在不是標榜什麼『和平、反共、救國』嗎？如果形勢變化，你們只要將『反共』二字改為『民主』二字，變成『和平、民主，救國』，合作不是就有了基礎嗎？」當周佛海告訴我這一段時，還說明瞭他的看法，「共產黨真聰明，只要把當中兩個字一換，合作就有了基礎。」周接著又問馮龍：「那麼，我們現在能做些什麼事呢？」馮說：「第一，我們可以互相交換日本人、國民黨的情報；第二，希望你能運一些我們需要的物資到蘇北；第三，我們雙方的部隊應該互不攻擊，保存實力，以備將來總反攻。」周表示：「第一、第二可以由邵式軍具體辦理，惟獨第三點究竟怎樣可以做到？」馮說：「只要你向你的稅警部隊下命令：如果附近的新四軍不來打你們，你們就不要去打他們。我們也向我們的部隊下達這樣的命令，這樣事實上，我們就可以達成互不攻擊的協議。」馮還表示，希望會見陳公博。周答應可以轉告陳，可由邵式軍陪同前往。最後，馮說自己有急事，要速回蘇北，以後如有事要找他，可由邵式軍通知，他便立即趕來。這就是周與馮龍的第一次接觸。（略）大約在一九四二年春、夏之間，汪偽特務機關「七十六號」的二處處長胡均鶴，偵知共產黨人潘漢年匿居在靜安寺百樂門大飯店，便去和潘漢年做了一次秘密談話，勸說潘和李士群見面。李在成為叛徒之前，潘、李就已經認識。潘同意了胡的要求，到蘇州會見了李士群，潘到了蘇州後，李立即將此事報告了周佛海，並陪伴潘一起到了南京，會見了周佛海。他們談的主要內容，是商定雙方在上海互不傷害，互不以暴力對付的問題。這次會見後，周、李與潘，又多次在上海的「七十六號」晤談。他們晤談時，楊淑慧也曾在場。一九四二年底，潘漢年告訴周佛海、李士群說，他將去蘇北解放區，但不久還會回上海。臨行前，周還在「七十六號」為潘餞行，李士群當時也在場。」程舒偉、鄭瑞峰，《汪精衛與陳璧君》（團結出版社，二〇〇四），頁二九六—三〇二。

另外中共前領導人王明對此也有描述：「至於對內政策，毛澤東事先不讓黨中央政治局知道，私自通過中共中央軍委電臺，命令新四軍政委饒漱石以他的名義派出代表與日軍代表和汪精衛談判共同反蔣的問題，同時命令停止抗擊日軍和汪精衛的軍事行動。可是當時不管是日本人還是汪精衛都不會相信毛澤東能成為『汪精衛第二』。他們懷疑共產黨搞什麼陰謀來反對他們，以企圖把他們誘人陷阱。所以談判未能取得任何具體的結果。（略）一九五五年毛澤東藉口反對『高（崗）饒（漱石）聯盟』而逮捕了饒漱石並把他折磨至死，同時利用這次運動把潘漢年（前新四軍偵察科長）以及胡均鶴抓起來，胡還被處決了。因潘漢年是饒漱石根據毛澤東的命令派去和日軍與汪精衛談判的代表，而胡均鶴則是前日占區和汪精衛的談判代表（胡均鶴當時背叛了共產黨的事業，但在上述談判過程中潘漢年成功地說服了他重新為我黨工作）。毛澤東的這些行動都是為了一個目的，即清除他執行民族叛賣路線的見證人。（略）因此美英帝國主義者就會懂得：既然毛澤東甚至在日本侵入中國、全民起來抗日救國的情況下都能與日本結成聯盟，甘當民族叛徒，那麼，在另外一種情況下，他毫無疑問也會和他們結成聯盟。」王明，《中共五十年》（東方出版社，二〇〇四），頁一九〇—一九三。

104 南京國民政府宣傳部編，《和平反共建國文獻》第一輯，頁二五—三〇。
105 張同樂，《華北淪陷區日偽政權研究》（三聯書店，二〇一二），頁四二九。
106 同前註。
107 同前註，頁三三。
108 汪兆銘，〈民族的國民〉、〈怎樣樹立民主勢力〉、〈國民革命之意義〉。
109 張根福，〈試論汪偽戰時經濟體制的形成〉，《天津師範大學學報（社會科學版）》第五期（一九九八）；古廄忠夫，〈対華新政策と汪精衛政権—軍配組合から商統総会へ〉，收於《戰時華中の物資動員と軍票》（多賀出版，一九九四）；潘健，〈汪偽政府財政特點分析〉，《福建論壇（人文社會科學版）》第九期（二〇〇九）；淺田喬二，〈華中農產品掠奪政策失敗的主要原因〉，載《一九三七—一九四五日本在中國淪陷區的經濟掠奪》（復旦大學出版社，一九九七）。
110 「到抗戰中期，後方公營工廠已在國民經濟中佔有重要地位，據統計，公營廠家的資本額約占後方工業資本總數的百分之六九強。其中，四川占百分之三六點六八，雲南占百分之十點三，廣西占百分之六點三八，貴州占百分之二點零三，湖南占百分之一點四七，陝西占百分之二點二五，甘肅占百分之二點七七。而且，這些公營企業規模大，資金雄厚。據統計，公營企業資本在十萬元以上的占百分之六十，民營廠家只占百分之三十，公營廠家平均資本為兩百萬元，而民營廠家還不及二十萬元。」張燕萍，〈抗戰時期資源委員會特種礦產統制述評〉，《江蘇社會科學》第三期（二〇〇四）。
111 《昭和十四年北支那開發株式會社，並北支那開發株式會社，關係會社概況》；《滿鐵北京事務所之統計》；《中央銀行月報》新二卷第十二期；中央研究院社會科學研究所，《社會科學雜誌》第九卷第二期；《北支主要工廠及事業場生產實績一覽表》，頁二五—四四；王方中，《中國經濟通史》第九卷（湖南人民出版社，二〇〇二），頁九五四—九五五；淺田喬二，〈滿鐵的侵入華北〉，載《一九三七—一九四五日本在中國淪陷區的經濟掠奪》；鄭會欣，〈日人之華北十年水力火力發電計畫〉，載《戰前及淪陷期間華北經濟調查》（天津古籍出版社，二〇一〇）。
112 孫宅巍，〈抗戰勝利後國統區工業述評〉，《民國檔案》第一期（一九九二）；陳曉敏，〈抗戰勝利後敵偽產業處理概況〉，《民國檔案》第三期（一九九三）；趙志強，《抗戰勝利後河北省敵偽產業接收述論》，河北師範大學碩士論文，二〇〇二年；張玉英，《抗戰後國民政府對河北平津區敵偽工礦業接收述評》，河北師範大學碩士論文，二〇〇五年。
113 汪兆銘，〈永久友好關係之結成〉。
114 石源華，〈論日本對華新政策下的日汪關係〉，收於《慶祝抗戰勝利五十週年兩岸學術研討會論文集》，一九九六年；黃美真、張雲編，《汪精衛國民政府建立》（上海：人民出版社，一九八四），頁四二一。

115 《周佛海日記》，一九四三年八月一日。

116 參見陳公博審判時對於起訴書的答覆。

117 義大利的沙拉米香腸通常比較粗，有五釐米左右，食用時每頓切下幾片，直到把整根香腸吃完。因此，逐漸分化敵方、一點一點蠶食對方領地的戰術也被稱為沙拉米香腸戰術。

118 蘇聯與日本於一九一四年四月十三日簽訂的在戰爭中相互保證中立的條約。一九一四年三到四月，日本外務大臣松岡洋右訪歐，前後途經莫斯科，同史達林、莫洛托夫進行會談，四月十二日達成協議，次日正式簽訂此約。條約共四條，有效期五年，主要內容是：雙方保證維護兩國間的和平友好關係，相互尊重領土完整和不可侵犯；如締約一方成為第三者的一國或幾國的戰爭對象時，另一方在整個衝突過程中保持中立。並同意暫不簽訂有關北庫頁島權利轉讓的附屬議定書。簽約同日，雙方還發表聲明：「蘇聯保證尊重滿洲國的領土完整和不可侵犯，日本保證尊重蒙古人民共和國的領土完整和不可侵犯。」

119 「（八路軍迪化幹部學校）為了培養軍事技術幹部，學校設立了以下各班：炮兵班、航空兵班、坦克兵班及駕駛員和無線電報務員培訓班……需要解決一些必要的軍事裝備和教員（給他們提供幾架各種型號的飛機、幾輛坦克、五六部汽車、一名火炮方面的教員、一名坦克方面的教員）的派遣問題。如果從政治上考慮，不便給他們提供軍事技術裝備和教員，那就需要把其中的一部分優秀學生送到蘇聯莫斯科和阿拉木圖地區，在那裡成立一座能夠接收二百名學生繼續學習和專門軍事學校或軍事培訓班。」《聯共（布）、共產國際和抗日戰爭時期的中國共產黨》第十八卷（北京：中共黨史出版社，二〇一二），頁二八七—二八八。

120 楊奎松，《西安事變新探》（山西人民出版社，二〇一二），頁一〇二。

121 奧托·布勞恩說：「找們在瓦窯堡呆的時間不長。五月底，駐紮在榆林的國民黨第八十六師乘一方面軍遠在西部和蘇區相對無防禦之機，進行了突然襲擊，完全出乎意料之外地出現在瓦窯堡城前，所有的中央機關都在這裡，但幾乎沒有軍隊防守。在毛的指示下，城市不戰而棄，人員倉卒撤退，例如我就是在撤退前一個小時才得到出發的命令的。所有的機關都轉移到保安，我們是在第二天或第三天才到達那裡的。這件事實在太丟人了，以致瓦窯堡再也不作為臨時紅都而為人所提起了。」劉東社，〈赤都瓦窯堡失陷史事鉤沉——西安事變縱橫考之六〉，《陝西教育學院學報》第二十卷二期（二〇〇四年五月）。

122 毛澤東，〈抗日遊擊戰爭的戰略問題〉。

123 毛在延安整風會議上所做〈改造我們的學習〉中的黑話。

124 「抗日戰爭期間，蘇聯派來軍事情報組駐延安。情報組設在延安棗園，有一個功率大、效率高的電臺……電臺後隨中共中央遷到北京，一直工作到一九四九年七、八月間。毛主席除使用『農委』的電臺外，有時也使用蘇聯情報組的電臺。在他認為凡是需要送史達林的信件，都通過這個電臺發出去。史達林的回電也是由這一電臺轉交毛主席。史達林回電都用化名。他用過兩個化名：菲利波夫和亞歷山大洛夫。

一九四〇年初，我回到延安時，康生領導的社會部就已設在棗園。這原是陝北軍閥高雙成的家園。被沒收後，我保衛機關駐此。蘇軍情報組也駐在棗園的後面。康生把整個這塊地方都弄得很神秘，不許任何人進入或接近，就是無意到此地的遊人都可能被懷疑為敵特、漢奸。這種做法也使得棗園內部的人極少有同外界接觸或來往的機會……一九四〇年冬天，蘇方為了加強在東方的情報工作，派以基斯林科中將為首的各兵種混合情報組到延安來……向毛主席介紹他們的打算：在華北、東北活動，特別是在解放區邊沿地帶及各大城市建立情報網。

毛主席說，要搞好這項工作，最好是我們兩家合作，分享成果……基斯林科和其他蘇方人員都面面相覷、啞口無言、莫知所云，不敢繼續談下去了。不久，他們就正式表示不同意這樣做……由於當年蘇方不同意同我們合作，一九三九年至一九四三年蘇軍情報組在延安曾獨自開辦了訓練班，輪訓年輕的情報人員……雖然蘇聯不同意在情報工作中與我們合作，但是我們搜集到的情報材料，仍然提供給蘇軍情報組，由他們報告莫斯科。」師哲、李海文，《在歷史巨人身邊：師哲回憶錄》，頁二〇八—二一一。

125 亞歷山大・潘佐夫、梁思文著，林添貴譯，《毛澤東：真實的故事》（聯經，二〇一五），頁三五九—三六二。

126 治病救人是整風運動的黑話，意思是只要你配合認罪表演，我們保證不會像史達林一樣槍斃你。

127 杜超，〈調查江青的人——許建國的悲劇〉，《文史精華》第八期（二〇〇七）。

128 〈陝甘寧邊區第一屆參議會特刊〉，《解放》第六十八期（一九三九）。

129 謝覺哉，〈邊區政權工作經驗的點滴〉，載《陝甘寧邊區政府工作報告》附錄，頁一二一—一二八。

130 張聞天的檔案，說贛南的民眾不堪重負，紛紛叛亂或逃入山林。黃道炫，《張力與界限》，頁二五四。

131 《陝甘寧邊區實錄》稱：「雙十二事變解決時，中共盤據地區僅延安、安塞、保安、安定等縣之一隅，旋乘機擴展，自稱邊區為十三縣，二十八年秋，以武力攻略隴東，二十九年春又占綏德區各屬，然後復提出保衛邊區二十三縣之完整口號，是以，邊區已由三數縣之一隅，擴張為十三縣，複由十三縣擴張為二十三縣。二十三縣總面積合計為六十四萬八千九百八十方裡。」李六如、和培元，《陝甘寧邊區實錄》（延安解放社，一九三九），頁八九—九〇。

132 一九四〇年一月二十九日發生鄜縣事件：鄜縣原駐有八路軍特務團，分踞城廂各地，一九三九年八月，該縣之永平、榆林橋兩區聯保主任為共軍逐走，並藉口「民眾要求」，侵佔為邊區疆界。一九四〇年一月二十九日，共軍藉口共黨區委委員劉忠被打傷，向大義、阜財、加興各區進攻，拘捕保安分隊長王子玉，保安隊長韓振江，入晚包圍縣府，擄走縣長蔣隆斑，保安團隊全被繳械，縣府公私財物亦被搶劫一空，鄜縣全縣遂落入共軍之手，被俘之蔣縣長遲至四月，始於繳納「罰款」七千元後獲釋。同前註，頁二五一—二五九。

133 一九四〇年二月爆發綏德事件：一九三九年十一月，中共由河西調一二〇師王震部四個團回駐綏德，旋以「破壞統一戰線」、「製造摩擦」為藉口，要求天水行營及陝西省政府徹辦專員何紹南，並提請行政院委王震接充該區專員。二區專員何紹南因共黨之攻擊辭去專員職務，省府乃決定以包介山接替，何當於二月二十一日返綏辦理交代，共黨遂發動武裝遊行示威，聲言「捉拿犯官」何紹南，專署方面，當即戒備，雙方進入備戰狀態。同時林伯渠、蕭勁光又電天水行營及陝西省府，反對包介山接任二區專員，堅決要求以王震充接。二月二十六日即捕去綏德義合鎮聯保主任武啟友，保長平侯、馬德麟，並槍殺保安第七團團部副官劉成祥。二十七日又將吳堡宋家川、綏德義合鎮、安定棗林坪三處保安隊包圍繳械。二十九日專員包介山率保安第三第十兩中隊撤離綏德，沿途遭王震部六次襲擊，保安隊被擊潰；前任專員何紹南亦率隊撤離，同遭截擊，三月一日始退至榆林鎮川堡。綏德遂被共軍佔領，劃入邊區範圍，並自行委任王震為該區行政專員。一九四〇年二月二十七日侵佔吳堡：共軍於二月二十七日將吳堡宋家川保安隊包圍繳械後即將吳堡縣黨政人員全部逐出，佔領吳堡並劃入邊區範圍。一九四〇年二月二十八日攻佔安定：二月二十八日共軍向安定進擊，該縣保安隊奮起抵抗，終以眾寡懸殊，忍痛退出。惟縣屬老君洞地方民眾及哥老會，以平日憤恨共黨壓迫，自動集合武裝二千餘人，抗擊共軍，激戰兩晝夜，亦以彈盡援絕，退出縣境，該縣遂為共黨全部佔有。一九四〇年二月二十八日佔領清澗：八路軍營長鐘善聲，以哨兵被擊傷為藉口，於二月二十八日夜二時半，率部包圍縣政府，擄去縣長李鵬飛，繳去長短槍二百二十枝，保安第七團第八中隊自清澗奉命返綏，途中亦遭襲擊，損失慘重。一九四〇年三月五日攻佔延川：共軍旋又於三月五日上午十二時包圍延川縣政府，保安隊兩班被繳械，縣長被扣，縣府財物印信被搶一空。」華統，《陝甘寧邊區全貌》（統一出版社，一九四〇），頁一四六—一四七。

134 毛澤東，〈放手發展抗日力量，抵抗反共頑固派的進攻〉，一九四〇年五月四日給中共中央東南局的指示。

135 紅色文宣自我標榜「共產黨員是特殊材料製成的人」。

136 《周恩來軍事活動紀事（上）》（中央文獻出版社，二〇〇〇），頁五一一。

137 毛澤東，〈目前華中指導中心應著重於三個基本戰略區〉（一九四一年二月一日）。

138 《周恩來年譜（1898-1949）》（中央文獻出版社，一九八九），頁四九一—四九二。

139 〈毛澤東等關於在政治上軍事上準備全面大反攻救援新四軍給彭德懷等的電報〉，收錄於《建黨以來重要文獻選編（1921-1949）》第十八冊（中央文獻出版社，二〇一一），頁一〇。

140 國民黨口號當中的封建勢力，包括一切抗拒中央集權的地方勢力：北洋軍閥餘部、各地軍閥、民團、商團、幫會、共產黨。共產黨消滅其他（國民黨心目中的）「封建勢力」，在國民黨看來是封建勢力自相殘殺，減輕了以後統一軍令政令的難度。

141 程潛是國民黨第一戰區司令官和河南省主席。衛立煌是國民黨第二戰區副司令官和後來的第一戰區司令官。第一戰區大致包括河北山西，第二戰區大致包括河南安徽。八路軍的擴張，主要是在他們的保護下展開的。他們的司令部裡，都有共產黨特工人員潛伏，但他們的親共立場，並不僅僅因為匪諜的影響。他們有理由認為，蔣介石同樣希望利用共產黨消滅地方勢力，因為蔣介石對長征紅軍追而不打，借此機會將川滇黔納入自己的勢力範圍。華北的國民黨將領學習委員長，結果導致八路軍坐大。第三戰區和第九戰區在長江流域，基本上沒有北洋餘黨和其他非嫡系勢力。新四軍擴張勢力，就要犧牲國民黨嫡系部隊。華北的非嫡系部隊被共產黨打了，蔣介石就乘機取消他們的番號和建制。長江流域的部隊是蔣介石的自己人，就不會遭到這樣的待遇。華北的非嫡系部隊明白蔣介石想借共產黨的手消滅他們，當然不會對蔣介石忠心耿耿，因此大批投奔親日派政權和親蘇派政權，例如孫良誠和吳化文（都是先投日再投共）。他們對國民黨反戈一擊，是含有報復意味的。

142 彭德懷，〈在北方局黨的高級幹部會議上的報告提綱（節選）〉（一九四〇年九月二十五日），收於河北省社會科學院等編，《晉察冀抗日根據地史料選編（上）》（石家莊：河北人民出版社，一九八三），頁四一九、四二〇。

143 丙奇，〈由晉冀兩省的現實論遊擊戰〉，《經世戰時特刊》第四十一到四十六合刊（重慶：大東書局、經世半月刊社，一九三九），頁三六。

144 〈××敵偽軍工作中的一些經驗教訓〉，《前線（半月刊）》第二十一、二十二合期（第十八集團軍野戰政治部出版，一九四一年九月一日），頁三八。

145 呂品，〈十分區的周邊軍〉，《冀中武裝鬥爭（上）》（中共黨史出版社，一九九四），頁四〇五—四〇六。

146 中華民國文獻編撰委員會、國立政治大學國際關係研究中心編印，《共匪禍國史料彙編（三）》，頁二八二—二九三。

147 張蔭梧的上訪材料說：「毛澤東先生指蔭梧為『摩擦專家』，其主要原因自然由於河北民軍堅持抗戰，未能俯首貼耳以受其屠殺，未能聽共產黨之意旨，聽命幫助其宰割河北人民，竊奪華北政權，實現其一切陰謀。所以八路軍總司令部駐冀代表朱瑞，在陵川時，對河北民軍工作數月，因鑑於『分化』、『爭取』之困難，乃致函於張存實等，批評蔭梧『向右看齊』！於是拉攏不成，便施之以分化瓦解。打了別人，回過頭來還反誣別人為『摩擦專家』。此種顛倒是非、陰險毒辣的狡計，斷難以一手掩盡天下耳目。蔭梧對於自命為中共負責人毛澤東之污蔑，卒不願多費唇舌，但為抗戰前途計，為個人名譽計，不得不略加辯正。

最後，本人尚有幾個問題應請全國同胞公判的：

割裂中央在華北之行政系統，設立『晉察冀邊區政府』，違抗中央命令，不取消『冀南行政主任公署』、『冀中行政主任公署』等，是否不是破壞統一之封建割據，是否不算『無法無天』？

擅自引發邊區銀行鈔票，發行救國公債數百萬，是否不算『無法無天』？
拒絕河北省政府行使職權，擅自頒佈法律命令，委派專員縣長，是否不算『無法無天』？
強迫徵收河北地方抗日武裝，掠奪民間財富，綁票勒捐，複加托派漢奸帽子，擇肥噬人，捐罰之外，暗殺活埋，使河北生靈塗炭，冤氣沖天，是否不算『無法無天』？
以威脅誘騙手段，解決了段海洲部、趙棣華部、孟閣臣部、竇同義部、劭北武部、史省三部、並將抗敵最有成績軍紀最好的趙棣華、史省三、及史之旅長愚忱、政治主任安克貞割鼻砍頭。難道這幾位抗日英雄也是『摩擦專家』？也曾打過八路軍？是否不算『無法無天』？
在冀中一區，慘殺及活埋國民黨員二百餘人，其餘各處，尚無法統計。此種殘暴非法行為，是否不算『無法無天』？
勾引敵人，消滅抗日友軍，友軍消滅之餘，則收拾其人員械彈，以為己有。此種行為，是否不算『無法無天』？
扶植地方氓痞，鼓動階級鬥爭，搜刮食糧，囤積深山，利用減租減息口號煽惑暴動，加深農村困難，減弱抗戰力量，阻礙建國進行。此種行為，是否不算『無法無天』？
對敵人遊而不擊，敵人走後，則冒人之功，以為己有，蠻橫強暴，截奪友軍所獲之敵人械彈，並以解決友軍槍械捏報為戰利品。此種行為，是否不算『無法無天』？
表面高唱『統一戰線』、『擁護中央』，實際則陰謀反對，禁止懸黨國旗及總理遺像、總裁肖像（各民眾集會場所，只懸掛馬列像及朱毛像），赤化太行民眾，高唱打倒國民黨、反對三民主義等口號，是否不算『無法無天』？」中華民國文獻編撰委員會、國立政治大學國際關係研究中心編印，《共匪禍國史料彙編（三）》，頁二六九—二七〇。

148 沈志華主編，《俄羅斯解密檔案選編——中蘇關係（第一卷）》，頁四三—四四。

149 「匪軍想進入市區，派人和日軍聯絡……本來日軍中就有一部同情匪軍，他們到了這個窮途末路的時候，更主張跟匪軍一起打遊擊。」《周佛海日記》，頁一二八六。
「敵寇目前正在力圖討好蘇聯，故不惜利用各種手段，與中共妥協俾作與蘇聯更接近之媒介。且可籍奸偽軍事力量阻礙國軍反攻，以策其部隊之安全。故雙方諒解，亦屬必然，而奸偽則可乘機壯大軍權與政權，坐收漁利……奸偽中央今年決定加強偽軍工作，企圖利用偽軍為媒介，以與敵軍溝通……雙方談判在北方者……奸方代表為彭真、蕭克，敵方代表為島田（豐作）……在南方者……奸方代表為陳毅、潘漢年，敵方代表為馬場（正郎）中將等，而其最後決定，雖有待東京與延安之指示，但終須視蘇聯幕後之決策耳。」〈中央聯秘處鄭中華致外交部情報司長何鳳山檢送「敵寇與奸偽勾結之研究判斷與其處置方法」一件請查照慎密辦理函〉（民國三十四年七月一日），頁一三九—一四〇。

「雙方約定：一、雙方各自維持現在佔領地區，各不妨礙交通；二、日本撤守地點由中共接收，以防渝美勢力之發展；三、對渝動態互換情報；四、指定地點辦理物資交換。」〈第一戰區司令長官胡宗南呈蔣委員長報告中共代表彭真與日敵北平陸軍聯絡部島田談話內容電〉（民國三十四年六月三日），頁一三五—一三六。

「日軍駐徐州旅團長大田與共軍第四師張愛萍部第十一旅旅長張震在宿東晤談，雙方決定：甲、敵必要撤退時，通知匪方接防；乙、匪方須掩護其退卻，不得襲擊；丙、平時互不侵犯，不做刺激動作。現匪方已分別令所部遵照。」〈江蘇省主席王懋功呈蔣委員長報告蘇北中共企圖消滅我所有部隊以及與日軍旅團長晤談勾結電〉（民國三十四年六月二十日），頁一三。

150 共產黨幹部隊伍的組織更強大，也更龐大。強大意味著組織紀律性和動員能力更強，自身擁有和向所在地方社會索取的資金和武器更多。龐大意味著幹部隊伍的人數更多，而且在社會總人口當中所占的比例更大。

151 以冀魯豫為例：「一九三八年四月，經過初步恢復整理的邊區黨的組織，僅有黨員百人左右，到十月就建立了十個縣委，連學生、士兵支部共達一百七十四個支部，黨員數達一千七百八十六人。一九三九年十月間，冀魯豫區黨委建立，黨的組織也大量發展，到一九四〇年四月，僅直（隸）南、豫北兩地黨員即達兩萬四千二百零七人。一九三九年一月，魯西區黨委成立，統一了魯西、魯西北各地黨的領導……從一九三九年三月到九月的半年中，單是太西區，黨員就由四百多人發展到一萬三千多人。到一九四〇年二月止，全區即有黨員三萬零三百九十七人。」齊武，《一個革命根據地的成長》（北京：人民出版社，一九五七年四月），頁一九八—二〇三。

152 晉察冀邊區政府，〈黨的政策講授提綱〉（一九四二）。

153 以太行根據地為例：「武鄉縣各級政權的改造，在晉東南是比較典型的。全縣原來的縣長、區長和四十八個編村的村長，都是舊政府委派的，但每個人的情況，並不完全相同。有地下共產黨員，有進步的知識分子，此外大部分是地主階級上層人物，還有少數反共頑固分子。根據這種情況，從一九三八年春天開始，中共武鄉縣委，按照黨的統一戰線的政策，區別對待。對共產黨員和進步知識分子村長，鼓勵他們積極工作；對一般的舊村長，採取團結教育的辦法，讓他們堅決抗日並認真實行有利於抗日救國的政策；對那些經教育不改，仍然消極或破壞抗日的村長，則進行不同形式的鬥爭，並加以撤換。民憤大的，則發動群眾到縣政府控告和請願，開會進行揭發鬥爭。到一九三八年七月，縣政府四個科中，教育和財政兩個科長，由共產黨員和進步人士擔任。八月，第三行署將舊縣長調離，派來新縣長。這就使縣區兩級政權，基本上為共產黨員和進步人士所掌握……犧盟會除自己建立遊擊隊外，還派幹部進入自衛隊和公安局。舊縣長被撤換後，就將自衛隊和公安局加以合併，成為抗日縣政府領導下的抗日武裝。」中共山西省委黨史研究室，《太行革命根據地史料叢書之三——地方武裝鬥爭》（山西人民出版社，一九九〇），頁五—六。

154 〈劉少奇對鹽城保衛人員訓練班之講話〉（一九四一年四月二十九日），一九四三年晉察冀軍區政治部編《鋤奸工作》。

155 劉玉柱，〈貫徹放手發動群眾方針〉，《拂曉》第二十二期（中共華中七地委宣傳部），頁四—五；（中華民國）法務部調查局檔案 052.1/812。

156 別廷芳（1883-1940），字香齋，河南省南陽市西峽縣陽城鄉張堂村人。歷任內鄉縣民團第二團團長、宛屬十三縣聯防司令、河南省第六區抗戰自衛團司令等職。他從一九二九年開始推行地方自治，「以自衛保護自治，以自治促進自養，以自養根治窮和亂」，效果卓著。十年內戰期間，紅二、四方面軍長征均避其鋒。抗戰爆發後，別廷芳部曾襲擊襄陽、確山、桐柏、沁陽四縣交界處新四軍竹溝辦事處。一九四〇年，別廷芳病死。一九四六年六月，共軍李先念部通過該區，仍遭到民團頑強阻擊，損失慘重。

157 師哲、李海文，《在歷史巨人身邊：師哲回憶錄》，頁二一三—二一五；弗拉基米洛夫，《延安日記》（中國現代史料編刊社，一九八〇），頁一三一、二六一、二七二。

158 師哲、李海文，《在歷史巨人身邊：師哲回憶錄》，頁二二〇—二二二。

159 同前註。

160 沈志華主編，《俄羅斯解密檔案選編——中蘇關係（第一卷）》，頁三三。

161 參議院外交委員會，《遠東政策調查》，頁一三〇—一三一，轉引自：約翰·斯圖爾特·謝偉思著，王益、王昭明譯，《美國對華政策（1944-1945）：美亞文件和中美關係上的若干問題》（北京：中國社會科學出版社，一九八九），頁一〇五。

162 《毛澤東年譜（中）》，頁五六〇。

163 沈志華主編，《俄羅斯解密檔案選編——中蘇關係（第一卷）》，頁二五。

164 General Hurley to President Truman (1945-11-26) in FRUS, 1945, The Far East and China,VIII, pp.723.

第五章
冷戰與反殖民主義

日內瓦會議（一九五四年四月至七月）

《日內瓦協議》將越南一分為二，卻沒有切斷越南和寮國－高棉的邊境。著名的胡志明小道由此而生，將停戰協議變成了笑柄。河內得到紅河三角洲的人力資源和中蘇兩國的武器援助，建立了東南亞最強大的軍隊。而東南亞的其他國家的穆斯林社會不僅難於滲透，而且敏銳地抓住了冷戰的機會視窗，將反共、反華和國族發明結合起來，贏得了巨大的政治利益。

一、從滿洲到朝鮮，格局選擇憲制

引言：日本的投降導致東亞大陸出現政治真空，只有蘇聯才有能力填補。莫斯科希望以支持蔣介石統治關內各省為餌，換取蔣介石接受蘇聯對滿洲的統治。儘管滿洲的工業—軍事力量遠遠超過東亞其他各地的總和，事實上已經處在蘇聯的控制之下，蔣介石仍然堅定地拒絕了對自己最有利的和平，再一次將毛澤東從犧牲品的命運當中挽救出來。史達林轉而大力援助毛澤東，將中東鐵路、大連港和蘇聯佔領的北朝鮮變成了林彪的後勤基地。金日成要求史達林和毛澤東回報，導致戰爭從滿洲擴大到朝鮮半島。

蘇聯占據滿洲

日本的投降滿足了蔣介石的反帝感情和復仇欲望，同時也消除了幻想和現實之間的緩衝地帶。昭和帝國在自己垮臺以前，成功地將歐洲殖民主義體系破壞到無法復原的地步，在亞洲大陸留下了寬闊的真空地帶。威爾遜體系至少在培植初期離不開美國的輻射，而美國人對大東亞共榮圈的內亞部分毫無興趣。即使蔣介石願意聽取魏德邁將軍的忠告，[1]恐怕都很難激發盟軍進駐滿蒙維和的興趣。何況，維持現狀正是所有革命家最討厭的事情。蔣介石不顧民窮財盡的現實，籌備了滲入越南、馬來亞、朝鮮、臺灣、西藏和滿蒙的幹部團體，縱然眼高手低，畢竟箭在弦上不得不發。

任何政治勢力的邊界都只能在挫敗之處劃定，蔣介石的悲劇在於野心和力量的落差太大。失敗允許他保留的幻想，在勝利面前分崩離析。他把日本當做最大的敵人，結果應驗了日本人的預見：「實際上滿洲已不僅是日本，而且也是東亞乃至全世界防止蘇聯赤化的堡壘。試看滿洲建國二十年過後的今天，這一堡壘垮了。赤化的浪潮正在洶湧澎湃地衝擊著東亞，甚至整個世界。」[2]

在日本遺棄的亞洲大陸上，蘇聯是唯一兼具革命意願和革命實力的行為主體。「蘇聯的力量，特別是它在滿洲和朝鮮的力量，接著日本的戰敗而大大增強。此外，共產黨在中國北方、越南和印尼所處的位置也是額外的力量之源。」[3]嚴格說來，蘇聯從未離開滿洲。史達林雖然承認了滿洲國，出售了中東路，卻不出所料地沒有遵守承諾、停止跨界滲透活動。周保中和蘇聯遠東軍在比金建立直接聯繫以後，「蘇聯遠東軍取代了中共代表團或中共中央加強了對滿洲黨和抗日聯軍的領導和支援……為了在冬季訓練抗日聯軍，於是讓他們進入蘇聯境內。進入蘇聯後，抗日聯軍的幹部在伯力或符拉迪沃斯托克接受遊擊戰術和偵察等政治和軍事訓練，其他人員被收容到曼佐夫卡附近的收容所裡，他們得到蘇聯的供給。此外，蘇聯遠東軍還為抗日聯軍治療傷病員，提供資金、武器彈藥和軍需品等等。蘇聯遠東軍為抗日提供了空間。」[4]蘇聯進軍滿洲時，這些代理人立刻派上了用場。

一九四五年八月二十五日，丘維林報告華西列夫斯基：「請從中國、朝鮮、其他北方民族、俄羅斯等民族組成的八十八旅當中派八百七十八人供第二方面軍使用。請派二百 十五名中國遊擊隊員、六十四名前滿洲國士兵前往滿洲工作。其中一百一十五人擔任衛戍司令部副司令和助手，一百五十三人作為地方保安團和其他機關的成員，四十人作為一般當地居民……派九十八名朝鮮遊擊隊員、十五名在蘇聯的朝鮮人前往朝鮮從事如下工作：四十七人擔任衛戍司令部副職，十五人任翻譯，三十七人為地方保安團和其他機關的成員……周保中中校、旅長，前東北抗日聯軍第二路軍總指揮，派往長春市。張壽籛（李兆麟）少校、副旅長、前抗日聯軍第三路軍總指揮，派往哈爾濱市。金日成大尉、前抗日聯軍第一支隊支隊長，派往平壤市。王效明大尉、前抗日聯軍第二支隊支隊長，派往吉林市。姜信泰大尉、第四營營長、前抗日聯軍第二支隊支隊長，派往延吉市。金策大尉、第二營政治副營長、前北滿省委書記，派往咸興市。馮仲雲上尉、旅政治部主任、前北滿省委委員，派往瀋陽市。」[5] 一九四五年十一月二十五日，王若飛對米克拉舍夫斯基介紹了十一月十七日在瀋陽召開的東北地區各民族代表大會的情況：「代表大會將成立東北地區聯合自治委員會，將選舉張學良擔任委員會主席。副主席為：張作相（現在北平）、李度（現在重慶，是滿洲派的首領）、張學思（張學良的弟弟）和林楓（共產黨員）。與此同時，東北各地區將成立人民政府。閻寶航將被推薦擔任遼北省政府主席職務。高崇民和劉瀾波將相應地擔任安東省政府主席和副主席職務。接著王強調說，中國共產黨有足夠的力量阻止國民黨軍隊進入東北地區。」[6]

一九四五年十二月二十八日，毛澤東命令東北局「迅速在西滿、東滿、北滿劃分軍區和軍分區，將軍隊劃分為野戰軍和地方軍。」[7]林彪的部隊在蘇聯佔領軍保護下，建立了以哈爾濱和大連為中心的兩大緩衝地帶。蘇聯在北韓的佔領區，為中共中央東北局提供了極大的便利。東北局駐朝鮮辦事處在平壤成立，開闢了四條胡志明小道。第一條走陸路，從安東經新義州、南陽到圖們。第二條走陸路，從通化經輯安、橫浦到圖們。第三條走水路，從大連到南浦。第四條從大連水路到羅津，再走陸路到北滿。[8]蘇聯佔領軍、東北局和朝鮮中央成立軍事合作委員會，負責整頓朝鮮境內的中共軍隊，為他們提供醫療和休息場所，解決內地和蘇聯幹部過境問題，轉運朝鮮的糧食、食鹽、工業品和蘇聯的軍需品，管理朝鮮和滿洲東北的貿易。[9]姍姍來遲的國軍無論通過南滿鐵路還是葫蘆島海路，都形同甕中之鱉。

蔣介石自取滅亡

現在大局已定，只剩下兩個問題懸而未決：蔣介石能否接受蘇聯代替日本，紅色滿洲國會不會直屬蘇聯。第二個問題的答案又取決於第一個問題。蔣介石如果願意不惜一切代價購買蘇聯的友誼，至少可以爭取某種西哈努克式的解決方案：以投靠國際共產主義為代價，換取鎮壓國內共產主義的權利。蘇聯得到滿洲—朝鮮的周保中—金日成政權，至少需要五年時間經營從聯合政府到一黨專政的過渡期。蔣介石—西哈努克有充分的機會鎮壓關內的毛澤東—波爾布特，讓延安—赤棉為滿洲朝鮮—南越寮國的社會主義事業而犧牲。這種前景對蔣介石而言並不美滿，但仍不失為一九三七年戰爭爆發以後所能指望的最佳結局，不過如果蔣介石願意接受這種性質的選擇，一九三七年戰爭就根本不會爆發了。

抗戰結束後的幾個月，毛澤東陷入了他畢生最無力的困局。他所有的才智和資源都毫無用處，命運完全取決於敵人和外人的選擇。國民黨遠征軍奪路出關以後，他的地位就像珍珠港事變以後的蔣介石一樣安如磐石。蔣介石如果願意接受有名無實的主權，史達林就有強烈的動機維護緩衝國脆弱微妙的平衡。滿洲和朝鮮的共產黨比延安的大軍更容易冒充「地方自治政權」，他們的領袖也比狡詐的梁山好漢毛澤東更符合列寧主義的忠誠標準。如果蔣介石以傾國之師闖入滿洲，有可能在敏感的機會視窗蕩平蘇聯數十年的經營，史達林就只有顧大局不計小節，集結延安、滿洲、朝鮮共產黨的全部力量反擊，因為毛澤東一統東亞雖然不如延安、滿洲、朝鮮相互牽制和競相效忠，但總比蔣介石及其大中華主義一統東亞更有利。後一種前景實際上會導致蘇聯在阿富汗戰爭以後陷入的兩線作戰困境提前三十年出現，而列寧以來二十年的遠東戰略就是為了打破這種可怕的包圍圈。

蔣介石放棄了安全可靠的「局部勝利」加「局部失敗」策略，選擇了「贏家通吃」或「一敗塗地」策略，非常符合四一二政變和抗日戰爭發動者的賭徒性格。史達林不是賭徒，所以並不支持十月賭注。正因為如此，他才比列寧的知心朋友托洛茨基更適合守成。如果列寧是史達林，十月政變不可能發生。如果史達林是列寧，共產主義革命也會像三民主義革命一樣短促而悲慘。史達林的特徵是謹慎和堅韌，盡可能長久地將盡可能多的選擇餘地留在自己手中，直到美國軍艦運送國軍在秦皇島登陸，他才下定決心大規模放水。[10]

滿洲—朝鮮無國界

亞洲冷戰從滿洲—朝鮮區域開始，一開始就沒有國界的概念。所謂的國共戰爭只是這場鬥爭的一部分，而且並不是最關鍵的部分。大連的蘇軍基地為毛澤東所做的貢獻，比他在華北苦心經營的十個根據地多得多。八路軍北上搶佔滿洲，滿洲的軍火南下接濟蘇魯前線，林彪的殘兵退到朝鮮休整，都仰仗大連的基地。美國人知道滿洲—蘇魯戰區和朝鮮—大連後方在蘇聯的部署當中不受國界的限制，卻只能聽任對方破壞遊戲規則。[11]

國軍掃蕩南滿期間，「先後有一萬八千餘名傷病員、軍屬和後勤人員撤到了朝鮮境內，有百分之八十五的戰略物資轉移到鴨綠江以東。在安東、通化收復後，絕大部分人員經陸上通道回到了東北解放區，二萬餘噸戰略物資幾乎完整無缺的運回了南滿……經這四條交通線使北滿的糧食和煤炭、大連的食鹽、布匹、醫藥和醫療器械以及工業原料等得到了交流。所轉運的物資已經無法全面統計，僅有據可查的，一九四七年頭七個月就轉運七百二十一萬噸，一九四八年全年為三十萬零九百噸。過境人員一九四六年下半年有十八批計三千人，一九四七年由安東去輯安的有兩千餘人，由大連去臨江者三千人，由大連去北滿的幹部兩千餘人。到一九四七年六月單計經朝鮮過境者不少於一萬人，遼東地區隨來隨往者，尚不計其內。一九四八年通過圖們—南陽口岸的過境人員達八千六百八十五人。許多著名人士，如李濟深、沈鈞儒等人參加新政協會議時，都是從香港，經海上通道，轉赴哈爾濱的。途經陸上通道的中共高級黨政幹部有陳雲、李富春、朱瑞、劉亞樓、蕭華、張愛萍、韓先楚、周保中、于若木、蔡暢、李立三、伍修僅、滕代遠、韓光、歐陽欽、何長工、杜平、李一氓、呂京等。」[12]

不平衡的內戰

國軍攻陷四平、長春後，蘇聯駐旅順口軍事委員會將大孤山存放的日本武器庫分兩次交給東北局的代表蕭勁光。[13]蘇聯濱海軍區命令蘇聯駐朝鮮佔領軍，將日本留在朝鮮的武器庫也交給東北局。林彪收編的關東軍為解放軍建立了第一個空軍學校，但飛機缺少零備件。劉亞樓前往旅順口求援，蘇聯海軍立刻滿足了他的要求。[14]而國軍自從失去了印度—緬甸交通線運來的美國配件，卡車螺絲釘都只能用一個少一個。茹拉夫廖夫率領的蘇聯鐵路專家組進駐哈爾濱，為一九四七年的滿洲里—外貝加爾斯克聯運做好了準備。[15]蘇聯船隻從布拉戈維申斯克（海蘭泡）、哈巴羅夫斯克（伯力）、共青城出發，向佳木斯和松花江各港口輸送軍需品。張聞天坐鎮佳木斯，統籌後勤工作。[16]而國軍秦（皇島）葫（蘆島）基地依靠美國在抗戰後期運來的物資，在華盛頓的制裁解除以前得不到補充。[17]

林彪和東北人民自治軍對蘇聯的依賴，比廣州革命根據地的蔣介石和東征軍有過之而無不及。兩人都是政治將軍，將指揮作戰的技術問題留給了友邦的無名英雄。僅從一九四六年七月至一九四七年六月，在中共軍隊中的蘇聯軍事顧問（包括軍官和士兵），就有一百零二人陣亡，七百人受傷（不包括受傷後死亡的）。此外，在中共軍隊進攻沿海港口的戰鬥中，蘇軍還出動軍艦掩護港口工人的日常作業，以及保護從蘇聯源源不斷地輸送給共軍彈藥和補給的船隻。共軍內戰中所需要的一切幾乎全部來源於蘇聯。另外，幾乎每支中共部隊都配備十名左右的蘇聯顧問，協調各個部門的行動和保證戰鬥分隊的效率。[18]蘇聯當局為了支持遠東的革命，幾乎將國內的生產能力羅掘殆盡，甚至像衛國戰爭時代一樣，要求各部門節約緊俏物資。一九四七年七月十四日，蘇聯部長會議決定向東北提供工業品。[19]

毛澤東和他的朋友們像饑渴的嬰兒一樣，連最細微的需要都會向莫斯科的乳房索取。蘇聯對他們的關愛同樣無微不至，從軍事、經濟到和談的細節，直到舉行慶典的信號彈。中共中央召開的重要會議和獲得的重要情報，都會在第一時間送到史達林面前。列寧的遺囑經過了二十年的曲折和奮鬥，終於到了九轉丹成的時刻，為此付出任何代價都是值得的，絕不能為雞毛蒜皮的小事而功虧一簣。

與此同時，馬歇爾和艾奇遜正在折磨可憐的蔣介石。國民黨的支持者像祥林嫂一樣到處呼冤，但得到的回應總是為時太晚。[20]相反，林彪發出的信號通常能夠得到及時的回饋。一九四六年三月，《中共軍與蘇軍勾結之最新情況報告第二期》稱：蘇軍在東北交給中共戰車四千五百輛、火炮九百門、重機槍八千挺、輕機槍二萬二千挺、軍車三千輛、軍馬六千五百匹、電話一萬五千七百個、無線電五千二百台、步騎槍百萬支，還從蘇聯境內和北朝鮮供應步騎槍、手槍、輕重機槍、迫擊炮、山炮、野炮、手榴彈、地雷、重炮車、汽車、飛機、裝甲車、火車、輪船、軍服、米糧、煤炭及無數彈藥。蘇聯教官在東北各地舉辦軍政學校、工兵學校、炮兵學校、空軍學校，為共軍培訓軍官。[21] 國民政府軍事委員會的生產能力只相當於蘇聯援助的零頭：一萬五千三百支步槍，五百一十挺機關槍。[22] 他們能夠支持數年之久，主要是由於來自關內解放軍的低素質削弱了武器優勢。蔣介石重蹈了九一八的覆轍，四處呼冤，應者寥寥。一九四六年六月，國民參政會通過的《建議採取強硬外交，維護中國領土主權案》「要求聯合國安理會主持正義，制裁侵略活動。」[23] 一九四七年二月，華北、東北民眾代表要求外交部向聯合國提出控訴。[24]「一九四九年八月三十一日，行政院向聯合國提出「控蘇案」，直到一九五二年第六屆聯合國大會，才正式通過。[25]

一九四八年九月十日，林彪通過蘇聯駐哈爾濱總領事館致電史達林，要求支援各領域專家至少一百人。[26]

一九四八年九月，「東北民主政權向蘇聯駐哈爾濱總領事館請求援助。請求他們提供有關蘇聯發展人民經濟的材料和制定五年計劃的資料。」[27]

一九四八年十二月十六日，科瓦廖夫向史達林報告蘇聯派去的鐵路專家在東北的工作成果。[28]

一九四八年十二月三十一日，交通部長貝舍夫向貝利亞報告向東北運糧的數量頻次。[29]

一九四九年一月五日，科瓦廖夫向史達林轉達東北民主政權的進一步要求，需要支援專家至少五百人。[30]

一九四九年一月十四日，史達林就和談問題指示毛澤東：

「第一，不能停止軍事行動，要建立中央聯合政府機構，並將五分之三的（政治）協商會議席位、三分之二的政府部長職位留給共產黨，而將餘下的議員席位和部長職位分配給其他民主黨派和國民黨。

第二，應當把總理、總司令，並盡可能把總統的職位都留給共產黨。

第三，應當通過（政治）協商會議宣佈，這樣建立起來的聯合政府，是中國唯一的政府，而其他任何妄想篡奪中國政府地位的政府都是欺世盜名的叛亂集團，應予取締。

最後，應該通過聯合政府，不但向你們的軍隊，也向國民黨軍隊發佈命令，要求軍隊宣誓效忠聯合政府，並保證立即停止對那些已宣誓效忠的軍隊採取軍事行動，而對拒不宣誓的軍隊繼續採取軍事行動。

……我們對南京方面調停建議的答覆，我們將根據你們的意見來起草。」[31]

一九四九年二月二日，米高揚向史達林轉達了毛澤東、周恩來和朱德的要求：

「我們能否向他們提供一定數量的日式、德式和捷克斯洛伐克式的高射炮和炮彈，以便保衛北平、天津、瀋陽和其他城市。現在他們有一百零八門高射炮。

我們能否提供一定數量的反坦克炮，他們現在共有一百五十門反坦克炮。

派遣專家並援助一些設備，以便生產武器。

在商品流通中列入一些原料，其中包括用於生產彈藥的三硝基甲苯。

提供一些顧問來組建軍隊、軍校，來組織後方，其中包括軍事工業。」[32]

一九四九年二月三日，米高揚向毛澤東傳達了史達林的亞洲戰略。[33] 史達林胸懷全域，東北亞的勝利只是東亞和東南亞下一階段鬥爭的墊腳石。毛澤東要對莫斯科負責，東亞各國共產黨要向毛澤東負責。只要世界革命的遠東輸液管穿過北京，毛澤東就不用擔心得不到蘇聯資源和技術的分潤。冷戰的金流造就了中華人民共和國，正如尼羅河造就了埃及。

一九四九年二月，毛澤東向蘇聯借債三億美元，希望蘇共提供日常必需品、石化產品和汽車（他提出的具體數字是三千輛）等物資。他還特別提到希望得到白銀，以便在中國發放硬通貨幣。當然，毛澤東對蘇共是否會拒絕或者部分拒絕發放這麼一大筆有償債務，心裡也沒底。他曾經說：「三億美元是我們的請求，我們不知道，你們是否會給我們這個數額，或多或少，假如你們不給，我們也不會生氣。」[34]「中共的領導人甚至表示希望從一九四九年開始在隨後三年的時間裡分期得到這筆鉅款，並說，他們將來會連本帶利償還這筆債務。」[35]周恩來說得更加具體，希望蘇聯提供共產黨軍隊極其匱乏的反坦克武器（那時解放軍裡只有一百五十件這樣的武器），還希望蘇聯提供重型坦克（那時共軍的作戰坦克最重的不超過十五噸，徐州繳獲的七十輛坦克，大部分都已損壞）。他還說，共產黨部隊還希望蘇聯提供製造軍火的原材料，比如三硝基甲苯（TNT）等。蘇聯最好連軍事專家帶設備一起提供。此外，中國急缺善於組建軍隊、實施軍事教學和組織後方以及軍工生產的蘇聯顧問。對此，蘇聯政府代表的答覆是：「我們原則上同意說明組織軍火生產和派遣顧問，但是關於高射炮和反坦克炮，我無可奉告，有待稟告莫斯科考慮。」[36]不久，周恩來又向蘇聯伸手：「我們想要鋼軌、液化石油氣、大約五千輛汽車和其他產品……」[37]

一九四九年六月二十八日，史達林會見中共代表團，中國向蘇聯借貸的事情才算有了眉目。當時會見現場的蘇聯速記員速記的內容如下：「關於借貸。史達林同志說，聯共（布）中央委員會決定向中共中央提供三億美元的貸款。他在談到這個問題的時候指出，簽訂這樣的協定在兩黨的歷史上尚屬首次。年息為百分之一的三億美元貸款將以設備、汽車和其他材料、貨品的形式，按每年六千萬的數額，分五年提供。中國將在貸款全部提供完成之後十年內償還貸款。為此，史達林同志說，毛澤東在給他的電報中說，百分之一的年息對於這筆貸款來說太低了，應當提息。」[38]史達林在談完貸款問題之後說：「我們還準備向你們提供上海黃浦江江面的掃雷援助，包括專家（我方很多）和掃雷艇。我們還可以向滿洲政府出售幾艘掃雷艇，並且在大連、旅順和弗拉基沃斯托克為掃雷培養中國水兵。」史達林還開玩笑說：「可以把他們（被培訓的中共水兵）賣給中央政府哦。」他還慷慨地表示，蘇聯可以為中共提供四十架殲擊機，以消滅馬步芳的騎兵。他還想幫助幫助中共建立海軍，打撈中國近海的沉船，並協助修理。特別是，史達林表示他願意為中共組建空軍。[39]解放軍的根基，由此得以奠定。[40]

一九四九年九月二十二日，華西列夫斯基報告聯（共）布中央政治局：「中共中央代表請求（蘇聯）向北平發送一萬五千枚信號彈，以用於中華人民共和國成立的慶典活動。」[41]

新人民政協僅僅開了十天會，就宣佈成立中華人民共和國。《共同綱領》根據史達林事先的指示，確定了冷戰初期的統戰體制。[42]周恩來為此不得不煞費周折，在香港收買國民黨元老和各種泡沫小黨。美國人對他們想像中的民族民主勢力估計過高，蘇聯人對他們想像的民族資產階級代表同樣如此。清黨先驅李濟深和摩擦專家陳明仁因此光臨北平，在共產黨內部引起了一片「老革命不如新革命，新革命不如反革命」的怨言。

毛澤東和蔣介石隔海建國

毛澤東知道他應該付出什麼代價，不斷重申「一邊倒」的基本原則。他堅定地拒絕了司徒雷登及其掮客的試探，[43]通過《共同綱領》第五十五條[44]向蘇聯宣誓效忠，實質上等於滿足了列寧對北洋政府的期望。這項決定實際上就是針對美國政府的合法性三原則，[45]讓史達林相信毛澤東不會做第二個狄托。[46]如果美國民主黨政府是優秀的馬基維利主義者，那他們選擇的挑撥離間手段真是再合適不過了，不過就他們此前此後的一貫作風推斷，他們的目標不外乎繼續折騰走投無路的蔣介石。

一九五〇年一月六日，俞國華[47]致電蔣介石：「援台案前途既多阻礙，連日與國會領袖晤談，均以反對派主要藉口為『中樞領袖不為臺灣人民信任，台民真意為脫離中國』等調言，為抵抗起見，建議臺灣省議會即日致電美參眾兩院聲明，參議會為民選機關，代表台民，現受中共暴力獨裁侵犯，本於美政府援助自由人民保障其自由之原則，希望美國能予自由的台民以軍事政治援助，並歡迎美國派員監督其使用等辭句。上述建議對於消除各種惡意濫言，當有極大補益。又，翟石（美國國務院遠東司司長）氏若赴台，我亦因盡力設法消除其臺灣人民對中央不滿，要求獨立之觀念。」[48]俞國華一九五〇年一月十二日致電蔣介石：「查戰後美援華各案均由共和黨發動，國務院對華設施向不依照對歐之兩黨或超黨外交程序徵詢國會意見，在執行時亦多方刁難，企圖拖延時間減低實惠，此次我與國務院直接談判似有端倪，最後仍被推翻，可見其全無誠意。據白吉爾將軍（O. C. Badger）及最近訪華參議員費格森雲，最後決定仍係馬卿所主張。」[49]蔣介石無法綁架美國人，但還有餘力綁架臺灣人。美國人願意支持臺灣抵抗共產主義侵略，卻不見得歡迎蔣介石紮根臺灣。臺灣必不可少，不等於蔣介石必不可少。如果臺灣人民能夠及時擺脫蔣介石，他們就會讓蔣介石無處可去。俞國華知道蔣介石已經命懸一線，千萬不能讓國務院得到任何藉口。美國人和國民黨都知道蔣介石需要臺灣，但臺灣不需要蔣介石，如果讓臺灣人民也知道這一點，那蔣介石就徹底完了。

毛澤東意外的勝利和美國人意料的冷漠給史達林和金日成留下了錯誤的印象，試探性賭博的邊界或許還在更遠的地方。朝鮮戰爭結束了他們的曖昧和猶疑，固定了所有各方的位置。魯斯克（David Dean Rusk）[50]公開宣佈：「中國已經成為國際共產主義的工具，是一個斯拉夫人的『滿洲國』，要像反對蘇聯一樣有力地反對中國。」[51]這樣的定性對史達林非常不利，意味著他從此以後再也無法享受統一戰線的優惠待遇了：羅斯福的統一戰線，最大受益者是蘇聯。莫斯科一面依靠華盛頓的輸液，一面用美國的援助顛覆美國的盟友。冷戰公開化，美國就不會繼續援助蘇聯了。實際上，公開決裂就意味著蘇聯一定會餓死。餓死的具體過程和時間，都是無足輕重的細節。「人民民主」的白手套已經弄髒，蘇聯重新回到必須為各國支部承擔責任的時代。[52]

毛澤東對這樣的定性倒是求之不得，美國人的敵意幫助他有生以來第一次占穩了國際共產主義內部的交椅。他終於不必擔心無數潛在的蔣介石、王明、周保中和金日成了。戰爭升級對他反倒是天賜良機，可以讓蘇聯老大哥買單，建立史達林式的軍事－工業體系。蔣介石之所以在最近的兩次戰爭中垮臺，關鍵就在於他缺乏這樣的體系。生命和人力是廉價而豐富的，機器和技術則是昂貴和稀缺的。史達林主義憲制可以視為列寧主義組織適應這種環境的產物，蔣委員長這種小資產階級激進分子陷入同樣的環境就只有死路一條。「我們還處在帝國主義國家的包圍之中，以美國為首的帝國主義侵略集團正在積極準備新的世界戰爭。為了加強我們的國防，為了建設一支強大的、現代化的包含各個技術兵種的人民解放軍，以便收復臺灣，保衛我國領土，打擊帝國主義侵略者，我們不得不優先發展重工業。」[53]「五年計劃規定，輕工業投資和重工業投資的比例為一比七點三，即百分之十二比百分之八十八。」[54]

土改、鎮反與朝鮮戰爭

格局決定路徑，憲制適應環境。反蔣戰爭產生土改，反美戰爭推動鎮反。每一次戰爭都為紅色政權解除了原先的困難，擴充了原先的汲取範圍。

解放軍繼承和發揚了八路軍依靠「人民戰爭」和「軍民魚水情」的傳統，實質上就是發揮列寧黨對散沙群眾的組織優勢，顛覆「軍人應該保護平民」的戰爭傳統，強迫平民、婦女兒童為解放軍充當人肉盾牌，[55]既能消耗敵軍的彈藥，又能損害敵軍的戰鬥意志。[56]老大哥化身為作威作福的村幹部，化身為報復社會的無業遊民，甚至化身為監視大人的兒童團，深入千家萬戶的爐灶和床頭。私人生活和私有財產一起消失了，一切都必須奉獻給黨。嚴格的紀律不僅適用於勞動力和物資管理，而且適用於思想和感情。

反蔣戰爭解放了共產黨的手腳，全方位釋放了農村的財富和人力，排除了農村社會重新產生本土精英的可能性，保證了黨組織長期壟斷所有社會關係網路。

土改工作組發揮了投名狀的作用，參加者不再有叛變或自詡中立的機會。前線的軍事鬥爭和後方的思想改造同步。思想改造的目標是毀滅中間分子的存在基礎，強迫他們選擇一邊倒。這就是土改為什麼必須流血的原因，非如此不足以造成無法和解的仇恨。革命幹部如果沒有形成牢固的共犯心理，隊伍就無法避免小資產階級知識分子固有的渙散性。[57]革命群眾如果沒有形成牢固的共犯心理，幹部就無法將他們置於過河卒子無路可退的地步。[58]

土改既是瓦解社會基礎共同體的革命，又是戰爭財政的組成部分。[59]有產階級在鄉村體現為地主，在城市體現為商人。無產階級得到解放，意味著舊社會的基礎共同體瓦解為原子化的個人。鄉紳和資本家領導的小共同體會阻礙，至少是分散黨組織的權力。無產者的政黨必須首先製造和釋放無產者，然後才能保證新社會對黨組織的絕對依附地位。有產階級數百年的積累，在幾年的戰爭開支當中消耗殆盡。資本主義者和民族主義者出於階級本性，無法開發這種自殺性的利益。無產階級和國際主義者在戰爭財政方面的短期優勢和動員能力，確實要歸功於他們沒有這方面的顧忌。

反美戰爭並不需要新的腳本，上海商人不難套進晉綏商人在邊區曾被中共勒索的角色。黨組織一面切斷資本家的社會關係，一面動員無產階級鬥爭他們的老闆。東亞貿易在帝國主義保護下，一百多年積累的民間財富，在高瞻遠矚的世界革命家手中迅速收割殆盡，用於反對帝國主義的戰爭。新劇本和舊劇本的唯一區別在於，美國人並不是蔣介石那樣的紙老虎，但鞏固政權才是最大的利益，損兵折將畢竟可以視為必要的成本。三反五反即使不能在前線獲得滿意的戰果，至少足以推動後方的社會重組和財政豐收。共產黨由此獲得了以前任何政權都不能想像的社會控制權，沒有理由不感到心滿意足。「抗美援朝很有好處，使我們的很多事情都好辦（如搞土改、訂愛國公約、搞生產競賽、鎮反等）。因為抗美援朝的鑼鼓響起來，響得很厲害，土改的鑼鼓、鎮反的鑼鼓就不大聽得見了，就好搞了。如果沒有抗美援朝的鑼鼓響得那麼厲害……很多事情不好辦。」[60]「你們不要浪費了這個時機……要好好運用這個資本。」[61]毛澤東滿意地說：鎮反運動「粉碎了神秘主義、小手小腳、畏首畏尾的作風，收穫非常之大。」[62]

工人團體自從省港大罷工以來一直是國民黨的重要陣地，在清黨運動中發揮了先鋒模範作用，而且具備一定的戰鬥力，自然構成主要的鎮壓對象。一九五一年四月二十七日前後，上海公私各廠逮捕了六千零七十七人，其中包括三百二十五個基層工會主席或委員，七十三個上海總工會和產業工會幹部。[63]工人組織瓦解後，企業已成釜底游魚。鎮反運動自然延伸為三反五反，將孤立無援的企業家各個擊破。

黨委幕後操縱群眾運動的模式並不是共產黨首創的，英國人和日本人對國民黨人的流氓外交早已深惡痛絕，但共產黨不僅用階級共同體取代了民族共同體，而且破壞社會基本細胞的決心絕非半心半意的國民黨人所能望其項背。

薄一波的南下幹部得意洋洋地總結出一套行之有效的鎮反心得。[64]他們根據培養社會主義新人的原則，逐層加壓，迫使同行互相攻訐檢舉。[65]一九五二年四月二日到四月八日，自殺者已達六十七人，由於工作組擴大做家屬工作，資本家夫婦一起自殺的情況越來越多。[66]黨和群眾團結起來，「抓住資產階級的小辮子，把它的氣焰整下去，如果不把它整得灰溜溜、臭烘烘的，社會上的人都要倒向資產階級方面去。」[67]

新社會必須在舊社會的廢墟上才能建立，新人就是解除了一切社會性感情和紐帶羈絆的物種。「人民獲得解放」，意思就是生物人從「資產階級塑造的虛假人性」中解放出來。

新中國的憲制

新中國的憲制產生於滿洲－朝鮮戰爭，正如蘇維埃俄羅斯的憲制產生於一九一四到一九一九的戰爭。一九五〇年十一月，陳雲在第二次全國財經會議上提出財政工作為抗美援朝戰爭服務的原則。[68]一九五一年七月十七日，陳雲告訴蘇聯代表，國防開支占了國家開支的百分之六十三。[69]金日成的軍隊在滿洲為林彪作戰，林彪的軍隊在朝鮮為金日成作戰。[70]蘇軍一面在揚子江下游基地抵抗國民黨，[71]一面在南滿基地抵抗聯合國軍。[72]

在列寧的東方反帝革命戰略和史達林的抗日統一戰線戰略當中，國民黨僅有的資本都是充當人肉盾牌。肉盾一方的主要期望，就是以過剩的人力換取稀缺的武器。毛澤東一旦奪取了蔣介石的地位，就不可避免地代入了蔣介石的角色。這種角色與其說源於領導人的決策，不如說源於東亞社會自身的性質：內卷化社會和散沙社會的基層組織資源極為薄弱，無法穩定巨大的流民和潛在流民人口。流民的眾多不僅是高生育率造成的問題，更是儒家小共同體缺乏涵育能力的證明——宗族組織對個體的保護和約束能力，都比歐洲的教區組織和中東的教團組織差得多。良民和流民、流民和叛軍相互轉化的門檻，也低於基督教社會和伊斯蘭社會。編戶齊民之所以重要，是因為內潰的危險性永遠高於外患。

土地改革和朝鮮戰爭內外配合，為社會基層的列寧化服務。前者在宗族的廢墟上，建立了列寧主義的基礎共同體。後者的組織能力相當於教團，卻又不像教團那樣構成抗拒中央和世俗權威的自治組織。汲取的難度和動亂的危險降低到宋明以來未有的程度，創造了餓死在家門口的奇跡社員。儒家士紳的統治如果處在同樣的情況下，必然因為流民四起而滅亡。任何消滅社會負資產的戰爭都對新社會的建構有利，何況社會負資產還能賣出肉盾換武器的好價錢：「中國進入朝鮮的援朝部隊，是為了改裝自己。部隊來後先改換自身的裝備，然後送上前線，打一個時期的仗，然後撤回國去，又調來一批新的部隊到朝鮮來。如此輪番進行，以便拿到新式武器改裝自己。」[73]朝鮮戰爭將毛澤東的流民負資產轉化為正資產，對「前三十年」的相對穩定功莫大焉，正如資本主義全球化將鄧小平的流民負資產轉化為正資產，構成了「後三十年」相對穩定的基礎。

蘇聯的負擔與日俱增，毛澤東索取的胃口卻永無饜足之日。[74]滿洲戰爭的勝利喚起了史達林對朝鮮的虛假希望，將蘇聯境內的生產能力發揮到極致，[75]不到一年時間就難以為繼。

一九五一年六月二十四日，史達林致電毛澤東：「關於裝備六十個師，我應當直言不諱地對您說，要在一年之內完成這些訂貨，實際上是不可能的，一般地說也是不可思議的。我們的廠家和軍事專家們認為，在今年內提供十個師以上的武器裝備已經是完全不可思議的。只有在一九五一年、一九五二年、一九五三年和一九五四年上半年內，也就是三年內有可能完成六十個師的訂貨，但仍有很大困難。」[76]事實上，這些資助的十分之一就足以打敗蔣介石了，然而蔣介石失敗僅僅兩年以後，美國已經在朝鮮半島拋棄了針對亞洲大陸的孤立主義政策。兩年前足以橫掃東亞大陸的火力，如今不足以堅守半島戰線的方寸之地。蘇聯—滿洲的軍事工業生產能力遠遠超過了國民黨統治區，但在美國兵工廠面前不值一提。蘇聯的勝利總是發生在模糊地帶，止步於明確的邊界。朝鮮戰爭以後的美國接管了昭和帝國的遺產，設防邊界隨之固定。國際共產主義的生產能力這時已經接近枯竭，只能向尚未設防的東南亞轉進。蘇聯為其勝利付出的代價超過了失敗，而且僅僅是開始。

遠東冷戰第一回合始於滿洲、終於朝鮮，確定了東北亞大陸政治生態環境的卡薩布蘭卡順序：[77]組織力量和決斷意志以外，成敗首先取決於軍事工業。核心組織交了學費以後，迅速將教訓落實到新社會的格式化操作當中。北京和平壤兩大次級政權根據滿洲—朝鮮戰爭的需要，增加了憲制的層次。它們的三層憲法結構包括：核心黨—特務組織（列寧的布爾什維克先鋒隊）；軍事—工業共同體（史達林主義的精髓）；周邊黨—行政管制體系（統戰的內部介面）。三層同心圓以外的社會屬於征服和捕食對象，獵物和周邊社會的真實或假想凝結核列為階級敵人。只要三層同心圓無懈可擊，渙散的外部世界確實無異於紙老虎。次級政權的憲制更接近史達林憲制，因為滿洲—朝鮮戰爭實質上就是歐洲總體戰向周邊擴展的結果。史達林憲制註定會產生技術官僚周邊，分散了特務—恐怖核心團體的權力。

列寧主義的理想捕食對象既沒有組織力量，又沒有軍事—工業支持。先鋒黨的滲透—分化—突襲就足以吞噬克倫斯基和孫文這些鬆散的小資產階級激進派，卻很容易遭到亞伯特國旗隊和蔣介石藍衣社的鎮壓。史達林主義比純粹的列寧主義更殘暴，因為三層掠食者比核心團體的消耗更大；同時又比純粹的列寧主義更溫和，因為獵物的範圍相應地縮小了。史達林將組織力量和軍事—工業共同體結合起來，用史達林格勒和長春式的鋼鐵洪流取代了阿芙樂兒和中山艦的零星炮火。[78]即使中心地帶的工業化民主國家也必須犧牲十九世紀的自由概念，用戰爭動員體制和專業情報機構堵死入侵的門戶。殖民主義遺留的真空地帶尚未完成國家建構，通常只有美國的干涉才能阻止史達林主義的入侵。

中國支部的核心黨—特務組織早在毛澤東取得發言權以前就已經根深蒂固，五〇年代的改組仍然維繫了原有的班底。周恩來負責領導一九四九年以後的情報機構改革，將中央社會工作部、中央調查部和中央軍委聯絡部的班底整合為情報、公安兩部。[79]鄒大鵬、馬次青和馮鉉都是從中央軍委聯絡部調到中調部的，但無論哪個部門都是周恩來的人馬。[80]一九四九年十月十一日，社會部部長李克農改任中共中央軍事委員會總參謀部情報部部長。[81]莫斯科情報委員會在外交官身份的掩飾下，[82]積極協助中央調查部的改組。[83]新華社習慣於充當情報部門的白手套，無論一九四九年以前還是以後。吳冷西宣稱：「在許多其他分社，新華社記者均接受調查部及使館調查組指定的一定任務。幾年來，這方面的任務是必要的，有成績的，應當加以總結。」[84]周恩來和他的朋友們離不開蘇聯的上線，而梁山系的水準完全不能勝任列寧黨的核心工作。毛澤東不得不生活在他們的包圍中，難言之隱不可謂不深。

東亞冷戰結構的凝固

蘇聯周邊的軍事—工業體系同樣離不開革命中心的扶植，這就是毛澤東在五〇年代比史達林更激進的原因。毛澤東離不開史達林的輸血，因此只能一邊倒，激進的政策起到了投名狀的作用，相當於自己主動切斷改弦易轍的退路。沒有這些基礎，他的勝利不會比蔣介石有名無實的抗戰勝利更可靠。毛澤東不知道史達林的信任能夠持續多久，想在最短的時間內弄到盡可能多的資助。北京設計的第一個五年計劃原本比莫斯科的還要誇張，給蘇聯造成的壓力超過了朝鮮戰爭。史達林不得不壓制門徒的積極性，畢竟此後要由他負責買單了。顛覆者的成功意味著統治者的負擔，對蘇聯國力的損耗比失敗更大。[85]

五〇年代，中蘇簽署了七項協定。「第一個五年計劃」的四項協定當中，包括蘇聯援建的四十三項大型軍工項目。[86]除了資金、設備和技術資料以外還有蘇聯專家顧問的對口支援。[87]「第一個五年計劃」期間，蘇聯援建的一百五十六個項目當中，共有一百六十項進入實際施工，其中一百一十八項在內地，沿海只占百分之二十一，背靠蘇聯老大哥的佈局非常明顯。[88]蘇聯為周恩來的貨幣改革印製人民幣，[89]修建中蒙鐵路，[90]出版《長征回憶錄》。[91]一九五二年，史達林給毛澤東提供了二十個師的裝備和四百五十架飛機。「三反五反」在蘇聯大使羅申的監督下開展，[92]

「第一個五年計劃」在史達林本人的指導下制定。[93]美國主導的新條約體系將「中華民國」解釋為「金馬台澎」，將東亞大陸視為法律保護範圍以外的蠻荒，排除了北京和東京簽署終戰和約的可能性。[94]非締約者從法律上講不是締約各國的敵對國家，而是人人得而誅之的「法外國家」。老大哥應周恩來的懇求，推遲了撤出旅順口的時間，以防日本人或其他人據此行使捲土重來的戰爭權力。[95]

柏林危機固定了歐洲的冷戰邊界，朝鮮戰爭固定了東亞的冷戰邊界。美國拋開蘇聯佔領區和衛星國，成立了德意志聯邦共和國和北約；拋開莫斯科、北京和平壤，簽署了《舊金山條約》。[96]蘇聯得到了東歐和東北亞，卻失去了統一戰線——不僅自己失去了來自資本主義的輸液管，還需要自己給衛星國輸液。國際體系大體上回到一九二〇年代的狀況，共產主義世界回到麻瘋隔離區。贛南蘇區和華北根據地的困境在遠東更大範圍內重演，蘇聯的支援和征服資產階級的戰利品只能稍稍延長擠乾橘子的時間。周恩來、李維漢、冀朝鼎根據蘇德拉巴洛合作[97]的劇本，策劃了一九五二年莫斯科經濟會議。希望通過東歐國家的媒介，繞過聯合國的禁運，打開西歐和前殖民地的貿易管道。[98]這些途徑都無法長期暢通，事實證明只有香港才能承擔共產主義輸液管的任務。[99]

社會主義陣營在東亞的形成，斷絕了同盟國一起簽署對日和約的可能性。鐵幕截斷了半個遠東，也使得美國獲得了另外半個遠東的行動自由。《舊金山條約》解決了日本投降以後的遠東秩序問題，將蘇聯統治區逐出國際社會。蔣介石政府既不願意放棄，又不能夠統治亞洲大陸，因此陷入尷尬的境地，無法跟其他盟友同時結束戰爭狀態。約翰・杜勒斯（John Foster Dulles）和英國外交大臣莫里森達成諒解：「媾和條約在沒有中國參加的情況下履行簽署手續（即不邀請任何一方的中國代表參加媾和會議。日本今後對中國的態度，將在日本擁有主權、獲得獨立之後，由日本自己決定。）」[100]「日本放棄對臺灣和澎湖列島的主權。條約本身不能決定這些島嶼的未來。」[101]一九五一年十二月，《吉田書簡》根據《杜勒斯草案》提出：「日台雙邊條約適用於中華民國政府現在或將來控制的全部領土。」[102]蔣介石政府的談判代表葉公超擔心，「or」可以解釋為：條約適用範圍是在現在統治的臺灣和將來統治的大陸之間選擇其一。[103]然而，他沒有更好的選擇。蔣介石政府如果拒絕簽署《對日和約》，就只能以盟軍代表的身份繼續佔領臺灣。其他盟國結束對日戰爭狀態以後，臺北政權就只能依靠自己的戰爭權力統治臺灣。[104]一九五二年四月二十八日，《臺北和約》簽署。文明世界的成員和法外（outlaw）世界互不承認，前線從朝鮮延伸到海峽。板門店形成了沒有條約效力的正式停火，金門連正式的停火都無法形成。

二、一九五四年體制的鞏固和演變，憲制適應格局

引言：蘇聯為了支援朝鮮戰爭，為北京和平壞建立了完整的計劃經濟體系。紅色中國根據自己在冷戰當中的位置，確立了建國初期的史達林體制。朝鮮戰爭啟動了遠東的全面冷戰，推動了農村和城市的社會改造。土地改革摧毀了農村的有產階級，三反五反摧毀了城市的有產階級。朝鮮戰爭結束後，遠東冷戰邊界凝固在板門店和金門島之間。莫斯科和華盛頓達成了保持現狀的默契，分別約束北京和臺北的冒險主義。毛澤東製造金門島危機，企圖綁架赫魯雪夫。蔣介石壓制臺灣本土勢力，以免他們在美國和日本的保護下捲土重來。

五〇年代中期，美國社會的主導情緒是：「我們上當了。」美國為了建立威爾遜主義世界秩序所需的高信任度，主動放棄了現實主義外交不必也不會出讓的巨大利益，蘇聯卻卑鄙地利用了美國人的慷慨和天真，吞噬了東歐和東亞的廣闊緩衝地帶。麥卡錫參議員雖然魯莽滅裂，但麥卡錫主義整體上發揮了健康社會的免疫應激作用：統一戰線時期潛入要津的共產黨代理人一旦曝光，就會發現自己在社會中多麼孤立。艾森豪總統未能實現「推回」共產主義的承諾，但美國公眾已經決心不准悲劇重演。

一九五四年一月十二日，國務卿杜勒斯在《外交政策的演變》演講中提出了「大規模報復戰略」。《紐約時報》十年前還在高談統一戰線，現在卻像一九四四年的蔣介石一樣充滿猜忌：「用最明確的語言告訴中共和俄國人，今後無論在朝鮮、印度支那、伊朗還是其他任何地方發生新的代理人戰爭或灌木叢火災式戰爭，美國都可能立刻用原子武器對蘇聯和紅色中國進行報復。」[105]

毛澤東一面公開發表《原子彈嚇不倒中國人民》（一九五五年一月二十八日），一面向蘇聯索取原子彈技術。[106]赫魯雪夫太輕易地同意了，反而喚起了毛澤東的覬覦和輕蔑之心，但劉少奇、周恩來和彭真仍然掌握黨的安全體系，繼續向蘇聯老大哥彙報黨務工作。[107]一九五四年憲法是中共中央根據蘇共中央修改意見制定的，概括和總結了滿洲—朝鮮戰爭體制。[108]

美國保護臺灣

美國人堅定的敵意和蘇聯人堅定的支援將一九五五年邊界兩側的所有政權固定在冷戰軌道中，迫使他們根據冷戰的需要鞏固憲制和積累資源。一九五五年三月二十四日，國務卿杜勒斯對印度駐聯合國大使梅農強調：過去六十年來，臺灣並不屬於中國。美國從日本手中奪取了臺灣，而「北平當局自以為是地要求我們應將從日本人那裡得到的領土，由我們移交給一個公開對我們持有敵意的政權。」[109]四月底，羅伯森[110]致電杜勒斯：美國的許多盟國和美國部分輿論贊成在簽訂對日和約的四十八個國家保護下，將臺灣中立化。[111]一九五五年四月二十六日，國務卿杜勒斯宣稱：美國不會在沒有臺灣參加的情況下，討論他們的權益和他們的要求；舉行正式談判，並不代表承認北平。蘇聯通過《蘇聯代表團在日內瓦四國會議上的立場》，企圖利用朝鮮戰爭停火和戰俘問題，為毛澤東政權爭取外交空間的努力，遭到國際社會的全面抵制。周恩來對「北平」一詞深惡痛絕，不亞於杜勒斯拒絕握手。[112]他在此後的二十年一直致力於抹去蘇聯駐外情報首腦的公眾形象，但只能滿足於「邊界兩側各自表述」的現實。

蔣介石政府痛恨美國人的「臺灣地位未定論」，不亞於痛恨蘇聯人和他們的朋友。他們力圖將冷戰保護傘解釋為大中華的空頭支票，但同樣只能滿足於「黨內黨外各自表述」的現實。無論威爾遜主義多麼強調平等，弱者畢竟很難綁架強者。臺灣仕紳的孑遺撤退到宗主國日本，成立了廖文毅領導的臺灣共和國政府。臺北政府極力阻止美國人接觸臺灣本土精英，但未能如願以償。一九五五年，美國國務院准許廖文毅入境。[113]這是針對國民黨流亡者的明確警告，蔣介石只得默默咽下恥辱。

國務院在一九五六年八月發佈了《臺灣獨立運動：一六八三—一九五六》，相當精確地描述了國民黨的政治德性和未來命運：「直到第二次世界大戰結束時，中國共產黨人一直主張臺灣從日本獨立出去。但是在一九四九年中華民國政府退往臺灣之後，共產黨人開始宣稱『解放』臺灣是完成中國共產主義革命的重要組成部分。只是在美國干預朝鮮事務和美國的第七艦隊奉命維護臺灣的中立以後，共產黨人的『解放』主題才再加修改，包括了強調中國對臺灣自古以來的所有權的主張……絕大多數的大陸籍人並不是特別容易接受共產主義，但共產黨號召的民族主義對他們的吸引力變得越來越大……在沒能光復大陸這件事上，政府傾向於把責任推到美國人身上。這增加了官方授意的在美國駐台軍事基地進行示威和暴動的可能性。政府控制的媒體不斷宣傳，因為美國沒能給國民黨人足夠的支持，才造成了久久不能進攻大陸的局面。」[114]蘇聯同樣看清了美國人對島內自由派、第三勢力和台獨流亡者的友善態度，然而冷戰的天花板約束阻止了這些糾葛浮出水面。[115]

毛澤東挑戰赫魯雪夫

一九五六年，蘇聯進一步擴大了東亞大陸的基礎建設規模。[116]一九五七年十月十五日，中蘇簽署《國防新技術協定》。被轉讓的米格-十九、圖-十四和四種戰術導彈是當時蘇聯的最先進產品，打破了史達林時代的慣例。蘇聯還提供了原子彈教學模型和圖紙資料。[117]一九五七年十一月的莫斯科會議前夜，赫魯雪夫移樽就教。[118]蘇聯接待毛澤東的禮遇，為史達林時代所未有。

赫魯雪夫無疑有施惠的用意，毛卻以為自己的地位已經上升到「輔佐幼主的元老」級別。他在各國共產黨領袖面前肆無忌憚地談論赫魯雪夫和莫洛托夫的鬥爭，暴露了王車易位的不軌之心。米丘諾維奇[119]回憶當時的場面：「有幾百人在場的格奧爾基大廳變得死一般的寂靜。米高揚示威性地從椅子上站了起來。，臉上露出一副絕不是友好的表情，站在那裡，把目光投向發言者和對稱地坐在蘇聯代表團對面的中國人……俄國人當中誰也沒有對他說不要這樣做，也沒有人請他坐下。整個大廳都看著這一場面。」[120]

卡德爾[121]目睹了當時的場面，預見到「俄國人同中國人在國際共運中爭取當意識形態首領的鬥爭開始了。」[122]赫魯雪夫在十月革命紀念講話中提出，蘇聯要在十五年內超過美國。毛澤東不甘示弱，隨即提出中國也要在十五年內超過英國。哥莫爾卡[123]明確表示，他一點都不相信這種可能性。[124]「大煉鋼鐵」、「超英趕美」的計畫直接源於國際共產主義的領導權的鬥爭，任何國內因素都不得不隨之調整。[125]挑戰和挑戰對象的不對等關係，足以顯示中心和邊緣的差序格局：蘇聯位於英美的邊緣，企圖挑戰英美；北京位於莫斯科的邊緣，企圖挑戰莫斯科。前一種挑戰已經開始數十年，冷戰就是世界革命的自然延伸；後一種挑戰產生於前一種挑戰，證明世界革命無法在革命陣營內部建立世界新秩序。

始於一九五八年八月二十三日的金門炮戰危機進一步暴露了華盛頓、莫斯科、北京的層次差異，最終導致了社會主義陣營的公開分裂，寫下了一九七二年外交革命的序曲。八月二十九日，艾森豪政府準備對毛澤東的軍隊使用核武器。[126]參謀長聯席會議一致決定，不向國民黨人通報該計畫。九月二日，美國軍方向國務院解釋擬議的核戰爭計畫和核彈頭清單。[127]華盛頓釋放的信號是：一面要斷絕蘇聯繼續侵略的僥倖心理，一面要斷絕國民黨復活大中華主義的僥倖心理。美國凌駕於所有各方之上，保持最大限度的決策自由，向盟友體現「不輕易承諾，但所做多於所言」，向敵人體現「不輕易警告，但隨時都有能力說到做到」。蘇聯看到美國人的反應，斷定

「北京打算借助這種行動來激化蘇美關係，並借助蘇中條約這部機器把衝突擴大為遠東的軍事對抗。」[128]

赫魯雪夫無法向美國人解釋自己並不知情，覺得毛澤東讓他吃了啞巴虧，這種判斷相當可靠——共產國際在抗戰前夜和抗戰時期就是這樣陷害國民黨的，蔣介石如果懲罰名義部下的越軌行徑，就會暴露自己冒充和珍惜的大中華領袖身份其實有名無實；如果拒絕懲罰肇事者，就得在興師問罪的強鄰目前代人受過。他無論如何選擇，都只能吃暗虧。毛澤東喜歡天下大亂，因為亂局能夠提供更多的機會視窗。資產階級討厭天下大亂，因為他們是既得利益者。流民英雄（馬克思「無產階級」概念的東亞版）最喜歡天下大亂，因為資產階級的損失總會比自己更多。流民既沒有多少東西可以失去，又不像資產階級（體面人士）那樣不習慣挨打和丟臉。流沙社會的勝利經常屬於最不要臉和最不怕疼的流民英雄，因為他們順應了所在文明崩潰沒落的大趨勢。歐洲人、甚至斯拉夫人即使無產階級都難以理解厚黑學的精妙，但梁山好漢及其軍師幾乎生而知之。實際上，厚黑策略只有兩種破解之道，其一是斬草除根的屠殺，毛澤東就用這種手段消滅了自己的同類和競爭者；其二是痲風病隔離式的「三不政策」，體現了蔣介石長期痛苦經驗的智慧結晶。

蘇聯最終不得不採取類似「三不」的政策，如果不考慮華盛頓妨礙他們核平北京的因素，主要就是證明了世界的差序格局。蘇聯在歐洲面前是無產階級，在東亞居然變成了資產階級。資產階級最初總是委曲求全的，因為他們害怕損失原先的投資。「全世界無產階級領袖」的權威對赫魯雪夫相當重要，不亞於「中華民族唯一領袖」的權威之於蔣介石。蘇聯繼續滿足周恩來永無止境的需索，將米格－十九C殲擊機和C五導彈交給北京。[129]赫魯雪夫首先在美國人面前保護毛澤東，[130]然後在自己人面前批評毛澤東。[131]這種做法太像抗戰時期的蔣介石，無異於向流氓無產者暴露了自己的「資產階級軟弱性」。

毛澤東立刻拿出了史達林在九一八事變以後對付蔣介石的策略，譴責最高領袖在帝國主義面前軟弱無力，他一九五九年十二月在內部會議上評論說：「赫魯雪夫們很幼稚。他不懂帝國主義，易受帝國主義的騙。」[132]這種輕蔑的態度暴露了他的隱秘心理：列寧主義實質是欺騙和陷害資產階級的秘傳心法。革命以後上臺的晚輩像註定失敗的資產階級一樣天真，沒有資格繼承列寧和史達林的衣缽，雖然擁有資產階級盲目信任的物質資源優勢，肯定鬥不過列寧史達林心法的真正傳人。他顯然認為鐵的事實已經證明自己才是史達林的知音，躍躍如也之心溢於言表。《紅旗》和《人民日報》隨即通過《列寧主義萬歲》的檄文，發出了「鼎之輕重可問」的明確信號。

毛澤東根據長期和痛苦的江湖經驗，早已不相信世界上存在善意的饋贈，強者必然為所欲為——史達林和蔣介石在他們有能力主持鴻門宴的時候都沒有錯過機會（例如蔣介石以為立法院長胡漢民沒有兵權，將他扣押，然後在廣州的軍事壓力下，又將他釋放。史達林在消滅老布爾什維克以前，滿足於驅逐托洛茨基出境，消滅了國內的派系以後，就要把流亡的托洛茨基斬草除根）。善意是軟弱的信號，苛刻則是強大的同義詞，如果有人突然從苛刻轉為友善，肯定是因為實力大損或地位不穩。這時恰好最應該「宜將剩勇追窮寇，莫沽虛名學霸王」。

流沙社會與賭徒策略

以眼還眼以牙還牙的策略僅僅適合穩定的階級社會，適用於同儕之間的長期博弈。流沙社會的江湖梟桀沒有固定的階級或身份，一切都取決於天賜良機和捕捉利用機會視窗的果決。冒險家如果對強者以牙還牙，就會自取滅亡；如果對弱者將心換心，就會坐失良機。充分的消息通常只會在機會視窗關閉以後出現，因此勝利通常屬於能夠依據最少資訊做出最快決斷的一方。機會視窗才是江湖社會的最稀缺資源，因此迅速而錯誤的決斷優於遲鈍而正確的決斷。賭徒不為梟桀，即為刑徒。懦夫永遠為人魚肉，不會在食人樂園的歷史上留下泡沫。在博弈長期穩定的階級社會，保守主義策略（播種者或建設者）優於賭徒策略和懦夫策略，但在流沙社會內部，它則跟懦夫策略沒有可見區別。流沙社會即便仍然存在遠古殘留和外界輸入的信任、希望和善意，也會在冒險家的博弈當中迅速消耗殆盡。

毛澤東沒有發明這個社會，只是不幸生在這個社會。他關注無數缺乏幸運或決斷的無名毛澤東，不會超過兒童關注消失在母親子宮門口的無數精子。毛澤東反對赫魯雪夫的理由，其實就是拉登反對美國的理由。如果強者沒有使用力量的意志，看上去就像弱者。暴行可以因強大而獲得歡呼，善意必然因軟弱而收穫污蔑。毛澤東和拉登發現自己的誤判，都已經為時太晚。他們最後的機會就是將錯就錯，盡可能傳播和繁殖自己的錯誤，在自己和毀滅之間，部署盡可能多的追隨者。

赫魯雪夫和美國人都不能充分理解，理性決策僅僅是穩定預期的產物。毛澤東既然已經決定問鼎東方，自然就要在革命的積極性方面超過修正主義者；正如他上次問鼎東亞，就要在革命的積極性方面超過小資產階級激進派。經濟要服從政治，小局要服從大局。長期利益需要虛構的穩定環境，不如短期的涸澤而漁策略能夠滿足或創造寶貴的機會視窗（「天下大亂」）。土改在經濟上無異於自殺，但華北根據地早在土改以前就已經每況愈下了；政治上，土改不僅能夠掩飾過去的失敗，還能通過短期汲取動員的優勢，利用滿洲和上海的戰利品收益，彌補華北社會的生產力損害。人民公社在經濟上同樣乏善可陳，但統購統銷政策同樣早已無法延續了。而政治上，人民公社一舉解決了散沙小農分別徵斂成本高的問題，實現了民間資源向中央的進一步轉移。落後的東亞向相對先進的東歐挑戰，自然要承受更大的犧牲，但如果錯過「土豆燒牛肉」庸人送上門來的機會視窗，無異於為窯洞而犧牲黃浦江。133

一九六〇年代的逆襲

毛澤東的智力並沒有在一九六〇年代突然降低，倒是自作聰明的批評者陷入了周邊群眾專用的欺騙性認知圖景。如果你對照一九四〇年代的東亞戰爭地區和一九六〇年代的世界革命戰場，就會發現毛澤東在這兩場超限戰當中的地位和戰略沒有多少差異。赫魯雪夫和蔣介石除了實力和領地的差異以外，所處的格局和戰略也是極為相似的。真正的差異在於美國人的格局和戰略與日本完全不同，大略相當於日本處在一個只有東亞的世界上，致力於本國和盟國的建設和發展，對層次遠遠低於自己的挑戰者採取隔離政策，坐待後者油盡燈枯（局部戰場的相似性尤其明顯，六〇年代的敵後根據地重蹈了華北抗日根據地的覆轍。史達林和滿洲的資源及時輸入以前，八路軍的處境非常接近六〇年代的馬來人民解放軍和北加里曼丹遊擊隊）。賭徒策略通常會導致小概率的異常勝利和大概率的頻繁失敗，但賭徒名垂青史的機會肯定遠遠超過不贏不輸的庸人。

東亞地區的大多數居民作為鬥爭所需的資源，命運就此註定。具體的政策有錯誤，並不是不能糾正或改進，具體的幹部有錯誤，並不是不能罷免或糾正。然而，目標已經決定了代價的數量級，代價分佈的具體方式不會影響基本盤。沙皇不需要烏克蘭農民餓死，因為他的野心僅限於巴爾幹的斯拉夫人。世界革命戰略的目標越宏偉，命中註定的餓殍就越多。一九六〇年代的逆襲目標遍及全世界，對一九五四年憲制提出了空前的考驗，大批農民只能原地餓死，紅色中國通過了列寧主義的品質標準（歷代王朝在遠為輕微的考驗面前，就因為流民的衝擊而垮臺了）。毛澤東的優孟衣冠造成了東方皇權復活的幻象，然而組織力量才是真實憲制的核心。儒法國家的碎片可以作為點綴存在，但動員和汲取的強度都達不到列寧主義組織的及格標準。領袖理解自己所在的世界，不會認錯真正的力量和真正的威脅。

毛澤東不是創造者列寧，也不是組織者史達林。他是組織的後來者和陌生人，像野蠻人面對複雜的機器，既不能離開組織的服務，又不能信任組織的忠誠。因此他格外需要保持進攻性姿態，以免清晰的陣線暴露自己的孤立和脆弱。他掌握格局的能力高人一籌，擅長游走於危險邊緣。混亂能夠破壞組織對領袖的柔性規訓，消耗組織或社會積蓄和沉澱的力量。亂局即使對他不利，也總是對他的潛在威脅者有更大的妨害。週期性的運動將一代又一代重新凝聚的核心打散，將社會保持在軟弱和猜忌當中。針對蘇聯的挑戰綁架了黨內的列寧主義者，使後者無法名正言順地架空領袖。他運用流民，得心應手。後者雖然成（領袖之）事不足，終究敗（他人之）事有餘。老列寧主義者和新技術官僚一旦形成組織上的結合，他的末日就會來臨。劉少奇恰好代表了這種危險的結合，他自然要翦除隱患。

毛澤東篡奪世界革命領導權，完全重複了他篡奪抗日戰爭領導權的佈局和策略。他的反戈一擊將蘇聯置於蔣介石的生態位，兩位前領導的真實歷史地位都會將毛澤東置於尷尬和屈辱之中。世界革命的逆襲即使沒有成功，至少也發揮了重構黨史—革命史的功能。毛澤東只有在自己擺脫了紅色石敬瑭的地位以後，才能鎖閉老列寧主義者重返紅色滿洲國的路徑。梁山系統對組織力量的嫉妒、散沙社會對徵斂屠殺的恐懼、前朝餘孽對蘇聯夙敵的怨毒，經過巧妙的感情煉金術，從不同角度將能量注入一九六〇年代的逆襲。蘇聯發現自己三十年前陷害國民黨的手段，通過自己殫精竭慮養大的逆子，像迴力鏢一樣落到了自己的頭上。

數十年來第一次，他們不得不防禦和自辨。「最近一個時期發生的事件表明，中國共產黨領導人把擴大國際聯繫用於推廣自己與蘇共和其他兄弟黨觀點相矛盾的特殊觀點，以很不正當的方式把一部分兄弟黨吸引到自己一邊，以便排擠蘇共並取得國際共產主義運動的領袖地位。」[134]「蘇聯堅決反對把和平共處理解為：維持國家內部的某種『原狀』和拒絕支持民族解放運動。在一系列針對蘇共的污蔑性攻擊中，中共領導人的主要謬論之一在於，蘇聯所執行的與不同社會制度國家和平共處的政策，似乎意味著其忽視了各國家民族—解放鬥爭的利益，並號召『壓迫者和被壓迫者』和平共處。這裡不妨指出，中國領導人對和平共處的有意曲解，實質上與帝國主義集團對和平共處原則的理解沒有任何區別。」[135]這話翻譯成資產階級的語言就是說：「和平共處」和二十年前的「統一戰線」一樣，僅僅意味著資產階級對無產階級的單方面和平。無產階級繼續保持革命的權利，資產階級放棄反革命的權利。北京惡毒地污蔑莫斯科有意遵守協議，完全不符合事實。

世界革命的失敗與文革

一九六〇年代的世界革命在內部重演和放大了一九三五年和一九四三年的格局，[136]從人民公社走向文革。土改和查田的收割對象其實是共產黨統治期間產生的新富農（無產者的簡單積累），舊中產階級大多數早已在根據地建立時逃亡或毀滅，最上層殘留的統戰花瓶寥寥無幾，在資源收割的意義上可以忽略不計。新富農（例如毛澤東在延安統戰時代的寵兒吳滿有）僅僅勤勞而貪婪，沒有文化和遠見，從來不是秩序生產者和社會凝結核，甚至指望搭共產黨秩序的便車，無需經過長期細緻的孤立、分化和切割、除根，就能輕易汲取和消滅。一九六〇年代的新富農、知識分子、走資派官僚扮演了類似的角色，實際上他們全是體制的產物。如果說章魚會在嚴冬吃掉自己的肢體，黨在收割殆盡的時候就要吃掉自己的周邊。

問題在於，亞非拉沒有第二個滿洲國。北京僅僅在東南亞放的冷槍就比盧溝橋多幾百倍，卻沒有把第二個蔣介石拖下水。同樣的病毒在產生新的變異以前，不大可能造成兩次瘟疫。冷戰時代的危機管控機制已非塞拉耶佛或盧溝橋時代可比，毛澤東本來早該在第二次金門危機的時候就明白的。印尼共產黨和越南共產黨的不同命運已經預示了逆襲的失敗，毛澤東沒有足夠的資源扮演東南亞革命的史達林。文革前夜，美國人斷定毛澤東敗局已定。「兩年前（1964），北平看來是成功地邁出了在世界共產主義運動中建立擁有直接能挑戰莫斯科支持者的步伐，現如今，儘管中國人仍然擁有少數支持者，但很明顯，在影響力方面，莫斯科占了上風，中國對蘇聯領導權造成的重大威脅已不復存在。北平所能指望的，只剩下阿爾巴尼亞、紐西蘭共產黨，以及若干從個別黨中分裂出來的小團體。」[137]

毛澤東的經驗告訴他，領袖不能承認錯誤。學究意義的正確和錯誤無足輕重，關鍵在於不能放出示弱的信號，否則時刻盤旋在他頭上的禿鷹就會群起而攻之。他把重整計劃經濟的任務讓給了劉少奇，已經感到臥榻之憂。共產國際的慣例是：每一次改變政策，都要肉體消滅原先政策的執行者。他在五〇年代末期反戈一擊，卻沒有及時清洗掉蘇聯留下的班底，只是批鬥了一小撮輕如鴻毛的小人物。史達林絕不會冒這樣的風險或是犯這樣的低級錯誤。如果世界革命一路凱歌，他或許可以指望挾勝利之威懾服反側。失敗需要替罪羊，關鍵在於誰先下手為強。

僅僅從黨內的人事佈局就可以看出，紅衛兵其實大大低估了蘇聯班底的威脅。偉大領袖與其說睡在一個赫魯雪夫身邊，不如說睡在一群赫魯雪夫當中。毛澤東要想成為東亞的史達林，就必須清除在他當權以前就已經位居要津的蘇聯代理人。

從美國人的報告看，他並非沒有這樣的警覺或意圖。政治安全機構在一九六五年其後經歷了全面洗牌，中央社會部、中央監察委員會和公安部都陷入癱瘓。[138]一九六七年，政治安全部門落入康生、謝富治和汪東興之手。[139]然而這些人當中，只有汪東興勉強可以視為毛的私人班底。康生和葉劍英壽終正寢，毛氏宗族不得瓦全。偉大領袖始終忌憚周恩來，卻只能以非人的隱忍等待滿腹秘密的紅蜘蛛自然死亡。

所有這些跡象都暗示：即使在文革的最高峰，偉大領袖的真實處境仍然談不上安全。梁山將領、激進文人、拜神群眾的支持都不足以抵消或替代列寧主義者的班底，因為毛澤東統治的體系已經不是古老的王朝。列寧主義政權需要特殊的組織和幹部，秦政文法吏、江湖梟雄、文人生員在技術意義上都無法勝任。毛澤東陷入了武則天晚年的困境，只能在恐嚇和羞辱幹部以後，重新把他們放在原有的位置上。這種做法多麼危險，久經考驗的馬基維利主義者不可能看不到。然而上官婉兒和宋之問即使能夠歷練到獨當一面的層次，武則天也沒有足夠的時間了。毛澤東任用華國鋒，在權術的意義上酷似武則天命令李家和武家子弟盟誓不相仇殺。梟雄老矣，力不從心，只能盡人事聽天命了。

國際共產主義體系像傳說中的養蠱密室，通過匱乏的資源和激烈的鬥爭，篩選出吞噬同類的勝利者或倖存者。冷戰前線的另一方大體建成了威爾遜主義實體的幼苗溫室，用集體安全體系保護了前近代社會最敏感脆弱的轉型期。遠東體系以舊金山諸條約為基礎，以日本為政治和地緣的拱心石。吉田政策實際上相當於日本版的「一邊倒」，利用國際新秩序鎖定了日本的國內憲制。

民主政體在美國主要是一個憲法解釋問題，在日本主要是一個國際體系定位問題。冷戰時期的遠東各國大抵形成了以美軍為憲法仲裁者的習慣法體系，然後根據這個習慣法體系塑造自己的成文憲法。中世紀晚期和近代早期國家建構—憲制演化—國際博弈交錯互動的局面，在東亞表現得格外明顯。由於冷戰邊界穿過金門海峽，臺灣的憲制經常像試紙一樣敏感。日本對戰前的殖民地和戰後的重要水道非常關注，但戰敗國的身份使他們格外謹慎。一九六一年三月十七日，日本政府制定了《日本的中國政策》：「美日兩國的中國政策，在將臺灣留在自由世界的同時，擴大與中共的交流方面，基本政策是一致的。日美間所不同的是，美國與中共堅決對立，而且臺灣已處在美國的軍事庇護之下；而日本由於內外條件所限，不能採取刺激中共的政策。同時對國民政府，日本的影響也很有限。因此，日本的中國政策不得不以低姿態出現。」[140]佐藤榮作認為，臺灣「不是中國的國內問題。」[141]

其實更簡潔的表述方式應該是，中國想像本身就是冷戰塑造的產物。國民黨需要把自己塑造成堅定的反共鬥士，將自己和蘇聯長期而複雜的曖昧關係從記憶中抹去，以此為自己的行為尋找合理的解釋。共產黨需要將曾經見證革命的幾代人從現實中抹去，在一張白紙上發明一代新人，以此斬斷和抹黑東亞—內亞諸文化的歷史及其正當性。神話理應實現自欺欺人的效果，但經常只能實現前者。中國概念的功利性及其載體的投機性，在美蘇雙方的內部材料中暴露無遺。一九六一年六月二十日，中央情報局發佈了《對中華民國政府前景的預測》。報告將臺灣人分為四類：數百名中國領袖，一百五十萬中國民眾，一千多萬臺灣民眾，十八萬土著。只有第一類人渴望光復大陸。第二類人最容易受到共產黨誘惑而多少有些自願地與北京和解。第二類人和第三類人的關係將會日益緊張。[142]一九四五年十二月二十九日，洛佐夫斯基致史達林報告：「正如蔣介石企圖在美蘇之間耍手腕一樣，蔣經國作為昔日的聯共（布）黨員，也想在蔣介石和我國之間耍手腕，他會把自己裝扮成蘇聯的無私朋友……蔣介石的親信並不喜歡蔣經國，不僅因為後者以前是左派，而且因為他是蔣介石政治遺產的覬覦者。事實上蔣經國是一個平凡的人，因此絲毫不能和宋子文那樣的生意人和政客相比。」[143]

明眼人不難看出，冷戰時期的中國想像實際上是給威爾遜主義需要的臺灣冷戰政權敷一層糖衣。國民黨政權殘留的列寧主義和大中華主義成分太多，需要根據冷戰自由主義的標準修改。蔣介石反攻大陸的最後掙扎非但不能代表冷戰體系的需要，反倒讓新三民主義者得以拖延體面失敗的結局。一九六〇年，胡適對美國駐台大使莊萊德（Everett F. Drumright）表示：黨外精英即使在雷震入獄後仍然沒有放棄組黨行憲的努力，他們的運動背後還有副總統陳誠的暗中指導。蔣介石用「反攻大陸」的緊急動員需要化解了國民黨上層的反抗暗流，然而臺灣本土人士對「反攻大陸」從未如此缺乏興趣和動力。[144]

美國情報結構認為這樣的軍事行動沒有美國的大規模援助是不可能勝利的，然而美國的壓力可能會將北京重新趕進莫斯科的懷抱。甘迺迪政府要求蔣介石政府說明增加軍費的性質和內容，否則就重新審查援助計畫。[145]一九六二年六月二十二日，哈里曼—杜布里寧談判達成了蘇美雙方共同維持臺灣海峽現狀的默契。[146]蔣介石不得不讓步，一九六三年以後放棄了反攻大陸的準備工作，[147]我們如果考慮到人民公社時代涸澤而漁的動員和汲取，就不難得出結論。蔣介石要麼以類似的殘暴和徹底準備戰爭，要麼就會因為汲取能力不足而無法實現戰爭目標。如果蔣介石仍然像三〇年代一樣獨立自主，很可能會做出類似抗日戰爭的選擇，無論能不能得到名義上的勝利，臺灣本土經濟都會落到類似上海在二三十年前的下場。無論在哪一種情況下，美國的約束都挽救了臺灣幼弱的資本主義。

蔣介石以這種方式拖延轉型，對流亡者內部的自由主義者造成了致命的打擊。他們原先的社會關係網留在亞洲大陸，無根的花朵只能消耗枝葉殘留的最後一點能量。六〇年代的挫折奪走了他們最後的機會，今後的命運唯有凋零。蔣介石的土改雖然瓦解了臺灣原有的社會凝結核，使流亡者在一代人的時間內佔據了本土精英的生態位，但冷戰體制迫使列寧主義的學徒模仿威權主義，因此無法遏制本土社會通過資本主義發展產生新一代精英。台獨活動長期以日本為大本營，[148]原因同樣在於《舊金山條約》體制給日本設置的框架性約束。[149]池田勇人首相和小阪善次郎外相推動一中一台最為積極，在一九六一年六月的首次日美首腦會談中警告甘迺迪總統和魯斯克國務卿：國民黨領導人有深厚的蘇聯背景，將來並非不可能重演國共合作；美國應該敦促臺灣政權，放棄聲索中國主權的幻想。[150]美國則根據「繼承國家論」，提出了「簡單雙重代表權方案（臺北繼承安理會席位並接受北京加入聯合國大會）」。[151]這種做法非常符合美國憲制將政治問題法律化的習慣。中世紀的古老自由通過美國的種子銀行，正在發育為世界秩序。

三、反殖真空地帶的顛覆與反顛覆

引言：殖民主義撤退遺留的真空，為共產主義的滲透提供了條件。共產國際以香港和廣州為基地，滲透印度支那。蔣介石政府援助越南國民黨和共產黨，加速了胡志明的勝利。蔣介石潰敗後，史達林將亞洲各共產黨託付給毛澤東。毛澤東干涉越南，協助胡志明趕走了法國人。北京和莫斯科關係惡化，使東南亞變成雙方的戰場。北京為了排擠莫斯科，加大了對越共反美戰爭的支持力度，滲透泰國、馬來和印尼各地，發動遊擊戰爭。隨著政治真空的消失，共產主義在一九七〇年代越過了最高峰。

耶穌會士羅曆山在越南傳教（1620-1649）期間，為土著創立了以拉丁字母為基礎的「越南國語」。他撰寫了《拉丁—國語天主教教義問答》和《拉丁語—葡萄牙語—越南國語辭典》，奠定了現代越南文化和認同的基礎。一九二三年，法屬印度支那殖民地廢除漢字。國語普及教育展開後，殖民地居民的識字率高達百分之九十八，在遠東名列前茅，為越南共和國（南越）日後的經濟起飛打下了良好的基礎。[152]

胡志明的崛起

一九二三年，蘇聯東方勞動大學為遠東的革命培訓了年輕學員里諾夫·胡（後來改名胡志明）。一九二四年，季諾維也夫統治的共產國際派他到廣州實習國民革命。他獲得革命組織經驗以後，又奉命去暹羅建立當地的國際支部，結果恰好錯過了蔣介石和李濟深的「清黨分共」。一九二九年，他奉命在香港建立越南支部。共產國際每月發給越共五千法郎，將寮國和高棉的民族支部建設工作委託給他們。國際對里諾夫同志的工作很滿意，接下來派他去馬來聯合邦和海峽殖民地播種，最後任命他為遠東局主管整個印度支那半島地區的代理人。一九三〇年，他組織的革命遭到法國外籍軍團的毀滅性打擊。一九三三年，里諾夫同志逃回蘇聯。此後五年，他在列寧學院研究偉大導師的殖民地革命策略。國民黨聯蘇抗日的策略打開了印度支那殖民地的北方門戶，給他提供了新的機會。一九三八年，里諾夫同志來到滇桂邊界。桂軍和粵軍（尤其是胡志明和葉挺的老朋友張發奎）長期通過汪兆銘系統和克格勃法國支部聯絡蘇聯，又對華人團體密集的東南亞各邦懷有大中華主義的曖昧感情，將里諾夫同志視為國民黨北越支部建設的好幫手。

越南獨立同盟會的成立既是國民黨和越南國民黨的勝利，又是蘇聯和越南共產黨的勝利。法國在歐洲戰敗後，無力抵抗日軍的進駐，也暗中縱容越盟建立武裝，以免讓日本人占盡便宜。日本完全佔領印度支那以後，盟軍開始全方位地支援敵佔區的抵抗組織。美國戰略情報局送往越南的大部分軍事物資，都落入獨立同盟會之手。里諾夫同志依靠這些資源擴大了自己的勢力，抓住日本突然投降造成的短暫視窗，率領少數人馬和幾位戰略情報局特工闖入河內，宣讀了一份酷似《美國獨立宣言》的文字，希望給群龍無首的觀眾造成錯覺，以為他是盟軍派來接收的大員。甚至保大皇帝都一度相信他的宣傳，願意將政權交給冒名頂替的盟軍代表。其實盟軍已經頒佈「一般命令第一號」，命令蔣介石和英國軍隊分別負責越南北部和南部的接收工作。

事實證明蔣介石軍隊在北越的活動對越南獨立同盟會非常有利，不亞於他們在衛立煌戰區的活動非常有利於晉察冀邊區。國民黨急欲支持他們在印度支那的小兄弟，尤其急欲打擊殖民主義的餘威，大肆搶劫和清洗法語教育和天主教會培養的的越南上流社會，把主要城市的管理職位交給越南國民黨人和獨立同盟會員。兩者都由少數開明紳士和大量共產黨員組成，跟國民黨在中華民國和馬來華社的組織非常相似，發揮的過渡作用尤為神似。國民黨後來抱怨說：蘇軍把滿洲的資源留給了共產黨人，將他們晚來一步的接收部隊置於絕地。其實，他們自己在越南就是這樣對待法國印度支那政府的。

蔣介石的軍隊剛剛撤出越南，里諾夫同志就對過期的統戰對象大開殺戒。越南國民黨領袖阮世業（Nguyen The Nghiep）、阮玉山（Nguyen Ngoc Son）首先遇害，整個國家像熟透的桃子一樣落入共產黨人之手。其他「民主黨派」幾乎與此同時落到相似的下場，革命在其新階段鎮壓的對象包括：越南憲法黨領袖裴光昭（Bui Quang Chieu），越南南方保守派領袖胡文玡（Ho Van Nga），大越南黨領袖張秀英（Truong Tu Anh），越南托洛茨基派共產黨領袖謝秋收（Ta Thu Thau），越南民族聯合陣線領袖阮文聲，和好教領袖黃富楚，廣南省長吳廷魁，保大皇帝駐東京（北越）地區代表張霆知（Truong Dinh Tri）和元老名士范瓊。越共安全部隊和鋤奸團在血腥的一九四五年和一九四六年，幾乎將越南解放區的異己勢力、天主教徒和富裕階級斬草除根，甚至嫁給法國人的越南婦女都沒有放過。後來建立越南共和國的天主教徒，大多數來自這次屠殺造成的難民。越南國民黨的殘餘武裝在武鴻卿、阮祥三相繼敗亡以後，一蹶不振。法國接收部隊登陸後，將越共從主要城市驅逐出去，迎接流亡香港的保大皇帝返回西貢。皇帝根據一九四九年《法越協定》，宣佈越南獨立。於是，越南有了兩個政府。

毛澤東干涉越南

朝鮮戰爭爆發後，史達林要求毛澤東承擔支援印度支那革命的任務。一九四九年十月，劉少奇接見了越共的求援代表阮德瑞和李班。[153]一九五〇年一月六日，劉少奇告訴蘇聯代表史白夫：「當前中國在邊境的軍事機構已經同越南民主政權建立了緊密的接觸。」[154]同一天，劉少奇指示追擊國民黨殘部的林彪部隊：「對於越南人民和武裝部隊必須盡可能地提供便利和說明，准許他們在需要和困難時進入中國國境躲避或借道通行，他們所需武器、彈藥和糧食也應盡力幫助」。[155]羅貴波（軍委辦公廳主任）、陳賡、韋國清率領的大批軍事顧問在隨後幾個月進駐北越紅區，為胡志明建立了越南人民軍的基本構架。[156]他們在不到一年時間內，至少為人民軍建立和裝備了九個師、一個主力團、兩個炮團和大批地方部隊。[157]人民軍的汽車、糧食和汽油都是由解放軍提供的，各部隊輪流到滇桂境內培訓和休整。[158]一九五〇年三月十七日，聯共（布）政治局批准了蘇聯外交部的建議：越南民主共和國在蘇聯的利益，由中國大使館代理。[159]一九五一年五月，史達林同意建立以中國為核心的亞洲社會主義聯盟。[160]毛澤東夢寐以求的共產黨東方情報局雖然沒有成立，但莫斯科至少已經默許緬甸、越南和東南亞各國的共產黨歸北京領導。[161]馬列學院第一分院對東南亞發揮了莫斯科孫文大學的作用，學員—幹部來自越南、泰國、緬甸、馬來亞和巴基斯坦的共產黨。日本、澳大利亞和紐西蘭的共產黨在五〇年代初，也納入東南亞各國範圍。劉少奇任馬列學院的院長，陳伯達任副院長。

一九五〇年九月，陳賡和武元甲的聯合部隊打開了越南北部邊界的道路。從此以後，法國人就陷入了蔣介石在滿洲的窘境。艾森豪一面要求法國人清算殖民主義殘餘，一面要求法國人抵抗共產主義。法國人對這種無利可圖的義務巡邏興趣不大，越來越傾向於以綏靖政策報復美國人的高調。德拉特將軍退守紅河三角洲的堡壘群，將大部分作戰任務交給越南國軍。越共繞道無力自衛的寮國，從背後攻擊紅河三角洲。法軍圍魏救趙，越過紅河環形防線進擊奠邊府。北京用每月四千噸的軍用物資支持武元甲發動消耗戰。[162]奠邊府陷落後，法國人終於失去了耐心。儘管這場戰場對德拉特防線沒有造成什麼影響，越共對永福的進攻一如既往地敗北，但巴黎的政治家預見到華盛頓會採取反殖民主義的策略，即使法國人在軍事上打敗了共產黨，也會被迫把越南移交給美國人心目中的民族民主力量，因此不必為他人做嫁衣裳，狡猾地決定搶先一步退出，將殘局扔在美國人頭上。

《日內瓦協議》將越南一分為二，卻沒有切斷越南和寮國—高棉的邊境。著名的胡志明小道由此而生，將停戰協議變成了笑柄。麥克亞瑟將軍推測：莫斯科和北京決定讓越共簽約，是為了爭取在河內建立正式政府的機會，而且得到紅河三角洲的物資以後，滲透南方就會更加便利。由於美國和保大的越南國都不承認北京政府的合法性和周恩來的代表性，各方正式簽署條約的可能性並不比朝鮮停戰談判更大。周恩來以嫻熟的統戰手段誘導各國代表正式簽字，遭到杜勒斯國務卿嚴厲的拒絕。最後的結果只能是一份宣言，倫敦、巴黎、莫斯科和北京分別表態贊同。美國人抽象地表示支援任何有利於和平的措施，但不肯承認談判達成的具體安排。越共的地位相應地提升，但北京間接爭取承認的努力完全落空。美蔣聯盟重演了抗戰前夜的史汀生主義（即美國政府在外交上拒絕承認滿洲國，但默許國民在自負其責的前提下可以跟滿洲國發生私人聯繫。蔣介石採取類似的政策，絕不承認滿洲獨立，但默許民間組織的非正式交流），將毛澤東變成了五〇年代的滿洲國皇帝，結果在印度支那造成了君臣倒置的奇特現象：毛澤東以胡志明的保護人自居，然而在國際社會和紅色陣營的地位還不如胡志明。大多數國家同時承認南越（越南國和後來的越南共和國）和北越（越南民主共和國和後來的越南社會主義共和國），卻只承認臺北的中華民國。胡志明以史達林時代的元老和越南的孫文自居，把中國同志視為晚輩和派系領袖。河內後來在莫斯科和北京的鬥爭中發揮了特殊作用，先機已肇於此。當然，胡志明個人的姿態並不影響北越黨國的性質。「一九五四年七月六日，越南民主共和國就佔領越南城市中心頒佈了八點指示，本質上與一九四八年十二月二十三日中共方面在類似形勢下公佈的指示相同。」[163]越南版本的土改、鎮反和國有化將殘餘的天主教徒驅向南方，在莫斯科和北京的支持下建立了計劃經濟體系。[164]

南洋穆斯林社會的抵制

東南亞的形勢不同於朝鮮半島，國界線只存在於地圖之上，各國都有大量的華人社團。國共兩黨爭奪華社的鬥爭在抗戰時期就已經開始，在冷戰時期達到白熱化程度。雙方都致力於破壞華社加入國族建構或自行建構民族的可能性，結果把華裔變成了土著反共運動和反殖運動的共同目標。[165]陳平的馬來民族解放軍依託國共合作的抗日組織，在馬來人當中毫無基礎可言，又沒有一條連接共產主義國家的邊界，因此很快就一敗塗地了。

穆斯林社會不僅難於滲透，而且敏銳地抓住了冷戰的機會視窗，將反共、反華和國族發明結合起來，贏得了巨大的政治利益。馬來西亞聯邦是英國和穆斯林王公、地主合作的產物，印尼軍政府則是美國和伊斯蘭教師聯合會合作的產物。東古．拉赫曼和蘇哈托裡應外合，將南洋華人的希望和共產黨人的希望扼殺在繈褓內。

北加里曼丹人民軍政委洪楚廷在《漫漫求索路：北加里曼丹革命四十周年探討（1950-1990）》序言回顧這段歷史說：「在國際革命浪潮的衝擊和鼓舞下，沙撈越解放同盟和北加里曼丹共產黨毅然負起時代的使命，堅決領導我國各族人民，開展爭取自治獨立的鬥爭。由於當時革命的主觀和客觀條件尚未成熟，我們經歷的道路顯得特別艱難、曲折和漫長。值得慶倖的是，中華文化和先進的馬列主義、毛澤東思想一直是指引我們前進的精神支柱。」一九五三年，鬆散的左翼組織「沙撈越解放同盟」成立。一九五六年，葉劍英宣佈：「赤道雕弓能射虎，椰林匕首敢屠龍」。「沙撈越解放同盟」隨即重演了從國民革命到蘇維埃的劇本，將中央交給了毛派領袖文銘權、黃紀作。一九六五年，解放同盟正式改組為北加里曼丹共產黨。他們在毛澤東和蘇加諾的支持下，展開了長達二十多年的叢林遊擊戰。一九七三年，黃紀作率領主力向馬來西亞政府投降。文銘權流亡中國，洪楚廷統率殘部繼續作戰。柏林牆倒塌後，東南亞各國共產黨相繼瓦解。一九九〇年，最後五十二名遊擊隊員走出森林投降。

杜勒斯國務卿後來說，日內瓦會議重演了（羅斯福出賣蔣介石的）雅爾達會議。[166]河內得到紅河三角洲的人力資源和中蘇兩國的武器援助，建立了東南亞最強大的軍隊。列寧主義以例行的饑荒和暴行為代價，迅速將農村資源轉移到軍事部門。北越軍隊的人數超過南越三倍以上，民兵和大批地下恐怖組織尚不計入。吳庭豔的共和國推翻保大皇帝以後，在農村推行臺灣式的土改，收編或鎮壓了各教派和豪強的軍隊，把權力集中到西貢，結果在農村留下了組織真空。北越完成社會整合以後，在一九六一年大舉入侵寮國。高棉的西哈努克明白優勢在哪一方，將東部各省讓給北越，換取了北越對他鎮壓赤棉的默許。胡志明小道穿過寮國和高棉，從三面伸入南越。湄公河三角洲繼紅河三角洲之後，變成了一九四六年的滿洲。越共在日內瓦會議前滲入西貢附近時，必須跟錯綜複雜的高臺教、和好教和五花八門的地方豪強作鬥爭，因此沒有取得明顯的成績。他們在六〇年代初葉面對孤立無援的中央官吏，阻力明顯減輕。南越每月發生上百起恐怖襲擊事件，百分之六十的農村淪為游擊區。

一九六三年九月，周恩來在廣東叢化召見越南、印尼等國共產黨。他宣佈，「中國是東南亞革命運動的大後方。我們是責無旁貸，義不容辭。我們會以最大的努力來支持東南亞各國的反帝鬥爭。」[167]僅僅從當時到情況看，印尼的革命似乎比越南更有希望——蘇加諾軟弱而動搖，吳庭豔堅定而強大。然而，他們依託的社會恰恰相反：西貢酷似一九二八年的上海，內陸腹地的泛儒家社會早已潰敗，民族主義—社會主義的獨裁政權追求高效率的中央集權，消滅了潛在的曾國藩和鄭明世，沒有意識到自己正在為更加徹底的列寧主義者打掃房間；爪哇的穆斯林社會在殖民主義的保護下發育成熟，比社會主義政府和革命軍隊強大得多。儒家士紳即使在其黃金時代，組織能力、保護能力和動員能力都不及伊朗的教法學家和印尼的伊斯蘭教師聯合會。共產主義者在華人社會中如魚得水，在穆斯林社會中卻像燈塔一樣孤立和暴露。南越的政變摧毀了吳庭豔苦心經營的幹部體系，西貢以外立刻淪為戰區。印尼軍官團的武器裝備不如南越，也沒有吳庭豔兄弟模仿共產黨建立的基層組織，然而穆斯林社團自發的麥卡錫主義足以抵銷軍政府的渙散和低效，屠華暴行其實正是民間排外反共免疫的副產品。並且，越南和印尼共產黨的支持者和路線不同。雙方都不會拒絕莫斯科和北京的援助，但偏重是一目了然的。越南共產黨離不開蘇聯的幹部黨和唯武器論，而艾地的黨卻把人民戰爭的神話當真了。

莫斯科和北京在河內的競爭

蘇美博弈在明處，蘇中博弈在暗處。一九六五年九月三日，中央情報局報告：「蘇聯和共產黨中國似乎已經明確劃分了在某些特定領域內各自向北越提供軍事援助。這看起來並非是合作的結果，而是反映了他們之間越來越明顯的競爭性。每個國家都在提供各自最有能力提供的東西，但沒有一個盡其所能。很顯然，北越覺得他們能夠提供而且應該提供更多的援助。蘇聯的軍事援助大多用於空中防禦，主要是過去兩個月裡出現在北越的地對空導彈（薩姆導彈）裝備。蘇聯人還提供了防空武器、精密雷達設備、一些全天候米格戰鬥機、八架ＩＬ－二八噴氣式輕型轟炸機，並且顯然已經取代中國人來訓練北越飛行員……在提供援助的共產黨國家中，只有蘇聯能夠提供足量的相對高級的設備。在蘇聯供應這些設備的同時，中國人繼續並增加了他們的常規援助。中國仍然是北越地面部隊所需的小型武器和大多數裝備的主要來源。而且，最近他們的作用擴大了。在過去的兩個月，已經進駐北越的中國地面部隊此時至少在後勤支援和工程建設方面發揮了作用。」[168]「毫無疑問，在北越部署有限然而重要的蘇聯軍隊，無疑加劇了業已激烈的中蘇對越南影響力的競爭。蘇聯表現出願意很好地履行自己保護越南的諾言，使得河內處於更有利的位置，能夠採取獨立的立場在兩個共產黨夥伴之間進行挑撥。越南人幾乎肯定會試圖利用這種局面，提高北京和莫斯科對越南民主共和國的援助水準。中國人本來希望在北越建立自己獨有的勢力範圍，最近蘇聯的闖入引起了中國的強烈不滿。更重要的是，中國無法向北越提供蘇聯那樣的先進設備。七月下旬，蘇聯薩姆導彈在北越的出現，標誌著長久以來中國試圖把蘇聯排除在外這一努力的終結。在這種情況下，北京一直在努力抵銷蘇聯增加的援助。如我們已經提到的，六月中旬，一支很可能與後勤事務有關的中國軍隊開始出現在越南，並且一直在擴大行動。在一個越南民主共和國的高級代表團訪問北京後，雙方於七月十七日發表聯合公報，強調為了共同打敗美國，中國決定向越南提供新的無償經濟和技術援助。」[169]

六〇年代後期，毛澤東的世界革命接近最高峰。「我們已經發現至少有五支，可能還有一兩支中國軍隊正在進入北越。這些部隊好像包括一個防空炮兵師、一個被懷疑是邊境、海岸安全防衛師、一個鐵道工程兵師、一個汽車運輸團、另一個可能至少是團級規模的安全部隊。」[170]越南變成了冷戰時代的凡爾登，吸引全世界的資源，直到玩家油盡燈枯或主動止損。越共一面在南越發動恐怖活動，一面在高棉和寮國積攢物資，準備真正的戰爭。

美國情報機構報告：「共產黨正繼續從柬埔寨獲得大量的食品和其他非軍事物資……許多滿載食品和藥品的船隻正沿著湄公河一路北下，而這些物資就是供應給駐紮在寮國的北越軍隊的。儘管有報導稱，這些船隻受到了一些阻撓，但今年的運輸規模看起來與一九六六年大體相同。」[171]

越共一九六八年一月的「新春攻勢」以十萬大軍進攻西貢和南越各地，付出了陣亡三萬二千人、被俘五千八百人的代價，三分之一的地下黨員犧牲、暴露和叛變。美軍和南越軍隊只損失了三千多人，左派控制的輿論卻大肆宣傳美國政策的失敗。[172]詹森非但沒有利用軍隊的勝利，反而下令單方面停止海空作戰，不再謀求連任，同意跟北越和談，結果配合了左派的宣傳，將軍事勝利變成了政治失敗。

一九六八年九月八日，美國和北越在欺騙南越的情況下舉行秘密談判。一九六八年六月二十六日，中國援助南方民族解放陣線七千萬人民幣。七月二十三日，中國援助北越價值七億七千萬人民幣的物資。九月三十日，中國同意一九六九年援助南方民族解放陣線兩千五百萬美元外匯。[173]「僅一九六五年至一九六八年三月，中國援越防空部隊共計十五萬餘人。中國支援部隊主要由防空、工程、後勤等部隊組成，一些部隊實行輪換，平均每年在越南執行任務的部隊有十三至十四萬人，最高年份為一九六七年，達十七萬人。從一九六五年至一九六九年三月，中國先後派出防空、工程、鐵道、後勤等各類援助部隊二十三個支隊、九十五個團和八十三個營，共計三十二萬餘人。」[174]莫斯科和北京的決裂，有助於河內更好地利用兩大後盾的競爭性支援。一九六九年四月，蘇聯指責北京為蘇聯援越物資設置障礙。[175]莫斯科和北京在漫長的內亞邊界上虎視鷹眈，在世界革命的前線相互破壞和指責。尼克森作為美國政治傳統中罕見的老練馬基維利主義者，敏銳地捕捉到楔子最適當的插入點，決心開發共產主義陣營的裂痕，實現提前制定的國內政治目標。一九七二年外交革命就此開始，解救了騎虎難下的毛澤東。

李光耀回顧遠東冷戰的最後回合時，承認所謂的中間勢力都是毫無原則的投機者。「美國準備在任何受到威脅的地方，同共產黨人對抗到底，這一點倒讓我鬆了口氣。正因為美國堅決反共，跟共產黨人勢不兩立。所以印度的尼赫魯、埃及的納賽爾、印尼的蘇加諾才有條件走不結盟路線。採取不結盟的姿態是很自在的，我也這樣做了。一開始卻並未意識到，這其實是美國人付出代價後所提供的迴旋餘地。」[176]風行草偃是秩序邊緣地帶的特徵，猶如西班牙和法蘭西的幾百個探險家的勝負就能改變數萬印第安輔助部隊的立場。二十世紀六七〇年代的反殖民主義造成了世界秩序最後一個薄弱環節，提供了列寧長征轉進—側翼包圍戰略的最後一個機會視窗。

從二〇年代的中歐到七〇年代的亞非拉，共產主義終於走遍了全世界。今後的世界只剩下兩類社會：擠乾的橘子和擠不動的橘子。第一類沒有或不能產生有效的免疫反應，已經淪為先鋒隊的汲取對象。第二類能夠或已經完成了共同體塑造，不可能以戰爭以外的方式破壞或征服。邊界由模糊變得清晰，捕食的速度越來越無法追趕消耗的速度。

四、梁山的逆襲，一九七二年外交革命

引言：毛澤東反對蘇聯，發動文革，都未能徹底消滅臥榻之側的黨內列寧主義者，也未能培養出保全自己遺產的幹部班底。隨著東亞大陸的資源損耗，他的處境越來越危險。尼克森和基辛格的馬基維利主義外交，為他提供了最後一次絕處逢生的機會。華盛頓—北京的機會主義聯盟不僅解除了蘇聯的外部威脅，也切斷了黨內列寧主義者重新投靠蘇聯的管道。北京投入西方陣營，導致了日後的臺灣問題和香港問題。

毛澤東的戰略從黨內和世界兩翼同時展開，指向東亞和世界的列寧主義者。兩者都意味著發動針對前一波革命者的革命，顛倒保護者和被保護者的相對地位。中國共產黨覺得自己通過依附和顛覆國民黨的經驗，比蘇聯更好地掌握了統一戰線的精髓，能夠以其人之道還治其人之身，用奪取「中華民族」建構的同樣方式反客為主，奪取「世界革命」的衣缽。劉少奇—鄧小平和赫魯雪夫—勃列日涅夫在內外同步的再革命佈局中，恰好佔據了邊區三三制政權和國民政府在抗戰結束時的同樣生態位。[177]最初的攻擊沒有確定的重點，直到被革命對象以「迎頭痛擊」或「土崩瓦解」的反應為革命者指引方向。一九六四年八月二十日，中國駐東德使館提出了《關於利用德蘇

矛盾對德進行爭取分化工作的請示報告》。[178]蘇聯人以蔑視的態度對待這種幼稚的馬基維利主義，其實這些手段早已在閻錫山和宋哲元的系統內多次創造奇跡——北京用以前煽動宋哲元和閻錫山反對蔣介石的同樣手段，煽動東德共產黨反對蘇聯。

毛澤東的真正問題在於，他沒有適當的班底可以填補列寧主義者留下的政治真空。劉少奇垮臺，留下的幹部仍然是一群小劉少奇。周恩來和康生的特工系統反而更加強大，比黨政幹部危險得多。國內外的紅衛兵和毛派團體都是曇花一現，無法替代蘇聯式幹部和專業顛覆技術員。軍事—經濟援助給北京造成的壓力，又比莫斯科大得多。軍管會和三結合革命委員會的產生，標誌著文革已經走到山窮水盡的地步。

梁山系統在解放軍內部的勢力最大，輔以激進文人和革命群眾，尚能延緩列寧主義者捲土重來的速度。海外的革命缺乏流沙社會特有的梁山好漢和士大夫社會最發達的激進文人，崩潰的速度自然更快。六〇年代末，海外的毛派勢力已經只剩下幾個孤立的據點。毛澤東理解和操縱梁山系統的技巧縱然高人一籌，後者由於天然的流沙性和投機性，仍然不可能形成足夠穩定的組織資源，而且並非不可能為黨內根深蒂固的列寧主義者所用。林彪系統和江青系統積不相能，其實只是革命陣營內部矛盾的冰山一角。江湖梟桀無論就其階級本能還是利益紐帶，都不可能跟激進文人長期合流。

一九六八年，毛澤東已經明白自己四面楚歌：「東北、西北、華北要準備蘇聯來，南方各省要準備美國來。」[179]林彪一九六九年的《一號命令》[180]表面上針對蘇聯，實際上卻引起了毛澤東和周恩來的猜疑。九一三事件暴露了黨內的暗流，爭奪世界革命領導權的運動敗相畢露。

毛澤東知道只有一個辦法才能防止上級的報復，就是挑動「上級的上級」反對上級。如果他沒有及時下手，上級就會挑動他自己的下級反對他。四〇年代，只有史達林能夠打擊蔣介石。七〇年代，只有美國才能打擊蘇聯。上級一旦敗在「上級的上級」手中，他就能在下級面前恢復英明革命家（上級無法懲罰的叛逆者）的形象和地位。投機性革命家防患自己的下級如法炮製，一向都是無比困難的任務。毛澤東在這方面表現出真正的天才，然而非但不能挑明，反而必須在自己並不出色的領域假充高明。

尼克森和毛澤東的宮廷外交

美國政治家在憲制傳統的約束下，無法像一九四五年的史達林那樣充分開發同樣有利的局勢。臺灣問題在史達林的體系內不會比蒙古問題更難處理，現在卻形成了複雜的政治和法律糾葛。一九七一年七月二十三日，美國駐台大使馬康衛（Walter P. McConaughy）向蔣經國建議：為了維持聯合國席位，即使放棄安理會席位也是值得的（複雜雙重代表權提案）。蔣經國表示無法接受。[181]八月六日，宋美齡在臺灣駐外使節會議上表示：「美國的打算，是讓我們死在臺灣，最後造成兩個中國，讓臺灣獨立或成為聯合國託管地。」[182]國民黨如果在五〇年代願意接受這樣的安排，對自身和臺灣無疑都是更好的路徑，然而他們的習慣就是儘量給朋友製造麻煩，給敵人提供方便。他們長期消費美國的原則性，沒有料到越戰給機會主義者帶來的便利。

「狡猾的迪克」（尼克森）依靠美國保守派精英和「沉默的大多數」，卻無意實現他們的期望，扭轉六〇年代激進主義和綏靖主義的潮流，寧願相信個人和私人的聰明才智，以為欺騙人民才能最好地保護人民。他的統治像所有缺乏原則的聰明人一樣，給自己和國民帶來了小範圍的勝利和大範圍的潰敗。他這樣「非美」的領導人能夠出現，本身就反映了羅馬義務對美國憲製造成的挑戰。威爾遜主義作為美國憲制世界化的中繼站，無法避免面對諸如此類的挑戰。尼克森和基辛格的宮廷外交導致國務院系統的嚴重資訊脫節，破壞了美國外交官長期行之有效的協調，結果將沙烏地代表引起的偶然事件放大為聯合國大會的全面失控，斷送了蔣介石政府在聯合國的席位。[183]基辛格本人崇拜俾斯麥外交和歐洲大陸的權力主義傳統，非常鄙視威爾遜主義的鄉愚性質，聲稱「就秘密外交而言，國安會系統的一個優點就是，總統和我既可以隱瞞我們的計畫，又可以獲得各個部門的觀點和想法。」[184]然而，連他都認為：美國的政策調整導致友好國家不再擔心因背叛而遭到懲罰，因而反倒增加了阿爾巴尼亞提案的贊成票。[185]

上級（華盛頓）為了遏制叛逆的下級（莫斯科），可以而且應該利用下級內部的敵人和叛逆者（北京）。尼克森和基辛格將如此初級的權術引進了清教徒鄉愚的新大陸，自以為立下不世奇功，殊不知在紫禁城的主人和江湖好漢的盟主看來形同兒戲。

通過一九七二年外交革命，毛澤東擺脫了野心和地位不相稱所造成的困境。在林彪出走和尼克森來訪之間，他的處境一度間不容髮。黨內的列寧主義者很容易通過刪除他的存在，廉價地解除他的冒險後遺症。周恩來或任何蘇聯老友領導的中華人民共和國必然會恢復五〇年代的歷史敘事，將東亞和東南亞革命的所有成就歸功於蘇聯長期和正確的領導，將黨內、國內和國際的一切痛苦和失敗歸咎於修正主義者、混入黨內的農村小資產階級革命家和富農路線的始作俑者毛澤東。美國人無需做任何事情，只要出現在北京城的光天化日之內，就能堵死他最大而且不能暴露的隱憂，綁架全黨走上親美反蘇的不歸路，從而不僅保障了自己在世的安全，而且保障了黨在自己身後的歷史評價。

只要紫禁城的繼承人為了購買美國的友誼而反對蘇聯，中華人民共和國的國父就只能是他（而非蘇聯的老朋友們）。任何列寧主義者想要否認他的歷史地位，就只有兩條道路。要麼同時否認他和中華人民共和國，從而將自己變成叛徒和罪犯的同謀者。要麼否認他而承認中華人民共和國，那就只能回歸國父史達林和老大哥蘇聯的正確路線了。毛澤東既然已經獲得了如此重大的收穫，自然不會太介意細微的外交利益和技術細節。他假裝撇開門面套話，直接訴諸馬基維利主義的誠實：「其實這個公報沒有把基本問題寫上去。基本問題是：無論美國也好，中國也好，都不能兩面作戰。口頭上說兩面、三面、四面、五面作戰都可以，實際上就是不能兩面作戰。當然寫進去也不好囉！」[186]美國人能夠心滿意足地理解，華盛頓和北京的機會主義聯盟將莫斯科置於兩面作戰的窘境；卻會因此忽視，聯盟的主要價值在於將毛澤東從兩面作戰的窘境中救出來。杜勒斯深知亞細亞式虛虛實實的詭詐，報以清教徒厭而遠之的潔癖。基辛格為自己的詭計多端而自豪，卻沒有看出越複雜的機謀可供算計的目標越多。

日本利用尼克森宮廷外交的馬基維利性質和北京的正統性焦慮，廉價擺脫了戰敗國負擔，為對台政策留下了迴旋餘地。[187]「結束中華人民共和國和日本國之間迄今存在的不正常狀態」的措辭故意保持模糊，目的就是允許雙方根據自己的不同需要解釋。周恩來的解釋是：「臺灣是中華人民共和國的領土，解放臺灣是中國的內政。日本從臺灣撤走大使館、領事館，蔣介石集團的大使館、領事館撤離日本。戰後日本的團體和個人在臺灣的投資和經營的企業，在臺灣解放時當予以適當照顧。」[188]日本方面的理解是：《臺北和約》作為《舊金山和約》的延續，結束了一九四一年正式開始的日本帝國—中華民國戰爭，但並不適用於中華民國有效管治範圍以外的地區，將亞洲大陸置於不正常狀態。日本希望更多地保障亞洲大陸的安全和貿易，但不會因此影響舊金山條約體系的基本結構。只要蘇聯的威脅仍然處於壓倒優勢，雙方就會滿足於各自表述基礎上的求同存異。一九七二年三月八日，北京利用新得的聯合國席位，要求聯合國非殖民化特別委員會將香港和澳門從《給予殖民地國家和人民獨立宣言》適用的《非自治領土名單》清單中刪除，埋下了日後香港問題的伏筆。[189]

尼克森的詭詐手段成功地完成了止損任務，大體將越南前線恢復到吳庭豔時代的狀態。美軍的傷亡基本結束，越共對大後方的信心搖搖欲墜。美國空軍和南越國軍的配合成本低廉，卻仍然不會減少蘇聯的消耗。如果僅僅從外交技術考慮，尼克森政府有理由索取美國人民的感激，然而東方式的內廷政治侵蝕國本，在水門事件中引起了國會政治的保衛戰。尼克森的印度支那猶如格拉古的帕加瑪和奧古斯都的埃及，已經構成了元首政治的潛在資產和元老院的潛在威脅。國會以真正羅馬式的堅定，為世界憲制的核心防微杜漸，斷然切除了東方宮廷政治的培養基。

一九七五年，洪流淹沒了美國遺棄的西貢和金邊。北京乘南越潰敗之機進軍西沙群島，拾起了蔣介石一九四五年的聲索。至此，共產主義和新三民主義的遺產（或重負）完全落到二者的逆子身上。遠東的線索追隨世界的隱秘法則，走向薩馬拉之約的會場。[190]

1 魏德邁（Albert Coady Wedemeyer, 1897-1989）盟軍中國戰區第二任參謀長。一九四七年七月奉國務卿馬歇爾命為特使到中國調查，八月二十二日，他面對包括蔣介石本人在內的六十多位國府高級官員發表長達數小時的演講，嚴厲批評國民黨的腐敗無能。他在給美國國務院的考察報告中警告：國民黨軍事上已處於劣勢，中共很可能奪取中國。魏德邁建議美國承諾給予國民政府援助，但他的報告在美國政界發表後，使美國高層更加深信國民政府已經無法挽救。

2 服部卓四郎，《大東亞戰爭全史》，頁一〇。

3 沈志華、楊奎松主編，《美國對華情報解密檔案（六）》，頁二四三。

4 中共中央黨史研究室科研局編譯處，《國外中共黨史中國革命史研究譯文集》（北京：中共黨史出版社，一九九一），頁四〇。

5 沈志華主編，《俄羅斯解密檔案選編——中蘇關係（第一卷）》，頁六九—七〇。

6 沈志華主編，《俄羅斯解密檔案選編——中蘇關係第一卷》，頁九五。

7 《毛澤東選集》（一卷本）（人民出版社，一九六六），頁一一七七—一一八〇。

8 丁雪松等，〈回憶東北解放戰爭期間東北局駐朝鮮辦事處〉，中共中央黨史資料徵集委員會等編，《遼沈決戰（上）》（人民出版社，一九八八），頁六二八—六二九。

9 同前註，頁六二七。

10 沈志華，〈史達林和中國內戰的起源〉，《社會科學戰線》第十期（二〇〇八）。

11 《中央情報局關於蘇聯實現在華目的的報告》稱：「中共和蘇聯在北朝鮮進行可能合作的跡象要回溯至一九四六到一九四七的秋天和冬天。安東一九四六年十月落入中國共產黨之手後，中共軍隊在北朝鮮的存在就經常得到報導。一九四七年三月，XXIV部隊估計蘇聯區域大概有五到七點五萬中共軍隊。一向可靠的管道表明，一九四六年十二月到一九四七年一月北朝鮮的鐵路被用來運輸這些部隊，並且住宿和補給由蘇軍指揮部和北朝鮮人民委員會分擔。雖然在此期間中共在北朝鮮的活動特點不能明確認定，但報告說他們接受訓練並將這一地區作為進攻滿洲東部中國國民黨的基地。

最近XXIV部隊主要通過審訊北朝鮮人民軍逃兵獲得情報，傾向於接受北朝鮮部隊已經進入中國共產黨控制的滿洲東北地區。（蘇聯不承認那裡存在北朝鮮人民軍活動，但是得到了關於其存在與發展的相當可靠的證據。）XXIV的報告包括：（一）前北朝鮮人民軍的軍官供述說，整營的軍隊正與中共在滿洲前線並肩作戰；（二）聲明說派駐在北朝鮮的人民軍打擊滿洲東部鐵路沿線的國民黨軍隊；（三）聲明說一九四六年秋北朝鮮人民委員會和滿洲的中共軍隊建立了通信聯繫，控制派往中國的北朝鮮軍隊。沒有受過訓練的，至今一直駐紮在北朝鮮的人民軍戰術分隊看來符合這幾份報告，即北朝鮮部隊一完成在北朝鮮的規定訓練，就被送到滿洲並融入中共軍隊。

這些軍隊轉運在邏輯上從幾個方面有助於推進蘇聯目標：（一）他們給中共軍隊提供一定援助；（二）他們處在或者靠近實際戰鬥區域，向北朝鮮軍隊提供戰鬥經驗；（三）緩減食品匱乏的北朝鮮向其軍隊提供糧食的問題。與北朝鮮食品短缺相連，一九四七年中期國民黨軍隊在軍事行動中俘獲的一小部分朝鮮人告訴美國助理軍事隨員：他們志願參加中共軍隊只是出於『經濟原因，比如失業、食品匱乏等』，但是，應該注意的是，北朝鮮的糧食形勢部分是由於蘇聯將糧食從該地區輸送到符拉迪沃斯托克（海參崴）和大連的結果……顯然中共已經從中國和朝鮮港口和蘇聯控制的大連之間的積極貿易中獲取一定利益。一種更重要的援助形式，至少對山東省的中共而言，看來是由往返於大連和山東煙臺的蘇聯艦船提供的。美國大連總領事報告說，六月二十三日一艘載有卡車、輪胎和汽車配件的蘇聯輪船離開大連駛往煙臺（一般是一天的航程）。一天後中國善後救濟總署和聯合國善後救濟總署在煙臺的人員注意到這艘滿載著包括卡車、中國乘客在內的輪船抵達煙臺。根據煙臺的情報，同一艘輪船六月七日進港，那艘航程裝載的是生鐵和『木箱子』。據報導，這兩趟航程的裝卸由中共士兵在夜間『非常神秘地』加以執行。報告進一步宣稱，蘇聯船舶安排它抵達煙臺的時候，明顯利用了中國善後救濟總署的船隻停泊，以免遭到中國國民黨空襲。毫無疑問，中國國民政府非常擔心山東—大連的貿易。與這項運輸相連，國民黨在山東省的司令官聲稱，如果大連歸還南京政府，山東的戰事可以減少六個月。」沈志華、楊奎松主編，《美國對華情報解密檔案（二）》，頁二四五—二四六。

12 丁雪松等，〈回憶東北解放戰爭期間東北局駐朝鮮辦事處〉，中共中央黨史資料徵集委員會等編，《遼沈決戰（上）》，頁六二七—六二八。

13 B．博伊科，《解放使命》；蘇聯科學院東方學研究所，《在中國的道路上（1937-1945）：回憶錄》（莫斯科，一九八九），頁三三六—三三七。

14 伊．柳德尼科夫，《穿越大興安嶺》；蘇聯科學院東方學研究所，《在中國的道路上（1937-1945）：回憶錄》，頁三〇二—三〇四。

15 鮑里索夫、科洛斯科夫著，肖東川、譚實譯，《蘇中關係（1945-1980）》（北京：三聯書店，一九八二），頁一九—二〇。

16 同前註，頁二四。

17 胡美、任東來，〈一九四六~一九四七年美國對華軍火禁運的幾個問題〉，《美國研究》第三期（二〇〇七）。

18 B．傑里岑，《燃燒的中國》（莫斯科，二〇〇三），頁二八五—二八六。

19 「要求各部和主管部門於一九四七年十一月一日前，按附件一向外貿部提供超出一九四七年出口儲備額的工業品、設備和原材料……

附件一：藥品和醫療設備

軍用電纜五十千米、棉布幾千米至一萬米，可減少對國家後勤部的供應數；毛料兩百米，國家後勤部提供；吉斯牌汽車四百輛，可減少對集體農莊和國營農場的供應數；摩托車一百五十輛，減少對居民的供應數；自行車三千輛，減少對居民的供應數；滾珠軸承四千五百台，減少蘇聯部長會議儲備數；砂輪五百個，轉子三百支、汽車附件三十萬盧布、普通汽車輪胎五千套，計畫外生產；巨人牌汽車輪胎（大型載重車用）五千套，可減少對國家後勤部供應數；自行車輪胎一萬，計畫外生產；橡膠靴兩萬五千雙，減少對國家後勤部供應數；定向電臺四座、功率十千瓦收發報電臺，減少對塔斯社供應數；軍用整流器兩千台，各種用途的電話機三千二百台、電燈泡（用於照明、輪船、交通信號以及其他用途）十二萬隻、各種功率的電力發動機六十台、青銅錠、巴比特合金、銅板、鋅板、各種規格和用途的管子、金屬絲（鋼絲、彈簧絲和其他類型的）、消防車、壓縮機和其他各種機器製造機械；銑床和其他車床、鑽頭等；各種交通設備（交通部）；傳動皮帶、塗膠皮帶、變壓器帶、各種用途的電線、電氣機械、閘刀開關、開關等；重油、潤滑油等；造幣紙、新聞印刷紙、拷貝紙等；各種化學原料、各種酸、油漆、染料、溶劑等。」

一九四七年七月二十一日，蘇聯部長會議決定給東北提供了原材料和貨物清單（支付價值為二百萬的鐵路枕木）：「棉布四千米、制裝用棉花三百噸、緩燃導火線一百萬米、密封容器一百萬件、阿芒炸藥三百噸、火柴兩千箱、煙草二十噸、糖五百噸、大馬哈魚兩百噸、駝背大馬哈魚兩百噸。」

一九四九年提供給滿洲的蘇聯貨物、設備和原材料清單：「運輸汽車三千輛、汽車外殼一萬五千二百件、價值一九一〇盧布的汽車附件、航空用汽油一千五百噸、汽車用汽油兩萬三千八百噸、拖拉機用和照明用火油一萬零八百四十噸、油和潤滑油一千一百八十三萬噸、其他石油製品五千七百零七噸、拖拉機二百零五台、黑色金屬軋件七千三百噸、軋製件兩千零五十噸、有色金屬軋件兩千一百噸、電線四十七萬八千米、動力電纜四十一萬八千米、電動機一千四百四十三台、金屬切割機床六百五十七台、棉布一千五百萬米、帆布十五萬米、棉花一萬五千噸、羊毛短襪一百萬雙、價值五千五百八十盧布的藥品和醫療器材、造幣紙七千噸、打字紙一千五百八十噸、新聞用紙兩千九百三十噸。」沈志華主編，《俄羅斯解密檔案選編——中蘇關係（第一卷）》，頁二〇三—二〇四。

20 胡美、任東來，〈一九四六～一九四七年美國對華軍火禁運的幾個問題〉，《美國研究》。

21 《蘇軍支持中共叛亂之調查報告》，頁五九一—六一六。

22 《中華民國史檔案資料彙編（第五輯第二編／財政經濟）》第六冊，頁五一五—五一八。

23 《中華民國重要史料初編》編輯委員會編，《中華民國重要史料初編：對日抗戰時期（第七編：戰後中國）》（台北市：中國國民黨中央委員會黨史委員會，一九八一），頁六六九—六七一。

24 外交部編，《外交部檔案叢書：界務類（第二冊：中蘇關係卷）》（台北市：外交部，二〇〇一），頁二四六—二四七。

25 一九四九年聯合國中國代表團，在紐約的聯合國大會上提出《控告蘇聯違反中蘇條約與聯合國憲章，威脅中國政治獨立與領土完整及遠東和平案》；蕭道中，〈冷戰與中華民國外交：「控蘇案」研究，一九四六—一九五二〉，《輔仁歷史學報》第十七期（二〇〇六年十一月），頁四七一—五一五。

26 「我們至少需要一百名以上各部門專家：計畫專家和整個國民經濟專家十人；黑色有色冶金專家十五人；煤液體燃料加工和硫酸鹽、鹽酸、硝酸製造專家六人；採礦工業，包括煤炭加工專家十人；火炮、炮彈和子彈製造專家六人；森林採伐和木材加工專家六人；紡織專家五人；採金專家四人；水泥專家四人；造紙專家四人；混凝土大壩建築和水電站設備專家八人；財政專家四人；軍事鐵路學校教員六人；以校長為首的工業學院教授、講師十二人；我們再次對您表示衷心感謝，感謝您幫助解放了中國東北人民。布爾什維克敬禮！」沈志華主編，《俄羅斯解密檔案選編——中蘇關係（第一卷）》，頁二七九。

27 同前註，頁二八一。

28 「遵照您一九四八年五月十七日的指示，派往東北的蘇聯鐵路專家小組組織並親自領導了最重要的鐵路線修復工作，其中包括吉林─長春、哈爾濱─長春、四平街─通遼、義縣─錦州、梅河口─奉天─鞍山、錦州─山海關路段。這一時期共修復大、中型橋樑六十二座，其中東北中部的橋樑都進行了大修：哈爾濱至長春方向，松花江上橋樑九百七十米、飲馬河上橋樑三百二十米、伊通河上橋樑兩百米；吉林至長春方向，吉林市附近松花江上橋樑四百二十米，飲馬河上橋樑一百九十米。上述鐵路線的及時修復保障了人民解放軍的迅速調動，首先是長春市重兵集結，然後是義縣和錦州城下的集結。這些城市的被圍之敵──國民黨軍被殲以後，人民解放軍部隊又沿著新恢復的鐵路線調至新立屯─奉天和梅河口鎮，有力地促進了全殲東北國民黨軍。」同前註，頁三一五─三一六。

29 「據瓦休科維奇同志關於運輸東北糧食的電報，我報告，交通部已指示遠東鐵路局長和後貝加爾斯克及濱海鐵路負責人，保障每晝夜換裝和發走四百節車廂，通過滿洲里車站三百節車廂。」同前註，頁三三一。

30 「為制定徹底恢復和發展東北經濟和組織生產的計畫，至少需要五百名蘇聯專家，其中軍事工業三十五人、燃料能源四十人、冶金和化學三十人、機械製造和金屬加工三十五人、鐵路和通訊一百一十六人、造紙和林業二十人、建材業二十人、輕紡二十人、食品二十人、地方手工業六人、農業十五人、國民教育六十五人、衛生保健五十五名醫生、財政信貸二十人、外貿和國內貿易二十人、綜合和平衡預算六人、統計和會計十人。對設備和材料大體需要如下：

『軍事工業：為完成一九四九年各種武器裝備和彈藥的生產計畫，必須建立山炮和野炮製造廠並保障其設備，生產能力需達到日產炮十門，必須提供TNT炸藥三千噸、火藥兩百噸、銅三千六百噸、特種金屬一萬噸、自動車床一百五十台、炮身鋼管三百噸、鎢一百噸、鉬五十噸、鎳七百噸、電線兩千五百米、電纜線五萬米、皮線十萬米、超強度線四萬米和其他物資。此外，中國同志要求滿足他們一九四八年一月所提出的軍事工業所需各種儀器和材料的要求。

冶金工業：根據東北民主政權提出的計畫，一九四九年要恢復和利用四十二個礦山冶金企業（其中七個是銅工業企業）。首先恢復鞍山和本溪的冶金企業，到一九五〇年生產能力要達到年產四十萬噸鋼、一萬二千噸純銅。為了完成這一明顯提高的計畫，需要大量的設備和材料，其中需把拆除運往蘇聯的鞍山鋼廠第一、第二車間、大型軋鋼車間和小型軋鋼車間運回來，而且還需運來專門材料……』

計劃一九四九年完成主要鐵路線的修復工作，其中包括部分中長鐵路，長春─四平街─奉天和義縣─承德─北平線。此外，根據毛澤東同志的要求，還制定了修復中國內地鐵路的計畫，其中包括：山海關─北平─天津─濟南─徐州，徐州─南京─上海，北平─開封─漢口，北平─張家口─太原─西安。」同前註，頁三三五─三三六。

31 同前註，頁三五三─三五四。

32 同前註，頁三九六。

33 「中國共產黨中央委員會不應該參加共產黨情報局，而應建立以中國共產黨為首的共產黨東亞國家局。最初可以有三個政黨：中國共產黨、日本共產黨、朝鮮共產黨組成，以後逐步吸納其他政黨。這時毛澤東提問，中國共產黨和蘇聯共產黨的關係是否應該是直接的，對此我做了肯定的回答。」同前註，頁四一一。

34 B．傑里岑，《燃燒的中國》，頁二七九。

35 A．列托夫斯基文集，頁七三。

36 同前註，頁七一—七二。

37 同前註。

38 同前註，頁八五—八八。

39 「我們可以幫助你們建一個飛機裝配廠，我們可以給你們最先進的戰鬥機，想要捷克的，想要俄國的都行，目的就是你們用這些飛機培養自己的空軍幹部。」同前註。

40 一九四九年九月十九日，蘇聯部長會議決定：

「責成蘇聯武裝力量部（華西列夫斯基同志）向中國人民解放軍派遣：

中國人民解放軍下屬機關：指揮人員十五人、顧問四人、服務人員六人、翻譯三人，共計二十八人。

空軍（六個空軍軍校）：指揮人員四十二人、教官九十六人、飛行員—教官八十四人、軍官—教官二百三十八人、準尉—中士教官二百七十八人、翻譯四十二人，共計七百八十人。

海軍：指揮人員五人、教官七十五人、翻譯六人，共計八十六人。

炮兵：指揮人員一人、軍官—教官二十人，共計二十一人。

向派往中國人民解放軍的全體將軍、軍官、準尉、上士和非軍職雇員傳達一九四九年八月九日蘇聯部長會議第 3424-1425cc 號決議。

責成蘇聯武裝力量部（華西列夫斯基同志）發放六個航空學校用的飛機三百三十四架；裝有射擊指揮儀和測距儀的高射炮三百六十門；高射炮用炮彈，每門三箱彈藥基數；七點九毫米高射機槍三百六十挺，一百萬發子彈，現有繳獲的德國戰利品。」

沈志華主編，《俄羅斯解密檔案選編——中蘇關係（第二卷）》，頁一〇九—一一〇。

41 沈志華主編，《俄羅斯解密檔案選編——中蘇關係（第二卷）》，頁一一六。

42 一九四八年四月二十日，史達林致毛澤東電：「我們不同意這樣做（仿照蘇聯和南斯拉夫的模式，除了中國共產黨以外的所有政黨都應當從政治舞臺上消失，從而極大地鞏固和加強中國革命）。我們認為，代表中國老百姓中間階層和反對蔣介石集團的中國各反對派政黨還將在很長的時期記憶體在。中國共產黨應該與他們合作以反對中國反動派和帝國主義列強，但必須保持領導權即領導地位。如果可能，還要讓這些黨派的某些代表進入中國人民民主政府。這一政府應宣佈為聯合政府，以便以此擴大這一政府在民眾中的基礎並孤立帝國主義分子及其國民黨走狗。應當指出的是，在中國人民解放軍勝利之後的一個時期（這個時期的時間長短現在還很難確定）內將是民族民主革命政府，而不是共產主義政府。這意味著，暫且還不必實行整個土地的國有化和廢除土地的私有制，沒收從小到大的所有商業和工業資產階級的財產，以及不僅沒收大地主的資產，而且沒收靠雇傭勞動生存的中小地主的資產。有必要等一個時期再進行這些改革。謹告訴您的是。在南斯拉夫，除了共產黨之外，還有其他黨派存在，這些黨派都是人民陣線的成員。」沈志華主編，《俄羅斯解密檔案選編——中蘇關係（第一卷）》，頁二五一—二五二。

43 一九四九年六到七月，陳銘樞扮演了司徒雷登毛澤東談判的掮客角色。中國革命博物館黨史研究室，《黨史研究資料》第五期（一九九一），頁二五。司徒雷登發現，「沒有任何偏離目前政治路線（一邊倒）以改善對美關係的跡象。」《美國外交文件集》第八卷（一九四九），頁七八二—七八三。

一九四九年七月十九日，鄧小平致信華東局：「佔領全國、一邊倒和自力更生，不但可以立於堅固的基礎之上，而且才有可能迫使帝國主義就我之範。」《鄧小平文選（1938-1965）》，頁一三五。

44 一九四九年《中國人民政治協商會議共同綱領》第五十五條：「對國民黨政府過去跟外國政府所簽訂的各項條約和協定應加以審查，按其內容，分別予以承認，或廢除、或修改、或重訂。」

45 「事實上控制中國領土和國家機構，能夠維持公共秩序；願意並能夠履行國際義務；政府的統治權得到人民的普遍默認。」*Foreign Relations of the United States, 1949, The Far East: China*, Vol.9, (Washington, D.C.: United Sates Government Printing Office, 1978), pp.22-23.

46 美國國務院的內部檔，實際上是表明美國不會偏袒任何一方，預防蔣介石拖美國下水，誘惑毛澤東做國務院左派期望的溫和改革派。後來麥卡錫說國務院是潛伏匪諜的大本營，就是指他們這種態度。三原則流露的放水和開價意圖如此明顯，自然足以引起史達林的疑心。毛澤東強調一邊倒，實際上是為了讓蘇聯放心。

47 俞國華（1914-2000），一九四七年赴美任華盛頓國際復興開發銀行副執行董事；一九五一年任國際貨幣基金會副執行董事。

48 國史館，《蔣中正總統檔》《革命文獻》，檔號 002-020400-00029-150。

49 國史館，《蔣中正總統檔》《革命文獻》，檔號 002-020400-00029-155。

50 魯斯克（Dean Rusk, 1909-1994）二戰時是史迪威主管情報的副參謀長，後任助理國務卿，促成美國出兵朝鮮。一九六一到六八年間任國務卿。

51 孔華潤（Warren Cohen），《美國對中國的反應》（復旦大學出版社，一九八九），頁一八九—一九〇。

52 一九三四年的華盛頓遠東司對贛南的「蘇維埃共和國」不屑一顧，認為這些事務屬於蘇聯宣傳範圍，跟他們負責的東亞毫不相干。二〇年代的蘇聯在國際社會當中的處境不比塔利班的阿富汗伊斯蘭酋長國強多少，因此統一戰線造成的視窗對outlaw（蘇聯）的重要性遠遠大於其對國際社會的重要性。伊．卡恩著，陳亮、隋麗君譯，《中國通——美國一代外交官的悲劇》（新華社，一九八〇），頁五九。

53 《陳雲文集》第二卷（北京：中央文獻出版社，二〇〇五），頁五九三。

54 《陳雲文選（一九四九—一九五六）》（人民出版社，一九八四），頁二三九。

55 「八路（其實這時已經改稱解放軍）向我們宣稱，八路是人民的軍隊，他必須以人民的力量來掩護他們。因此，每次國軍一來，他們總是聞風先走，而地方的民兵在大隊之後掩護撤退……婦女兒童根本不准離開。他們說這樣便可以遲滯國軍的行動，和展開地下活動……（我們『積極分子』）不是死於八路的玩弄，就是死於國軍的刀槍。因為八路便是這樣一個東西，既要玩弄你，又不能保護你，你若不聽從他的話，他本身就先殺了你。」楊雨亭，《國共鬥爭史中的憎恨（1927-1949）》，中國文化大學史學研究所碩士論文，二〇〇九年，頁八四—八六。

56 「國民黨一走了以後，沒留下任何組織形式，任何一個力量都可以乘虛而入。那麼他現在有一個力量他過來了，共產黨是有有心人，他們有計劃有組織有一套完整一貫的做法步驟，這是國民黨無法比的。他們先要找一個村長，一個在當地聽話而敢做事的人，叫他來做村長當官，他也高興啊，村民這輩子沒做過官，現在有做官了，有了權利，有了生殺權，是村裏的土皇帝，當然有人願意做。有了村長以後，就按照共產黨的那一套方法一步一步發展組織，組織了以後，村長講話大家就要聽啊，誰要是跟他講的話有意見，或是說法不一樣，就不行了，那叫思想有問題，一般人說思想有問題只是表示不同意見，沒什麼大不了，共產黨說你思想有問題啊，那可不得了，是生死攸關的。村長他有一個排的民兵，有槍杆子在手，誰敢不聽話。像我這種對他不滿意的人很多對不對，但是有什麼辦法啊。每天一出門，村裏的組織網就罩上來了，青年婦女隊隨時看著你，兒童團天天監視著你，把你做的什麼事都報告村長，你沒有任何辦法……還有一個工作就是要去聽牆根，晚上到人家窗外去聽，聽這家人講什麼話，是不是對政府不滿意，是不是國特。再就是聞香隊，吃了什麼好東西如雞蛋之類，規定家裡東西要拿出來給解放軍，不可私藏。你家煎個蛋他聞到了，向上報告，立刻就是抓你，問你怎麼吃這個？你不是全都捐出來了嗎？聞香隊，聽牆根，有了好的表現是可以記功的。」林孝庭、阮秋芳，《于兆堂訪談錄》，胡佛研究所檔案館東亞館藏部，二〇一四年三月二十五日。

57 汪宣，〈我在土改工作中的體驗〉，《光明日報》，一九五〇年四月二日；吳景超，〈參加土改工作的心得〉，《光明日報》，一九五一年三月二十八日。

58 「群眾鬥爭起來了要打人、使用肉刑、殺人，現在總是控制不了……殺的方法上，有活埋的、槍斃的、活剮的、還有勒死的，剮了以後還要掛在樹上和門上……給他們殺人權……總比沒有法庭好……問題不是殺不殺，而是軍事力量達得到不？」參見：「少奇朱德同志在東北代表團會議上的講話」，一九四七年九月十八日，河北省檔案館藏檔，571/1/35/1/33-34, 45-46、571/1/36/3/62。

59 「一九四六年，晉綏邊區開始注意『階級路線』。據此路線審查，許多幹部發現，市場中的較大商戶，大都由地主富農『轉化』而來，如興縣十戶大商中即有六戶是地主。而且，根據調查，這些大商可惡透頂，他們買辦敵貨、偷賣法幣與黃金、破壞金融、囤積取巧等等，可謂無惡不作。因此，在幹部間產生『城市變成地主奸商的解放區』的觀念。」

「根據此一概念，兼之『一切為貧苦群眾服務』的總方針，一九四七年二月召開的生產供給會議，在營業稅方面即提出工商業負擔應向農業看齊的主張，還提高營業稅率至誇張的程度（小商百分之二十、中商百分之四十、大商百分之六十），並把按純利潤為標準改為按總收入（即包括成本在內）計算等等。當然，最重要的是要發動小商人由下而上地鬥爭。以崞縣為例，崞縣在一九四七年四月接到徵收二千萬元的營業稅任務後，許多幹部一開始接受不了，經過說服才接受。五月時，上面又重新規定應徵收一億五千萬元的誇張數目。辦法是召開小商會議，完全從小商中選舉評議員，後再召開商人大會，宣佈各家負擔數目。過程中還鬥爭了一戶，最後任務順利完成。二十戶大商負擔總數的百分之八十，二十六戶中商負擔百分之十，二十戶小商只負擔百分之一。大商遭到嚴重打擊，但卻不敢停業，因為當時崞縣規定一停業即徵收財產的百分之七十，等於全部交公，逼得商戶只得硬撐著不關門。」

「在興縣，一九四七年九月間土改工作團一到城，群眾就開始扣商人。工作團不敢問扣的是什麼人，怕影響群眾情緒。後來經過調查，被扣的七十七戶中，只有兩戶是大商，四十二戶是中商，另有小商與其他各二十九與四戶。接下來還發動『懲治奸商運動』。那些未被扣捕與清算者，都不敢再營業了，每天坐著等被扣。」趙立德，〈晉綏工商業情況報告〉（一九四八年十月十七日），收入《工商稅收史料（七）》，頁四四二—四五四，轉引自：陳耀煌，〈統籌與自給之間：中共陝甘寧邊區的財經政策與金融、貿易體系〉，《中央研究院近代史研究所集刊》第七十二期（二〇一一年六月），頁一八〇—一八一。

60 〈劉少奇在第一次全國宣傳工作會議上的報告〉，一九五一年五月七日。

61 〈羅瑞卿同志在第一次全國宣傳工作會議上的報告〉，一九五一年五月十九日。

62 毛澤東，〈必須大張旗鼓，廣泛宣傳，做到家喻戶曉〉，一九五一年三月三十日。

63 「上海工人參加鎮壓反革命運動總結報告」（一九五一年七月），上海檔案館藏檔，C1/1/28/12。

64 「上海的資本家雖然狡猾，但因損人利己的天性，往往矛盾重重，同行之間、股東之間、幫派之間、當權與不當權之間，甚至夫妻、父子、兄弟之間，均有不少矛盾。尤其在五反檢查威勢之前，更易暴露。只要我們善於分析情況，追蹤行跡，發現弱點，抓緊矛盾，高度運用靈活機動的策略，實行分化，則往往易於攻破……互相檢舉，反復進行，終於全勝。同時，爭取最脆弱的資本家及早投降起義，又是擴大戰果，打得透徹的有利條件……我們計劃在第二戰役爭取一百個資本家及其家屬投入戰鬥。」參見：「上海市委關於五反第一戰役經驗總結報告」（一九五二年四月二日），四川省檔案館藏檔，建康 /1/2481/20-26。

65 「用政府壓力加資本家勸咬，解決一千戶。現已組織了一百個願意包打同行的資本家（由第一戰役七十四個重點戶中挑選出來的），再過一個禮拜，又可從上層資本家中挑選一百五十人到二百人擴大這一隊伍……在工廠商店中發動工人店員檢舉，不這樣做就會失掉工人的積極性，對我不利。」參見：薄一波，「上海五反第二戰役部署和策略補報」（一九五二年三月三十一日），四川省檔案館藏檔，建康 /1/2481/28-31。

66 上海檔案館藏檔，B182/1/573/218-219。

67 中共蘇南區一級機關黨委會關於「三反」結束後在機關中進行系統的政治教育的情況簡報，見：江蘇省檔案館檔案，檔號：3006—短期—345。

68 「把明年的財經工作方針放在抗美援朝戰爭的基礎……經濟建設的投資，要規定這樣一條原則：對直接與戰爭有關的軍工投資，對財政收入直接有幫助的投資，對穩定市場有密切關係的投資，這三者應該予以滿足。除此之外，應加以削減。」《陳雲文選（一九四九—一九五六）》，頁一一二、一一六。

69 沈志華主編，《俄羅斯解密檔案選編——中蘇關係（第三卷）》，頁三六三。

70 一九五〇年一月八日，莫斯科通知蘇聯駐平壤大使什特科夫：「林彪曾致電毛澤東稱，在人民解放軍中有一萬六千名朝鮮族軍人……人民解放軍進軍華南後，朝鮮人出現情緒波動，有些人要求回國。由於戰爭即將結束，林彪表示希望把朝鮮人合併為一個師或四到五個團，派至朝鮮。」沈志華主編，《俄羅斯解密檔案選編——中蘇關係（第二卷）》，頁二二二。一九五〇年一月十一日，什特科夫回電說：「金日成的意見是，把中國人民軍中上述數量的朝鮮人按朝鮮部隊的編制在中國組成一個步兵師和步兵團，其餘官兵用於補充摩托車團和機械化旅。」沈志華主編，《俄羅斯解密檔案選編——中蘇關係（第二卷）》，頁二二七。一九五〇年十月三十一日，蘇聯駐平壤大使什特科夫報告：「我們的朝鮮朋友按照已有的建議以及同中國人的協議，已將九個步兵師送往東北進行整編和訓練。」沈志華主編，《俄羅斯解密檔案選編——中蘇關係（第三卷）》，頁一〇五—一〇六。

71 「上海空中設防短短兩個月時間，蘇聯巴基斯基的部隊在上海警備部隊的配合下，四戰四捷，先後連續擊落國民黨空軍各型飛機六架。」劉統，〈一九五〇年中蘇聯合上海防空保衛戰〉，華東師範大學中國當代史研究中心編，《中國當代史研究》（九州，二〇一一），頁一七三。

一九五〇年十月，蘇聯賣給北京米格—十五噴氣式殲擊機三十八架、拉—十一活塞式殲擊機三十九架、圖—二轟炸機九架、伊爾—十強擊機二十五架、教練機八架，共一百一十九架。《當代中國》叢書編輯部，《當代中國空軍》（北京：中國社會科學出版社，一九八九），頁七八。

72 一九五〇年七月五日，史達林通過蘇聯使館致電周恩來：「我們認為，立刻集中九個中國師於中朝邊境，以便讓敵人越過三八線時，志願軍進入北朝鮮作戰，這個做法是正確的。我們將盡力為這些部隊提供空中掩護。」一九五〇年七月六日，史達林通知蘇聯駐平壤大使什特科夫：「一、武器通過滿洲里、安東、新義州運送。二、關於軍事總顧問瓦西里耶夫的駐地，我們認為他住在平壤更為適宜。三、我們全部供給兩個師、兩個坦克旅和十二個營使用的武器、坦克和其他軍需品，然而我們認為最主要的問題不在這裡，而在於要補充現有的師並使其兵員達到一萬兩千人。」沈志華主編，《俄羅斯解密檔案選編——中蘇關係（第二卷）》，頁四三〇。

一九五〇年十月三十日，華西列夫斯基向史達林報告：「根據政府決議，最先發送的八個殲擊航空團必須於十一月二十八日前在中國境內集結，三個強擊航空團和十個坦克團將於今年十一月三十日前集結。根據既定計劃，針對擁有兩個團（每團有飛機三十架）編制的空軍師中的殲擊航空兵和強擊航空兵的改組工作已於十月二十四日結束，並於當天經鐵路開始發運。截止今年十月三十日，運送這些部隊的總共五十五個專列中已有三十五列裝載完畢且已發出。整個運輸工作均按計畫正常進行。坦克部隊也已完成組建工作，並將按既定計劃發往滿洲里站，直接在該站換裝。」沈志華主編，《俄羅斯解密檔案選編——中蘇關係（第三卷）》，頁一〇五。

一九五〇年十一月十五日，毛澤東報告：「蘇聯飛行員在空中表現出了英勇氣概和強大威力。他們在最近十二天內擊落了二十三架入侵的美國飛機。」沈志華主編，《俄羅斯解密檔案選編——中蘇關係（第三卷）》，頁一一四。

一九五〇年十一月二十日，蘇聯部長會議決定向中國境內派遣第二批航空師。「蘇聯軍事部允許這些部隊在運輸過程中穿蘇聯軍服，可一旦進入中國，必須立刻改穿中國軍服。」沈志華主編，《俄羅斯解密檔案選編——中蘇關係（第三卷）》，頁一二五—一二六。

73 師哲、李海文，《在歷史巨人身邊：師哲回憶錄》，頁五〇四。

74 一九五〇年十一月七日，毛澤東致電史達林：「我請求您研究一下關於在一九五一年一月和二月這一時期給三十六個師供應步兵武器裝備的問題，其具體品種和數量如下：蘇式步槍十四萬支；步槍子彈五千八百萬發；蘇式自動槍兩萬六千支；自動槍子彈八千萬發；蘇式輕機槍七千挺；輕機槍子彈三千七百萬發；蘇式重機槍兩千挺；重機槍子彈兩千萬發；飛行員用手槍一千支；飛行員用手槍子彈十萬發；TNT炸藥一千噸。」沈志華主編，《俄羅斯解密檔案選編——中蘇關係（第三卷）》，頁一〇九。

75 一九五〇年十一月三〇日，什捷緬科報告史達林：「截止今年十二月十五日前總共應發往中國的汽車四千五百輛中，已有一千零九十八輛運抵滿洲里車站，三千零八十九輛仍在蘇聯境內，經鐵路發送途中；其餘三百一十三輛將於十二月一日裝運……計畫轉交給中國的彈藥一千兩百七十五車皮中已經交付了六百五十車皮。已徹底完成預定轉交計畫的武器裝備包括：七十五毫米火炮、一百五十二毫米榴彈炮、一百零七毫米山地迫擊炮以及所配備的相應彈藥；三十七毫米和八十五毫米高射炮，七十六毫米、一百二十二毫米和一百五十二毫米火炮，以及手榴彈和防步兵地雷。其餘武器和彈藥正經後貝加爾鐵路運往中國，目前已快達到目的地。」沈志華主編，《俄羅斯解密檔案選編——中蘇關係（第三卷）》，頁一四〇。

76 沈志華主編，《俄羅斯解密檔案選編——中蘇關係（第三卷）》，頁三二三。

77 一九四三年一月，英美首腦聚會北非摩洛哥，舉行「卡薩布蘭卡會議」，通過了「一九四三年作戰方針」的報告。兩國商定，在東線蘇軍開展戰略反攻的形勢下，準備在西歐大規模登陸，開闢第二戰場，兩國空軍的聯合行動將給未來的大規模登陸作戰創造條件。會上產生了著名的「卡薩布蘭卡」訓令——《對德戰略轟炸諒解協議書》，規定了英美戰略航空兵聯合作戰計畫的基本方針：「逐步摧毀和打亂德國的軍事、工業和經濟體系，削弱德國平民的抵抗意志，最終摧毀德國武裝力量的抵抗能力。」按照這個指導思想，訓令提出了六個主要的目標系統，按優先次序依次為：一、製造和修理潛艇的基地，包括製造部件的工廠；二、飛機工廠；三、軸承工廠；四、煉油廠；五、合成橡膠工廠；六、機車工廠等。

78 「阿芙樂爾艦和中山艦」代指早期共產黨通過滲透敵方的軍隊發展自己的武力。

79 Michael Schoenhals, "Note: On the Existence of the CCP's Central Investigation Department", *CCP Research Newsletter*, No.2, Spring 1989, pp.17-20；John Pike, "History of the Chinese Ministry of State Security"；《周恩來軍事活動紀實（1918-1975）（下卷）》（中央文獻出版社，二〇〇〇），頁一〇五；王仲方，〈公安部是怎樣成立的〉。

80 沈邁克，〈關於中國共產黨中央調查部的歷史考察〉，《當代中國史研究》第二期（二〇一〇）。

81 李力，《從秘密戰線上走出來的開國上將：懷念家父李克農》（人民出版社，二〇〇八）頁二五七。

82 Christopher Andrew and Vasili Mitrokhin, *The Mitrokhin Archive: The KGB in Europe and The West*, (London: Penguin Books, 2000), pp.189-191.

83 《建國以來周恩來文稿》第二冊（中央文獻出版社，二〇〇八），頁四八三；第三冊（中央文獻出版社，二〇〇八），頁四三一。

84 《中共中央文件選集》第十四冊（中共中央黨校出版社，一九八七），頁四四六；Richard Deacon, *The Chinese Secret Service*, pp.410;《新華社文件資料選編》第四卷，頁五六九。

85 「我們（周恩來和陳雲率領的代表團將《三年來中國主要情況及今後五年建設方針報告提綱》、《中國經濟狀況和五年建設的任務》及其他文件、附件）送給史達林後，九月三日史達林第二次和中國政府代表團周、陳、李、張、粟會談。這次因重點談五年建設計畫，在座的有莫洛托夫、馬林科夫、貝利亞、米高揚、布林加寧、卡岡諾維奇、維辛斯基、外貿部部長庫米金。史達林說：中國三年恢復時期的工作給我們這裡的印象很好。但是，五年計畫規定工業總產值每年遞增速度為百分之二十，應下降為百分之十五。要按照一定可以辦到的原則來做計畫，不留後備力量是不行的。必須要有後備力量，才能應付意外的困難或事變。史達林總的意思是：留有餘地，超額完成，這是一種鼓舞，可增強信心，增加幹勁！並表示願意為中國實現五年建設計畫提供所需要的設備、貸款等援助，同時派出專家，幫助中國進行建設。」師哲、李海文，《在歷史巨人身邊：師哲回憶錄》，頁五二〇。

86 「軍事工業企業四十四項，其中航空工業十二個、電子工業十個、兵器工業十六個、航太工業二個、船舶工業四個；冶金工業企業二十個，其中鋼鐵工業七個、有色金屬工業十三個；化學工業企業七個；機械加工企業二十四個；能源工業企業五十二個，其中煤炭工業和電力工業各二十五個、石油工業兩個；輕工業和醫療工業三個。」董志凱、吳江，《新中國工業的奠基石：一五六項建設研究》（廣東經濟出版社，二〇〇四），頁一五七—一五九。

87 沈志華，〈對在華蘇聯專家問題的歷史考察：基本狀況及政策變化〉，《當代中國史研究》第九卷第一期（二〇〇二）。

88 薄一波，《若干重大決策與事件的回顧（上）》，頁二九八。

89 沈志華主編，《俄羅斯解密檔案選編——中蘇關係（第四卷）》，頁一六八。

90 同前註，頁二〇一。

91 同前註，頁三六四。

92 同前註，頁一八六—一九五。

93 同前註，頁二七六—二八七。

94 「顧大使與杜勒斯談話紀錄案」（一九五〇年十月一日—一九五二年一月三十一日），中研院近史所藏外交部檔案，檔號012/6.0158。

95 沈志華主編，《俄羅斯解密檔案選編——中蘇關係（第四卷）》，頁二九〇—二九一。

96 一九五一年九月四日，美國拒絕了葛洛米柯要求北京參加對日談判的要求。《日本問題文件彙編》（世界知識出版社，一九五五），頁二四七—二六六。一九五一年九月十八日，周恩來宣佈《舊金山和約》非法無效。《日本問題文件彙編》，頁八七—八九。

97 拉巴洛會議使德國繞過協約國限制軍備的禁令，在蘇聯境內訓練軍官和發展軍事工業。德國技術的輸入，也使得蘇聯軍隊和工業不致於越來越落伍。東德和捷克在赤化以前，是世界最先進的工業國，在社會主義陣營的經濟互助體系中，扮演了德國在拉巴洛體系當中的角色。莫斯科和北京都是原料、人力的輸出者和技術的輸入者，在失去最好的技術來源（西歐和美國）以後，只能滿足於差強人意的東歐替代者，但東歐國家在實行社會主義以後，距離國際先進水準的落差也變得越來越大，替代的效果相應地越來越差。

98 中共中央文獻研究室，《周恩來年譜（一九四九—一九七六）》上卷（中央文獻出版社，一九九七），頁二一八—二一九。

99 周恩來早在一九五一年就有這樣的計畫，他對新華社香港分社社長黃作梅說：「在這個情況下，香港對我們大有好處，大有用處。我們可以最大限度地開展最廣泛的愛國統一戰線工作，團結一切可能團結的人，支援我們的反美鬥爭，支持我們的國內經濟建設。在這種情況下，香港是我們通往東南亞、亞非拉和西方世界的視窗。它將是我們的瞭望台、氣象臺和橋頭堡。它將是我們突破以美國為首的西方陣營對我國實行封鎖禁運的前沿陣地。近兩年的發展證明，我們在解放全國時留下個香港是正確的。」金堯如，〈保持香港現狀和地位，毛主席和周總理的戰略思想——漫談許家屯回憶錄之三十八〉，《香港經濟日報》，一九九三年七月二日，第十版。

100 張耀武，《中日關係中的臺灣問題》（新華出版社，二〇〇四），頁六五。

101 細谷千博，《サンフランシスコ講和への道》（中央公論社，一九八四），頁二四五。

102 袁克勤，《アメリカと日華講和—米・日・台関係の構図》（柏書房，二〇〇一），頁一五四—一五五；*FRUS, 1951. Asia and the Pacific*, Vol.6, part1, pp.1437-1438.

103 中國國民黨中央委員會黨史委員會編，《中華民國重要史料初編——對日抗戰時期：第七編戰後中國（四）》（台北：中國國民黨中央委員會黨史委員會，一九八一），頁九九八。

104 「一九四五年七月二十六日，美英兩國在波茨坦重申了開羅宣言的立場。此後蘇聯表示恪守波茨坦公告，相應地也就贊同了開羅宣言。但是，美國及其他任何大國都一直沒有正式承認中國吞併臺灣，並認為臺灣的法律地位應留待對日和約作出最後的決定。臺灣仍然是一塊被占地區，美國及其他對日戰爭的參戰國對此區域仍享有專有權益。」沈志華、楊奎松主編，《美國對華情報解密檔案（四）》，頁三〇三。

105 戴超武，《敵對與危機的年代——一九五四—一九五八年的中美關係》（北京：社會科學文獻出版社，二〇〇三），頁一一八。

106 沈志華主編，《俄羅斯解密檔案選編——中蘇關係（第六卷）》，頁二五。

107 沈志華主編，《俄羅斯解密檔案選編——中蘇關係（第五卷）》，頁三七七。

108 同前註，頁二九—五二。

109 FRUS, 1955-1957, Vol.2, pp.393.

110 羅伯森（Walter S. Robertson）一九四五年四月來華任美國大使館經濟事務參贊，後又任代辦，曾參與馬歇爾的調處國共矛盾的工作。一九五三年艾森豪上臺組閣，在周以德議員的建議下被國務卿杜勒斯任命為負責遠東事務的助理國務卿。

111 FRUS, 1955-1957, Vol.2, pp.499.

112 一九五四年日內瓦會議上，美國國務卿杜勒斯拒絕與周恩來握手。「參加周恩來接見英國代辦歐念儒談話紀要」（一九五五年七月十三日），外交部檔案：207-00011-11。

113 Everett F. Drumright to Dean Rusk, June 21,1961, No. 793.00/6-2161, in USSD 1960-1963 Internal, reel 4; Drumright to Rusk, June13, 1961 ,No.793.00/6-1361, in USSD 1960-1963 Internal, reel.

114 沈志華、楊奎松主編，《美國對華情報解密檔案（四）》，頁三五三、四四六。

115 沈志華主編，《俄羅斯解密檔案選編——中蘇關係（第七卷）》，頁三九七—三九八。

116 沈志華主編，《俄羅斯解密檔案選編——中蘇關係（第六卷）》，頁二三三—二三九。

117 戴超武，〈中國核武器的發展和中蘇關係的破裂（1954-1962）〉，《當代中國史研究》第三期（二〇〇一）。

118 吳冷西，《十年論戰》（中央文獻出版社，一九九九），頁九七—九八。

119 米丘諾維奇（1916-1982），時任南斯拉夫駐蘇聯大使。

120 米丘諾維奇，《莫斯科的歲月（1956-1958）》（北京：三聯，一九八〇），頁四五三—四五四。

121 卡德爾（1910-1979），時任南共中央政治局委員、南共聯盟中央執行委員會委員、書記處書記。

122 《卡德爾回憶錄（1944-1957）》（北京：新華，一九八一），頁一七五。

123 哥莫爾卡（W adys aw Gomu ka，1956-1970）波蘭工人黨（後改為波蘭統一工人黨）總書記和第一書記。一度因反對成立共產黨和工人黨情報局被免去總書記職位，被排除出政局並遭到迫害，赫魯雪夫秘密報告後終於被恢復名譽，重新成為波蘭黨和國家的領袖，反對蘇聯利用波茲南事件干涉波蘭內政，維護了波蘭的獨立，後因經濟改革不利於一九七〇年下臺。

124 「毛澤東同哥莫爾卡第一次會談紀錄」，一九五七年十一月六日。

125 沈志華，《處在十字路口的選擇：一九五六－一九五七年的中國》（廣東人民出版社，二〇一三），頁三八六－三九二。

126 Memorandum of Meeting, August 29, 1958, FRUS, 1958-1960, Vol.19, China, pp.73-75、96-99、100-102.

127 同前註，pp.115-122.

128 鮑里索夫、科洛斯科夫著，肖東川、譚實譯，《蘇中關係：1945-1980》（三聯書店，一九八二），頁一四三。

129 「陳毅接見安東諾夫談話紀要」（一九五八年十月二十九日），外檔，109-00838-03，頁八九－九六。

130 一九五八年九月，莫斯科信誓旦旦：「我們的朋友和我們的敵人都沒有任何懷疑，對中華人民共和國的攻擊就是對整個社會主義陣營發動戰爭。我們自己可以說，對中國的攻擊就是對蘇聯的攻擊。」沈志華主編，《俄羅斯解密檔案選編——中蘇關係（第八卷）》，頁二四八。

131 一九五九年九月的大衛營會議後，赫魯雪夫明確告誡毛澤東及其同儕：「臺灣問題不僅給美國人製造了麻煩，也給我們自己帶來了困難。在我們內部以信任的方式講，我們不會因為臺灣問題而捲入戰爭。」他援引遠東共和國的先例，建議北京承認臺灣暫時獨立。戴超武，〈中國核武器的發展和中蘇關係的破裂（1954-1962）〉，《當代中國史研究》第五期（二〇〇一）；韓念龍主編，《當代中國外交》（中國社會科學出版社，一九八七），頁一一六。

132 《建國以來毛澤東文稿》第八冊（中央文獻出版社，一九九三），頁六〇一。

133 土豆燒牛肉是赫魯雪夫的名言，說明蘇聯共產黨要對國內消費者採取讓步政策。在毛澤東看來，這是赫魯雪夫軟弱的證明。軟弱，是資產階級的特徵。蘇聯領導人表現出資產階級的特徵，就是修正主義。無產階級的資源不一定超過資產階級，但列寧黨人心狠手辣和當機立斷的素質一定要超過軟弱的資產階級領導人。蔣介石心慈手軟，沒有無情地榨取上海的資源。毛澤東對延安農民的榨取，反而更加有效。結果，上海和延安都落到了毛澤東手裡。現在赫魯雪夫表現出蔣介石式的軟弱，說明毛澤東可以用同樣的方式取而代之，機不可失時不再來，萬一蘇聯換了一個足夠狠的領導人，毛澤東依靠東亞的資源，就永遠做不了世界共產主義的領袖了。抗戰結束時，毛澤東如果心慈手軟猶豫不決，錯過了冷戰開始前的短暫機會，就永遠進不了上海。這樣的切身經驗，決定了他的決策模式。

134 沈志華主編，《俄羅斯解密檔案選編——中蘇關係（第九卷）》，頁二〇六。

135 沈志華主編，《俄羅斯解密檔案選編——中蘇關係（第十卷）》，頁二五五。

136 一九三五年的贛南根據地和一九四三年的華北根據地都已經接近油盡燈枯的境地。長征－抗戰和反蔣－冷戰的成敗未可知，但內部的枯竭註定了查田運動和土改運動必然如火如荼。

137 沈志華、楊奎松主編，《美國對華情報解密檔案（六）》，頁一八七。

138 沈志華、楊奎松主編，《美國對華情報解密檔案（五）》，頁一五一—一五三。

139 同前註，頁一六五。

140 張耀武，《中日關係中的臺灣問題》，頁一六七。

141 田桓主編，《戰後中日關係文獻集：1945-1970》（中國社會科學出版社，一九九六），頁七七六。

142 沈志華、梁志主編，《窺視中國：美國情報機構眼中的紅色對手》（中國出版集團東方出版中心，二〇一一），頁二三三—二三四。

143 沈志華主編，《俄羅斯解密檔案選編——中蘇關係（第一卷）》，頁九八。

144 Drumright to State Department, Subject: "General Discussion with Dr. Hu Shih", November 15, 1960, in USSD 1960-1963 Internal, reel 2.

145 FRUS, 1961-1963, V Xxii, doc. 106-108.

146 Memorandum of Conversation, June 23, 1962, in HFKOF, 1961-1963, REEL 5:4. FRUS, 1961-1963, V Xxii, doc. 127.

147 FRUS, 1961-1963, V Xxii, doc.197.

148 孫立祥，〈中日複交前日本政府「兩個中國」政策的歷史考察〉，《世界歷史》第一期（二〇一一）。

149 翟新，〈中日複交前日本外務省的「台獨」政策〉，《上海師範大學學報》第一期（二〇〇九）；林曉光，〈吉田書簡、「日台和約」與中日關係（1950-1952）〉，《抗日戰爭研究》第一期（二〇〇一）；李伯軍，〈二十世紀五〇年代以來日台關係的演變與中日關係〉，《解放軍外國語學院學報》第四期（二〇〇一）。

150 「總理訪美『中共問題』文件」（一九六一年六月二十日），外務省外交史料館。

151 《朝日新聞（夕刊）》，一九六一年七月七日。

152 唐向宇，《南越第一共和國興亡史：越南戰爭序曲》（獨立作家，二〇一四），頁一一。

153 《建國以來劉少奇文稿（第一冊）》，頁二〇三—二〇四。

154 沈志華主編，《俄羅斯解密檔案選編——中蘇關係（第二卷）》，頁二三七。

155 《建國以來劉少奇文稿（第二冊）》，頁二七一。

156 《建國以來劉少奇文稿（第一冊）》，頁三五六—三五七、五八九—五九〇；《建國以來劉少奇文稿（第二冊）》，頁二五六—二五七；《建國以來劉少奇文稿（第三冊）》，頁七六二—七六九。

157 《建國以來劉少奇文稿（第二冊）》，頁一六—一七；《建國以來劉少奇文稿（第三冊）》，頁六四—六七、九六。

158 《建國以來劉少奇文稿（第二冊）》，頁一八六—一八七、頁二四九—二五三；《建國以來劉少奇文稿（第三冊）》，頁一五七—一五八、三六二—三六三、三八〇—三八一。

159 《聯共（布）中央政治局決議》，一九五〇年三月十七日。

160 徐則浩編著，《王稼祥年譜（1906-1974）》（北京：中央文獻出版社，二〇〇一），頁四〇二。

161 沈志華，〈毛澤東與東方情報局：亞洲革命領導權的轉移〉，《華東師範大學學報》第六期（二〇一一）。

162 唐向宇，《南越第一共和國興亡史：越南戰爭序曲》，頁五五。

163 同前註。

164 「北越從中蘇集團獲得了大量的經濟援助。集團援助項目的最初階段包括了在一九五五年之後對北越經濟的大規模援助。食品和其他消費品與經濟重建所需要的裝備和物資一樣，都被送到北越。在一九五六年重建的努力湧現出更大規模的經濟建設項目，這要求一九五六到一九六〇年間得到額外的經濟援助。在一九六〇到一九六一年間，對北越的第三輪經濟援助主要用於第一個五年計劃（1961-1965）的經濟發展目標……共產黨中國一直是給北越發展計畫提供援助的最大貢獻者。在早期北越交通和通訊設施的恢復以及水利系統的重建和發展過程中，中國人發揮了主要作用。在最近幾年內，中國承建了數項重要的輕工業項目，其中包括十個碾米廠、兩個蔗糖加工廠、一個捲煙廠、一個火柴廠、一個橡膠廠、一個肥皂廠和一個紡織廠。中國的一筆延期到一九五九年二月的七千五百萬美元貸款被用於資助幾座重工業工廠的建設，包括兩座發電廠和一座鋼鐵廠。一九六一年一月，中國又提供了另一筆總數為一點五七億美元的貸款，用於一九六一到一九六七年期間二十八項工業和交通業項目的建設或擴建……在北越的第一個五年計劃中，中國的援助也主要用於鋼鐵廠建設。其他援助則分別用於化學和水泥工業，以及鐵路和橋樑建設。在輕工業領域，中國將援建三座加工廠，分別為糖廠、造紙廠和紡織廠。蘇聯對北越第一個五年計劃的作用主要是一九六〇年十二月提供的一點零八億美元貸款，用於四十三個工業項目建設的經濟和技術援助。蘇聯的援助集中在燃料和動力工業、現代機器製造業基礎工程，以及加強北越的研究機構。」沈志華、楊奎松主編，《美國對華情報解密檔案（五）》，頁四七三—四七四。

165 「中共控制了泰國小規模的共產黨組織，其黨員幾乎都是華人。華人分支機構在馬來亞和菲律賓的共產黨中都很強大……最近一次北平對胡志明講話的認可暗示兩國黨組織的關係更緊密了。儘管中共給予其軍事援助並派出軍事顧問，胡志明的運動繼續顯示它對蘇聯的向心力與對中國一樣強……當然，中國開創一個亞洲共產主義體系或將亞洲國家吸引到自己圈子中來的能力都還有限。其中一個限制性因素來自這樣一個有悖論意味的事實，中共領導內戰的獨創性『本土』方針是由毛澤東從史達林早期的理論中發展出來的。」「用共產黨的話來說，北平的政策可以描述成：在馬來亞謀求建立一個華人與馬來人對抗英『帝國主義』的統一戰線。這種合作大概會持續到英國人（及其他西方支持者）的利益遭到成功挑戰為止。馬來亞共產黨恐怖分子企圖走出叢林並『合法地』地參與馬來亞政治，因此他們會支持這一政策。中共進一步的目標是敗壞中國國民黨政府的威信，並引發其馬來亞同情者的背叛。」沈志華、楊奎松主編，《美國對華情報解密檔案（六）》，頁三二〇。

166 唐向宇，《南越第一共和國興亡史：越南戰爭序曲》，頁六五。

167 同前註。

168 沈志華、楊奎松主編，《美國對華情報解密檔案（七）》，頁三三五。

169 同前註，頁三三七。

170 同前註，頁三四九。

171 同前註，頁三八九。

172 William J. Duiker, *The Communist Road to Power in Vietnam* (Second Edition), (Boulder: Westview Press, 1996), pp. 295.

173 中華人民共和國外交部外交史研究室編，《中華人民共和國條約集》第二十一集（人民出版社，一九八一），頁二七六—二八三。

174 趙學功，〈美國中央情報局對中國出兵印度支那的評估和預測〉，《世界近現代史研究》第五輯（中國社會科學出版社，二〇〇八）。

175 沈志華主編，《俄羅斯解密檔案選編——中蘇關係第（十一卷）》，頁三六八。

176 唐向宇，《南越第一共和國興亡史：越南戰爭序曲》，頁四六七。

177 國民政府抗日，延安「三三制」政權名義上是國民政府的戰友，但三三制政權由開明士紳和毛澤東勢力組成，毛澤東實際上以開明士紳為掩護，乘此機會從背後削弱國民政府；蘇聯抗擊資本主義，北京共產黨政權名義上是抗擊資本主義的戰友，但共產黨政權由老列寧主義者和毛澤東勢力組織，毛澤東實際上以老列寧主義者為掩護，乘此機會從背後削弱蘇聯。

178 中國外交部檔案：109-02732-03，引自：陳弢，〈中蘇破裂背景下的中國和民主德國關係（一九六四～一九六六年）〉，《當代中國史研究》第三期（二〇一二）。

179 中共中央文獻研究室、中國人民解放軍軍事科學院編，《建國以來毛澤東軍事文稿》（軍事科學出版社，二〇一〇），頁三四五—三四八。

180 一九六九年十月中旬，根據毛澤東關於國際形勢有可能突然惡化的估計，林彪在蘇州作出關於加強戰備，防止敵人突然襲擊的緊急指示，後經黃永勝等以「林副主席第一個號令」正式下達全軍。毛非常不滿。此事加劇了毛林之間的矛盾，為林彪「九一三」出逃埋下了伏筆。

181 FRUS, 1969-1976, Vol.V, pp. 735-741.

182 沈錡，《我的一生》第三卷（臺北經聯出版公司，二〇〇〇），頁四二二。

183 呂迅，〈尼克森政府一九七一年聯合國中國代表權之失〉，《國際論壇》第六期（二〇〇六）；溫強，〈尼克森政府對「中國代表權」問題的評估和政策〉，《中山大學學報（社會科學版）》第五期（二〇一〇）。

184 Henry A. Kissinger, *White House Years*, (Boston: Little, Brown, 1979), pp.705.

185 同前註，頁七八四－七八五。

186 金沖及主編，《周恩來傳（四）》（中央文獻出版社，一九九八），頁二〇六六。

187 鐘放，〈國際法視角下的中日聯合聲明〉，《日本學論壇》第四期（二〇〇八）；劉建平，〈中日邦交正常化談判的過程及其國際政治學意義〉，《開放時代》第七期（二〇一〇）。

188 「第三回竹入義勝・周恩来會談紀錄」（一九七二年七月二十九日），日本外務省亞洲局中國課檔案，五部內三號。

189 〈香港是中國的神聖領土〉，《人民日報》，一九八四年九月二十七日，第四版。

190 一九四五年八月，日本戰敗並投降。國民政府認為，根據一九四三年中、美、英三國《開羅宣言》和一九四五年《波茨坦公告》的決定，臺灣應「回歸」中國，西沙和南沙群島也應「回歸」中國版圖。一九四七至一九四八年間，國民政府出兵「接收」西沙、南沙群島，出版了南海地圖，後來，中共在此基礎上確立了所謂的南海「九段線」。

第六章

世界革命的失敗

尼克森訪華（一九七二年）

毛澤東反對蘇聯，發動文革，都未能消滅臥榻之側的黨內列寧主義者。隨著東亞大陸的資源損耗，他的處境越發危險。尼克森和基辛格的馬基維利主義外交為他提供了最後一次絕處逢生的機會。華盛頓－北京的機會主義聯盟使得北京投入西方陣營，依託自由主義經濟秩序發展壯大，導致了日後的臺灣問題和香港問題。但也使它誤以為可以重返天朝體系，從而面臨決斷時刻。

一、列寧主義的復辟與冷戰末期的機會主義聯盟

引言：毛澤東死後，毛派無力支撐局面。老列寧主義者發動政變，恢復了延安時代以前的統治格局，但他們無法改變一九七二年外交革命的路徑，更無法減少依賴國際資本主義輸血的既成事實。華盛頓—北京聯盟導致莫斯科兩線作戰，加速了蘇聯的崩潰和冷戰的結束。臺灣在美國的保護下，社會重建漸次展開，在冷戰結束時，已經具備了恢復正常國家地位的條件。

列寧黨在中國的復辟

毛澤東的綁架策略暫時保護了自己身後的歷史地位，卻保護不了自己的家人和追隨者。尼克森衝擊波奪走了他在阿爾巴尼亞和第三世界的最後幾個支持者，江青和波爾布特的垮臺結束了毛主義對列寧主義的挑戰。列寧主義復辟政權在鄧小平身上找到了第二個劉少奇，在陳雲身上找到了第二個周恩來。劉少奇和鄧小平是蘇聯模式的幹部黨領袖和意識形態政策制定者，周恩來和陳雲是行政事務和經濟政策的負責人。「撥亂反正」意味著列寧黨試圖恢復幹部黨的嚴格管理和計

劃經濟的勞動紀律，但毛澤東已經提前堵死了重返蘇聯乳房的道路。蘇聯輸出革命的主戰場已經移到印度支那和阿富汗，沒有餘力資助其他地方。印度支那和阿富汗佔據了曾經屬於蔣介石和毛澤東的生態位，容不下回頭的浪子。復辟政權除了迎合美國的保護和資助以外，已經無路可走。

一九七二年外交革命產生了高度現實政治的內亞防疫計畫，將安卡拉、德黑蘭和北京連成一線，阻止莫斯科重演列寧的側翼包圍戰略。東亞土耳其的任務只能是保護美日大後方，相應地贏得替代蘇聯的乳汁。[1]

「撥亂反正」最終演變為改革開放，事後的追認掩蔽了事先的設計。鄧小平不在乎經濟，所以允許民間自行試驗；在乎組織力量和意識形態，因此絕不允許違背著名的四項基本原則。八○年代的政治僵化源於他的蓄意收割，經濟發展源於他的無所作為。他主持的治理整頓沒有什麼成就，為邊緣地帶的冒險家提供了各顯神通的機會，反而產生了他「設計改革開放」的神話。實際上，他最初的方針是治理整頓，也就是說恢復計劃經濟的勞動紀律，肅清毛派造成的渙散和混亂。他在這方面做了很大的努力，成效卻小得可憐。民間力量像野草一樣生長，在經濟、文化、政治各方面都產生了出乎他意料之外的成就。他只能區別對待，准許或禁絕。農民的擅自行動提高了全民的生活水準，他予以追認。知識分子的擅自行動引進了危險的西方思想，他堅決清理精神污染。學生的擅自行動挑戰了列寧黨的政治壟斷地位，他決心斬盡殺絕。這三方面的活動，在八○年代初期都是引人注目的實驗。實驗的結果如何，在開始並不是一目了然的。鄧小平的歷史作用與其說是改革的總設計師，不如說是改革的總把關員。

臺灣戰略地位的下降

華盛頓—東京—北京非正式聯盟牽制莫斯科—河內聯盟，發揮了舊金山體系編外保安的作用，降低了世界警察維持遠東秩序的成本。莫斯科遭到了實實在在的圍堵，北京只得到了登堂入室的幻覺。復辟政權暫時得到安全，卻始終沒有得到合法性。從板門店到金門的冷戰邊界只能淡化，無法抹去。北京鑑於自身地位的脆弱性，決定滿足於自己能夠得到的東西，共同抵抗蘇聯擴張的大局。

國會堅持美國法律高於外交政策的原則，通過了《臺灣關係法》，目的在於防範未來的尼克森，在羅馬義務面前保護美國的憲法自由。遠東的合縱連橫在國會政治的百年大計當中，只能構成微不足道的周邊因數。一九七九年三月三日，中國駐美大使柴澤民對美國國務卿范錫說：「美國政府與國會制定什麼法律是美國的內政，中國不予干涉。」[2] 三月中旬以後，北京才發現《臺灣關係法》繼承了《美台共同防禦條約》的核心內容：安全和軍售。[3] 此後的談判重複了一九七二年交易的格局，停留在「坦率交換意見」層面，擱置沒有共識的項目，經營利害一致的項目。只要蘇聯的威脅尚未解除，求同存異的原則就能解決問題。南越和臺灣是一九七二年交易的主要受害者——美國過去以臺灣和南越為亞洲反蘇的前線國家，一九七二年後以中國為亞洲反蘇的前線國家。臺灣和越南的戰略地位自然相應地下降，體現為美台斷交和美軍撤出南越。北京從西貢的陷落得到安慰，以為臺灣早晚會重複南越的命運。

一九八二年，廖承志致蔣經國書宣稱：「臺灣終必回歸祖國，早日解決對各方有利。」「外人巧言令色，意在圖我臺灣，此世人所共知者。當斷不斷，必受其亂。願弟慎思。」「偏安之局，焉能自保。有識之士，慮已及此。事關國民黨興亡絕續，望弟再思。」「歲月不居，來日苦短，夜長夢多，時不我與。」[4]蔣經國作為資深的聯共（布）黨員和情報工作者，完全懂得怎樣翻譯統戰語言。北京實際上在說：「無論你如何偽裝，國民黨都不是美國秩序的合格成員。大中華主義並不比泛亞主義更符合威爾遜主義，新三民主義跟列寧主義都不符合美國憲制。美國人可以出於權宜之計保護你們，但早晚會培植更加接近這兩種標準的本土派取代你們。你們為什麼不在為時太晚以前，恢復自己的本來面目呢？半列寧主義的政黨離不開列寧主義的保護，歷史已經證明了這一點。大中華主義是你們的優勢和我們的白手套，所以你們不用擔心失去利用價值。」

台北流亡政權的本土化

國民黨習慣將特務工作交給黨內左派，以及真實或偽裝的前共產黨人。蔣經國深厚的蘇聯背景使他特別適合駕馭這些人。他麾下的前共產黨人對五〇年代的白色恐怖負有最大的責任，老派軍人或體面的資產階級人士遠不如他們擅長斬草除根。他們一方面消滅了本土士紳，實質上完成了對岸同黨的階級鬥爭工作；另一方面又消滅了自己在島內的同志和晚輩，實質上完成了對岸同黨的自相殘殺工作。他們在前一方面的徹底性不及對岸，結果導致臺灣新生代土豪提前以民主名義復辟；在後一方面的徹底性大於對岸，結果導致臺灣技術官僚提前以建設名義搶班奪權。

蔣經國本人從特務首腦轉型為內閣首腦，本身就反映了這兩種相反相成的發展趨勢。他主持的保密局和國防安全會議在五〇年代初期取代了鄭介民和毛人鳳的舊班底，在五〇年代中晚期模仿美國中央情報局和聯邦調查局，轉型為正規的技術官僚組織，中層幹部的培訓和技術裝備的補給完全依賴美國的對口機構。國防部情報局對應美國中央情報局，司法部調查局對應美國聯邦調查局。國家安全會議模仿美國的類似做法，不設實際管理機構，協調所有情報治安機構，包括駐外武官處和島內憲兵司令部，論實權僅次於總統和行政院長。

臺灣情報機構的現代化先於軍隊和政府，現代化的節奏恰好跟蔣經國從保密局到國防部和行政院的節奏同步。現代化的成功就是中原流亡領導人武斷權力的結束，或者說是美國世界秩序的內化。工作人員對無論民選還是任命的領導都沒有多少依賴性，但美國導師和同儕的交流共用只要中斷六個月就會讓他們混不下去。從此以後，周恩來和李克農的匪運工作模式實際上已經過時了。[5]

江南案的政治意義在於，美國情報機構一般能夠先於臺灣政治領導人瞭解臺灣情報部門的真實做法。正式的聯盟條約和外交協議是必須執行的，日常的技術培訓和後勤支援不是必須執行的。前者是剛性約束，後者是柔性約束，但柔性約束產生的影響和依賴性，並不一定低於剛性約束。美台關係在剛性約束解除以後，柔性約束反而更加強大。這種基於溝通習慣的柔性規訓和基於天花板約束的剛性規訓構成了臺灣不成文憲法的核心部分。

臺灣民主化的主要動力不在內部，而在美國主導的世界體系。如果盟主不是強調民主價值的美國，臺灣內部的力量不一定能產生民主。同樣，大清和民國的立憲政體是歐洲自由主義體系的延伸。遠東的共產主義運動的驅動力和規範力量也不在內部，而是來自世界共產主義的戰略佈局。成文憲法必須通過重新解釋契合世界憲制的基本框架，重新解釋的主要規範性力量不在臺灣內部，正如十九世紀條約體系和二十世紀共產主義的核心動力不在遠東。

遠東的早期共產主義者知道他們是世界共產主義的一部分，也知道東亞不是世界的中心。毛澤東封閉培訓出的新一代人缺乏國際視野，被前一代人發明的歷史神話欺騙。華國鋒就是這方面的典型，他在東南亞的共產主義運動已經窮途末路時仍然宣稱，我們共產黨人在哪裡鬥爭，就會在哪裡勝利。[6]鄧小平集團在臺灣問題上至少犯了三個致命的格局性錯誤，這是李大釗和毛澤東非常不可能犯的。他們以為北京和臺灣的鬥爭是東亞大陸常見的南北朝鬥爭，時間對北朝有利，忘記了自己作為失去內亞太上皇支持的石敬瑭政權，並不是時間的朋友。他們以為國民黨流亡者同時面臨共產黨和本土勢力的威脅，最終會選擇投靠共產黨，沒有料到國民黨首鼠兩端，使自己喪失了統戰價值。他們以為美國像以前的國民黨保護人和蘇聯保護人，可以在自己羽翼豐滿以後反戈一擊，沒有想到自己的統戰價值是依靠出賣蘇聯得到的，吞併臺灣的可能性在蘇聯垮臺以後必然迅速減少。北京的復辟政權在世界邊緣停留過久，已經喪失了前輩掌握世界秩序的良好感覺。蔣經國理解他們所說的一切，但做出了恰好相反的選擇。

蔣經國似乎沒有預見到自己的死亡，並不希望出現吸引眾望的明確繼承人。他不斷提拔技術專家和政治外行擔任副手，然後在他們積累到足夠的經驗和聲望以後，重新換上新一代沒有經驗和聲望的技術專家和政治外行。如果他像自己以為的那樣，還可以多活十幾年，李登輝是沒有多少機會在一九九〇年代繼續擔任副總統的，很可能會在後來的繼承人面前扮演類似林洋港的角色。不過，李登輝的仕途和本土化的政策是兩回事。後者是蔣經國在繼位以前就已經開始的佈局，非常不可能因為具體人選的更動而改變。蔣經國自己主持的本土化不一定導向民主化，但肯定包括了封鎖統派路徑的意圖。他是國民黨內最瞭解蘇聯政治語言的人，而廖承志的遊說已經暴露了特洛伊木馬的未來安置方式。有限、可控的本土化恰好能讓對方吃啞巴虧，而自己仍然處在可進可退的有利地位。可惜人算不如天算，他啟動的遊戲在自己身後完全失控。這主要不是他個人的問題，而是臺灣憲制必須適應世界憲制演化的問題。

蘇聯在八〇年代末葉的突然潰敗，超出了所有各方的預料，然而就列寧主義—史達林主義的憲制模式而言，只能認為極其自然：列寧主義以社會的敵人自居，企圖以最快速度砸爛罈罈罐罐，將所有資源投入世界革命，導致下一步革命的難度大大增加。史達林主義為了克服更加強大的免疫機制，必須將顛覆和突襲升級為長期的戰爭，將大部分資源投入軍事相關產業。列寧主義繼承者在看得見的國家層面必然比看不見的社會層面強大得多，引起的對抗自然會超出境內社會能夠支援的限度，差額只能靠不斷擴大捕食物件來解決，擴大的邊界一旦停滯，就是滅亡的開始。

北京復辟政權的存在價值取決於莫斯科對美國秩序的威脅能力，臺北流亡政權的存在價值取決於北京對美國秩序的收買價值。柏林圍牆倒塌以後，兩者都要面對不再需要自己的世界。華盛頓只有在自己無力單獨封鎖蘇聯的情況下，才會擔心中國過於軟弱，蘇聯解體以後，中國的強大反而有害。美國自十九世紀以來，一直維護中國的領土完整，因為中國的軟弱或瓦解不是對日本有利，就是對俄羅斯有利。日本的戰敗取消了前一個理由，蘇聯的解體取消了後一個理由。美國不再需要維持中國的強大和統一，首先就體現在不再需要維持國民黨流亡者在臺灣的統治。

印度支那的革命政權在八〇年代重演了莫斯科的二〇年代和北京的五〇年代，然而世界對他們的寬容度已經急劇下降。[7]免疫反應總是比病毒入侵慢一步，在人類的歷史上就相當於數十年時間。他們勉強趕上了最後一扇機會視窗，他們的後輩就只能以毒品販子和叢林盜匪的身分了此一生了。

二、全球化的重臨：冷戰真空和遠東孑遺

引言：冷戰結束以後，反對蘇聯的共產主義國家失去了統戰價值。國際社會不再需要南斯拉夫填補哈布斯堡帝國留下的真空，也不再需要中國填補大清帝國留下的真空。冷戰自由主義衰落，認同政治上升。東歐各國民主化以後，順利加入了威爾遜主義的國際秩序。俄羅斯無法從帝國轉型為民族國家，陷入孤立。北京在政治上繼續依託遠東冷戰結構，在經濟上日益依附國際資本主義。兩者的內在衝突，愈演愈烈。

「改革開放」的本質就是美國秩序對列寧主義大家庭的統戰和分化，因此只有蘇聯以外的次級政權才能從改革開放當中獲利。如果說不結盟運動其實是投機者對美國反共鬥爭的消費，改革開放其實就是投機者對蘇聯革命鬥爭的消費。改革並不重要，開放才是關鍵，開放的本質就是資本主義放出的輸液管，犒賞反戈一擊的共產主義小兄弟。如果沒有背叛的對象，改革就是毫無意義的喃喃自語。

蘇聯不僅認可、而且加入改革開放的行列，只能證明兩種可能性。其一是蘇聯的資源已經無以為繼，而且看不到擴大捕食範圍的希望。其二是蘇聯領導人已經喪失了理解世界格局的能力，

忘記了自己法外（outlaw）的身份和使命。第二種可能性如果存在，也只能在第一種可能性變成現實以後，因為只有走投無路的人才會緊緊抓住幻想，將失去用武之地的聰明才智投入抗拒現實入侵的鬥爭。蘇聯背叛自己，一勞永逸地堵死了次級政權背叛自己的可能性，以最有效的方式報復了背叛者對自己的傷害。[8]南斯拉夫作為改革開放（背叛紅利）最初和最成功的消費者，為過去的投機付出了慘重的代價，預示了類似投機者在未來的命運。

中國劫後社會的重建

世界秩序的周邊已喪失大部分被顛覆、收買的價值，產生了一系列遭到遺棄的國家。美國的羅馬性日益凸顯，獨自屹立在萬國與毀滅之間。威爾遜主義以北約的形式，向蘇聯留下的真空地帶輸出秩序，將集體安全的邊界推回到彼得大帝以前的歐洲邊界。集體安全意味著中世紀秩序以後民族國家形式復辟，將民族國家分割開來的國內憲制和國際體系重新結合起來。威爾遜主義要求其成員國具有共同的價值觀、民主制度和決策透明度，非如此不足以保證集體安全體系必需的高信任度。北約成員國的憲制因此不能視為純粹的國內事務，中歐各國加入北約的路線圖和憲制重建的路線圖在技術上沒有區別。這些成員國的憲法地位與其說接近十九世紀的主權國家，不如說更接近南北戰爭前的北美各邦，介於主權國家和半主權邦國（quasi-sovereignty）之間，不能完全脫離沒有主權概念的各邦聯盟制約。

人類很容易有秩序而無自由，卻很難有自由而無秩序。列寧主義殘酷而徹底地收割了革命對象的秩序生產力，割草機瓦解後，劫後社會的生態多樣性並不能自動恢復。波蘭依靠天主教會的保護，將損害降低到鄰邦稱羨的地步，但即使波蘭復國以後的最初幾次選舉，列寧主義政黨的殘餘組織仍然居於中心地位。前共產黨的組織相對穩定，非共產黨的反對派聯盟由無數轉瞬即逝的泡沫型小團體組成，直到法統重光二十年後，穩定的天主教保守政黨和穩定的自由主義政黨才最終取代前朝餘孽。東歐其他各邦的社會生態通常不及波蘭，巴爾幹尤甚。他們的加盟與其說是對北約力量的加強，不如說是對美國秩序輸出的消耗。鑑於黨國集中了所在社會的近乎全部組織資源，諸如此類的現象並不令人驚訝。

孤立無援的個人談不上立場和主張，正如圓形和三角形談不上紅色和藍色。只有在豐富繁茂的組織網路和關係網絡存在的前提下，個人的判斷和選擇才有意義。組織資源的生長和積累當然需要充分的時間，收割和破壞卻是迅速而容易的。割草機蹂躪後的荒地即使重新長滿青草，生態多樣性通常都恢復不到收割以前和沒有經過收割的外邦水準。某些草地經過收割以後，就會永遠淪為沙漠，或是退化為生態多樣性較低的另一種社會。

掠奪性的專制主義自古以來就是造成文明衰亡、退化或受限於低天花板的主要原因，羅馬以後的西亞和秦政以後的東亞就再也沒有恢復希臘和諸夏的璀璨。列寧主義的收割能力為歷代專制主義所未有，它是否能成功入侵就是對目標社會的考驗和甄別。如果列寧主義確實承載了某種歷史使命，最合理的答案就是淘汰和篩選。

第一和第二南斯拉夫堪稱歐洲的中華民國和中華人民共和國，不同於鐵幕背後的東歐各邦，值得予以特殊的重視。東歐的民族發明是一八四八年原則的最初和最經典實踐，不僅解構了大德意志、大俄羅斯和奧斯曼主義，而且將歷史上的大波蘭和大匈牙利重新解釋為高度同質化的小共同體，預先掃清了從族群到民族、從民族到國族的道路。蘇聯的征服僅僅帶來了共產主義的楚門世界，對民族國家的建構沒有明顯的妨礙。波蘭和愛沙尼亞只需要擺脫蘇聯，就會比較廉價地返回歐洲各民族國家的行列。貝爾格勒的民族發明在歐洲屬於特例，走上了大德意志、大俄羅斯和奧斯曼主義的路徑，企圖以民族國家的名義建立超民族的帝國結構，卻又不具備聖彼德堡、維也納和君士坦丁堡的秩序輸出能力，結果結合了帝國和民族國家的弱點。這樣的政治實體得以產生和存在，主要不是因為自己的力量，而是因為敵人的站隊錯誤和自己的投機正確。

列強允許東正教的塞爾維亞統治歐化的克羅埃西亞和斯洛維尼亞，主要是為了懲罰哈布斯堡家族投靠德國，正如盟國允許蔣介石統治滿洲和臺灣，主要是為了懲罰日本背叛英美。否則東方化的落後者企圖統治歐化的先進者，肯定會在第一時間激起劇烈的衝突。西方資助和保護紅色南斯拉夫，主要是為了獎勵狄托對史達林的背叛，正如美國禁止莫斯科核平北京，並不是認為毛主義比史達林主義更優越。維也納和君士坦丁堡的帝國煙消雲散以後，第一南斯拉夫很快就失去了存在的理由。蘇聯解體以後，第二南斯拉夫不可能長期維持。米洛塞維奇的站隊錯誤加速了瓦解的過程，破壞了捷克式和平過渡的機會。結果大大延長了塞爾維亞人融入歐洲的時間表，進一步擴大了貝爾格勒和札格雷布之間的文明落差。

最大的秩序真空俄羅斯

北約容納波蘭和愛沙尼亞，主要是一個水到渠成的自然演化；容納保加利亞和阿爾巴尼亞，主要是為了避免留下危險的秩序真空。然而，最大的真空位於俄羅斯本身。布爾什維克入侵俄羅斯最久，手段最殘酷，秩序資源損害最重。體制之外，唯有散沙。波蘭天主教會既是全世界天主教會的一部分，又是波蘭民族的避難所和種子庫。而俄羅斯東正教會早在二十世紀二三〇年代，就已經淪為遠東共和國式的代理人機構。海外東正教會在統戰、誘捕白俄僑民和滲透、顛覆東道國的事業當中，沒有辜負克格勃的苦心經營。安利烈·巴甫洛維奇·虞（虞洽卿）就是他們當中的佼佼者，為五卅事件和上海暴動立下了汗馬功勞，在國共鬥爭的關鍵時刻為康生和陳賡的地下工作提供了保護。[9] 即使體制內部，大多數周邊黨員和普通官吏也沒有非體制的組織資源、經濟來源和資訊管道。克格勃是唯一的例外，得以豁免計劃經濟和洗腦教育的約束。他們為了完成特殊任務，有權深入海內外社會的方方面面，經營各種黑社會和地下經濟，接觸普通黨員（更不用說平民）不可能接觸的三教九流和各種資訊。真空期的權力由沒有組織能力的理想主義知識分子手中落入他們手中，並不令人意外。

普京政權大體是強力部門核心和國企經濟、技術官僚周邊合作建立的寡頭政權，繼承了史達林主義核心黨和周邊技術官僚的大部分構架，只是喪失了前蘇聯的意識形態和認同政治。普京政權在東正教保守主義和歐亞主義之間猶豫不決，無法解決自己的身分和使命問題。復活的資本主義和東正教會仍然非常脆弱，只能依附體制，遠遠沒有恢復到斯托雷平時代的水準。俄羅斯經濟和社會並不依賴他們的努力，而是依賴原材料出口和組織原材料出口的寡頭。社會由於家庭瓦解、人口老化和農村空虛，既無力支持、又無力約束或反抗過於龐大的體制負擔，大體上延續了後史達林時代的萎縮趨勢。只有高加索和中亞的部族和穆斯林社會保存了充分的組織資源，幾乎可以肯定會在不遠的未來輸出他們的秩序。

烏克蘭和喬治亞的社會、政治結構本來接近俄羅斯模式，主要因為地緣上接近北約邊界，自身量體和秩序輸入需求較小，可以奢望搭便車選擇另一種命運，結果由路徑分歧發展為地緣政治分裂。俄羅斯為了干涉歐洲邊界事務，不得不公開毀棄條約義務，進一步減少了融入世界體系的機會。

遠東的秩序孑遺

柏林圍牆倒塌二十年後，歐洲冷戰結構已經片瓦無存。威爾遜主義經過近百年的反復和鬥爭，大體上實現了一九一九年的期望。遠東的安全結構仍然延續了舊金山諸條約的框架，只是冷戰邊界的對面突然淪為孤兒：北京喪失了出賣莫斯科的紅利，重要性急劇下降；平壤失去了操縱莫斯科和北京的紅利，迅速淪為餓殍；河內喪失了向莫斯科出賣北京的紅利，轉而依靠向西方出賣北京的紅利。二十世紀九〇年代的東亞大陸各自尋找自己的角色，北京與河內的代理人戰爭隨之喪失了投名狀價值。[10] 北京的處境比河內更加困難而複雜，恰好就是因為它廉價地繼承了共產國際和新三民主義的雙重遺產——如果河內的共產主義崩潰，法國人發明的國語和天主教會足以保障一個、或南北兩個民族國家的建構。而如果北京面臨同樣的處境，就會發現自己沒有一個可供回歸的波蘭共和國法統和波蘭民族共同體。

除了殘餘的列寧主義結構以外，東亞、內亞別無秩序可恃。如果西方遺棄了這片廣大的土地，列寧主義團體和流民散沙就會瀕臨相互殘殺和吞噬的命運。非洲在冷戰結束後的最初十年，就切實體會了遺棄比干預更加可怕的殘酷事實。外來的秩序無論多麼惡劣，至少還能防止無政府狀態。如果社會內部缺乏產生自發秩序的能力，又沒有可以依託的政治框架，那麼外力的撤出非但不會帶來自由，反而會導致社會的瓦解和長期的動亂。只有對於有能力產生和輸出秩序的共同體，外來干預才是負面因素。若非如此，秩序赤字就比秩序輸入危險得多。

中國走向市場列寧主義

八〇年代中共的整黨大致恢復了蘇聯的幹部黨模式，前毛澤東時代的蘇聯班底肅清和遮罩了梁山好漢。情治單位一直是他們的保留領域，即使毛澤東的風暴都只能擾動表面。鄧小平提拔數理化幹部，刻意繞過老列寧主義者的禁臠，插入地方、經濟和科教文衛部門。後者更加引人注目和有利可圖，但在資訊和組織方面仍然處於劣勢。計劃生育制度完善後，計劃經濟體系終於補上了最後一個缺環。勞動力供應、生產規劃、消費規劃三者原本就是不可分割的。[11]

然而，巔峰就是毀滅的開始。不完善的計劃經濟能夠勉強維持，是因為體制邊緣的灰色地帶還有殘餘的自留地和黑市。體制一旦完善，就會立刻停止運轉。列寧主義者必須選擇，首先犧牲哪一部分。鄧小平決定抓緊政治和文化，放鬆經濟，主要原因在於，經濟對他的團體最不重要。如果失敗，體制遭到的衝擊最輕。鄧小平別無選擇，走上了市場列寧主義的道路。

蘇聯解體恢復了一戰以前的全球化格局，只是美國的自由民主主義—威爾遜主義體系取代了英國的自由主義—殖民主義體系。列寧復辟政權可以扮演經紀人的角色，將散沙勞動力出售給世界市場。九〇年代的改革反映了權力結構的發展趨勢，繼續以避重就輕為主要原則，鞏固接近中央和核心的組織，遺棄基層和周邊的組織，部分引進了桑弘羊和王安石的技術，也就是馬克斯·韋伯所謂的「托勒密社會主義」，將國家機器變成了盈利活動的主體，盡取地方膏脂充羨餘，應驗了聚斂之能臣、財聚則民散的古訓。地方民政機構渙散，中小城鎮社會解體。《東京夢華錄》和《金瓶梅》時代的消費性第三產業取代了史達林主義的廢舊工業，重現了蔡京承諾的豐亨豫大之盛。

市場列寧主義意味著東亞、內亞居民分為兩個社會：有組織的列寧主義者和無組織的勞動力。無組織勞動力屬於世界市場周邊，得以避免張獻忠社會應有的命運；有組織的列寧主義者向散沙勞動力徵收組織紅利，得以避免張獻忠社會應有的命運。無組織勞動力包含了廉價的意義，但不限於廉價：待遇是權利的周邊，而權利則是組織資源的周邊。自由主義者認為列寧主義團體應該為苦力的命運負責，社會主義者認為世界資本主義應該為苦力的命運負責。顯然，雙方的看法都是正確的——只要莫斯科的原材料仍然能夠出口，俄羅斯就能在威爾遜體系之外繼續存在；只要北京的無組織勞動力仍然能夠出口，中國就能在威爾遜體系之外繼續存在。

二十一世紀初，美國主導的全球化達到最高峰。世界貿易組織為東亞人力資源的出口提供了方便，經濟融合的發展遮蔽了安全困境。前者源於無組織勞動力，後者源於列寧主義殘餘。時間放大了冬蟲夏草共和國的形態分裂，東食西宿變得越來越困難。鄧小平時代的內外分割產生了類似明治憲制的效果，「摸著石頭過河」解決不了十字路口的抉擇。

列寧黨核心為了堅持自己的正確性，必須證明全世界的錯誤，否則他們入侵東亞、內亞的歷史進程就足以給自己定罪。韜光養晦和改革開放本身都只是工具，最終目標仍然不能超越列寧主義原則允許的範圍。周邊黨[12]為了長期享受全球化經紀人的利益，渴望將冬蟲夏草改造或偽裝成正常的昆蟲。他們像昭和帝國的國際協調派一樣，由於先天和後天的因素，註定居於劣勢。他們無法提出體制可以接受的國家目的，除了其他集團無法分享的自私利益以外。他們只是體制和國際社會的仲介，在內外雙方都沒有足以形成力量的組織資源。他們唯一的優勢在於，他們理解當代世界體系和列寧主義殘餘的結構性衝突，然而除非否定後者的正當性，就無法將真正的理由解釋清楚。歷史猶如投入水中的石塊，波瀾從中心向邊緣不斷擴展。中華民國繼續生活在漫長的十九世紀，直到短暫的二十世紀以共產國際的形式破門而入。中華人民共和國不僅繼續坐在舊金山體系的旁枝上，而且還要竭盡全力砍伐身後的樹枝。

三、羅馬世界的挑戰者和投機者

引言：北約東擴以後，威爾遜期望的世界秩序進一步發展。美國變成獨一無二的大國，對世界其餘部分行使羅馬式的權力。遠東殘餘的冷戰結構，構成世界體系完成的障礙。臺灣國家認同的形成，也體現了新舊體系的轉型危機。北京一方面掩飾兩者的結構性衝突，以投機的方式在國際體系中牟取實利；一方面將經濟利益轉化為軍事實力，向美國主導的世界體系挑戰。遠東局勢緊張，導致美日聯盟強化和軍備競賽升級。

羅馬秩序的形成

一九八九年結束了短暫的二十世紀，正如一九一四年結束了漫長的十九世紀。在國際體系存在（近代歐洲的歷史範式往往使人誤以為它是永恆的）的大部分歷史時期內，外交、聯盟和對抗產生於實力相近的大國或政治聯盟之間。實力不在同一數量級的弱小國家只能作為聯盟的一部分實施有效干預，或者根本不能實施有效干預。只有在迦太基滅亡到埃及滅亡、以及柏林牆倒塌至今這兩段時間內，國際體系呈現極為獨特的現象：第一，國際體系仍然存在，並未或尚未被帝國結構取代。第二，羅馬之外的舊日列強完全解體，任何其他實體或新興實體在可以預見的未來不可能達到實力相近的數量級。羅馬有能力僅僅依據國內和盟國的需要實施單邊行動。加強國內力量或締結反羅馬聯盟的努力會增加、而非減少失敗的危險，遠不如遊說和爭取羅馬政治家和選民政治集團更現實而有效。

在這種情況下，「羅馬人民的朋友」資格變成了最大的國家利益。獲得元老院的安全承諾，跟已經獲勝沒有實質區別；爭取羅馬人民的不干涉承諾失敗，跟已經失敗沒有實質區別。如果元老院宣佈帕加馬為羅馬的敵人；該國就會被鄰國和國內敵對政治勢力瓜分，因為這是唯一能增加權力而又不冒毀滅性風險的途徑。於是，羅馬世界的國際糾紛逐漸從屬於羅馬各黨派的鬥爭。政治習慣長期化，形成路徑依賴。最後，這個利益攸關者組成的多國共同體被公認為「羅馬帝國」（儘管從法律上講，「羅馬人民的朋友」有自己的元老院和民眾會議，還有其他某些部分甚至連羅馬的行省臣民都不是）。

羅馬世界並非產生於元老院和羅馬人民的擴張意志，而是產生於羅馬憲法與世界秩序的自然交融。希臘和東方各邦逐漸喪失了產生和維持國內外秩序的能力，越來越頻繁地求助於羅馬的干涉。羅馬一旦撤回它的干涉，造成的局勢不是獨立而是混亂。最後，羅馬的仲裁權構成了文明世界各邦不成文憲法的核心。

外邦人反對單邊主義的呼聲和衝突實際上不斷強化羅馬秩序，因為這些反對只有兩種來源：其一，羅馬盟友或利益攸關者有不同意見。無論這種意見是否能改變羅馬政策，都會開啟或強化盟友或利益攸關者對羅馬政治結構的依賴程度。如果訴求針對羅馬，主要就會增加羅馬的權威，其次才會增加訴求勝利者的權威，最不可能增加訴求失敗者的權威。中國的科索沃外交、利比亞外交屬於這種模式。其二，不對稱政治集團發動的非常規戰爭。這種戰爭不可避免會損害羅馬秩序，從而損害盟友或利益攸關者。後兩者的自衛和反擊能力遠不及羅馬，因此勢必形成維持秩序的國際協調行動。這種協調主要有利於羅馬，在較小的程度上有利於後兩者；但後兩者不能採取其他行動，因為它們無法承受即使是較小的損失。中國的反恐外交屬於這種模式。當代世界體系沒有或尚未徹底羅馬化，主要原因在於美國自身。

威爾遜主義的約束與挑戰

威爾遜主義根植於清教徒的古老傳統，本能地厭惡帝國的負擔，然而即使在冷戰勝利以後，現實政治仍然只能滿足威爾遜主義的最低標準，僅僅在世界體系的核心實現法律對權力的征服。威爾遜主義的最高標準要求政治德性相近的各成員共同維護集體安全，結束勢力均衡定期破裂造成的戰爭。由於各行為主體的政治德性和政治制度相去甚遠，威爾遜主義從來沒有實現其最高綱領。事實上，美國推動集體安全的努力將世界分為三個不同層次。威爾遜世界構成世界秩序的核心區，建立在價值觀同盟的基礎上，實現了北約和其他主要盟國的整合。霍布斯世界由中國、印度、俄羅斯這樣的中間層國家組成，延續了十九世紀的現實主義外交模式，不斷引起爭奪勢力範圍的局部戰爭。達爾文世界由名存實亡或名實具亡的外圈國家或地區組成，不能有效地保護或管理其居民。這裡的居民依靠亞國家層次的小團體維護自己的安全，暴力通常是小團體相互交流的主要語言。

美國對待中間層和周邊並無善策，只能搖擺於輸出價值觀的帝國主義和養癰遺患的綏靖主義之間。今天的霍布斯式國家雖然為數眾多，只有俄羅斯、中國、伊朗三者有能力、欲望和機會攻擊威爾遜世界及其集體安全主義。其他霍布斯式國家，例如印度或印尼，如果能夠得到機會，更加樂於加入威爾遜世界，即使做不到，也沒有推翻世界秩序的能力或動機。冷戰結束以後的二十多年來，中國對世界體系的挑戰性日益上升。俄羅斯雖然在軍事上比中國更強大，但其認知結構和歷史路徑融入國際體系的廣泛和深刻程度非中國所能比擬。俄羅斯雖然堅持一戰前的霍布斯式博弈模式，不肯完全接受威爾遜主義的約束，但其覬覦範圍和衝突風險局限於本國周邊地帶，沒有在全世界範圍擴展勢力的跡象，更沒有顛覆國際主流價值觀的能力和期望。伊斯蘭極端主義的滲透雖然遍及全世界，但其挑戰仍然很難達到主權國家的層次，除非被更有力的挑戰者利用，不大可能造成危及整個國際體系的局面。

第二次金門危機以後，舊金山條約體系長期沒有遭遇挑戰。一九九六年臺灣危機重新啟動了沉睡已久的軍備競賽，預先斷送了市場列寧主義自發演化為自由資本主義的機會。北京由此體會到沒有蘇聯可以背叛的災難性後果，看清了美國秩序當中沒有自己希望和需要的位置。一九九九年的科索沃危機釋放了更加明確的信號，威爾遜體系的擴張必須以犧牲錯誤的建構為代價。核心黨必須建立足以抵抗美國秩序的強大力量，全球化貿易的紅利必須用於長時段的軍備競賽，保證二〇一六年面臨同樣的對抗時，不致於遭到同樣的羞辱。這項計畫大體上獲得成功，證明市場列寧主義仍然是列寧主義。韓國或智利的威權政府如果面臨同樣的挑戰，根本不具備自力更生重振旗鼓的能力，然而正是因為國家汲取能力的不足，幼弱的市民社會才有長大的機會。

東亞資本主義的成功轉型主要是美國秩序保護和約束的結果，舊金山條約邊界對面的流產提供了最直接的證明。太平洋邊界的封閉導致了內亞邊界的開放，上海合作組織恢復了蔣介石一九三五年和毛澤東一九五四年的致命佈局：背靠俄羅斯和內亞，以太平洋海權為假想敵。如果世界上存在一開始就註定失敗的戰略，二十世紀的三次內亞戰略就是最經典的例證。一九七二年外交革命提供的保護一旦解除，北京的幸運就到頭了。挑戰性的安全政策和附庸性的經濟政策總有一方會吃掉另一方，否則就會引起內部的撕裂。如果前者吃掉後者，北京就會在一場小型冷戰中扮演前蘇聯的角色。如果後者吃掉前者，實際上等於以更高的成本返回比一九八九年更惡劣的地位。舊金山體系在解除了蘇聯的主要威脅以後，應付這樣的次要威脅並不費力。

日本地位上升

新《日美防衛合作指標》第五部分解釋說：「周邊事態是指對日本的和平與安全造成重大影響的事態。周邊事態不是地理性概念，而是著眼於事態的性質。」[13] 一九九七年十一月，自民黨外交調查會代理會長安倍晉三進一步解釋說：「談到周邊地區範圍時，必須以《日美安保條約》為基礎。所以，這一地區就是指菲律賓以北，理所當然也包括臺灣海峽在內。這是常識。因為沒有必要特意去刺激中國，所以就不對包括哪些地區作限定……把臺灣海峽從適用範圍中排除出去，這是非常危險的行為。因為中國沒有承諾不使用武力。如果從新《日美防衛合作指針》中排除臺灣，就有發生武裝入侵的危險。」[14] 二〇〇四年十一月，日本防衛廳提交的研究報告斷言：在可以預見的未來，中國可能為釣魚臺和東海邊界問題付諸武力或武力威脅。二〇一二年，美國發佈軍事戰略報告《維持美國的全球領導地位：二十一世紀國防的優先任務》。二〇一三年，北京的進攻性行動從東海到南海全線展開。二〇一四年，日本在美國的鼓勵下重新武裝。安全政策明顯壓倒了經濟政策，TPP和「一帶一路」的分裂預示著不詳的未來：東亞、內亞體系即將像冷戰時代的經互會一樣退出資本主義主流，另立平行體系。與此同時，臺灣的共同體塑造也發展到了瓜熟蒂落的季候。

一九九五年三月，岡崎久彥的《臺灣問題》提出了上、中、下三策。上策是：「中國率先支持臺灣獨立……作為同一民族的親近感便會極為強烈，也可能建立起像十九世紀後半葉德奧同盟那樣的關係。」中策是：「在維持『一個中國』的原則下大陸率先支持臺灣加入聯合國。若將這種想法付諸實施，那麼在國民黨執政期間便是最後一個機會。如果失去這個機會，由民進黨掌權，那麼縱然國民黨在其後的選舉中捲土重來，在承認『一個中國』這一原則問題上，似乎也很難得到臺灣人的一致同意。」下策是：「以武力征服臺灣的話，那就不僅會給臺灣人的心理留下希特勒鯨吞奧地利那樣的不信任感，而且還會像希特勒那樣使日本、俄羅斯、印度和東南亞所有的國家都感受到中國的威脅，中國則會日益孤立。」[15]此後的二十年，北京分毫不差地執行了他預見的下策。

臺灣認同轉移[16]

馬基維利總結僭主的藝術：要麼不做，要麼做絕；樹敵而不能剝奪敵人報復的能力，世界上沒有比這更愚蠢的策略了。北京的威脅有足夠的惡意而沒有足夠的能力，為臺灣命運共同體送來了恰到好處的死亡恐懼，大大加速了劃清邊界和鞏固認同的進程。二〇一五到二〇一六之間，臺灣的政治生態面臨重大調整的可能。如何利用或引導暗流和伏脈，足以影響主要政治勢力、乃至臺灣本身在今後幾十年的路徑。二〇一四的地方選舉是國民黨的失敗，但並不一定是民進黨的勝利，只是製造了一個有利於民進黨勝利的機會。國民黨喪失人心的跡象極為明顯，而民進黨對民情和國際形勢的反應也相當遲鈍，只是比更加僵化的國民黨略勝一籌而已。二〇一四年的勝利毋寧說是臺灣民族的護國戰爭，缺少領袖的臺灣人民強迫民進黨事後充當領袖，拖著他們的領袖拯救了他們的命運方舟。與此同時，缺少傳統政黨形態的第三勢力小團體開始積蓄政治資本。流俗的意見認為，蔡英文躺著也能贏得二〇一六。其實，民進黨的前途面臨重大挑戰。

如果你的勝利主要依靠敵人的弱點，就說明最大的困難還在以後。失敗的國民黨人揚言：民進黨一旦上臺，就會像他們一樣曖昧。如果民進黨應驗了他們的預言，使選民覺得他們只是一個褪色版的國民黨，就會發生對民進黨和臺灣都是最危險的前景。第三勢力反對民進黨，分割起選票，使國民黨捲土重來。民進黨在自我定位上達不成共識，試圖用曖昧的語言遊戲敷衍人民，失去了引導第三勢力和民間團體的道德威望，導致臺灣政治生態香港化，眾多相互爭執的泛民小黨比兩大黨更加脆弱，更難抵抗滲透和顛覆，在潛在的同盟者眼中喪失了大部分利用價值。具有諷刺意義的是：如果民進黨重視同盟者超過基本教義支持者，特別容易促使這種危險實現，反而特別可能因此同時失去同盟者和支持者。

因此，如果有人建議民進黨效法成熟民主國家的共識政治，壓制基本教義支持者，爭取中間道路騎牆派選民，依據北京華盛頓共管的原則處理國家的前途命運問題，換言之，實現一個沒有馬英九的馬英九政府，那麼他實際上是在毀滅民進黨和臺灣的未來。我們一刻也不能忘記：臺灣命運共同體是一個繈褓中的嬰兒，躺在粗心大意的護士和處心積慮的惡狼之間。適用於成熟共同體的政治法則，對臺灣異常有害。這些共同體早已度過了生死未卜的危險視窗期，而臺灣尚未完全度過這段時間。臺灣的政黨政治仍然屬於塑造共同體的生死鬥爭，不是共同體內部的俱樂部鬥爭。在成熟共同體的共識政治中，根本問題是政策。在塑造共同體的鬥爭時期，根本問題是認同。臺灣不是今天的歐盟，而是獨立戰爭時期的美國、二十世紀的波蘭和今天的烏克蘭。

怎樣的政策調整能夠讓北美的保王黨人滿意呢？除非美國不復存在。怎樣的政策調整能讓頓巴斯的哥薩克人滿意呢？除非烏克蘭重新變成小俄羅斯。美國的國本之所以能夠穩固，就在於占精英人口三分之一的保王黨逃亡加拿大。波蘭民族之所以沒有從世界歷史上抹去，就在於號稱自由聯盟的親俄派大貴族逃亡聖彼德堡。這些大貴族反對波蘭獨立的理由酷似馬英九支持服貿的理由，夢想獲得沙皇的特殊政策和歐亞內陸的廣大市場，把獨立的波蘭視為民粹主義和保護主義的反動。烏克蘭原本是東歐比較富裕的國家，因為認同和路線的分歧而搖擺不定，結果在鄰國已經接近歐洲水準的十幾年後仍然跟前蘇聯時代一樣貧困，最終導致了今天的戰爭。如果臺灣在太平洋路線和亞洲大陸路線之間長期搖擺不定，並非不可能落到某種類似烏克蘭的下場。大黨的義務就是將路線和方向放在具體利益之上，否則很快就會喪失引導國民的資格，淪為仰人鼻息的分贓小團體。絕大多數民族共同體都誕生於認同和路線的邊界分割，因為共同體的定義就是邊界。劃定邊界的過程通常是殘酷的，以致於大多數成熟民族都寧願忘記這段歷史。然而，我們不能忘記：即使美國這樣得天獨厚的共同體，都必須迫使保王黨人在歸化和流亡之間做出選擇。

國民黨的未來就是沒有未來

民主國家的簡單常識是：拒絕認同的政黨長期佔據國會四分之一以上議席，不可能不干擾民主的正常運作。國本問題長期懸而未決，對國民的幸福和前途會產生極大的負面影響。由於臺灣命運共同體的形成和民主鬥爭同構，認同鬥爭也就偽裝成了政黨政治。作為過渡時期的策略，這是無可厚非的。然而，過渡時期的特點就是不進則退。人民總是厭惡隨波逐流，缺乏方向感的領導人。曖昧者失去未來，這是一定的。今天的形勢已經給了民進黨巨大的機會，可以結束不健康的偽兩黨制，開闢沒有認同錯亂的真正民主政黨政治。這種政治有兩種最為有利的形式：其一，民進黨轉型為審慎型綠色大黨。台聯或其他小黨吸收第三勢力和民間團體，形成理想型綠色大黨。國民黨親民黨化。兩大政黨分別吸收保守主義和自由主義的元素，逐漸發展為波蘭式的兩黨政治——保守民族主義黨和自由民族主義黨輪流執政。其二，民進黨扮演以色列建國初期的工黨角色，周圍環繞大批沒有能力單獨執政的小黨。小黨由第三勢力、民間組織和泡沫化的國民黨組成。在這兩種情況下，臺灣的國本將會堅如磐石。國家安全、民主權利和太平洋願景結成不可分割的三位一體，發揮相互支持的作用。這樣的未來需要民進黨的遠見和審慎、臺灣人民的勇氣和德性、國民黨和北京的自我毀滅性。在這三者當中，最後一項幾乎肯定會成為現實。前兩項則有賴於當事者的決斷。

國民黨的問題並不僅僅是認同錯亂，它選擇的路線本身就是絕路。它在南京執政的短期內，迅速將自己引向毀滅，一點都不是偶然的。數千年來，亞洲內地一直是血腥殺戮的現場。任何深陷其中的政權都將面臨選擇：或者用最野蠻的手段維持統治，或者滅亡。即使沒有共產黨存在，這一基本格局仍然無法改變。即使沒有美國日本和自由世界，朝鮮越南這樣外邦至少也得以逃避改朝換代的大屠殺，保存了在中原早已滅絕的明朝以前居民後裔。國民黨的特洛伊木馬工作也許能破壞臺灣，但怎麼也挽救不了自己。路線的失敗就是最根本的失敗，國民黨的未來就是沒有未來。它在兩條路線之間搖擺不定，而兩條路線共同的特點都是越走越窄。第一條路線就是依靠北京的支援，用戰爭恐嚇自己本應效忠和保護的人民，越來越像香港地下黨。第二條路線就是趕末班車，依靠地方派系向淺綠發展，多半會導致國民黨的分裂。

北京追求霸權

北京政治核心的認知圖景包括兩種關鍵元素，中國革命史敘事和大國復興敘事，兩者相互構成對方的合法性基礎。前者是弱者（中國共產黨）依靠高明的馬基維利主義，征服其前任盟友和保護人的故事。弱者首先要取得強者的保護，但不能誠實地忠於強者，而要在表面忠誠的掩飾下，尋找強者的弱點和敵人，利用保護人的敵人攻擊保護人的弱點，再利用雙方兩敗俱傷的機會，推翻或取代原先的保護人。從北京的角度看，國民黨、蘇聯和美國相繼扮演了愚蠢的保護人角色。他們首先以國民黨附屬勢力的身份，爭取到生存的權利；然後利用國民黨的弱點和日本對國民黨的進攻，在蘇聯的保護下取代了國民黨。他們仍然以蘇聯附屬勢力的身份，依靠在朝鮮戰場和其他地方為蘇聯服務，爭取了獨立政治實體的身份；然後利用蘇聯的弱點和蘇美鬥爭，在尼克森和雷根的保護下推翻了蘇聯的霸權，盡力將蘇聯勢力從第三世界驅逐出去，直到蘇聯解體。他們最後以美國合作者的身份，以免費搭車方式分享反恐戰爭和世界貿易的利益，用韜光養晦掩護了大國崛起的戰略；同時以機會主義的方式聯絡美國敵人，即使這些勢力同時也是中國的敵人，例如二〇〇一年的石原慎太郎和塔利班，當然還有失敗的俄羅斯，希望這些勢力的反美活動能夠給自己提供更多的機會，修改近代以來一直由西方主導的國際秩序。從北京的角度看，九一一事件、克里米亞戰爭和伊斯蘭國都有效地發揮了牽制美國的作用。這種策略極其有效，將中國共產黨由沒有寸地尺天的小團體變成了割據一方的諸侯，再變成東亞大陸的統治者，如今又要變成平行世界體系的創造者。

只有至高無上的目標才能為這些馬基維利的手段辯護，大國復興敘事構成了這種目標。這種神話宣稱：西方勢力在十九世紀深入東亞以前，遠東的文明或天下體系曾經是世界的中心。西方中心的近代世界奪走了中國應有的地位，其存在本身就是對中國的侮辱和傷害。遠東文明即使沒有引進西方的因素，同樣有能力自己實現近代化。天下體系體現了家長制的溫情主義，比利益本位的西方國際體系優越。中國負有改造國際體系的天然使命，只是在實力不足的情況下不得不韜光養晦。實力一旦充足，大國崛起是理所當然的事情。大國崛起的目標是恢復天下體系，其標誌就是周邊小國的臣服和絲綢之路的復興。因此復興的中國必然會在內亞和太平洋推行擴張性政策，即使一切形勢都對它不利。只有中國共產黨的馬基維利能力才能實現天下體系的復活，其他勢力或原則都不可能做到，因此中國只能由中國共產黨統治。因此大國崛起是中國共產黨革命正當性和統治合法性的最終驗證，放棄無異於承認自己不僅無權統治中國，而且為篡位犯下了各種大逆不道的罪行。如果這種認知圖景是無法改變的，未來的悲劇就是無法避免的，不到資源枯竭迫使它修改認知圖景，鬥爭就不可能結束。在此期間，任何低於徹底投降的任何局部妥協都不可能誘使北京放棄顛覆和滲透。所以對於臺灣而言，最能強化共同體認同的政策反倒是最明智的。

臺灣面向海洋

小淵惠三時代，自民黨曾經策劃冷戰後的政黨格局演變，希望結束保守黨和社會黨對抗的局面，代之以兩大保守政黨對抗的局面。經過小泉和安倍，這種設想基本實現。目前民進黨需要的，就是這樣的戰略。以下幾項政策是值得考慮的。國民黨長期掌握基層政權，與其並不正當的灰色資金流關係密切。二〇一六以後的民進黨政府如果錯過了清算黑金的大好機會，就是對未來不負責任。黨產和腐敗問題不僅僅是轉型正義的問題，關鍵在於非清算不足以重建基層政治結構，非重建不足以穩定國本。臺灣軍隊的現狀不大適合它的長遠安全需要，高級將領太多而中級軍官不夠多。好的軍隊應該有優秀和大量的中級軍官和士官生，足以為一支比正常情況大十倍的軍隊提供指揮官。高級將領人數多而在職久，對良好的指揮系統並不有利。未來十年幾乎肯定是美日聯盟軍事部署調整的時代，有必要及時加入軍事單位之間的磨合。共同體團結需要將以色列使命（出埃及）、命運方舟和太平洋願景結合起來，給人民提供認同和方向。

臺灣的地緣和經濟形勢都最適合兩個世界的樞紐。一方是美日和技術來源，一方是印度南洋和勞動力來源。隨著北京的人口老化和挑戰政策，高速增長區肯定會移向印度和南洋。TPP完善後，世貿組織將會邊緣化。臺灣把握這兩大調整，就能奠定數十年的基本路徑。芬蘭過度依賴容易到手的蘇聯市場，結果在一九九〇年代損失慘重，有必要未雨綢繆，防範類似的損失。日本比任何其他國家更瞭解東亞，臺灣附近水道的安全尤其是日本命運所繫。就亞洲大陸霸權國家造成的潛在不穩定局勢而言，日本和臺灣有最多的共同利益。美國維護亞洲太平洋的平衡，不允許大陸強權改變均勢，是它的利益所在和長期政策，臺灣做什麼或不做什麼都不會改變。因此臺灣在涉及自身安全和共同體塑造的關鍵問題上，完全可以先發制人，製造既成事實。如果必要，甚至可以訴諸美國選民的宗教和道德直覺，抵制少數專家和官員的現實政治。從過去幾十年的經驗看，臺灣在這些手段上不是失之過度大膽，而是失之過度謹慎，錯過了許多維護國際地位的機會。韓國和以色列在類似的情況下，比臺灣更善於利用美國的基本佈局。所以無論從臺灣國內還是國際因素考慮，未來五到十年都是決定長期走向的關鍵時刻。民進黨如果僅僅以尋常政黨輪替的觀念考慮問題，就會辜負難得的歷史機遇。

四、遠東冷戰體制的最後崩潰

引言：二〇一二年以後，北京放棄了長期的韜光養晦政策。融入世界，此路不通。蘇聯的經驗證明，共產主義的結束意味著帝國的解體。北京結束曖昧，做出相反的選擇。只有共產主義統治才能維持帝國，只有帝國才能延續共產主義統治。鬥爭沿著帝國邊緣展開，從釣魚臺、臺灣海峽到南中國海。東亞大陸的結構性重組，已經無法避免。

從一九四七年到一九五三年，共產黨方面的人事部署有連續性。朝鮮停戰後，大部分負責人員才以鳥盡弓藏的方式重新安置。這些現象說明在他們心目中，遠東戰場是連續的整體，遼沈戰役和朝鮮戰爭屬於同一戰役不同階段，撇開這一點是不可能理解朝鮮戰爭的。毛澤東在五〇年代的外交政策並不以中國為獨立的行為主體，而是以社會主義陣營為統一的行為主體。金門危機開啟了中蘇分裂，關鍵不在於中國本身的外交政策，而在於中國企圖以自己的單方面行動，將蘇聯和整個社會主義陣營拖入對美國的鬥爭。這是盧溝橋策略的重演，首先綁架「老大哥」黨，發動針對共同敵人的大戰。「老大哥」黨在統一戰線的初期仍然是自己的上級，在結束時就變成了自己的同儕。赫魯雪夫採取了跟蔣介石相反的策略：對共同敵人緩和，壓制好戰的「小兄弟」黨。

這種策略鎖定了毛澤東的博弈空間。他為了證明蘇聯路線的錯誤，不得不在國內外同時向左轉，從而產生了文化大革命和亞非拉輸出革命。文化大革命的根本目的在於：肅清蘇聯—共產國際在黨內和國內的班底，劉少奇和鄧小平是列寧主義在組織、人事和政策上的體現。輸出革命的根本目的在於：通過共同抗戰滲透、顛覆和取代蘇聯在全世界敵後戰場的班底，使其淪為第三世界革命群眾當中的孤家寡人。在一九六五到一九七一年之間，兩方面的企圖都慘遭失敗。印尼和越南代表親華共產黨的失敗和親蘇共產黨的成功，林彪事件證明列寧主義者在組織上比毛派更強大。

一九七二年外交革命將毛澤東從極度孤立和危險的國內外局勢中解放出來，體現了馬基維利主義的最高成就。他不僅挽回了挑戰蘇聯造成的外交困局，而且鎖定了黨內列寧主義者的選擇餘地。如果中國沿著一九七二年以前的路線前進，黨內列寧主義者很可能在他身後回歸蘇聯。這樣一來，否認文革和回歸蘇聯正確路線就是同一件事。五〇年代的歷史敘事將不得不恢復，蘇聯的英明和慷慨又將成為中國革命勝利的唯一正確原因。為了維護這種敘事，他毛澤東的歷史地位就會淪為某種反蘇錯誤路線的主要責任人。

一九七二年外交革命以後，美國實質上接替了蘇聯—共產國際維護中國共產黨地位的任務。毛澤東的任何繼承人都必須既是共產黨人，又親美反蘇。這樣一來，他們根本不敢冒否定毛澤東的歷史地位的風險。在這種情況下，鄧小平和黨內列寧主義者甚至並非註定復辟成功。他們撥亂反正的最初目標是恢復劉少奇路線，而非改革開放。如果鄧小平在不涉及統治權的一切問題上沒有表現出足夠靈活的態度，或是毛派能夠足夠殘酷、狡詐、果決地將「反對特權階級」和「群眾自發致富」解釋成同一件事，則鹿死誰手，猶在未定之中。這種博弈能力對首先臣服、然後企圖取代國民黨和蘇聯的鴻門宴政治家而言，要求並不過高。歐洲傳統意義上的現實主義者雖然並不缺乏聰明才智，卻不大可能勝任這樣的博弈，因為他完全不具備必要的認知圖景。美國傳統的新教徒和威爾遜主義者只能看到現象，無法解釋原因，除了無神論者的卑鄙殘暴以外，很難得出其他的結論。

中國告別韜光養晦

在美國決策者的認知圖景中，冷戰的勝利一勞永逸地奠定了威爾遜主義和集體安全的基本原則。它不考慮，更不允許世界回到霸權主義和勢力範圍的舊軌道上。從它的角度看，這種返祖現象正是戰爭和動亂的根源。在中國決策者的認知圖景中，蘇聯（雖然遲了二十年）的瓦解是中國英明和勝利的證明。它是國民黨遺產和蘇聯遺產的當然繼承人，無需忌憚美國以外的任何行為主體。它無意直接挑戰新的「老大哥」，但肯定會要求在新的統一戰線中索取越來越大的份額。從它的角度看，它當初並不打算推翻國民黨，只要國民黨承認它在抗戰中日益提高的地位，最終的決裂不是它的錯；它也並不打算取代蘇聯的領袖地位，只要蘇聯承認它在朝鮮戰爭後日益提高的地位，最後的決裂也不是它的錯。它始終不想決裂，但前提是老大哥要識時務。如果老大哥拒絕它的要求，它自然會解釋成霸道和自私。老大哥提出的意識形態理由，在它看來只能是遁詞。它自己經常運用類似的手法，不可能上當受騙。

它在具體問題上能夠忍耐和妥協，因為它根本的目標不是釣魚臺、南海諸島或臺灣。如果當前的博弈對它不利，它當然可以等待更長時間，既然它已經等待了如此之久。然而，釣魚臺並不比一九六〇年代的珍寶島、一九四〇年代的淮安和延安更重要。韜光養晦的根本目標是付出最小代價，最大限度地提升自己的地位。任何錯誤都是具體的、技術性的，因為目標本身沒有、也不可能有邊界和限度。如果具體的舉措成功，就證明過去的決策犯了過於保守的錯誤，今後需要更加大膽。如果具體的舉措失敗，就證明過去的決策犯了過於冒進的錯誤，今後需要更加謹慎。無論在哪種情況下，基辛格的定理都仍然具有荒謬的真實性。美國的強硬會帶來友好和穩定，美國的友好會帶來敵視和動盪。如果決裂的危險確實存在，那就最有可能出現在以下的博弈路徑中。美國的妥協態度造成了危險的誤判，促使中國在錯誤的時機提出了重新分配勢力範圍的要求。

中國統治核心決定結束韜光養晦，首先體現為側翼包圍的戰略構想。中國自身就是蘇聯在歐洲失敗後，在遠東側翼包圍帝國主義的戰略產物。中國通過地方軍閥、分裂勢力和知識界的統一戰線，實現了側翼包圍國民黨的佈局。中蘇決裂後，中國經營第三世界的共產主義和革命運動，就是故伎重演，企圖側翼包圍蘇聯。今天，中國領導人涉及了「一路一帶」方案。一路是中國到西亞的中亞陸路，一帶是中國到西亞的印度洋海路。從經濟角度講，這項計畫的荒謬是顯而易見的。「一路一帶」涉及的所有地區都具備不宜投資的特徵：政局極不穩定，恐怖主義和分裂主義盛行，基礎建設落後，缺乏熟練勞動力。幾乎所有的投資項目都會血本無歸，很難視為愚昧的產物，因為中國在東南亞和非洲投資，有長期和豐富的經驗。這些項目本質上是戰略性的，因此經濟上的損失並沒有超出決策者的預期。計畫的成功能夠造就小型的朝貢貿易體系，使中國能夠通過虧本生意─變相資助，培養一個穩定的衛星國群體，打破它最為恐懼的地緣封鎖，將威爾遜體系降格為地方性霸權同盟，然後展開逐鹿中原的遊戲。在這場遊戲的終點，中國將恢復它想像的「天朝」地位。中國人習慣的術語是：「實現中華民族的偉大復興」。中國精英階級普遍將這種願景視為政權合法性的試金石和改革開放的終極目標，因此中國領導人很難在沒有遭到明顯失敗的情況下選擇放棄。

中國扭曲的認知結構

問題在於：威爾遜體系的力量就在於普遍性，萬國不能片刻喪失羅馬─美國的護法者職權。如果美國失去其羅馬性，無論原因在於外交問題還是國內的孤立主義，維持遠東秩序的一系列俾斯麥式承諾就會喪失可信度。在新的勢力均衡體系建立（如果能夠建立的話）以前，太平洋戰爭以前的遠東格局勢必重現。儘管如此，中國精英階級仍然非常有可能支持、至少表面上支持這種冒險行動。他們出於政治低能和歷史認知的缺陷，已經在類似的不利情況下，為了追求性質類似的目標，支援了蔣介石政府的冒險行徑，為自己的毀滅準備了必要條件。中國統治核心由於認知結構和資訊傳導管道的緣故，從來不曾正確解讀美國的信號。他們與其說維護現實主義意義上的國家利益，不如說維護原有解釋體系的完整性。他們拒絕集體安全的基本原則，偏愛勢力範圍的邏輯，不是因為理解力的缺陷，而是因為不能承受修改認知結構的後果。威爾遜主義要求各主體具備高度的互信，實際上就是要求後者的憲制向合眾國看齊。中國統治核心對羅馬—美國的憲法仲裁權懷有極度的恐懼，才會將拒絕這種仲裁的特權列為首要的核心利益。

依據傳統的國家利益概念，中國的理性決策者肯定會發現：依附美國的利益明顯大於建立平行體系的利益。然而，這種情況從未發生。中國決策者如果口頭強調理性，實際上就是希望一面發展經濟合作，一面建立平行的安全體系。後者肯定會帶來更大的不安全，破壞和平和發展必需的背景條件，就像一個人坐在樹枝上砍樹。黃岩島事件暴露了中國的詭詐，使得美國完全喪失了誠實公正地調解中國—菲律賓糾紛的興趣。雙方分別向美國承諾撤出黃岩島，然而中國人卻在菲律賓撤離後開了進去。這種做法其實在抗戰時期和抗戰以後發生過多次，綏德和蘇皖的根據地就是當時的黃岩島。黃岩島在軍事和經濟上毫無重要性，事件真正的意義在於暴露了北京的心態變化。他們已經喪失了一九九六年的敬畏，開始把美國看做另一個可以推翻的國民政府了。扭曲的歷史認知使他們無法看清大部分蠢人都能看到的格局，陷入國民政府抗戰前夜處境的角色恰好就是他們自己。蔣介石在上海擴大戰爭的決策肯定不是理性的，戰爭的根本原因在於他的國族構建藍圖。中國現在的外交路線同樣不是理性的，原因在於聯共黨史和中國革命史的虛構。扭曲的認知結構導致他們在原因、結果和現象之間建立錯誤的聯繫，因此一再錯誤地解讀美國發出的善意和公正信號，造成了一種只能依靠暴力有效溝通的局面。

所以，中美兩國的利益衝突是一個偽問題。這種衝突如果當真存在，其實不難以類似英法協約的方式解決。真正存在的衝突屬於另一種性質：兩種無法相容的解釋體系都在伸張自己的正義。太平洋也許足夠遼闊，足以包容中美兩國的現實主義利益。然而地球顯得過於狹窄，不能允許兩種解釋同時存在。二〇〇八年以來，美國對中國的警惕日益增加。它將中國的擴張主義跡象解釋為恃強凌弱，然而這種理解並不符合中國的認知結構。中國與其說針對具體的目標，不如說針對異質的國際秩序。恃強凌弱意味著承認國際秩序，但自己要追求霸權地位。韜光養晦的意思是：帝國主義的國際秩序並不比國民黨的憲法秩序、蘇聯的社會主義秩序更神聖，我方僅僅因為實力不足的緣故予以違心的承認。承認的目的是為了保存和發展自己，成功以後自然沒有必然繼續承認。進攻如果失敗，不能解釋為目標錯誤，只能解釋為鬥爭形勢和實力對比的誤判。例如：沒有估計到社會主義初級階段的漫長和複雜。事實上，中國從來沒有承認過任何錯誤。中國只會宣佈：某些統戰對象（包括國內外的社會和政治勢力）應該到革命的下一個階段再打倒，因此現在打錯了，我們必須改正，繼續爭取他們的友誼。在這種解釋體系中，如果中國改變現狀的手段越來越露骨，那就說明它認為韜光養晦已經完成了任務，某些統戰對象已經喪失了繼續統戰的價值。它修改這種判斷，總是在遭到具體和物質的失敗以後。

中國的車臣化或朝鮮化

威爾遜體系不可能尊重中國自己劃定的核心利益，這樣等於承認威爾遜主義本身就是錯誤的。雖然美國外交界和知識界存在大批現實主義和勢力範圍的支持者，但他們幾乎沒有成功的機會。一方面，美國群眾政治對外交的影響太大。另一方面，勢力範圍的成功會使中國後悔索取太少。同樣的遊戲將會一再重演，直到決策責任從精英手中落入民眾手中。這時，類似麥卡錫主義和雷根主義的情緒勢必捲土重來。鬥爭一旦演變成具有十字軍色彩的善惡之爭，就只能通過中國的瓦解而結束。九一一事件前夜，中國一度瀕臨這種處境。目前的中國由於自己的舉措，正在迅速陷入同樣的處境。美國支持日本重新武裝的措施，已經放出了足夠嚴厲的信號，卻沒有得到正確的解讀。機會視窗正在關閉，模糊空間不大可能維持到二〇一六年大選以後。規訓的失敗一旦明朗化，法外世界就會喪失世界體系的保護。蔣介石政權在革命外交以後，普京政權在克里米亞危機後，都陷入了這種不值得羡慕的處境，淪為境內外眾多冒險家的競技場。一個失控的世界無疑是黑暗的世界，但同樣無疑會孕育大量的潛在可能性。美國影響或任何影響的細微差異都會導致重大的路徑差異，造成的後果最有可能位於兩個極端之間。在一個極端，中國可能不復存在，甚至長期無法形成有效管制的政治組織，淪為車臣或頓巴斯的放大版。在另一個極端，中國可能強化列寧主義的傳統，犧牲人口中不夠重要的部分，淪為朝鮮的放大版。兩極端之間形成某種意義的連續統，將機會交給擅長把握的幸運兒。美國的舉措同樣最有可能位於兩個極端之間。在一個極端，它在混亂中尋找庫德式的潛在盟友。在另一個極端，它在混亂中打擊伊斯蘭國式的潛在敵人。

日本的角色

在這場遊戲中，日本的角色比中國更值得注意。中國在一九九六年和二〇〇四年之間，已經將自己的路徑基本鎖定，造成了對日本最為有利的局面。太平洋戰爭的根本目的是為了取消日本對亞洲大陸的天然優勢，舊金山諸條約和美日同盟的實質作用是延長日本恢復其自然地位的時間。只有在這種情況下，亞洲大陸才有可能存在統一的大國。任何現實主義外交家都會毫不猶豫地斷言：舊金山條約是中國的最大利益，美國的仲裁權是它唯一的安全保障。一九七二年的中國對此非常清楚，甚至心懷感激。二〇〇八年的中國已經喪失了判斷形勢的能力，致力於毀滅自己存在的根基。因為前者是虛構歷史的發明者，能夠隨時修改自己的發明。後者卻是虛構歷史造就的產物，根本沒有認知世界的其他解釋體系。他們的處境非常接近於拿破崙和蔣介石，不可能具備俾斯麥和史達林的冷酷和審慎。如果法蘭西像路易．拿破崙渲染的那麼強大，日爾曼邦聯就是它的恥辱。如果法蘭西只是徒有虛名，日爾曼邦聯就是它的保護。小拿破崙為了證明前者的正確性，只能破壞日爾曼邦聯，從而解放了普魯士人。如果革命外交是錯誤的，那麼國民政府就不應該北伐。如果革命外交是正確的，國民政府就應該能夠戰勝日本和蘇聯。蔣介石之所以做出馬基維利絕不會讚美的事情，根本原因在於他必須篤信後者。如果中國革命史不是虛構的，美國就是阻止中國稱霸東亞的唯一力量。如果中國革命史是虛構的，美國就是阻止日本捲土重來的唯一保障。中國僅僅為了證明前者為真，就不能不做出它目前正在做的所有事情，而且還不得不做得更多，直到遭遇比一九九六年更強硬的抵抗。

二〇一四年的日本已經處在註定勝利的地位，因為各方已經在自己既定路線上走得太遠，難以承擔改弦易轍的成本。中國的勝利將會復活一九七五年的蘇聯威脅，使得日本的軍事化不可避免。中國的瓦解將會恢復一九二〇年代的遠東秩序，使得日本享有奧蘭治親王對歐洲大陸的特權。美國為了維持仲裁權，不得不賦予日本遠東代理人的更大職權。美國如果傾向孤立主義，約束之手解除的最大受益者肯定是日本。中國軍費經過數十年的增長，已經沒有多少上升空間，大多數小國尚不具備政治國家的實力和意志。日本只要把軍費增加到美國在冷戰後的比例，就足以造成無可撼動的優勢。日本—南洋聯盟極其自然而有利，主要是因為日本的消極態度，才浪費了馬來人和印尼人的熱忱。日本—印度聯盟和日本—東北亞體系的發展餘地非常之大，足以對中國造成致命的傷害。只有美國對挑戰者施加迅速和明確的懲罰，不容任何中國革命史式的重新解釋，才能阻止以上的前景出現。美國的孤立主義、綏靖主義或是長期維持平衡的政策肯定會助長以上前景的發展。因此，二〇一五的中國處在一種極其荒謬的陷阱內。它的勝利對自己最為不利，但它仍然不得不極力爭取勝利。

1 毛澤東和基辛格策劃圍堵蘇聯，以土耳其、伊朗和中國為前線國家。中國是東亞的反蘇前線，正如土耳其是西亞的反蘇前線。中國作為反蘇的前線國家，可以獲得美日大後方的援助，正如它原先作為反美的前線國家，獲得了蘇聯大後方的援助。隨著安全保障的增加，軍隊和計劃經濟的重要性相應地降低。參見：《白宮歲月——基辛格回憶錄》第三冊第十九章（世界知識出版社，一九八〇年十一月）。

2 孫德剛，〈論一九七九年、一九八〇年美台「准聯盟」關係的形成〉，收於《金門：內戰與冷戰——美、蘇、中檔案解密與研究》（九州出版社，二〇一〇）。

3 蘇格，《美國對華政策與臺灣問題》（世界知識出版社，一九九八），頁四七八—四七九。

4 一九四五年十二月二十九日，洛佐夫斯基致史達林報告：「正如蔣介石企圖在美蘇之間耍手腕一樣，蔣經國作為昔日的聯共（布）黨員，也想在蔣介石和我國之間耍手腕，他會把自己裝扮成蘇聯的無私朋友……蔣介石的親信並不喜歡蔣經國，不僅因為後者以前是左派，而且因為他是蔣介石政治遺產的覬覦者。事實上蔣經國是一個平凡的人，因此絲毫不能和宋子文那樣的生意人和政客相比。」沈志華主編，《俄羅斯解密檔案選編——中蘇關係（第一卷）》，頁九八。

5 周恩來負責的特務工作處下轄四股：保衛股／情報股／特務股／匪運股，辦公地點在漢口餘積里十二號。劉育鋼，《顧順章：中共歷史上最危險的叛徒》第二章第二部分（當代中國出版社，二〇一四）；李春遠，〈革命根據地時期中共的秘密社會工作〉，《二十一世紀》總第五十八期。

6 一九六〇年代「中蘇大論戰」開始後，中共對外政策日趨激進，一九六三年六月，中共中央提出《關於國際共產主義運動總路線的建議》（又稱《二十五條》），重新樹起了「世界革命」的旗幟，提出要堅決支持亞非拉反帝革命鬥爭。文革結束後，華國鋒仍然繼續這一立場。比如，《人民日報》一九七七年五月一日華國鋒發表的〈把無產階級專政下的革命繼續進行到底——學習〈毛澤東選集〉第五卷〉一文說：「我們要堅持無產階級國際主義，根據毛主席關於劃分三個世界的科學分析，做好對外工作，聯合世界上一切可以聯合的力量，反對蘇聯和美國這兩個超級大國的霸權主義。」

7 越南共產黨吞併南越以後，剛剛完成類似蘇聯和中國的土地改革和公私合營，蘇聯就解體了，不得不改革開放。西方輿論對共產主義的寬容在三〇年代以後不斷下降，到越南共產黨勝利的七〇年代已經所剩無幾。勃列日涅夫時代的蘇聯也不像列寧和史達林時代的蘇聯那樣激進，因此越南社會的破壞比蘇聯和中國時間段程度輕。

8 中國和南斯拉夫背叛蘇聯，牟取西方的支援，前提是蘇聯仍然是共產主義國家。一旦蘇聯共產黨瓦解，即使威權主義的俄羅斯，也不失為西方的表兄弟，比共產主義的中國和南斯拉夫更值得西方支援，同樣的背叛策略就不再有統戰價值了。

9 參見：張在虎，〈二戰後初期中蘇關於中國俄僑問題的交涉與鬥爭——以蘇聯恢復俄國僑民蘇聯國籍為中心〉，《俄羅斯研究》第一期（二〇〇八）；汪之成，《上海俄僑史》（上海：三聯書店，一九九三）；費成康，《中國租界史》（上海：上海社會科學院出版社，一九九一）以及《米特羅欣檔案》。

10 鄧小平打越南，包含向美國交投名狀的意義。越南打高棉，包含向蘇聯交投名狀的意義。冷戰一結束，北京和河內都停手了。

11 市場經濟是多中心的調節體系，企業家分散決策。他要負責預測需要多少工人，生產多少產品，能夠向消費者賣出多少。預測錯誤的企業家破產，讓位給預測正確的企業家。計劃經濟只有國家計委一個決策中心，企業經理只是執行人員。國家計委必須算準全國需要多少工人，生產多少產品，消費者消費多少產品。人民公社必須實行，因為非如此不能控制農產品的銷售和工農產品的交換。如果生育決策權繼續分散在各家庭，計畫當局就無法保證全國勞動力供應符合生產計畫和銷售計畫。馬寅初的《新人口論》就是說自由生育和資本主義是配套的，計劃生育和社會主義也是配套的。毛澤東雖然打擊他，但他的馬克思主義水準其實比毛澤東高。

12 周邊黨是中華人民共和國建立以後培養的幹部，特別是改革開放以後培養的幹部。匪諜派和毛派的罪行和錯誤跟他們沒有直接關係，他們的主要工作就是行政管理和經濟管理，所得利益跟經濟發展成就掛鉤。他們對共產主義的態度接近於李鴻章對清兵入關的態度，為了給經濟發展營造穩定的環境，他們需要和平與秩序。他們為了避免「折騰」，希望把共產黨改造或偽裝成正常國家，但這樣可能弄假成真，使核心黨喪失權力。

13 日本外務省編，《外交青書》（一九九八），頁三二〇。

14 本澤二郎著，吳寄南譯，《日本政界的「臺灣幫」》（上海譯文出版社，二〇〇〇），頁一五六。

15 中國社會科學院臺灣研究所編，《臺灣問題重要文獻資料彙編：一九七八年十二月—一九九六年十二月》（紅旗出版社，一九九七），頁一二七七—一二七八。

16 本小節寫作時間為二〇一五年十二月。

跋
決斷時刻

東亞各族群和居民沒有為冷戰的突然結束做好準備，正如他們以前沒有為一戰和二戰的突然結束做好準備。他們仍然遠離世界秩序的中心和衝擊波的發源地，被動和勉強地陷入了梁啟超青年時代的同樣處境，在三種不同的共同體路徑之間無所適從。一百多年來，泛華夏主義和大中華主義的想像成事不足敗事有餘，破壞了凱末爾式小民族主義的生長機會，延長和加重了大清內亞秩序和列強條約體系瓦解的混亂，加速和方便了列寧主義的入侵。三〇年代的國民黨企圖納賽爾諸夏，正如六〇年代的納賽爾和薩達姆企圖蔣介石阿拉伯。前者的失敗為黃雀在後的共產國際掃清道路，播種和滋養了不育的冬蟲夏草人民共和國。後者的失敗為黃雀在後的伊斯蘭主義掃清道路，將世界文明的搖籃留給德黑蘭和拉卡的聖戰鬥士。

中國的挑戰性最強，危險性最大。她身為共產國際的嫡系繼承者，自身存在的合法性建立在所謂資本主義世界體系的非法性之上。她在自身有效統治範圍內，沒有或不願找到替代列寧主義的行為模式。在她的認知圖景和歷史經驗中，成功源於弱者—挑戰者的巧妙策略：弱者—挑戰者依靠欺騙性合作，利用強者—統治者的資源，建立強者不能控制的平行體系，最後製造反戈一擊的機會，實現弱者和強者的角色互換。這種行為模式非但不是背叛，反倒是弱者伸張正義的不二法門和政治成熟的主要標誌。弱者如果沒有充分理解任何規則和承諾都是某一方或各方壓迫和欺騙其他各方的階段性工具，就不可能不在最深刻的意義上背叛其歷史使命：運用一切必要手段，建立更加公正的世界秩序。在她的認知圖景中，歷史包括公開和秘傳兩種。公開的歷史只是宣傳材料，無需認真對待和尊重，用於操縱周邊群眾，包括有待改造的國內和國外各種勢力。自我和他者的認知邊界不在中國和外國之間，而在列寧主義者團體和國內外異己勢力之間。西方在宗教戰爭時代曾經相當熟悉這種模式，在主權國家時代卻失去理解和判斷這種模式的良好感覺。秘傳的歷史是一種漢尼拔教育，用於訓練核心幹部和假定接班人，包括以下的內容：

現有國際體系與其說是各主權國家實體的平等博弈，不如說是長期歷史演化形成的幾種政治體系的不對等博弈。由於歷史演化路徑的差異，不同體系形成了不同的憲制結構和認知結構。因此，這些體系對同樣的局勢形成了不同的認知模式和反應模式。由此形成的結構性衝突不同於共同演化體系內部各行為主體的利益性衝突，增加了國際局勢的複雜性和衝突的危險性。在共同的演化體系內部，不同行為主體的關係能夠大致化約為利益交換和利益衝突。純粹利益衝突的協調不需要改變當事各方的憲制結構和認知結構，因此危機管控的難度較低。結構性衝突的行為主體如果修改憲制結構和認知結構，就可能逾越自身演化路徑形成的約束條件，從而導致自身的崩潰和自身所在政治生態位的重組。結構性衝突的行為主體如果不能足夠有效地調整自己的憲制結構和認知結構，協調失敗而導致國際體系破裂的可能性就會大大超過單純的利益性衝突。目前中國發展給世界體系帶來的挑戰以結構性衝突為主，而雙方的危機管控手段以利益協調機制為主。因此基於利益分析的現實主義外交在不斷解決眾多具體問題的同時，未能阻止中國—世界結構性衝突的升級。

我們現在所知的國際體系，是西歐封建體系長期演化的結果，源於沒有主權國家概念和國內國際區別的多層次政治網路，在多層次主體的博弈驅動下，演化形成了西發里亞式主權國家體系，經過十八世紀、十九世紀的霍布斯式鬥爭，產生了第一次世界大戰以後的威爾遜主義集體安全體系，威爾遜主義經過二戰和冷戰的考驗，深刻地塑造了當今國際體系的基本原則和核心結構。現存大多數行為主體之間的糾紛局限於利益衝突範疇，不致妨礙威爾遜式集體安全機制的運作和擴展。只有俄羅斯、中國和伊斯蘭極端主義團體能夠引發危險的結構性衝突，現有的各種協調機制都難以有效地管控危機，原因都牽涉到以上三種行為主體的歷史演化和認知結構。在可以預期的未來，中國對世界體系的衝擊最具挑戰性。

列寧主義團體和全世界異己勢力的關係，相當於科學家和實驗原材料的關係。前者的高尚動機和偉大計畫，不是後者所能理解的，只能通過欺騙和劫持才能實現。團體首先偽裝成國民黨的忠誠支持者，在國民黨的許可和資助下，在國民黨不甚珍惜的邊緣地帶建立平行體系，最後誘使國民黨和日本開戰，利用蘇聯的力量取代了國民黨；第二步偽裝成蘇聯的忠誠支持者，在蘇聯不太重視的邊緣地帶（例如坦尚尼亞或高棉）建立（北京中心取代莫斯科中心的）平行體系，最後誘使蘇聯和美國衝突，利用美國的力量消滅了蘇聯，升級為僅次於美國的世界第二大力量；第三步也是最後一步，在冷戰結束後偽裝成美國的忠實合作者，利用美國的默許在更多邊緣地區擴展勢力，用重建明清朝貢體系的希望引誘團體外的國內勢力，最後誘使俄羅斯和伊斯蘭勢力和美國衝突，在最近幾年公開了冷戰後國際體系的願景。最後的角色互換一旦成功，不僅意味著資產階級世界的結束，而且意味著國內外所有統戰對象的鳥盡弓藏和漸次消滅，一如失去國民黨的開明士紳和失去蘇聯老大哥的革命老幹部。在該團體的認知圖景中，美國的讓步和默許無異於國民黨和蘇聯的類似舉措。如果歷史規律註定你失敗，你就會像以前的失敗者一樣愚蠢。這種愚蠢的反復重演，最有力地證明了該團體信奉的歷史規律確實是宇宙真理。因此該團體在下一階段更有必要遵循歷史規律的要求，重演反戈一擊的舉措。歷史經驗和認知結構不同的其他行為主體面臨類似的形勢，就不會表現出這種行為模式。類似擁抱熊貓的政策用於其他對象，成功的先例甚多。國民黨懷柔地方軍閥和中國共產黨，對前者取得了很大的成功。蘇聯培養亞非拉小國的共產黨和中國共產黨，對前者取得了很大的成功。美國援助全世界不發達國家和中國共產黨，對前者取得了很大的成功。擁抱熊貓政策的失敗原因在於：認知圖景的形成鎖定於特定的歷史路徑，因此具有相當頑固的不可逆性。普通的老虎可以馴化，部分原因在於她的記憶庫沒有存儲食人的經驗策略。同樣的技術用在吃過人的老虎身上，就很可能增加自己被吃的機會。

這種解釋體系存在根本性的因果錯置，足以導致該團體面臨自我毀滅的風險。然而列寧主義團體如果沒有獲得其他可行的替代路徑，就很難放棄經過歷史驗證的有效成功策略。它如果貿然接受其他解釋體系，就會將自己降格為改過自新的犯罪集團。這種前景比自我毀滅還要糟糕，相反的可能性更大。如果列寧主義團體最終重塑世界體系，就有希望修改全人類的認知圖景。這種實驗已經在中國國內取得了一定的成功，未必不能在更大範圍內推廣。列寧主義團體即使因此失敗和毀滅，至少還能將自己的命運解釋為帝國主義的邪惡和歷史的暫時曲折，無需留在資產階級世界扮演反面角色。

北京不能擺脫這種認知圖景的可能性甚大，因此有極大的機會在今後五到十年轉向以下政策：利用過去三十年贏得的紅利，試探國際社會、特別是美國的底線，盡可能在亞太地區取代美國，至少爭取事實上的中美共治局面。這種策略如果成功，遠東建立集體安全體系的可能性就會消失。一戰前的霍布斯式博弈如果重現，所有各方都會損失慘重。北京很可能是損失最大的一方，然而認知結構的缺陷很可能妨礙她充分評估這種可能性。若非如此，她在二〇一二年以後的舉措就會難以解釋。美國如果釋放可以解釋為默許的錯誤信號。亞太各小國就會面臨選擇的壓力。部分小國可能變成北京的附庸，從而增加後者進一步挑戰的可能性。拒絕臣服的各國勢必結成類似奧格斯堡同盟的體系，其中肯定會包括日本。日本在解除美國保護和約束的假定條件下，就會輕易恢復東亞英格蘭的自然地位，相對於大陸強國享有巨大的優勢。這種極其危險的可能性是否成為現實，在一定程度上取決於有關各方認識和探討其他可能性的努力。

一九九九年以後的世界就其時空座標而言，已經不具備另起爐灶的機會視窗。任何潛在的挑戰者都必須面臨比德國、日本、蘇聯更加不利的條件，甚至事與願違地掃清世界秩序的障礙。

中華人民共和國既缺乏承受剛性衝突和惡性軍備競賽的能力和意志，又不能忍受既成事實或接受某種實質上等同於體面失敗的斡旋。她只能重演國民政府在一九三〇年代的策略，將政治問題和經濟問題分割處理，一面整軍經武、一面發展經濟，採取默許但不讓步、拖延但不放棄的外交路線，將殘酷的決斷留給未來。她只能希望：依靠國內的勵精圖治和國際形勢的自然演變，有朝一日會出現比今日更為有利的局勢。如果未來並非如此，她其實無計可施。她能夠反對美國的地區仲裁權，卻無法反對美國的世界體系。世界體系限制了她的路徑和層次；但若沒有世界體系的保護和支持，她的處境就不會比一九三〇年代的中華民國更安全。政治外交的失敗和經濟外交的成功能夠為她爭取最長久的緩衝時間，但不一定能達到她需要或希望的程度。無論經濟外交是否成功，政治外交的成功都會引起重鑄東亞體系和中國自身結構的大風暴；但單獨改造世界體系本身的可能性甚微，對她自身也並不有利。

從長期歷史的角度看，列寧主義無非就是帝國解體和民族建構中間過渡期的插曲。通俗口號意義上的民主只是國民共同體建構過程的一個側面。國民共同體不存在，國民主權者自然不可能存在。主權者缺位，自然會吸引入侵者。近代化意味著民族—民主建構的最終完成，等價於列寧主義從長征到滅亡的宿命。兩大列寧主義黨派合流，預示一八四八年原則（Spring of Nations）即將浮出水面。民進黨吃掉國民黨，第三勢力吃掉民進黨，實際上就是淺綠和深綠的對立取代藍綠對立，臺灣共同體的國族認同功德圓滿。隨著香港政治改革的糾紛日益升級，類似的進程正在香港展開。任何熟悉臺灣解嚴初期社會氣氛的人都能看出，今天的香港和二十年前的臺灣多麼相似。

二〇一六年以後的東亞格局酷似一九七二年以後的世界，只是層次和數量級相應地降低了。北京接替了莫斯科的角色，在政治和經濟兩方面都陷入日益狹窄的境地。鋌而走險意味著迅速的毀滅，避重就輕意味著緩慢的衰竭。河內繼承了北京在一九七二年的生態位，反戈一擊的報酬足以保障一段類似北京八十年代的蜜月，但她自身的列寧主義團體早晚會構成最後轉型的障礙，背叛只能保障將決斷推遲到北方巨人的威脅解除以後。平壤已經關閉了所有的回頭路，無法逃避殘酷和血腥的結局，除了收拾殘局的困難以外，不會留下太多的懸念。只有北京統治的東亞、內亞廣大土地，仍然處於高度不確定的狀態。中華人民共和國的背後沒有波蘭或韓國，只有一片完全不符合近代民族國家和世界體系模型的內亞叢林。

戰國—秦漢延續了諸夏的有機共同體，尚可稱為邦國（state）。後來的列朝和列國非但不具備邦國的性質，甚至不具備共同體的性質，也就是說她們不是所在社會的自發秩序，而是漂浮在社會之上的冒險家集團。即使郡縣制都失去了絕對主義的涵義，變成冒險家集團針對資源的外在開發。北朝隋唐體系和遼金元清體系都是內亞秩序的延伸，秩序生產力來自中原郡縣編戶齊民區域以外，在內亞組織資源的輸入管道衰弱或中斷後，就越來越無法繼續維持中原的秩序。編戶齊民在內亞體系中不占重要地位，接近於羅馬帝國的埃及和大英帝國的印度。印度知識分子對德里副王朝廷的看法，僅僅代表大英帝國極不重要的側面。儒生對天下的道德統治、和平主義理念，實際上反映了降虜社會處在組織資源輸入區或依附地位。內亞部族共同體或部落聯盟的憲法結構才是天下體系的核心，相當於大英帝國的日爾曼習慣法。

吏治國家的憲法結構（千篇一律的原子順民）比部落聯盟的憲法結構（參差不齊的武士團體）更容易統治。所謂漢化其實就是組織資源的衰竭，跟王朝大一統切斷或損害了多國體系時代暢通的內亞組織、科技輸液管關係甚大，無一例外地構成王朝退化和滅亡的先聲。大清天下體系早在西方殖民主義來臨以前，已經走上了同樣的道路。穆斯林的火炮和堅船正在痲六甲和民答那峨攻城掠地，進犯廣州只是時間問題。日本武士在明末來得太早，中亞部落在清初又來得太早。大清如果沒有殖民主義的規訓和保護，恐怕早已亡在這些秩序輸出者手中。二十世紀初葉的內亞、東亞社會開始效法歐洲和日本，試圖建立近代意義的民族國家的國際秩序。她們最初的成就並不比拉美各國更差，只是缺少美國這樣善意和強大的保護人。列寧主義的入侵打斷了二十世紀初葉開始的共同體構建，當時草創的幾種模式無一足以勝任如此複雜的使命。蘇聯共產主義體系利用國際政治和地緣政治的陰差陽錯，擊敗了日本泛亞主義體系和國民黨大中華主義體系，向大清遺留的內亞／東亞輸出自己的秩序。毛澤東利用冷戰和反殖的陰差陽錯，切斷了蘇聯的輸液管，導致了六十年代的秩序崩潰。北京輸出革命的失敗，本身就反映了解放軍和特工組織的退化。梁山化其實是「去蘇聯化」的必然結果，相當於大唐大清的漢化（去內亞化）和衰落。二〇年代到四〇年代的地下組織就人力和金錢而言都不及六七〇年代，然而滲透顛覆能力比後者強大得多，不是因為伍豪（周恩來）和趙容（康生）老了，而是因為他們失去了共產國際和遠東局的組織資源。六七〇年代的蘇聯特工機構在亞非拉全線征服了梁山的輸出，從另一個角度映證了前述的組織資源落差。隨著蘇聯體系的崩潰，內亞、東亞的列寧主義庶子淪為孤兒。美國主導的威爾遜主義秩序如日中天，伊斯蘭極端主義構成主要挑戰者。孤兒陷入陌生的新世界，找不到自己的位置和方向。內亞帝國體系和近代民族國家體系的矛盾、列寧主義收割機和市民社會的矛盾、陸權和海權的矛盾都處在延遲釋放的狀態。瓶塞一旦打開就會相互牽動，將一百多年積累的歷史運動壓縮到短暫的時間視窗內。未來不得不從當初中斷的地方重新起步，秩序真空可能引起新的入侵和潰敗，然而開放的路徑本身就具備無窮的魅力，因為決斷時刻的毫釐之差都會留下長久和深刻的印記。

附錄[1]

一、關於山東善後交涉問題的政府方針（山東善後交涉問題に關する政府方針）

〔文書名〕　關於山東善後交涉問題的政府方針

〔場所〕

〔年月日〕　一九二一年十月十八日。

〔出典〕　日本外交年表以及主要文書上卷，外務省，頁五三〇—五三二。

〔備考〕

〔全文〕

1 日—中翻譯：張亦澄（東京大學東洋文化研究所，田中明彥研究室）。

大正十年十月十八日內閣會議決定

備忘錄

帝國政府接受了本月五號中國政府關於山東善後交涉問題的備忘錄，進行了慎重考慮。

帝國政府多年來希望不吝各種努力試圖儘快解決山東問題，在去年一月針對德國的和平條約生效後，帝國政府立刻催促中國政府儘快開始對這一問題進行會談。然而，中國在幾個月後才給予回答，僅以不簽署針對德國的和平條約的行為以及輿論反對作為理由，認為不便與帝國政府直接進行會談。於是，帝國政府更盡到了應有本分，督促中國政府反省，同時表態只要將來中國政府同意會談，不論何時都會與其進行關於該問題的會談。此後一年多，帝國政府十分期望中國政府以及國民能都夠抱有冷靜公正的自覺，帝國政府隱忍自重，等待時機的到來。

在此期間，帝國政府希望中國當局改變態度，在各種時機與帝國政府展開針對該事件的商談。尤其是今年五月小幡公使歸國前，顏外交總長對小幡公使表示，十分希望能給出一個公正妥當，並且能夠得到世界各國廣泛認可的具體方案。之後中國政府要員私下裡對帝國政府給出中國方面的解決方案，並以非正式的方式表示，之後有意與帝國政府進行商談的意願。

於是，帝國政府希望這一事件得到迅速而圓滿的解決，考慮了中國方面的這一解決方案，確定了一些公正寬容的協商條件，在之前的九月七日傳達給了中國政府，希望能得到中國政府的切實考慮。然而，在這次的備忘錄中，中國政府辜負了帝國政府的期待，沒能表現出根據帝國政府給出的這些協商條件來解決本問題的誠意，顯示出其並無意願在此時和帝國政府進行商議。帝國政府不得不對此感到極為意外，同時，這一備忘錄前面部分認為日本方面很多關於本問題的的宣言是空洞無物的——這種說法不顧國際禮儀，令帝國政府感到非常遺憾，也不得不令帝國政府為中國及其國民而深深惋惜

另外，對於帝國政府解決方案的各項條款，中國政府給出了評價，這些評價完全沒有領會帝國政府的用意。然而，若加以細讀，可以發現許多帝國政府不得不督促中國方面進行反省之處。如膠州灣租借權隨中國的對德宣戰而自然消滅，因而自然應該無條件返還——這樣的說法不僅有違國際法理論慣例，也違背了日中兩國之間的條約關係；同時也是在破壞凡爾賽條約。今年五月二十日駐華德國代表交付給外交總長的聲明中指出，德國依據凡爾賽條約而已經喪失了依據德中條約而享有的關於山東的一切權利利益，因而無法將權利返還給中國。中國政府更是對此表示了認可，所以中國政府自然也是認可了凡爾賽條約的結果。

然而，中國方面所謂的對德宣戰指的是，在關於膠州灣以及其他事宜條約簽訂後、日德之間發生了權利轉移之後兩年有餘時，應國聯的勸告享受了眾多的實惠，才在一九一七年八月才決定的。當時中國僅僅是將德奧兩國人進行處分並派遣勞工前往法國。中國僅以這種程

度的「宣戰」作為租借權自然消滅的理由，蔑視既成條約以及過往實績，實在令帝國政府不得不認為，這對於山東問題的善後交涉而言，嚴重違背了根本性的正義。另外，中國方面關於山東鐵道的主張是完全收回山東鐵道全線管理權，暫時將鐵道售價的一半作為「未收回」狀態。帝國政府認為，無論以何種形式，日本沒有單獨經營該鐵道的意向，同時考慮到中國鐵道的普遍情況，把現有經營委託給中國方面的做法無法令人贊同。真正重要的是不僅名義上也是實質上做到日中協力，把鐵道經營的業績做好。原來山東鐵道在德國時期完全由德國單獨進行經營，日本犧牲了無數的人命和巨額的財力，從德國手中獲取了這項權利。然而儘管如此，帝國政府依然採取了最公平的條件，以日中合辦的方式經營該鐵道。另外，前述的日中合辦經營是在中國對德宣戰以後的一九一八年九月通過的日中兩國間協議規定的。現在卻聲稱「主權侵害」，以此作為理由，實在令帝國政府難以諒解。另外山東鐵道和礦山在賠償委員會的程序中決定了價格，抵消了德國的賠償額度，因而被記載在了德國的貸方之下。中國方面要求無條件收回一半金額，該等主張可以說毫無正當性。另外，關於德國政府的所有財產，帝國政府的主張是，所謂的行政性官有財產原則上讓渡給中國，其他部分並非全給日本，而是不光考慮兩國，同時考慮其他外國人的利益，來討論出一個公平的處理方案。相反，中國的反主張是全盤沒收——這種情況不得不令帝國政府感到無法認可。關於其他帝國政府的提案，中國方面認為全都不符合中國和外國簽訂的條約的規定原則——這種主張究竟意義何在，帝國政府很難理解。然而，帝國政府依然希望中國政府靜思熟慮，真切理解帝國政府的提案，更為日中兩國國交而確實反省，再次展示出開始交涉的意向。帝國政府也將會對此進行回應，毫不猶豫地與中國開始商議，特此聲明。

二、《關於與遠東共和國的軍事協定》（《極東共和國との軍事協定案に關する件》）

〔文書名〕關於與遠東共和國的軍事協定

〔年月日〕一九二一年十月二十五日。

〔出典〕日本外交年表以及主要文書上卷，外務省，頁五三二—五三三。

〔備考〕

〔全文〕

大正十年十月二十五日內閣會議決定

目前在大連正在進行與遠東共和國的通商以及其他事宜的條約的交涉，在這一條約簽訂時，目前預見到一些有必要實現的軍事事項細節規定，希望能在協約中落實：

一、浦潮附近現存的各個海陸正面要塞由遠東共和國政府將其廢棄，之後不得進行任何維修和建設。

二、遠東共和國政府將來不得採取在其領域沿岸以及朝鮮國境附近建設軍港要塞等等威脅到日本國安全的軍事舉措。

（備考）對方如果對此有異議，則可刪除「等等威脅到日本國安全的軍事舉措」。
三、遠東共和國政府在綏芬河口、俄中國界二號界標一線以南領域內，除了一定量的民警之外不得讓任何武裝團體駐紮。
然而，在為掃蕩不法團體等必要目的時，可以事先和日本方面進行協議，在有限期間內命令特定武裝團體進行行動。
四、安裝於科曼多爾群島的無線電信所的設施在一定時期內由日本陸海軍繼續照常使用，允許俄國在現在協定的範圍內進行使用。
五、遠東共和國政府允許日本軍事委員在浦潮、齊多、尼市、哈府及武市等重要城市停留，並在這些地方持續不斷地保護其生命、身體、財產不受侵犯，並保障其通信、旅遊的自由。
六、日本軍在遠東共和國領域內的鐵道上設置的一切作業設備以及架設的電線，依現狀無償交付給遠東共和國政府。
遠東共和國為完成前述各項作業，不向俄國方面要求其提供材料或經費。
七、保管的財物依現狀交付給遠東共和國政府。
然而，財物中如有因其不當使用而存在對國內外人員造成危害或擾亂治安的危險，這些財物將由日本軍隊進行適當處理。
（備考）關於結束撤軍的時期，如果對方要求則可以以非正式的方式進行告知。

另外，為圓滿完成本次撤軍事宜，希望能將下列訓令傳達給浦潮派遣軍司令官：

一、如關於通商等事宜的協約得以簽訂，則浦潮派遣軍應當無需等待軍事事項的細節協定達成，就立刻將其駐屯區域向尼市以南方向縮小。

二、應極力促進遠東共和國和「馬庫洛夫」政權之間的妥協，然而如妥協得以達成，而有妨礙日本軍行動或是保管財物交付行為的人出現，則應將其清除。

（參考）由於尚需預防日本軍撤軍時發生意外事件，打算在兩國軍事委員之間達成如下協議：

一、遠東共和國軍隊將隨日本軍隊的撤退而逐漸向舊日本軍駐地領域前進。

二、遊擊隊匪徒等勢力的行動如對日本軍隊撤退造成影響，日本軍隊將改變撤退行動採取適當措施進行處置。

三、一九二三年日俄談判紀錄《關於日蘇兩國間非正式預備交涉的交換文書》（日ソ非公式豫備交涉ニ關スル交換文書）

〔文書名〕關於日蘇兩國間非正式預備交涉的交換文書（關於日蘇兩國間非正式預備交涉的「川上——約夫」交換文書）

〔場所〕

〔年月日〕一九二三年七月二十六日。

〔出典〕日本外交年表及主要文書下卷，外務省，頁三六——五七。

〔備考〕原文為直排書寫

〔全文〕

目次

一、俄國代表約夫寄往帝國代表川上公使的書函

二、同附屬日俄兩國間非正式預備交涉議事要錄

三、帝國代表川上公使寄往俄國代表約夫的書函

一、俄國代表約夫寄往帝國代表川上公使的書函

一九二三年七月二十六日　約夫

俄日非正式交涉日本方面代表

川上俊彥 閣下

以書函向您問候

雙方提議的審議點，按照交涉的提議者所設想的那樣，也即是憑著各自的名義，並且在相當程度上接近了各自政府的預期的那樣，全部審議完畢了。我根據約定，在此將俄日正式代表之間進行的俄日非正式交涉的結果的概況告知給您。

關於這件事，俄國代表將完全按照前述情況進行執行，對日本代表方面沒有什麼要問的預備問題了，另外日本代表也已經在日俄交涉的非正式時期沒有對俄國代表提出什麼額外的問題。因此，遠東各國駐俄羅斯社會主義聯邦「蘇聯」共和國特命全權代表今後將會繼續認定前述的非正式交涉已經不再可能；並且將把六月二十八日乃至於七月二十四日間舉行的非正式交涉中由正式代表所作出的決定作為基礎；同時，作為兩國關係的裂痕，位於長春的俄國

領地「樺太」之處，除非日本方面主動做出有著立刻撤軍的用意的聲明，否則俄國不認為兩國間將開始正式交涉。「樺太」至今依然被日本方面以不法手段進行控制（更何況，在非正式交涉中也已經能夠弄明白的是，日本方面結束佔領「樺太」——這一阻礙兩大國之間建立真正的善鄰友好關係的行為，解決「樺太」問題的可能性是存在的）。

另外，未解決的問題應當在下次會議的時候解決掉。如今，日本方面應當表現出相較於「在即將結束的非正式交涉中顯示出的誠意」更大的誠意。雙方已經將要開展四次有關善鄰友好關係的正式條約的簽訂事宜，希望日方應以此「更大的誠意」來促使雙方最終達成相互之間的約定。

恐怕閣下沒能記得特別清楚。為了方便，我保證會把本書函中屢屢提到的非正式交涉中決定了的或是沒能決定的決議全部總結起來。

現在，我向您保證，我對閣下致以完全的敬意，同時為了避免這一次俄日兩國間的決裂而有著全力以赴的決心。　敬上

二、同附屬日俄兩國間非正式預備交涉議事要錄

由俄日正式代表舉行的俄日非正式交涉的結果總結：

正式代表：
俄羅斯方面　遠東各國駐俄羅斯社會主義聯邦蘇聯共和國特命全權代表
全俄中央執行委員會委員　約夫
日本方面　日本國皇帝陛下特命全權公使　川上俊彥

◎日本方面提議：

一、關於「樺太」問題

（1）俄羅斯同意以相當的價格把俄國領地「樺太」賣給日本，日本認可一億五千萬元的對價。

＊1＊

（2）或是俄國同意將北樺太的石油、石炭以及森林的長期資源開發權利提供給日本政府或日本公司。

（2'）關於權利的本質和形式，經過長時間的討論，日本代表聲明，對日本而言最佳選項是五十五年乃至九十九年的石油、石炭以及森林資源的開發權利；應該首先把權利交付給日本政府，之後交付給相關日本公司。並且，日本代表多次主張俄國代表應當立刻和本國政府進行商談。

二、關於尼港問題

（1）俄羅斯對尼港的日本領事、領事館成員以及居民的殺害表達遺憾。

（2）俄羅斯承認負有對尼港事件中日本人所受到的損害進行賠償的義務。

＊2＊ 日本方面把第二項開始的有關損害賠償的第（2）項全部刪除，只把第（1）項作為唯一的審議事宜，以此作為新的提議。（指向＊3＊）

＊4＊ 本提案被日本代表拒絕。（指向＊5＊）

＊6＊ 日本代表對此表示同意。

三、俄國同意將遠東領土內的森林以及礦產開發的權利提供給日本人。

四、關於國際義務問題

（1）俄國承認舊條約

（2）俄國承認對日本的債務

（3）俄國同意將沒收的私有財產返還給原所有者或是賠償其損失

五、除了以上各條，雙方在通商條約簽訂之時互相約定，保護對方人民的生命安全，尊重對方的私有財產權，在十分廣泛的範圍內保障工商業的自由。

六、禁止對一方當事國的安寧秩序造成威脅的有害宣傳和侵略行為。

關於一的第（2'）項的附錄（一九二三年七月三十一日）。

◎日本方面提議：

關於一的第（2'）項產生了一些誤解。日本代表發現，俄國代表不認為「石油、石炭和森林資源開發的五十五年乃至九十九年的長期權利首先應當提供給日本政府，其次才開始提供給日本公司」——這樣的做法是可能的。

◎俄羅斯方面的回覆：

一、關於「樺太」問題

（1）俄羅斯代表認為，將俄國領地「樺太」賣給日本是可以答應的，但是日本方面給出的方案的內容是應該修改的。俄羅斯代表認為，考慮到經濟、政治以及軍事戰略方面，不能接受十五億金盧布以下的賣價。

＊1＊

（2）俄國代表聲明，在本提議中，從根本上來講，應該承諾的東西不應以賠償作為形式。

（2'）俄國代表對此給出的回答是：本來就已經指出過，前述權利的形式是最不符合俄羅斯的期望，而且是最不可能答應的，然而俄國代表依然承諾會去諮詢這個問題；並且履行了這個承諾。答覆至今還未到。

二、關於尼港問題

（1）關於本問題的討論很多，所以最初對各項分別進行審議，之後再總括地進行審議。俄羅斯方面指出了所有其觀點不同於日本方面的見解的證據文件，其結果（指向＊2＊）。

＊3＊　對此俄國代表表示同意；同時認為，俄國早就理解了關於本問題的煽動性意義。俄國政府指出，為了和日本之間儘快達成和平的關係，很願意背負別人

犯下的罪過。俄國方面同時補充說明道，本問題變成「威信」的問題，所以和第一項問題有關，在草案中有表述。

俄羅斯方面提出了許多方案，但都被日本方面拒絕了。俄國方面做出了許多的讓步。俄羅斯方面給出了這樣一個方案，應該能使日本方面給出答覆：

「第X條

俄羅斯對於一九二〇年三月十二日至同年五月二十七日之間在阿莫爾河畔的尼港市發生的殘忍而罪惡的事件，「向日本國」表達最深沉的遺憾。

當時不止是三百五十一名日本軍人，包括領事在內的和平的日本居民三百八十四名男女老少被兇手「特里雅皮欽率領的部隊」無差別地殺害。之後，除了大約八千俄國居民的受害，尼港全市也因特里雅皮欽而變成了一片焦土。特里雅皮欽及其部下被俄國正當的法院宣告了極刑，也即是死刑。前述（一九二〇年七月九日的）判決是立刻執行了的。

犯下了前述罪行之後，特里雅皮欽及其部隊逃亡到日本軍隊沒有駐軍的地方。然而俄國正當的法院並不對此表示任何容忍。他們被宣判了極刑也即死刑，前述（一九二〇年七月九日的）判決被立刻執行了。

歷史上，俄羅斯對前述該國進行的敵對性的封鎖和干涉屢屢發生。前述事實表明，俄羅斯對本國的犯罪者進行了充分而嚴格的處罰。然而，與此同時，俄羅斯想要指出這樣一個事實，在深切渴望真正的和平的同時，不管因何種厄運的處境，俄羅斯都不得不以武力保衛本國以及革命的成果。

俄羅斯相信並且所渴望的，不光是為了依據本條（尼港事件相關的）條約來完全解決日俄關係中最重大最困難的這一問題，而且是為了彌補本事件已經造成的對兩大國之間自然而然的親近關係的損害，同時，前述的「親近」化早晚會給兩國帶來友好善鄰關係並且給兩國國民中的數千餘人帶來渴望已久的親善關係。」（指向＊4＊）

＊5＊ 俄國代表在此提議，本項問題應與第一（1）項做同樣處理，也即把本問題以「未決」的方式進行保留，開始進行下一個問題的審議。（指向＊6＊）

三、俄國代表對此表示，俄國不管在怎樣的情況下都不會對日本給予（相較於其他國家而言的）差別待遇。所以這種「日本的訴求得不到滿足」的想法是沒有根據的。

四、關於國際義務的問題

（1）根據俄國代表的申辯，舊條約不能作為國際信義的表現或是國際關係的根本原則。

究其原因，舊條約不符合不斷發展的局勢，所以雙方為了利益而作出改變的時代總是會到來的。所有的戰爭都會改變舊條約——單單是由這一點出發，也可以說這些舊條約已經不再能表現國際信義了。根據這些理由（俄國代表當然對這一點給出了更詳盡的論述），俄國拒絕同意這一項。

（2）勞農政府不認為自己有義務承認過去的政府締結的任何債務條約。究其原因，俄國的各民族在這大約十年之間一直反對這樣一個締結債務條約並對俄國國民抱有敵意的政府，展開了激烈的鬥爭。特別是在道德上而言，俄國認為自己有充分的權利拒絕支付任何戰時債務。究其原因，這些債務對俄國國民而言不能帶來任何利益，而且完全是為了戰爭的供給，那麼由於這場戰爭而立刻歸於消滅，所以，可以說這是為了俄國及同盟諸國的合營企業——戰爭——而使用的東西。這場戰爭可以說是一家合營企業，顯然，正如一般而言的優秀的企業中的那樣，為了各合夥人的利益而事先計算好分配的比例。然而，同盟國以及聯合國中，只有俄國什麼都沒得到。企業最主要的合約人對其共同經營者不支付一定比例的收益的時候，自然不能對前述共同經營者要求支付一定比例的損失——這點道理是誰都知道的。更進一步地說，俄國在前述時期之前忠實地支付了債務。究其原因，俄國在戰爭的最初四年間，為了進行戰爭而付出了比同盟諸國多得多的費用。前面這一點，可以從戰前俄國的本位貨幣儲備和現在日本的本位貨幣儲備相等這一點來進行論證，十分明瞭。（一九一四年俄國的本位貨幣儲備在二十億以上，日本為大約十億，）現在日本的本位貨幣儲備在二十億以上，而俄國的本位貨幣儲備幾乎為零。最後，在俄國廣為人知的一點是，俄國因已經無法持續進行戰爭而脫離戰爭。這種不可抗力是任何國際法都認可的原則。綜上所述，俄國沒有任何理由去承擔舊債務；更何況對日本所負的債務是克倫斯基時代的產物。此人利用這筆借款的時間，是此人得到了聯合國方面所有的支持並掌權之後的八個月。他到底給勞農政府留下了多少——這是十分明瞭的。

（3）本項對日本而言不成任何問題。究其原因，在遠東的主要部分中，沒有蘇維埃政權的存在，所以，在個別場合才會有這樣的革命措施。然而，本項對俄國而言有著重要的「主義」上的意義。俄國不管在怎樣的場合在怎樣的時候都不會對本項作出讓步。究其原因，這是蘇維埃革命的最重要的成果。在俄國革命中取得勝利的國民們是絕不會贊同「複歸」的。究其原因，「複歸」總是復古的開始。在「熱那亞」上找不出妥協的方案。唯一的妥協方案也就是這一點了。

日本單單是根據「主義」上的看法，對俄國而言一直以來不光是「主義」上、也是實際層面上有重大意義的本項問題作出要求，這真的是有利於日本的明智之舉嗎？俄國代表毫不懷疑地認為，原本本項問題就比其他任何問題更加危險，更加可能引起兩國間的決裂。不管怎麼說，俄國代表認為自己有義務對日本代表預先說明：本項對革命的俄羅斯而言具有重大意義。

五、當然，多多少少修訂一下草案，並且大致不違背俄國的國內法的話，以此為條件俄國代表大體上對本項不表示什麼反對。

六、俄國代表認為，本項應被詳細解釋，並且附上說明——在此情況下可以接受。

◎俄國方面回答

＊7＊　俄國代表認為，並且再次聲明自己的這樣一個想法：在本交涉中，這些條件就算因權利的情況而出現程度上差異，這些權利也都是可以交付給日本的。

三、帝國代表川上公使致俄國代表約夫的書函

以書函表達問候

上月二十六日您的來函以及根據今年六月二十八日以後和您之間進行的會談的結果由您製作出的議事要錄被寄給了我，我在上月二十七日收到了。

在前述非正式預備交涉中，兩國代表在前後十二回的會議中，毫無隔閡地交換了意見，審查討論了各個問題，結果，雙方的主張和希望大體上是很明瞭的了。然而，有不少地方沒有達成一致的意見。特別是關於尼港問題和與之相關聯的各個案件的具體的解決辦法以及國際義務問題的解決辦法，雖然預料到了沒法繼續進行充分的意見的交換，但由於您的情況導致會談不得不中止，這令我十分遺憾。

您信中所記載的關於北樺太撤兵的問題，日本政府在尼港問題和與之相關聯的問題解決時會毫不猶豫地作出關於前面這一點的聲明；然而，我軍在被樺太的駐紮只是針對尼港事件的保護佔領。正如至今為止日本屢次表明的那樣，在關於前述各項問題的解決方案還沒有達到完全的瞭解之前，這（譯註：撤軍）是無論如何都不會去做的。況且，佔領北樺太的行為除了前述目的之外不曾有任何其他意思，所以日本並不是不法且不正當地侵犯他國的領土權，這一點是日本預先就屢次聲明的，我相信您也應該記憶猶新。

在您製作的議事要錄中，有些和我預先瞭解的不同的地方，這也可以說是表明了您的立

場。對於我方的主張的記載是不充分的，為了在這些問題中確保精確性，我把我這邊製作的議事要錄附送給您。

在此結束和您在非正式預備交涉中的會談，我期盼著和您之間推心置腹的會談會對將來日俄兩國間的更加良好的關係作出貢獻。同時，衷心希望日俄兩國間能十分迅速地樹立善鄰友好關係。

最後對您表達完全的敬意 敬覆

大正十二年八月三日

川上俊彥

關於日俄會議的非正式預備交涉

俄國代表

約夫

四、同附屬日俄兩國間非正式預備交涉議事要錄

關於日俄會議召開的非正式預備交涉

一九二三年六月二十八日至七月三十一日議事要領

代表

日本方 特命全權公使 川上俊彥

俄國方 遠東各邦駐俄羅斯社會主義聯邦蘇維爾共和國特命全權代表 約夫

◎日本方提議

一、關於「樺太」問題

（1）俄羅斯同意以相當的價格把俄國領地「樺太」賣給日本。日本認為對價應在一億五千萬元左右。

日本代表認為像樺太這樣的一座島嶼被兩國同時領有的話，可能會在將來造成許多糾紛，所以希望現在俄羅斯將其領土北樺太以相當的價格賣給日本。

並且，根據日本學者專業人士的調查，這座島的經濟價值並沒有這麼大，而

且想要開發這座島的資源的話需要大量的投資，所以日本方面做出聲明，認為一億五千萬元左右是正當的價格。

日本代表認為，在日本從俄國手中買下北樺太的情況下，關於樺太島嶼的非武裝化，以及韃靼海峽和宗谷海峽的自由航行問題，根據「樸資茅斯」和約第九條第二項的規定雙方不應有異議；同時應該補充說明的是，俄國有必要作出承諾，不再樺太對岸的本國領土上修建堡壘。（指向＊8＊）

（2）關於北樺太的交易不成立的情況下，俄國同意將北樺太的石油、石炭以及森林的長期資源開發權利提供給日本政府或日本公司。

日本代表指出，關於北樺太的權利只是在該島的一定區域進行一定的資源開發的經濟型權利，並不是俄國曾經租借旅順大連時所獲得的租借全島的政治性權利。日本代表表達了關於建造港口已經鋪設鐵道等等權利的施設權的必要性，俄國方面提議俄國政府也加入到這項權利中，日本向俄國政府支付一定比例的權利收益（比如純利益的百分之五乃至百分之六），那麼這樣應該沒有什麼異議了。同時日本代表希望權利的期限為九十九年，最少也要五十五年。

二、關於尼港問題

（1）俄國對駐尼港日本領事、領事館成員以及居民的殺害行為表達遺憾。
（2）俄國承認對尼港事件中日本人所受到的損害進行賠償的義務。

日本代表對尼港問題大致作出下述聲明：

「日本之所以和聯盟各國一起出兵西伯利亞，是因為這是根據聯合國共同的決議——當時俄國的政治局勢混亂——為了救援陷入窘境的友軍捷克斯洛伐克軍。同時，又要確保安全的運輸問題，所以駐守了西伯利亞鐵道。捷克斯洛伐克軍曾被俄國政府認定為友軍，和俄國軍隊一起奮戰在對奧戰線上。

日本軍擔負了防守黑龍鐵道全線以及烏蘇里鐵道的一部分的責任，然而最忠實地完成了這項任務，不曾干涉俄國地方居民的內政，同時也沒有佔領西伯利亞。之後隨著西伯利亞政治局勢的惡化，日本軍不得不去保衛居留的人民。

因日本軍防守的烏蘇里鐵道有著交通斷絕的危險，所以要保障與水路黑龍鐵道之間的交通，並且加上要保護尼港的居留民，因而日本認為其有必要向該地派遣一支部隊。前述部隊之後減少到了三百五十一人。然而，因俄國方面的『挑釁』，導致該部隊與特里雅皮欽率領的俄國軍隊進行了戰鬥。在一九二〇年三月十二日至五月二十七日之間，特里雅皮欽的軍隊用最殘忍的方法殺害了日本軍人三百五十一人，同時無差別地殺害了領事、領事館成員以及婦女兒童，共計三百八十四名居民。這樣的殘忍的行為在歷史上都沒有類似的，因而才使得全日本國民不得不憤慨激昂。殺死和平的日本居民的行為和日本軍隊沒有任何關係，就和殺死數千俄國人一樣，完全找不到任何藉口來說這種行為有什麼軍事上的必要性。

根據俄國方面給出的各種證據（比如說一九二〇年三月二十三日給內田外務大臣發的『齊采林』電報、一九二〇年七月九日 kerubi 村〔譯註：難以找到俄文原文，該地位於阿姆貢河上游〕的國民裁判所判決書等等），特里雅皮欽的軍隊不單單和『莫斯科』有聯繫，而且和『伯力』以及浦潮的赤軍司令部有聯繫。特里雅皮欽被赤軍司令官公然認可，其軍隊也被承認為赤軍，所以，俄國政府單單以前述虐殺是由匪徒或是遊擊隊所為，同時特里雅皮欽已經被俄國法院判決並處刑的理由，來擺脫對尼港事件的責任是不行的。」

日本代表說明道，尼港事件是日俄親善道路上最大的難關，希望能圓滿地解決這個問題。（指向＊9＊）

＊10＊　針對俄國的第一案，日本代表給出了自己另一方案（第一版）。俄羅斯社會主義聯邦蘇維埃共和國政府對一九二〇年三月十二日至同年五月二十七日之間在阿莫爾河畔的尼港市發生的殘忍而罪惡的事件，也即三百五十一名日本軍人，以及包括領事在內的和平的日本居民三百八十四名男女老少被兇手特

里雅皮欽率領的部隊無差別地殺害的事件，向日本政府表達最深沉的遺憾。另外俄羅斯社會主義聯邦蘇維埃聲明，前述特里雅皮欽等成員於一九二〇年七月九日在俄羅斯法院被判決死刑立刻執行。（指向＊11＊）

＊12＊　日本方面考慮到了俄羅斯方面的期望並懷著妥協的精神給出了如下的第二版方案：

「俄國對一九二〇年三月十二日至同年五月二十七日之間在阿莫爾河畔的尼港市發生的殘忍而罪惡的事件，向日本國表達最深沉的遺憾。當時不止是三百五十一名日本軍人，包括領事在內的和平的日本居民三百八十四名男女老少被兇手「特里雅皮欽率領的部隊」無差別地殺害。之後，除了大約八千名俄羅斯居民的受害，尼港全市也因特里雅皮欽而變成了一片焦土。特里雅皮欽及其部下被俄國正當的法院宣告了極刑，也即是死刑。前述（一九二〇年七月九日的）判決是立刻執行了的。

上述事實無一不令人痛心。不過，俄羅斯社會主義聯邦蘇維埃共和國政府可以驕傲地宣佈，其有權利誠心誠意地確信守規矩的赤軍部隊中沒有這樣的事情，也不可能會發生。」（指向＊13＊）

14 關於俄國第三版方案第一、第二節，雙方的意見一致。然而，關於俄國第三版方案第三、第四節，日本方面沒能表達同意。（指向*15*）

16 日本方面對此表示同意。

日本代表表示，考慮到俄國現在困難的財政狀況，俄國對於北樺太問題作出有利於日本的解決方法的話，那麼關於尼港事件的物質性賠償可以努力不去要求。

三、俄國同意向日本人提供貝加爾以東的俄國領土上的森林礦山的開發權利。

17 日本代表對此表示同意，對本件提議作出如下的修正：

「俄國代表同意向日本人提供其遠東領土上森林礦山開發的權利。」（指向*18*）

四、關於國際義務問題

（1）俄國承認舊條約。

關於本問題日本方面的論據如下所述：

「按照國際法的根本原則，以一國故有的領土和居民為基礎，在這一基礎存在的情況下，不管國內有怎樣的政變，其國際地位不變。所以由革命而成立的新政府將完全繼承從前的政府的權利和義務。不能否定從前的政府與外國締結的國際條約的效力而單方面地廢除掉。所以勞農政府必須承認至今為止日俄之間締結的所有條約。

考慮到一個很簡單明瞭理由：兩國之間沒有發生戰爭，所以，日俄之間的條約因戰爭而失去了效力，這樣的論據是不能成立的。日本出兵西伯利亞是為了救援友軍捷克斯洛伐克軍以及防守救援所必要的鐵道。之後繼續駐軍是出於保護日本居民的必要。日本軍誠實地履行了上述任務，不曾干涉俄國地方民眾的內政，同時沒有行使戰爭作為當事國的權利，也即沒有進行軍事佔領或是其他可以被稱為「戰爭」的行為。

然而，我輩並不否認在日俄兩國間的國際條約中有隨著時勢的變化而存在需要改訂的地方。我輩在之後的正式交涉中，認為應當這樣：根據過去的條約或協定，我方獲得的權利或利益，俄國方面對此表示尊重，對既成事實不做變更。新條約中，俄國的地位不劣於由從前的條約或協約規定的我方的地位——在這樣的新條約締結之後，廢除舊條約。不過，涉及到包括日俄兩國在內的多數當事國之間的條約的廢棄或是改訂的話，應當留待日後和其他相關國家的共同決定。」

日本代表很想知道，俄國究竟是根據怎樣的法律才宣佈國際條約的無效化的。

（2）俄國承認其對日本的債務。

關於本問題日本方面的論據如下所述：

「根據國際法，不管哪個國家都不能以革命為理由廢除其對外國所負的債務。不管債務的原因及其用途。所以，俄國必須承認日俄之間現存的國際債務。

俄國提出，其沒能參與到戰爭的『分配』中，所以沒有理由承認在戰爭中被用到的債務。這是因為俄國出賣了同盟國，而且違背了不單獨議和的約定。俄國締結了布列斯特—立陶夫斯克條約，所以自己把自己從戰勝國的『分配』中去除掉了，這是俄國自己犯的罪。

如果說俄國目前因財政狀況困難而無法支付前述債務，於是想要延期支付或是免除一部分的話，日本政府不會拒絕就這一問題的解決與俄國進行交涉。然而，想要廢除債務的行為，就算前述債務是戰時債務也是說不通的。」

（3）俄國同意將沒收的私有財產返還給舊所有人或是對其損害進行賠償。

關於本問題日本方面的論述如下所述：

「不管是怎樣的國家，因其制度或是國內法的變化而對外國人的權利和財產進行不當的侵害的行為是不被允許的。這是國際法所確立的一點。

所以，俄國應對日本人的權利和財產所遭受的侵害負起責任，對於已經沒收的權利或財產進行返還或是賠償。關於俄國對日本臣民所有的私有財產進行的侵害，若日本免除了俄國的責任，那麼日本政府就必須自己來負擔起因免除俄國責任而必要的對這些國民的損害賠償責任。」

五、除了上述問題之外，在通商條約簽訂之時，俄國應約定，保護日本臣民的生命安全，尊重其私有財產權，在十分廣泛的的範圍內保障工商業的自由。

六、雙方當事國互相約定，不得進行對一方當事國的安寧秩序造成威脅的有害宣傳和侵略行為。

◎俄羅斯方面的回答

一、關於樺太問題

（1）俄國代表認為，把俄國領地樺太賣給日本這件事本身是可以答應的。不過要想讓國民同意，那麼其價格需要很高。最初基於經濟、政治以及軍事戰略上的考量而作出聲明，不接受低於十億金盧布的價格；不過後來表示不應低於十五億金盧布。

＊8＊

（2）俄國代表認為本提議在根本上來說是可以答應的。不過關於權利的問題知道的很少，所以以日本代表的陳述作為基礎。

俄國代表約定，關於如下問題，向本國政府發電報確認意向：「日本希望得到北樺太的石油、石炭以及森林資源的長期（五十五年乃至九十九年）開發權利。前述權利應該首先交付給日本政府，之後交付給相關日本公司。關於遵守俄國勞動法以及其他法律的問題，日本方面因不瞭解這些法令，所以該問題暫且保留。」

根據該代表的話，前述電報被立刻發往莫斯科。過了一週應該會有回覆。然而，到最近的會議為止，該代表都沒有給出與這件事相關的資訊。俄國代表在七月三十一日的會議上面對日本代表的詢問，表示前述各條件會考慮到權利的情況而有些程度上的變化，不過都是可以承諾交付給日本的權利。

關於北樺太的權利問題，在交換意見的時候時候，談到了該島的「辛克萊契約」。俄國代表最開始表示，想要在今後若干年內廢除這一契約，不過必須得要支付毀約金。之後俄國代表補充聲明，根據本國政府的報導，沒有關於毀約金的規定。雖說需要支付一些活動經費以及彌補其他經費的使用上的損害，不過其數額都是極其微小的。

二、關於尼港問題

＊9＊

（1）俄國代表迫切希望和日本儘快達成和平，同意就尼港事件對日本表達遺憾之情。俄國方面在表達遺憾之外，給出了如下三個方案：

俄國方面的第一版方案：

「俄羅斯對一九二〇年三月十二日至同年五月二十七日之間在阿莫爾河畔的尼港市發生的殘忍而罪惡的事件表達最深沉的遺憾。

當時，不單單是三百五十一名日本軍人，也包括和平的日本居民三百八十四名男女老少被遊擊隊無差別地殺害。之後，除了大約八千名俄羅斯居民的受害，尼港全市也因該夥匪徒而變成了一片焦土。

該地當時是日本的軍事佔領地帶。然而，俄羅斯法官對逃亡俄羅斯領土內的匪徒沒有任何容忍。該夥匪徒的首領特里雅皮欽以及多數黨羽都被判處了極刑也即死刑，這一判決被立刻執行了。

事情經過如前所述。俄羅斯赤軍當時同樣在和佔領軍進行戰爭，因而位於南方。然而，勞農政府依然對於非戰鬥人員的婦女兒童都被捲入戰爭之中的這一事實表達了遺憾，並且難以抑制住更深沉的憤慨與痛心之情。

俄羅斯社會主義聯邦蘇維埃共和國政府每當想起尼港事件，就想要表達這份令全俄羅斯震驚的心情。同時，在赤軍的守規矩的部隊裡是不會發生這樣的事情的——令人感到驕傲的是，這一點能夠得到了所有人的瞭解。同時，不禁令人期待：不管在什麼時候什麼地方這樣的事情都不再會發生——這樣的一天的到來不再遙遠。」（指向＊10＊）

＊11＊

俄國方面對此不同意，給出了如下的第二版方案：

「俄國對一九二〇年三月十二日至同年五月二十七日之間在阿莫爾河畔的尼港市發生的殘忍而罪惡的事件，對日本國表達最深沉的遺憾。

當時不止是三百五十一名日本軍人，包括領事在內的和平的日本居民三百八十四名男女老少被兇手『特里雅皮欽率領的部隊』無差別地殺害。之後，除了大約八千名俄羅斯居民的受害，尼港全市也因特里雅皮欽而變成了一片焦土。

犯下了前述罪行之後，特里雅皮欽及其部隊逃亡到日本軍隊沒有駐軍的地方。然而俄國正當的法院並不對此表示任何容忍。他們被宣判了極刑也即死刑，前述（一九二〇年七月九日的）判決被立刻執行了。

事實經過如前所述。俄羅斯在任何場合都渴望和平，然而在各種地方都需要保衛自己以及革命的成果。然而，毫無疑問的是，婦女兒童都被捲入了這樣悲慘的事件之中。對此，不光是再三表達的遺憾之情，俄國更是懷有難以忍耐深沉的憤怒之情。按照一切人類文明社會的觀念，婦女兒童應被保護，應該根本看不到這樣的事件才對。

上述事實無一不令人痛心。不過，俄羅斯社會主義聯邦蘇維埃共和國政府可以驕傲地宣佈，自己有絕對的權利來懷著毫無疑問的誠意去保證，守規矩的赤軍部隊中沒有這樣的事情，也不可能會發生。同時樂於期待：不管在什麼時候什麼地方這樣的事情都不再會發生——這樣的一天的到來不再遙遠。」（指向＊12＊）

＊13＊ 日本方面給出的第二版自己的方案沒能得到俄國方面的同意，於是俄國代表給出了第三版方案：

「第X條

俄國對一九二〇年三月十二日至同年五月二十七日之間在阿莫爾河畔的尼港市發生的殘忍而罪惡的事件，對日本國表達最深沉的遺憾。

當時不止是三百五十一名日本軍人，包括領事在內的和平的日本居民三百八十四名男女老少被兇手『特里雅皮欽率領的部隊』無差別地殺害。之後，除了大約八千名俄羅斯居民的受害，尼港全市也因特里雅皮欽而變成了一片焦土。

特里雅皮欽及其部下被俄國正當的法院宣告了極刑，也即是死刑。前述（一九二〇年七月九日的）判決是立刻執行了的。

犯下了前述罪行之後，特里雅皮欽及其部隊逃亡到日本軍隊沒有駐軍的地方。然而俄國正當的法院並不對此表示任何容忍。他們被宣判了極刑也即死刑，前述（一九二〇年七月九日的）判決被立刻執行了。

歷史上，俄羅斯對前述該國進行的敵對性的封鎖和干涉屢屢發生。前述事實表明，俄羅斯對本國的犯罪者進行了充分而嚴格的處罰。然而，與此同時，俄羅斯想要指出這樣一個事實，在深切渴望真正的和平的同時，不管因何種厄運的處境，都不得不以武力保衛本國以及革命的成果。

俄羅斯相信並且所渴望的，不光是為了依據本條（尼港事件相關的）條約來完全解決日俄關係中最重大最困難的這一問題，而且是為了彌補本事件已經造成的對兩大國之間自然而然的親近關係的損害，同時，前述的「親近」化早晚會給兩國帶來友好善鄰關係並且給兩國國民中的數千餘人帶來渴望已久的親善關係。（指向＊14＊）

＊15＊　關於俄國代表給出的表達遺憾之情的文案，日本方面的第二版方案第一節和第二節，也即俄國方面的第三版方案第一節和第二節，雙方意見一致，不過關於第三節第四節雙方意見沒能一致。提議將該問題保持「未決」的狀態，開始審議其他問題。（指向＊16＊）

三、俄國代表對此表示，俄國不管在怎樣的情況下都不會對日本給予（相較於其他國家而言的）差別待遇。所以這種「日本的訴求得不到滿足」的想法是沒有根據的。

日本方面的提案中，希望把「『貝加爾』以東的俄國領土」改為「其遠東領土」。（指向＊17＊）

＊18＊　俄國方面同意日本方面的提案。

四、關於國際義務問題

（1）俄國拒絕同意本項。

＊19＊俄國代表回答道，雖然有宣佈要公佈秘密條約並廢除掉，不過並沒有宣佈要廢除一般的國際條約。

（2）俄國代表表示：

勞農政府認為其不負有承認從前的政府締結的任何債務的義務。特別是關於戰時債務，其有著完全的權利不去支付債務。俄國從戰爭退出是因為不可抗力。

（3）俄國代表表示：

「俄國代表拒絕承認本項。特別是日本人的財產和權利主要是位於遠東。該地區實施了國有制，所以說關於本項問題和日本人沒有什麼利害關係。」

五、對此俄國代表表示，大致不違背俄國的國內法的話，以此為條件大體上本項不會引起什麼大的反對。

六、俄國代表認為本項問題在經過廣泛詳細地完善並且附上說明之後可以接受。

（＊1＊　本問題以「未決」形式被保留）

（＊8＊　本問題以「未決」形式被保留）

四、關於解除進出口的禁止及限制的國際條約（輸入及輸出の禁止及制限の撤廢の爲の國際條約）

〔文書名〕　關於解除進出口的禁止及限制的國際條約

〔場所〕　日內瓦

〔年月日〕　一九二七年十一月八日。

〔出典〕　日本外交年表以及主要文書下卷，外務省，頁一〇六——一一二。

〔備考〕

〔全文〕

於一九二七年（昭和二年）十一月八日在「日內瓦」簽署；

一九二九年（昭和四年）九月二八日批准；

一九二九年（昭和四年）九月二八日批准書交付保管；

一九三〇年（昭和五年）一月一日實施；

一九三〇年（昭和五年）七月一一日公布。

德意志國總統、美利堅共和國總統、奧地利共和國聯邦總統、比利時國皇帝陛下、大不列顛及愛爾蘭及大不列顛海外領土皇帝、印度皇帝陛下、保加利亞國皇帝陛下、智利共和國總統、丹麥國皇帝陛下、埃及國皇帝陛下、愛沙尼亞共和國總統、芬蘭共和國總統、法國共和國總統、匈牙利國攝政殿下、義大利國皇帝陛下、日本國皇帝陛下、拉脫維亞共和國總統、盧森堡國大公殿下、挪威國皇帝陛下、荷蘭國皇帝陛下、波蘭共和國總統、葡萄牙共和國總統、羅馬尼亞國皇帝陛下、塞爾維亞—克羅埃西亞—斯洛維尼亞王國（南斯拉夫王國）皇帝陛下、泰國皇帝陛下、瑞典國皇帝陛下、瑞士聯邦政府、捷克斯洛伐克共和國總統、土耳其共和國總統，對於一九二四年九月二十五日的國際聯盟總會的決議：

受到一九二七年五月在日內瓦召開的國際經濟會議的結論的啟發；同時，和前述會議的成員一樣我們也認為，進出口的禁止以及由此而出現的專橫的習慣以及變相的差別待遇，前述措施產生的嚴重的利益損失，沒能被各國所期待的財政利益和社會福利所彌補，給採取前述措施的各國帶來了令人痛惜的結果。

我們相信，為了世界貿易的恢復及其將來的發展，各國政府不管是為了各自的利益還是為了普遍的利益，都有必要拋棄有害的政策。

我們確信，找回國際通商的現實的自由是世界繁榮的主要條件之一。

同時，前述目的可以依據國際條約這一形式，再加上同時且一致的行動來最優化地達成。

如下任命全權委員：（全權委員名字從略）

第一條　本條約的規定適用於：對於締約國的領域內的產品或是製造出的商品運送至其他締約國的領域內的進口行為進行的禁止和限制，以及對於從締約國的領域內運送至其他締約國的領域的貨物的出口行為進行的禁止與限制。

第二條　關於由以下各條所規定的例外，對此作出保留的締約國，只在各自的領域裡，在本條約實施後的六個月期間內，撤銷所有對進出口的禁止和限制，同時保證以後不再作出前述禁止或是限制。在前述期間之內，締約國應當為了將現存的禁止和限制行為減少到最小限度，採取一切適當的措施，同時不應再增添新的禁止和限制措施。除上述內容之外，締約國保證採取必要的措施，確保中央以及地方的所有官吏嚴格遵守本條約的規定，同時確保不制定違背上述規定的規則。

第三條　締約國作出約定，根據本國法令，對貨物的進出口制定有關進出口的方法、形式、場所或是標注記號的規則、手續和條件，這樣的規制不應被締約國認定為變相禁止或是專斷的限制的手段。

第四條　下述種類的禁止和限制，在該項禁止和限制在同一條件下不被認為是屬於外國之間專制的歧視手段或是國際貿易上的變相限制的方法的情況下，不被本條約所禁止：

一、關於公共安全的禁止和限制。

二、依據道德上或是人道上的理由所設置的禁止和限制。

三、關於兵器、彈藥以及軍用材料，包括例外情況下其他一切軍需品的交易的禁止和限制。

四、為了保障公共衛生或是為了保護動植物而對病疫、蟲類以及有害寄生物進行的禁止和限制。

五、為了保護在美術上、歷史上或是考古學上有價值的國寶而進行的出口的禁止和限制。

六、適用於金、銀、貨幣、紙幣、銀行券或是有價證券的禁止和限制。

七、對於外國產物，適用對本國相同種類產物的生產、交易、運輸以及消費進行的禁止和限制。

八、關於生產和交易時，在國內屬於國家壟斷產業或是國家監督下執行的壟斷產業或是將來屬於這種類型的產物，對其適用的禁止和限制。

第五條　本條約對於締約國在非常時期進行的對本國重大利益進行保護而做出的對進出口的禁止和限制行為的權利，不造成任何影響。

前述性質的措施在執行的情況下，不應使前述措施對其他締約國造成任何專斷的歧視；前述措施的延續時期應被事情的起因和情況的持續時間所限定。

第六條

一、締約國認為，某國履行前述各條規定的義務時，存在著事實上或是法律上的情況使其關於特定的產物無法立刻達成約定。在前述該國不再存在這種起因的時候，將立刻進行撤回或是對於暫時性的除外案例作出保留——締約國認為這樣做是公平的。

二、另外，締約國認為存在著這樣的可能性，也即某國撤銷進出口的禁止和限制會使該國陷入嚴重的困難局面，並且前述禁止和限制不會對其他各國的貿易造成損害。締約國承諾，對於這樣的特例可以做出保留。

三、本條約的附屬書中記載道：為了在附件中有所記名並且在今天簽署了本條約的締約國的利益，今天得到認可的除外案例屬於前兩項規定的範圍內。

四、締約國在今天以後想要要求的除外案例，應根據本條約的議定書規定的手續來進行處理。

第七條　一個締約國針對某個外國的產物——不論該國是否是適用本條約的國家——不得不執行禁止和限制的措施時，前述締約國採取這樣的措施時，應盡可能地減少對其他締約國的貿易造成的損害。

第八條　關於本條約的規定（除去第四、五、六條以及關於前述各條的議定書的規定）的解釋或適用，在兩個及兩個以上的締約國之間發生糾紛時，不能靠直接在當事國之間達成合意來解決前述糾紛時，在所有當事國同意的情況下，在訴諸仲裁裁判手續或司法手續之前，可以抱著友善解決的目的，將糾紛處理委託給國際聯盟理事會或是相關當事國任命的專門機關。該機關聽取當事國的意見，在必要的時候實現當事國之間的會晤後，給出勸說性的意見。

前述機關給出的勸說性意見，若是沒有被所有糾紛當事國接受，那麼當事國可以不受拘束；另外，前述糾紛當事國在達成一致同意的情況下，可以在訴諸前述手續之後或是以替代前述手續的形式，而訴諸其選擇的仲裁裁判手續或司法手續。

關於本條約的規定（除去第四、五、六條以及關於前述各條的議定書的規定）的解釋或適用，發生法律上的糾紛時，當事國之間，根據某一方的要求，不論是否預先執行了第一項中所記載的手續，都應將該事件交付常設國際裁判所或當事國選擇的仲裁裁判決定。

關於糾紛是否屬於法律上的糾紛，意見出現不一致時，該問題的決定應交付於常設國際司法裁判所或當事國選擇的仲裁裁判所。

不論對於前述第一項所記載的機關的手續或該機關給出的意見是怎樣的，都應該停止引發爭議的措施。在常設國際司法裁判所（在該裁判所沒有根據第四十一條規定作出相反的決定的情況下），或是當事國選擇的仲裁裁判所履行手續時也應如此。

對於締約國在常設國際司法裁判所的管轄問題上所承擔的約定，或是關於調停或仲裁相關的締約國間的兩國間條約產生的權利和義務，本條約不應被解釋為損害前述權利和義務的內容。

第九條

締約國可以在本條約批准之時或是之後作出宣言：締約國對其他同樣承諾接受這一義務的締約國作出約定：締約國對於包含第四條、第五條以及第六條的整體或一部分的本條約的規定的解釋或適用發生糾紛時，不論該糾紛是否屬於法律上的問題，均適用第八條第三項的規定。

關於第四條、第五條以及第六條或是前述各條的一部分，以及關於前述各條的議定書的規定，沒有給出第一項所記載的約定的締約國，在其相互之間，可以對於前述事項適用第八條第一項和第二項的規定。

第十條　締約國在署名、批准或是加入本條約時可以宣言，接受本條約時，關於其殖民地、保護領地以及其他有宗主權或委任統治的所有或一部分地區的相關問題不承擔任何義務。在這樣的情況下，本條約不適用於前述宣言所提到的任何地區。

根據前一項規定作出的宣言涉及的地區的整體或一部分，締約國希望本條約適用於這些地方時，在之後可以在任何時候將此事通知國際聯盟事務總長。在這樣的情況下，本條約在國際聯盟事務總長收到前述通知後的九十日後，適用於前述通知所記載的地區。

締約國希望本條約不再對其殖民地、保護領地以及其他有宗主權或委任統治的所有或一部分地區進行適用時，可以在任何時候作出宣言。在這樣的情況下，本條約在國際聯盟事務總長收到前述宣言後一年便不再對前述宣言所記載的地區進行適用。

第十一條　本條約不對締約國作為當事國負有的有效國際條約所產生的權利和義務造成損害。

如果締約國間設立有比本條約對關於進出口的禁止和限制作出的規定更加自由的制度，那麼本條約不對這樣的現有效力的兩國間協定造成損害。

第十二條　本條約不對國際聯盟規約產生的權利和義務造成任何的影響。

第十三條　關於為了實施本條約的規定而採取的措施的報告，締約國應在本條約在其領域內實施後十二個月以內，通過國際聯盟事務總長來互相送達。

第十四條　本條約以法語和英語的文本共同作為正本，應標有今天的日期。

考慮到國際聯盟的聯盟國，或是向本條約的制定會議派出了代表而可能只是為了署名而通過國際聯盟理事會來接收本條約的複本的非聯盟國的情況，本條約的署名將截至到一九二九年一月一日。

國際聯盟的聯盟國以及非聯盟國為了其本國的利益在一九二八年二月一日前署名的話，可以享受到第六條第四項規定的手續的利益。

第十五條　本條約應被批准。

批准書應寄往國際聯盟事務總長，前述事務總長應將接收情況告知所有聯盟國和前條所述的非聯盟國。

第十六條　國際聯盟的聯盟國或是第十四條記載的非聯盟國可以在一九二九年一月一日之後加入本條約。

為了交付國際聯盟事務局進行記錄，前述加盟行為應向事務總長作出通知。事務總長應立刻將這一交付記錄的行為署名到本條約，並通知一切已經加盟的國家。

第十七條　本條約根據下述規定的會議中決定的條件和日期來進行實施。

一九二八年六月十五日至七月十五日之間，國際聯盟事務總長將邀請在一九二八年六月十五日之前署名的國際聯盟的聯盟國以及非聯盟國通過正當方式派遣的代表者參加會議，前述代表者將在前述會議中決定以下事宜：

（1）根據第六條第四項通知締約國之後，經過該締約國的承認而在批准的時候可以進行的保留。

（2）條約實施所需要的條件，特別是（不論是否是署名國）國際聯盟的聯盟國以及非聯盟國中需要預先確保批准或加入的國家的個數，以及在必要情況下這些國家的國名。

（3）可以交付批准書的最終日期以及根據前一號內容在必要條件得到滿足的情況下本條約的實施日期。

前述期間到期時，作為本條約實施條件的批准狀況沒有被確保的情況下，國際聯盟事務總長將與批准了本條約的國際聯盟的聯盟國或非聯盟國進行協商，確認該國是否不考慮前述狀況也想要實施本條約。

第十八條　本條約在實施之日起五年後，通過向國際聯盟事務總長寄送書面文本來進行通知的形式，為了國際聯盟的聯盟國或非聯盟國的利益可以將條約廢除。前述廢除行為在國際聯盟事務總長收到通知十二個月後發生效力。並且，國際聯盟的聯盟國或非聯盟國為了該國的利益只有按照前述方式進行廢除才有效力。

特別的是，本條約在其日期開始起算三年後，根據第六條第一項所承認的除外案例依然有存在的話，在前述期間之後為了國際聯盟的聯盟國或非聯盟國的利益可以廢除這一條約。前述廢除在事務總長收到通知六個月後生效。並且，國際聯盟的聯盟國或非聯盟國為了該國的利益只有按照前述方式進行廢除才有效力。

另外，本條在其日期開始起算五年後，如果國際聯盟的聯盟國或非聯盟國認為，在第十七條規定的會議中得到締約國承認的除外案例損害了本條約的效果，那麼在前述期間之後為了前述國際聯盟的聯盟國和非聯盟國的利益可以廢除。

前述廢除在事務總長收到通知六個月後生效。並且，國際聯盟的聯盟國或非聯盟國為了該國的利益只有按照前述方式進行廢除才有效力。

根據前述規定進行的廢除，由國際聯盟事務總長立刻通知其他所有締約國。

第十七條規定的會議中締約國所約定的本條約實施的條件，由於條約廢除的結果導致之後沒能滿足的話，締約國為了審議前述情況造成的事態而可以向國際聯盟事務總長請求召開會議。促使本條約存續下去的合意沒有達成的情況下，各締約國在作為前述會議召開的原因的廢除行為發生效力之日起，免去其義務。

第十九條　如果適用本條約的國際聯盟的聯盟國和非聯盟國的三分之一希望修正本條約，出於這三分之一的國家的利益而將這一情況告知國際聯盟事務總長的通知，在第十八條第一項規定的五年期滿之前送達到前述事務總長處時，適用本條約的所有國際聯盟的聯盟國以及一切非聯盟國承諾參加為此舉行的會議。

本條約實施之日起五年之前，存在著前述修正的情況下，不接受修正後的條約的國際聯盟的聯盟國或非聯盟國有權不受第十八條第四項規定的五年的期限而廢除本條約。前述廢除行為在修正後的條約實施之日起發生效力。

本條約實施之日起第五年中存在前述修正的情況下，第十八條第一項規定的廢除期間延長一年。

五、關於山東派兵的政府聲明（山東派兵に關する政府聲明）

〔文書名〕　關於山東派兵的政府聲明（關於山東派兵的政府聲明）

〔場所〕

〔年月日〕　一九二七年五月二十八日。

〔出典〕　日本外交年表及主要文書下卷，外務省，頁九六。

〔備考〕

〔全文〕

最近發生在中國的動亂，特別是南京、漢口以及其他地方的事件的情況，展現出了軍事混亂之際，中國政府沒能充分盡到保護的責任，所以才導致了居留在當地的帝國臣民的生命財產遭受了重大的損害。這是對帝國的名譽造成損害的暴行，所以現在中國北方的動亂嚴重的情況下，難以斷定沒有再次出現這種事情的危險性。現在，前述戰亂波及到濟南地區的話，關於居留該地的帝國臣民的生命財產的安全，我們難以放下危機意識。居住於該地的帝國臣民有一千多人；同時，該地是距離海岸很遠的內陸，所以靠長江沿岸各地的海軍力量來進行保護終究是不可能的。因此，帝國政府為了防止惡性事件的再次發生，到了不得不派出陸軍士兵來保護當地國民的生命財產的地步。然而，為了進行前述保護性的派兵需要很長時間來進行準備，而戰局卻時刻發生變化。考慮到這一點，帝國政府決定姑且先採取應急措施，從在滿部隊中抽調約兩千士兵派往青島。通過這樣的陸軍力量來進行保護的行為只是為了保障當地國民的安全而已，完全是出於自我防衛考慮的不得已的緊急措施，不僅對中國及其國民不抱有任何不友好的意圖，而且也不會對南北雙方軍隊的作戰進行干涉或是妨礙其軍事行動。

帝國政府聲明，如今是不得不採取這樣的措施，進行派兵。不過，帝國政府從一開始就沒有永久駐紮在當地的意圖。到了當地的國民不再有遭受戰亂的威脅的可能性之後，帝國政府將立刻全部撤回派遣軍。

致謝名單

感謝以下的讀者的支持，《遠東的線索》多虧了他們的好奇心才能存在。

April Wei、蹦蹦、董嘉嘉、冬園李、豆葦杭、都雲鵬、谷風、Hoshi Sakagami、懷瑾、Iki.cheng、晉人都生、Kirby Mao、老飒夫婦、李碩、劉石、劉頤、羅丹、取法乎上、任飛、四川北路走九遍、孫驕鴻、塔河胡楊、天戟、迢書、小淮都都、雲中君、yx_、朱與非、磚高特

感謝編輯袁業飛，《遠東的線索》多虧了他的忠誠和勤勉才能問世。

遠東的線索

西方秩序的輸入與中國的演變

作者　劉仲敬
總編輯　富察
責任編輯　穆通安、張乃文
特約編輯　一霖、袁業飛
行銷企劃總監　蔡慧華
行銷企劃專員　張意婷
封面設計　兒日
排版設計　宸遠彩藝
社長　郭重興
發行人兼出版總監　曾大福
出版發行　八旗文化／遠足文化事業股份有限公司
地址　新北市新店區民權路 108-2 號 9 樓
電話　〇二～二二一八～一四一七
傳真　〇二～八六六七～一〇六五
客服專線　〇八〇〇～二二一～〇二九
信箱　gusa0601@gmail.com
臉書　facebook.com/gusapublishing
部落格　gusapublishing.blogspot.com
法律顧問　華洋法律事務所／蘇文生律師
印刷　成陽印刷股份有限公司
出版日期　二〇一七年六月（初版一刷）
二〇二二年十月（初版八刷）
定價　六〇〇元整

遠東的線索
西方秩序的輸入與中國的演變
劉仲敬著——新北市：八旗文化出版
遠足文化發行，二〇一七年六月
五一二面——一四・五×二一・五公分
ISBN 978-986-94865-2-1（平裝）
一、近代史　二、國際政治　三、東亞
730・28
106007845